Histoire de la fatigue

Georges Vigarello

Histoire de la fatigue

Du Moyen Âge à nos jours

Éditions du Seuil

Cet ouvrage a paru en 2020
dans la collection « L'univers historique »
fondée par Jacques Julliard et Michel Winock
et dirigée par Patrick Boucheron.

ISBN 978-2-7578-9689-1
(ISBN 978-2-02-129191-9, 1re publication)

À Thierry Pillon

Introduction

« Stress », « pénibilité », « burn out » ou « charge mentale » : les XXe et XXIe siècles ont vu une irrépressible extension du domaine de la fatigue. Les épuisements s'étendent du lieu de travail au foyer, du loisir au comportement quotidien. Près de huit actifs sur dix placent le mot « stress » en premier pour qualifier le travail[1]. Plus d'un tiers des salariés déclaraient en 2017 avoir déjà fait un burn out[2]. Une hypothèse traverse ce livre : le gain d'autonomie, réelle ou postulée, acquis par l'individu des sociétés occidentales, la découverte d'un « moi » plus autonome, le rêve toujours accru d'affranchissement et de liberté ont rendu toujours plus difficile à vivre tout ce qui peut contraindre et entraver. D'autant que s'y ajoute le rappel, du coup possible, des fragilités, des vulnérabilités. Disparité douloureuse, massive, pourvoyeuse de lassitude autant que d'insatisfaction. La fatigue ne peut alors que s'intensifier, se diffuser sourdement, compromettre les moments banals ou inattendus, accentuer son versant « intérieur ». Elle s'impose dans l'espace public, au travail, dans l'espace privé, dans les relations avec les proches comme dans les relations de soi à soi.

Que nous est-il arrivé ?

Les termes latins *fatigatio* ou *defatigatio* révèlent la très ancienne origine du mot « fatigue » ; expressions indiquant une filiation directe entre hier et aujourd'hui, étymologie quasi mécanique pouvant suggérer que rien, dans la vision des lassitudes et des épuisements, ne saurait changer avec le temps. C'est que la fatigue est au cœur de l'humain. Usure inéluctable, elle incarne sa « limite », au même titre que la maladie, la vieillesse ou la mort. Elle symbolise sa fragilité, son « manque », désignant un obstacle largement partagé : celui, « interne », venu des limites de sa propre existence, celui, « externe », venu du monde, de ses contraintes, de ses oppositions. Rien de pathologique, la plus banale des insuffisances. L'affirmation toute prosaïque de Maupassant : « La puissante fatigue, enfin, le terrassa ; il s'endormit[3]. »

Tout change pourtant. Tout révèle une histoire, plus complexe qu'il n'y paraît et encore peu étudiée, riche de métamorphoses qui en signalent d'autres, mobilisant l'investissement des acteurs, des cultures, des sociétés. Car, dans le cadre qui est le nôtre, celui de l'histoire de l'Occident, la perception de la fatigue varie d'une époque à l'autre. Son évaluation se déplace. Ses symptômes se modifient, ses mots s'ajustent, ses explications se déploient. Immense parcours où il nous faut croiser plusieurs histoires : celle du corps, de ses représentations et des pratiques de santé, celle des modes d'être et d'exister, celle des structures sociales, celle du travail, de la guerre ou du sport, autant que celle de nos constructions psychologiques, jusqu'à notre intimité.

Les formes « privilégiées » de fatigue, celles qui mobilisent les commentaires, celles qui s'imposent en priorité aux yeux de tous, évoluent avec le temps. Elles se révèlent « catégorielles », font exister des milieux. Elles répondent à des dispositifs sociaux, suggèrent des modes d'être collectifs. Au Moyen Âge, quand débute notre enquête, la fatigue du combattant est centrale, dans une civilisation où le militaire incarne la première valeur. Elle est honorée, commentée, tandis que celle du vilain est méprisée. Elle est même calculée dans l'affrontement des joutes qui, au XVe siècle, grandissent la valeur du vainqueur selon la quantité de coups annoncée par les combattants au moment du défi.

Tout change dans la société classique, où s'impose l'homme de robe, où grandit le prestige des activités d'administration et de cabinet. Le financier de La Fontaine, l'avocat de La Bruyère suggèrent des descriptions nouvelles, témoignent des lassitudes particulières, ouvrent sur des champs de préoccupations inconnus. Tout change encore avec les fatigues ouvrières du XIXe siècle, lorsque s'impose la production, ses réussites comme ses dangers : la présence des affaiblissements l'emporte, leur intensité inquiète, leur calcul s'affine aussi pour mieux combiner rendements, économie, efficacité, mais aussi désormais pour les dénoncer, de Villermé à Marx. Alors que notre société du « quaternaire »[4], celle des ordinateurs et des bureaux, oriente vers des fatigues plus sourdes, plus invisibles, où la charge informationnelle a pris la place de la charge physique, où des ruptures personnelles ou collectives surgissent, quelquefois imprévisibles, après de longs parcours de souffrances masquées.

Les représentations du corps, leurs renouvellements, guident de même la perception de la fatigue. L'image la plus ancienne associe l'« état » de fatigue à la perte d'humeurs. Le corps fatigué est le corps desséché. L'épuisement est fuite de substance, effondrement de densité. Image « simple », sans doute, née avec l'Antiquité, faite d'une certitude : les principes précieux du corps sont les liquides, ceux mêmes qui fuient avec les blessures, s'embrasent avec les fièvres, désertent avec la mort. Assèchement et rafraîchissement rythment alors les indices et les restaurations du corps fatigué. L'exsangue fait la limite autant que sa sensation.

Dans l'univers des Lumières, ce sont non plus les humeurs mais les fibres, les réseaux, les « courants », les nerfs qui donnent sens à la fatigue. De nouveaux symptômes se font jour, d'autres traits sont pris en compte : l'épuisement lié à une excitation débordante et mal surmontée, la faiblesse née de tensions répétées ou durablement maintenues. Le manque n'est plus lié à une perte de substance mais à un défaut de stimulation. Des sensations nouvelles s'imposent, jouant avec le sentiment de vide, l'absence d'incitation, l'abandon de ressort. D'où la recherche de « toniques », d'excitants spécifiques, et non plus seulement de compensations liquides, la recherche d'endurcissements particuliers.

L'image change encore lorsque le principe va aux énergies, lorsque la combustion organique se fait travail, selon le modèle machinique du XIXe siècle. La perte est alors celle du feu, celle d'une potentialité profilée en « rendement », celle d'un sentiment de robustesse annulée, alors que s'ajoute encore la certitude de déchets chimiques envahissant les chairs en les faisant souffrir. D'où la recherche de « reconstituants », la poursuite de réserves énergétiques, la quête de calories, l'élimination des toxicités et des nocivités.

La fatigue d'aujourd'hui est perçue dans le langage numérique, privilégiant les messages internes, les sensations, la connexion et la déconnexion. D'où le recours accentué aux détentes, aux relâchements. D'où encore la centration inédite sur le psychologique, le relationnel, la recherche de l'interaction, de la mobilité, celle de la sensation aussi, lentement renouvelée.

Affinements et degrés se précisent avec le temps. Notre civilisation invente des sensibilités, crée des nuances, fait exister de proche en proche des fatigues qui, auparavant, n'existaient pas, découvre, avec le cours de l'histoire, des états longtemps ignorés. Des mots apparaissent, des symptômes se dévoilent. Celui de « langueur » par exemple, évoqué par les nantis du XVIIe siècle se plaignant de faiblesses, de vulnérabilités jusque-là inconnues. Ou celui de « courbature », évoqué avec la culture sensible du XVIIIe siècle, désignant les douleurs discrètes, auparavant négligées, surgies après un effort mal préparé. Celui de « dépérissement » encore, évoqué avec le monde ouvrier du XIXe siècle, suggérant un affaiblissement incoercible affectant les générations, conséquence du dénuement autant que de labeurs excessifs. Les limites se déplacent. Des gradations nouvelles s'établissent en désolant les âmes et les corps.

L'univers du XXe et du XXIe siècle, âge d'une intense psychologisation des comportements et des sensibilités, introduit des différences inédites. La pénibilité physique, objet de luttes pour sa reconnaissance, n'a certes pas disparu. Mais l'attention se porte aux effets les plus multiples : inquiétude, malaise, impossible réalisation de soi. À une fatigue née de la résistance des choses s'ajoute une fatigue née de la résistance de soi, procès interne, personnel, voire intime. C'est à l'intérieur de chacun que se découvrent aussi obstacles et impouvoirs ; c'est de l'intérieur de chacun que s'originent aussi faiblesses et effondrements. Tous suraccentués lorsque les formules nouvelles de management négligent au contraire les valeurs individuelles au bénéfice de profits immédiats, générant précarités, fragilisations variées, mobilités professionnelles non désirées ; le tout conduisant à une très actuelle contradiction : « Un consommateur qui a le pouvoir de décider, un employé qui le perd et un citoyen qui le revendique[5]. » Frustrations intimes dès lors interminablement questionnées.

Tel est bien l'enjeu de cette démarche historique qui est aussi généalogique : montrer comment ce qui semble depuis toujours ancré dans les chairs s'inscrit aussi, au fil des siècles, dans les consciences, les structures sociales et leurs représentations, jusqu'à se redéployer et nous atteindre au plus profond.

PREMIÈRE PARTIE

L'univers médiéval et le défi des repères

État immémorial compromettant l'existence, la fatigue accompagne en profondeur le quotidien médiéval. Les images de corps effondrés ou courbés la figurent, les textes descriptifs la commentent : des traités de santé aux textes de chroniques, aux fabliaux, aux romans. Perte d'humeurs, déficit de liquides précieux du corps, cette fatigue agit selon des modèles traditionnels. Elle est dénuement de substances, fuite de ce qui fait la richesse des chairs, effacement de densité. Elle est phénomène « obscur » aussi : aucun chiffre ne la circonscrit, aucun mot ne l'arrête clairement, même si existe celui de « fatigue », venu du latin *fatigare*, *fatigatio*, *defatigatio*, ou même celui de « lassitude », venu du latin *lassitudo* ; aucun indice précis n'en indique le « plus » ou le « moins », sinon l'évaluation intuitive : la durée du jour, les particularités changeantes des activités, la distance approximative des lieux. Non qu'en soient ignorés les drames, les malheurs, les stigmates physiques, les dangers.

Des acteurs aussi l'emportent, liés aux profils de l'univers médiéval. Voyageurs et marcheurs semblent les premiers concernés. Les pharmacopées s'adressent d'abord à ceux « qui veulent cheminer » ou à « ceux qui sont las du chemin[1] », pèlerins, marchands ou chevaliers confrontés aux traversées improbables, aux espaces mal dominés. Chroniques et romans s'attardent en revanche aux fatigues des combattants, ceux dont les affrontements font le prestige et la défense des cités. Alors que les hagiographies promeuvent les épuisements de ceux dont la vie aspire au rachat de tous, livrés à la règle des clôtures et du religieux. Lassitudes peu catégorisées mais implacablement ressenties, dont l'évocation reflète, mieux que d'autres, l'orchestration médiévale du social, de l'espace, du temps.

Autant dire enfin qu'elles se rencontrent exclusivement dans l'opposition aux choses, dans la résistance du milieu.

Chapitre 1

Image claire, repères incertains

Une image centrale commande la vision de la fatigue ancienne : celle de la perte. L'affaiblissement correspond à un manque, une défaillance de substances. Rien de plus matériel, ni de plus visuel : la transpiration, l'amollissement des chairs, l'absence de souffle, liés, les uns et les autres, à une représentation du corps qui n'est plus la nôtre. Tout tient à une « fuite » incoercible, une lacune venant des « humeurs », liquides censés « faire » l'organique, au point d'en être le premier support. Matières aqueuses, occupant et unifiant les parties, elles apparaissent à la moindre blessure, au moindre hématome, à la moindre transpiration, assimilant l'existence à la sève, aux puissances fécondantes, confirmant l'amalgame entre les fluides et la vitalité. La « quintessence » corporelle réside dans ces flux. Leur présence intensifie la vigueur. Leur disparition fait la débilité, la maigreur, l'épuisement, voire la mort. La fatigue vient de ce qui se perd.

La perte et ses effets

L'exercice illustre une telle image, partagée par les médecins comme par l'opinion commune. Tout vient de l'agitation des membres : les mouvements continus engendrent des frottements, lesquels engendrent de la chaleur, laquelle transforme les humeurs en vapeurs, lesquelles, enfin, précipitent les évacuations et les sueurs. D'où les carences, l'effacement des chairs, la diffusion de souffrances dans un ensemble brusquement asséché et bientôt gagné par le froid. Ce que montre, à elle seule, la longue pérégrination de Tristan et Iseult dans le roman du XIIe siècle, avec leurs corps inexorablement « blêmes et amaigris[1] ». Ce que montrent tout autant les commentaires médicaux, rappelant une « fuite », un évanouissement de chairs, installant les douleurs dans les parties les plus « nobles » du corps :

> Mais ne fais point long exercice
> Cela te serait préjudice
> En diminuant ta chaleur
> Ou te causant quelque douleur
> De tête, estomac ou poitrine
> Dont tu ferais mauvaise mine[2].

Le « déficit » est bien au cœur du mal, la substance perdue au cœur des faiblesses. La sueur y devient « symptomatique, mauvaise[3] ». La fièvre peut suivre, par excès de frottements, avec ses accidents, surtout si l'exercice se fait par « grande chaleur[4] ».

La conséquence présumée des efforts inquiète du coup le médecin, au point de l'alarmer. La perte trop importante est pour lui peu « restituable ». La fuite est danger, menaçant « ceux qui par trop suer se consument[5] ». La lassitude rend « la personne raide et sèche pour la vertu et les esprits qui se dégradent en tel labeur[6] ». Le travailleur, dès lors, doit se garder de « trop de sueur[7] », dans un corps où aucun principe de régulation interne n'est encore pensé. La limite est par ailleurs obscure. Les intensités y sont empiriques, intuitives. Le monde demeure celui de l'impression quotidienne, celui de la sensation immédiate, non encore celui de la vérification ou du calcul[8]. La « perte » elle-même, ainsi représentée, n'est d'ailleurs pas chiffrable. Sa simple évaluation ne peut encore s'imaginer. Nombre de tâches ignorent la mesure, nombre de métiers, de jeux, de voyages, de combats. Certaines charges le montrent mieux que d'autres, les « chasse-marée », entre autres, dès le XIIe siècle : ces voituriers conduisant les poissons de mer, depuis la Manche ou l'Atlantique, jusqu'au marché de Paris. La vitesse exigée autant que la longueur du trajet banalisent la mort de chevaux durant la course, l'épuisement de l'équipage, la concurrence des charrois. Au point qu'existe, dès le XIIIe siècle, un fonds spécial pour remplacer « les bêtes mortes de fatigue[9] » ou compenser les poissons corrompus en chemin. Il faut une ordonnance du prévôt de Paris en 1500 pour baliser davantage la condition du trajet et la régulation du marché[10].

Quels mots employer ?

Limite imprécise sans doute, c'est bien le mot « fatigue », quoi qu'il en soit, qui s'impose, dès le Moyen Âge. Avec une filiation banale, celle du *fatigare* latin, dont textes et auteurs s'inspirent en retenant le substantif. Telle l'évocation, on l'a vu, des « bêtes mortes de fatigue[11] » à la suite des « chasse-marée » au XIIIe siècle, ou la mention de Galaad, « le meilleur chevalier du monde » qui « ne sent jamais la fatigue[12] », ou celle de Fierabras dans son combat contre le musulman, bientôt « accablé de fatigue[13] ».

Bien d'autres mots encore peuvent s'y substituer : « la faiblesse gagnant tous les membres[14] » subie par Durmart le Gallois, « l'échauffement[15] » des membres évoqué par Aldebrandin de Sienne, la « désolation des esprits[16] », partie « aérienne » des humeurs, évoquée par Arnaud de

Villeneuve au XIIIe siècle, ou encore les « accidents de l'âme[17] », ou même « la passion du cerveau[18] » évoquée par Barthélémy l'Anglais, dénonçant les veilles et la sécheresse organique qui s'ensuit. Autant de termes centrés sur le « manque », la défaillance charnelle et ses inconvénients.

Reste une caractéristique dans l'usage médiéval du mot « fatigue ». Elle tient à la perception. La lassitude peut se révéler « extérieurement » autant qu'« intérieurement » : les « sept frères » attaqués par Galaad sont « si fatigués qu'ils ne peuvent plus se défendre[19] », leur attitude dit leur disposition physique ; messire Gauvain, en revanche, dans *Perlesvaus*, « ressent la fatigue des longues journées du voyage[20] », sa sensation, cette fois, dit cette même disposition. Non que les deux regards soient clairement distingués et approfondis. L'évocation demeure intuitive, évidente, entendue, échappant à toute observation particulière, comme pourrait l'être un symptôme ou une maladie. La fatigue n'est pas un « état » étudié, poursuivi, observé. Il s'agit d'une phase de vie, compagne de toute existence, aussi indiscutable que d'emblée reconnue et subrepticement partagée. Il s'agit d'une « faille », réplique sourde et inévitable de l'insuffisance humaine.

Comment qualifier l'intensité ?

Même relative indétermination lorsque la médecine médiévale tente de désigner des repères, évaluer des seuils, scruter le plus ou le moins dans la fatigue et l'effort. Barthélémy l'Anglais, au XIIIe siècle, recourt à des adjectifs jugés compris de tous, mais demeurant intuitifs : l'intensité d'abord, « le labeur est triple, assure-t-il, l'un est fort, l'autre est faible, l'autre est moyen », alors qu'aucun indice circonstancié ne peut être donné ; la rapidité aussi, le « hâtif » et le « tardif » (lent) ; ou la quantité enfin, « grande » ou « petite »[21]. Adjectif « subjectif » encore, le « long », avec l'école de Salerne, régulièrement recopié depuis le XIIe siècle : « Ne fais point long exercice, cela te serait préjudice[22]. » Aucun point fixe encore, les objets n'existant que relativement les uns par rapport aux autres ; aucun principe de vitesse, aucun principe de mécanique, aucun repère stable, même si l'observation s'attache clairement à un plus et à un moins. La « multitude incohérente des systèmes de mesure variables de ville en ville, de village en village[23] » en est la plus notable illustration. Le monde demeure celui de l'effervescence sensible, de l'impression physique, de la conviction visuelle, celui de l'« à peu près » évoqué par Alexandre Koyré[24] et moins celui de quelque possible géométrisation chiffrée.

Aldebrandin de Sienne, au XIIIe siècle, oriente par ailleurs vers les formes ou les couleurs, sans en accentuer la précision : l'excès fait rougir la peau, maigrir aussi, et quelquefois même « engrossier », image archaïque centrée sur les effervescences et les débordements supposés internes[25]. L'« arrêt » du travail s'imposerait dès l'apparition de tels « symptômes », auxquels s'ajoute la « lourdeur », ce sentiment d'un corps perdant son aisance pour devenir « pesant[26] ». Volonté de tempérance, de retenue, sans aucun doute, mais imprécise, peu suivie de tous, fût-elle principe médical. Sa valeur demeure théorique, lointaine, peu réaliste dans l'univers quotidien des actions et des labeurs, d'autant que les efforts « intenses » peuvent se révéler prestigieux.

Des types de perte

Restent les courroux, les soucis, les amertumes, les illusions, dont les effets peuvent être associés à des fatigues et dont la mesure est suggérée plus que précisée. Constantin l'Africain, dès le XIe siècle, décline même des causes nombreuses, distinctes, et pourtant peu commentées : « La réflexion excessive [*nimia cogitatio*], le souvenir [*memoria*], l'enquête sur des choses incompréhensibles [*investigatio rerum incomprehensibilium*], la conjecture [*suspitio*], l'espoir [*spes*], l'imagination [*imaginatio*][27]. » Perte ici encore, par contention d'esprit, resserrement intérieur, agitation d'humeur, dont l'image, à nouveau, focalise l'assèchement : « fuir et éviter les grandes charges et sollicitudes, car trop grande sollicitude sèche les corps humains en donnant désolation aux esprits de vie et les esprits ainsi sont désolés et marris séchant les os[28] ». L'« effacement » tient aux organes rétractés, le « cœur serré[29] » entre autres, sous l'effet de quelque douleur intérieure, raréfiant les humeurs en les contractant, voire en les renfermant. Il tient encore à l'échauffement provoqué par la contrition, ses crispations successives, lancinantes, répétées, les « mouvements incoercibles du cerveau » agitant inutilement les esprits. D'où le conseil insistant d'Arnaud de Villeneuve : « l'homme se doit garder de courroucer, car ire et courroux semblablement sèche le corps en tant qu'elle échauffe tous les membres excessivement et trop grande chaleur sèche le corps et les fait étiques[30] ». La colère bien sûr, ou le désespoir, qui « brûlent » comme jamais. Ou les veilles excessives enfin, avec leurs « angoisses [...] sècheresse du corps, empêchement de digestion, mutation de toute la nature de la personne[31] ». Vision pré-psychologique où toute excitation est d'abord agitation de parties physiques avec leurs heurts et leurs frottements.

Loin de cette relative absence de qualification ou de quantification, il existe pourtant un « paysage » de la fatigue au Moyen Âge. Univers varié, multiple, riche aussi à sa manière, où se manifestent des différences, des modes d'exister et d'affronter, des modes de résister et de souffrir. La fatigue s'apprécie alors prioritairement selon des faits et des lieux, objets extérieurs « saisissables », morcelant et émiettant autour de quelques facettes bien campées ce qui vaut perte et épuisement.

Chapitre 2

La fatigue célébrée du combattant

Il faut des circonstances pour dépasser les descriptions convenues. Il faut des situations ; l'affrontement aux choses, aux gens. Il faut davantage : l'évocation d'activités valorisées, celles mêmes qui focalisent le regard, les autres étant quasi invisibles ou ignorées. Les fatigues, autrement dit, sont prioritairement sélectives. Les descriptions médiévales le montrent, grandissant certains épuisements et moins d'autres, révélant par là une culture, un milieu. Ce qu'illustrent les scènes de combat, imposées ici en toute priorité, alors que sont plus rares les scènes de travail, plus banales sans doute, jugées souvent sans mérite ni relief. L'engagement du choc armé est d'autant plus « observé » qu'il est « extrême », d'autant plus central qu'il conditionne des carrières, fabrique des hiérarchies, construit pas à pas des distinctions. La vie de Guillaume le Maréchal en est l'exemple, dont l'ascension, entre le XIIe et le XIIIe siècle, à la suite de batailles et de tournois gagnés au service de Patrice de Salisbury puis d'Henri II, métamorphose le statut, le conduisant de l'état d'obscur chevalier à celui de régent d'Angleterre[1]. Les épisodes martiaux sont inévitablement au cœur des curiosités, comme l'est la fidélité des engagements. D'où cette manière de traquer la fatigue, en soulignant résistance et insensibilité.

Le « visible » du corps

Très particulières aussi, et datées, sont ces valorisations privilégiant l'apparence sur l'intime, le visuel sur le sentiment, favorisant l'effervescence narrative, la prolixité, orientant le regard vers les gestes, l'outil, son emploi. Le « dehors » s'impose en toute priorité dans cet univers ancien. Tel Fierabras, épuisé dans son combat contre un « infidèle », dans le roman du XIIIe siècle : « le poing gonflé à force de férir […] », laissant « échapper l'épée d'une longueur de lance »[2]. Ou le comte de Normandie dans *La Conquête de Jérusalem*, et sa réaction apparemment différente, plus imaginaire que réaliste, mais bien liée au maniement de l'engin : « il ne pouvait plus relâcher son épée, car sa main était toute crispée sur la poignée ; il ne put la desserrer qu'après l'avoir arrosée d'un peu d'eau chaude et de vin pour détendre les muscles[3] ». La sensation intime existe, on l'a vu[4], mais elle est peu évoquée, peu poursuivie, trop subjective sans doute pour être détaillée. Vision toute particulière de l'accablement, retenant en priorité les relations aux choses, plus que les relations à soi, le dehors plus que le dedans.

Les manifestations visibles des corps ensuite, les troubles physiques, imposant la fatigue jusqu'à la profusion des signes. L'« écume sortant de la bouche », celle de Francs harassés dans le désert[5], ou l'évanouissement des assaillants à l'issue de la prise de Jérusalem, les habits maculés, défaits, écorchés : « ils étaient tout sales et beaucoup s'évanouissaient d'épuisement[6] ». Ou les pieds encore, sanglants après les marches, « chausses coupées, déchirées, arrachées devant le pied par dessous des chevilles[7] ». Tous symptômes quasi « ultimes », suscitant l'estime et l'émoi.

Le privilège de l'endurance

Une valeur s'y ajoute avec le combat, mêlant l'« organique » et le « moral », la force et la détermination. Celle de la bataille bien sûr. Il la faut « longue et acharnée[8] » pour que la victoire y soit estimée ; ou d'une « rare violence et durant fort longtemps[9] ». Celle du combattant aussi. Il le faut tenace, luttant contre tout abandon, tel le comte de Saint-Paul, à Bouvines en 1214, qui « très longuement et très fortement s'était battu et était déjà assez travaillé par la multitude des coups qu'il avait donnés[10] » ; ou résolument obstiné, tel le héros de *Jehan et Blonde*, le roman du XIIIe siècle, sachant « refuser tout repos durant le combat[11] ». Le temps valorise la peine autant qu'il suggère un monde ancien où priment moins la précipitation que la patience, moins la vitesse que la lenteur ; où s'exaltent spécifiquement aussi « les valeurs viriles d'agression et de résistance à tous les assauts », le combattant incarnant une finalité quasi symbolique : imposer coûte que coûte la robustesse, « masquer les faiblesses[12] ».

Deux grandeurs peuvent ainsi l'emporter, au prisme de la fatigue et du combat : celle révélant les plus capables d'affronter leurs limites, celle révélant les plus capables de les ignorer. Les premiers s'affirment en montrant qu'ils savent souffrir, les seconds s'affirment en montrant qu'ils sont insensibles. L'endurance est au cœur des qualités, l'acharnement par la durée. Jacques de Lalaing, personnage prestigieux de la cour de Bourgogne, le démontre en cultivant un savoir-faire précis : « Plus que tout homme en effet, il était résistant, expérimenté, et il savait bien échauffer son adversaire[13]. » Galaad, « le meilleur chevalier du monde », le démontre en cultivant une inaltérable froideur, « immuable, inlassable[14] ». Référence si importante encore qu'elle est attendue du cheval : tel le coursier de Baudoin, dans *La Conquête de Jérusalem*, « Prinsault l'Aragonais qui n'est jamais essoufflé[15] », ou celui de Fabur, l'arabe dont « vingt lieues au galop ne suffiraient ni à ralentir la course ni à le fatiguer[16] ».

Référence si importante enfin qu'elle s'accentue durant le Moyen Âge, au point de figurer au cœur des joutes. Les assistants, au XVe siècle, aiment à compter le nombre de courses et de coups, apprécier leur âpreté, évaluer leur durée. Tel le défi du 15 décembre 1445, à Gand, où Jacques de Lalaing opposé à un chevalier sicilien combat jusqu'à la nuit : « À la vérité tous ceux qui étaient présents disaient que jamais ils n'avaient vu porter des coups aussi âpres sur un si grand nombre de courses[17]. » Le chiffre des actes à réaliser en vient d'ailleurs à être annoncé préalablement par l'assaillant, signe d'assurance, de résistance, ou, mieux, de valeur. Ce que stipule le règlement d'un affrontement sur les bords de Saône, le 2 octobre 1450 : « Il faut que le nombre de coups de hache soit fixé[18]. » Ce que confirme aussi le nombre « éloquent » de coups demandés (soixante-trois) par un certain Jean Pitois contre Jacques de Lalaing, le 15 octobre 1450[19]. Manière indirecte et inédite de recourir au chiffre, au milieu du XVe siècle, pour signifier, et surtout valoriser, la résistance des combattants.

Souffrir « longuement » pour former

Autant de références insistantes commandant, en définitive, la formation chevaleresque elle-même. Jean de Bueil, compagnon de Jeanne d'Arc, conditionne l'acquisition d'« honneur et gloire par le moyen de la guerre » à la nécessité de savoir « endurer patiemment la grande peine et dureté qu'on y trouve au commencement »[20]. Jean le Meingre de Boucicaut, nommé maréchal de France par Charles VI en 1391, détaille une telle exigence en évoquant sa jeunesse batailleuse, répétant l'adverbe « longuement », au point d'en faire un leitmotiv : « nulle peine ne lui était grave », courant et allant « longuement à pied », s'accoutumant à « tenir longue haleine », souffrant « longuement » le travail, maniant « longuement » une cognée, endurcissant ses bras et ses mains à « longuement férir », multipliant les « essais de guerre » et « ne cessant jamais »[21]. Une seule logique : la réitération. Une seule perspective : la continuité. Répétition globale, entière, massive, loin des repères « graduels » et « progressifs » que l'univers moderne tentera de profiler, révélant, au passage, les démarches anciennes d'accoutumance à la fatigue et de résistance aux temporalités. Apprendre à dominer la lassitude, ce n'est pas l'approcher en échelonnant les efforts, c'est la surmonter en additionnant, toujours et toujours, l'ensemble d'une situation, en s'y livrant d'emblée et en totalité.

Une telle visée se limite aux chevaliers. Elle diffère pour le reste de l'armée. Les archers n'y souscrivent pas lorsque l'Anglais Édouard III, en 1335, envisage le bon usage de l'engin chez le futur combattant : « Il est interdit, sous peine de mort, par tout le royaume d'Angleterre, de se divertir à un autre jeu que celui de l'arc à mains et des flèches[22]. » Seul compte ici le maniement de l'arme, non la préparation aux marches ou aux épuisements, auxquels les non-chevaliers sont pourtant confrontés. La même attente domine, le 28 avril 1448, lorsque le Français Charles VII ordonne à chaque paroisse d'entretenir des archers pour les combats à venir[23]. Ce qui confirme un net partage social : la formation à l'endurance ne concerne que les plus prestigieux, ceux que symbolise le « chevalier lourd, le chevalier, au sens à la fois technique et social du terme, armé [...] du grand bouclier [...] du haubert de maille et maniant la lance et l'épée[24] », celui capable de porter sur lui-même vingt-cinq kilos de fer, celui dont la résistance à la fatigue et aux coups fait la grandeur. Rien d'autre qu'un signe culturel majeur : « À la fin du Moyen Âge, la chevalerie était encore considérée comme le nerf des armées[25]. » Alors même que la possible fatigue des humbles n'est guère pensée.

Chapitre 3

La souffrance « obligée » du voyageur

Le voyage, avec ses souffrances, ses imprévus, est l'autre lieu de fatigue régulièrement commenté au Moyen Âge. La peine y demeure plus terne que celle du combat. Elle est imposée plus que valorisée. Elle est inévitable, surtout, redoutée, commentée. C'est une culture, en définitive, que révèlent ces pérégrinations laborieuses, mêlant lassitudes et impuissances, découvertes et nouveautés.

Une vision de l'espace

L'espace médiéval en est la cause, commandant d'emblée l'idée de fatigue. L'enjeu touche au cosmos. Le milieu devient flou dès que la distance s'instaure. La pénibilité surgit dès qu'il faut « cheminer ». Le trajet s'oppose à la sécurité. Aucune vue surplombant la Terre dans un tel univers. Aucune surface homogène, telle que notre modernité pourra l'engendrer[1]. Non que toute carte soit absente, comme le montrent les premières gravures découpant frontières et continents. Mais les lignes y dominent, les traversées, les trajets, moins la vision englobant la totalité d'un espace pour mieux le dominer. L'étendue demeure « un entre-deux : un vide à remplir[2] », avec ses jonctions incertaines, ses obstacles toujours renouvelés. Seuls comptent les lieux, ceux mêmes qu'évoque Marco Polo, au XIIIe siècle, dans son périple pourtant « fabuleux », traduit en autant de *Merveilles*, « ne s'extasiant que devant les jardins[3] ». Du coup, les parcours étirent ainsi les avancées autant que les souffrances, et l'horizon peut fasciner autant qu'il peut effrayer.

Les commentaires sont brefs. Le temps n'est pas aux introspections ni aux relevés scrupuleux des sensations perçues. La fatigue, comme pour le combat, se traduit plutôt par l'évocation des choses, les effets visibles, la physique des lieux : c'est le dehors géographique qui dit à nouveau le dedans corporel. Les conditions du parcours, les terrains, les climats : telle la puissance du vent poussant Jean Plan de Carpin, l'envoyé du pape, à se jeter régulièrement à terre dans sa traversée de la « Tartarie » en 1246[4] ; ou le sol désertique de l'Orient, « tantôt pierreux, tantôt sablonneux[5] », poussant Jacques de Vérone à désespérer de son trajet dans son long périple de 1335.

C'est l'ensemble d'une galaxie matérielle et mentale qui est en jeu, une vision des entours, une manière de vivre chaque lieu comme un isolat, et, du coup, chaque éloignement comme un « affrontement ». Aucune surprise si les habitants de Montaillou, au XIIIe siècle, valorisent comme jamais Pierre Maury franchissant « à guet une rivière importante en portant sur ses épaules, successivement, Bélibaste et Arnaud Sicre[6] ». L'aléa des distances, leurs épreuves toujours recommencées constituent ainsi le premier défi rencontré.

Cette menace de l'« ailleurs », l'inquiétude des espaces, leurs surprises possibles, font du lointain un des premiers objets de la littérature médiévale. Brendan[7], ce prêtre irlandais parti à la recherche du paradis terrestre avec douze compagnons, rencontre lors de son voyage des épreuves si nombreuses, si curieuses, que son périple est l'objet de cent vingt manuscrits entre le Xe et le XVe siècle. Brendan connaît tous les épuisements, toutes les frayeurs. Aux efforts des traversées s'ajoutent les affrontements d'animaux inquiétants, la présence exténuante des monstres, des diables, des démons. Autant de prodiges occupant encore nombre de romans, mobilisant l'imaginaire, avivant les récits.

L'accablement, plus précisément encore, est au cœur de quelques trajets médiévaux marquants : les confins, la mer, la forêt, les déserts… Ceux de Terre sainte en particulier, avec leurs risques d'égarement, les marches rendues interminables, les épuisements rendus mortels. Le témoignage de Nompar de Caumont en 1419 : « Je pris la route au milieu de la nuit à cause de la forte et redoutable chaleur du pays qui provoqua en chemin la mort de beaucoup de personnes[8]. »

Montagnes et forêts étendent tout autant les lieux symboliques du harassement. La forêt surtout, avec ses ombres, ses pistes imprécises, ses ressemblances indistinctes. Les adjectifs s'accumulent pour la qualifier : felonesse, aventurose, perdue, desvoiable[9]. Elle est errance autant que menace, multipliant « les pièges, les lieux secrets, les embuscades possibles » auxquels s'ajoutent « les difficultés de s'y orienter et d'en sortir[10] ». Les épisodes d'épuisement s'y multiplient. Le roi Loth et ses fils, arrivés chez le forestier du Northumberland, dorment « profondément pour avoir enduré de rudes efforts et de grands tourments[11] ». Les amis de Gauvin, ayant chevauché « jusqu'à la nuit » dans quelque « forêt immense et ombrageuse[12] », tombent immédiatement de sommeil. Alors que la forêt où s'aventure Guinebaut est elle-même nommée « Périlleuse[13] » en raison des souffrances, mais aussi des exploits éventuels qu'elle impose et promet. Fin tragique, enfin, dans le roman du XIIe siècle *La Dame invisible*, les cris lointains entendus dans la forêt sont ceux d'un « malheureux perdu […] où nul n'a plus d'espoir de le retrouver[14] ».

La mer enfin complète les figures d'horreur, jusqu'aux imaginaires d'angoisse : pluies de pierres et de feu, îles déroutant par leurs aimants de fer, monstres inquiétant par leurs mâchoires d'airain. Dangers si convaincants que les rôles d'Oléron, au XIIe siècle, inaugurent un tout premier régime de « protection » : « Si le marinier se blesse au service de la nef, il doit être guéri et pansé sur le coût de la dite nef[15]. »

Quels voyageurs ?

Chevaliers errants, marchands, hommes de pouvoir, princes ou évêques, autant de voyageurs confrontés aux risques des itinéraires tourmentés : âpreté toujours évoquée, toujours soulignée.

La réalité quotidienne est redoutable autant que banale. Elle est plurielle aussi. Le voyage est incontournable, plus que jamais nécessaire, et pourtant « épuisant ». Il est recherche de gain d'abord, celui du marchand ou du négociant, avec ses lieux distants, ses foires largement disséminées : « Champagne, mais aussi Lyon, Cologne, Augsbourg, Mayence, Venise, Mantoue, Milan, Naples, Brindisi[16]. » *Les Effets du bon gouvernement*, la fresque de 1339 d'Ambrogio Lorenzetti placée sur les murs de la Sala dei Nove à Sienne, en donne une description embellie : villes aux abords animés, cohortes nombreuses, bêtes chargées, marchands avançant à pied[17]. L'ensemble paraît à la fois remuant et tranquille. Le cartouche, pourtant, dit indirectement le danger : « Que tout homme libre marche sans peur[18]. » Les trajets, assurément, se vivent avec âpreté. La langue poétique de Gilles Li Muisis, au XIIIe siècle, s'en tient d'ailleurs aux menaces :

Marchands s'aventurent par pays, par contrées ;
Par mer et par terre marchandises sont menées ;
Aux fêtes et foires sont par terre portées.
Tous temps sont en péril, peu sont en sûreté[19].

La langue administrative des scribes du duc de Bourgogne, en mai 1344, durant son voyage entrepris vers la cité des Papes, s'en tient au recensement des défaillances ou des pathologies. Maladies et morts, en particulier, sont les épisodes ultimes des difficultés rencontrées : cinquante-quatre malades (abandonnés sur place), près du tiers des « partants », dont quatre meurent, sur un effectif approximatif de cent soixante-dix personnes, entre mai et octobre 1344[20]. Ce que confirme indirectement la lettre de Louis VI adressée au roi de Castille en 1387 : les « deux mille hommes d'armes » qu'il envoie à son secours doivent être acheminés « au plus gracieusement et à moins de dommage que faire ce pourra[21] ».

La litanie consacrée au voyage par Eustache Deschamps, au XVe siècle, le montre encore, accumulant les harassements, alors même qu'est rappelé, *a contrario*, l'intérêt d'affronter le monde pour mieux l'apprécier :

Ceux qui ne partent de l'hôtel
Sans aller par divers pays,
Ne savent la douleur mortelle
Dont gens qui vont sont envahis
Les maux, les doutes, les périls
Des mers, des fleuves et des pas
Les langages qu'on n'entend pas
La peine et le travail du corps.
Mais combien qu'on soit de ce las
Il ne sait rien qui ne va hors[22].

Les règlements religieux sont à cet égard symboliques, qui favorisent une nécessaire économie des parcours. L'archevêque Raoul de Bourges, au cœur du Moyen Âge, « protège » ses prêtres de trop longs cheminements : ceux résidant au-delà de « six ou sept mille de la cité » sont autorisés « à s'associer par groupes de dix pour envoyer l'un d'entre eux auprès de l'évêque le jeudi saint afin de recueillir dans trois fioles différentes le saint chrême pour le baptême et les huiles saintes pour les catéchumènes et les malades[23] ». Les visites de l'évêque sont elles-mêmes strictement mesurées, toujours solennelles, mais « peu fréquentes[24] » encore avant les XIe et XIIe siècles.

Restent les pèlerinages, nombreux, disparates, si variés qu'ils sont reconnus comme cause « la plus fréquente des déplacements[25] ». Une façon « de marcher dans les pas du Christ[26] », au sein d'un univers religieux où le « Sauveur », lui-même prêcheur itinérant, demeure « l'archétype du voyageur[27] ». Leur particularité est manifeste. D'autant qu'ils inversent de part en part le sens banal des lassitudes : non plus un éreintement subi mais un éreintement voulu, non plus une souffrance accidentelle mais une souffrance souhaitée, la « grandeur » surtout, acquise une fois la destination obtenue. Le pèlerin, avec son bâton, sa besace, ses pieds nus, ne représente pas seulement la figure médiévale du rachat attendu de la fréquentation des reliques et des lieux saints, il représente aussi la figure du rachat attendu des épuisements que le chemin fait endurer. La fatigue participe de la rédemption : « Tout pèlerinage médiéval est, dans une certaine mesure, une œuvre de pénitence, en raison des difficultés pratiques du voyage (fatigues et dangers de la route)[28]. » Alphonse Dupront le dit avec concision : « C'est l'épreuve de l'espace qui fera le pèlerin[29]. » Les voyageurs de l'Orient, arpentant le Sinaï vers le tombeau du Christ, le disent avec emphase, tout en invoquant leur expiation. Rien d'autre que le tourment, et son sens dernier, l'édification :

> Nous grimpâmes difficilement, au prix de très grands efforts, jusqu'à son sommet, et nous rencontrâmes des passages si difficiles et si éboulés, qu'il serait difficile de le croire. Ô chair humaine fatiguée ! Que de fatigues et d'angoisses tu supportes pour obtenir la grâce divine[30].

Paradoxe extrême de la peine et du rachat, certains consentent même à payer pour obtenir que d'autres se « fatiguent » pour eux. Guy de Dampierre, devenu comte de Flandre en 1251, mort en 1305, offre, dans son testament, « une somme de huit mille livres à celui qui, dans le cas où le comte ne pourrait accomplir son vœu d'aller en Terre sainte, ferait pour lui ce pèlerinage[31] ». Somme notable, alors que le chapelain de Guy a, « par chaque jour, de l'avoine pour deux chevaux ; seize livres pour ses draps, et vingt livres de pension annuelle[32] ». L'« échange » confirme la pratique des « indulgences », compensations financières des péchés, autorisées depuis le canon de 992[33], tout en confirmant aussi, par la somme allouée, la dureté des affrontements projetés.

Les pieds, symptôme premier

Il faut insister sur les particularités de ces fatigues volontairement bravées dans les siècles centraux du Moyen Âge. L'image de la souffrance impose ici un stigmate singulier, révélant à nouveau la variété des lassitudes affrontées : la centration sur un lieu du corps, la fixation sur les déchirures du marcheur, les blessures des pieds. Atteinte toute mécanique d'abord : il « n'existe pas au Moyen Âge de chaussures spécifiques pour la marche[34] ». Les souliers, généralement cousus d'une seule pièce[35], ne résistent pas aux accidents du terrain, ni aux enjambées longuement répétées. Mais l'atteinte anoblit aussi le projet, ajoutant une douleur nouvelle aux souffrances acceptées. D'où les trajets effectués volontairement pieds nus. Saint Guillaume de Verceil, au XIIe siècle, « se rendit illustre pour être allé à Compostelle en cet appareil, à l'âge de quinze ans[36] ». Les scènes de repentance ou de processions effectuées dans de telles conditions se banalisent, tels ces chapiteaux des églises des XIIe et XIIIe siècles, avec leurs pèlerins défilant sans souliers[37]. « Mortification courante », dit Karin Ueltschi, évoquant les pénitences de Perceval[38]. Saint Louis le confirme encore, commandant, lors de la prise de Damiette en 1249, que la cité fût débarrassée « des charognes d'hommes et de bêtes et d'autres ordures », avant d'ordonner la traversée de la ville, « tout nus pieds, et les barons et le peuple, moult dévotement »[39]. Une grandeur naît de cette acceptation de souffrance, une manière précise et datée d'assurer le pardon.

Pénitence sans doute, mais autre pénitence encore, avec l'attitude de porter assistance aux marcheurs, de laver leurs pieds en acte de contrition. Saint Louis, chaque samedi, « est accoutumé de laver les pieds aux pauvres en lieu secret[40] ». Ysabel, la fille du roi de Hongrie, en 1230, acquiert la sainteté en se dévouant ainsi à la cause des plus démunis :

> Et quand les pauvres étaient venus aux vêpres pour reposer, si regardait ceux qui étaient pauvrement chaussés ; à ceux lavait-elle les pieds ; et puis le lendemain au matin, elle leur donnait souliers selon la mesure de leurs pieds ; car elle était tous temps garnie de souliers grands et petits pour donner à ceux qui métier en avaient ; et elle-même leur aidait à

> chaussier. Et puis si les convoyait et les conduisait tant qu'ils fussent en chemin où ils devaient aller[41].

Les pieds, lieux symboliques d'une souffrance, d'une fatigue et d'un temps.

Chapitre 4

La fatigue « rédemptrice »

Nombre d'activités, nombre d'engagements peuvent constituer un autre versant de cette fatigue rédemptrice, peines toutes volontaires, torturantes, exclusivement orientées vers le rachat. L'univers religieux en trace les conditions. Les gestes, dûment sélectionnés, en tracent les intensités. Chez les clercs surtout où le salut est au cœur de contritions charnelles ; au Moyen Âge encore, où le mysticisme s'accompagne de douleurs toujours plus recherchées.

Le voyage « sanction »

Certains pèlerinages échappent à la seule décision personnelle ; accablements tels, symboliques mêmes, que l'autorité peut en user comme autant de sanctions, les substituer à une condamnation : non plus rachat intime, mais rachat social. L'acte se métamorphose en « peine » publique, assertée, quasi chiffrée. Parcours et destination glissent alors au « châtiment », expiation dûment codifiée, liant la longueur du trajet à la gravité des faits réprimés. Un clerc fixe le tracé, « bénit le pénitent, lui remet chapeau, besace et bâton, et le munit d'un sauf-conduit […] l'arrivée au terme du pèlerinage vaut absolution de la faute[1] ». Le périple se fait ainsi « juridictionnel », sentence déclenchée par l'Église ou les magistrats, suffisamment grave d'ailleurs pour concerner aussi la criminalité. Une lettre de 1387 gracie Jean Bigot de Saint-Maurice-des-Noues, coupable d'homicide, « à condition qu'il se rendra à Notre-Dame du Puy et fera dire cent messes pour le salut de l'âme du défunt[2] ». Une rémission est accordée en 1393 à deux habitants de la paroisse d'Azay-le-Brûlé qui ont participé, quatre ans auparavant, au meurtre d'un pillard et à la détrousse d'une femme « à condition d'aller l'un à Dame du Puy, l'autre à Saint-Jacques de Galice[3] ». Au cœur de la sanction existent ainsi les tribulations et les éreintements des pérégrinations, « accompagnés de fatigues et de dangers dont on ne peut aujourd'hui se faire une idée[4] », dit encore Victor Derode en 1848.

Restent les limites de telles décisions. Le pénitentiel condamne, mais il « livre » aussi les condamnés à leur sort. Il inflige des « peines », mais il diffuse aussi d'autres « perditions ». Les routes deviennent moins sûres une fois empruntées par des criminels avérés, des délinquants, des êtres sans aveu. Le trouble s'accroît dès lors, même si Gilles Charlier, au concile de Bâle en 1433, associe encore le pèlerinage pénitentiel à une « expiation des péchés[5] ». Les faits s'imposent, quoi qu'il en soit : la *perigrinatio* est bientôt accusée d'être « une occasion de scandale plus qu'un moyen de sanctification[6] ». Les jugements de ce type, dès lors, se raréfient. La pratique s'efface avec le XIVe et le XVe siècle, flagellations et supplices lui succéderont. Son existence en revanche, fût-elle transitoire, n'en est pas moins marquante, imposant une image majeure : celle d'une fatigue identifiée, en tout premier lieu, au Moyen Âge, dans l'aventure des traversées ou des trajets.

La tâche rachat

Le labeur aussi peut être « orienté », visée spécifiquement religieuse dans ce cas, promue au cœur des récits édificateurs, d'autant que l'*acedia* (l'oisiveté, la somnolence) inquiète, au Moyen Âge, l'univers monastique, désignée en « ennemie de l'âme[7] », signe d'ennui, de distance « coupable », d'absence de ferveur[8]. Seuls le sacrifice ou l'engagement total doivent primer : tels ceux des « filles » des hôtels-Dieu, « totalement appliquées à subvenir aux misères et nécessités des pauvres[9] » ; ou ceux de sainte Douceline, fondatrice des béguines de Marseille au XIIIe siècle, multipliant les « excès de fatigue[10] » pour mieux servir ses protégés ; ou saint Julien, créant un hospice avec sa femme, s'épuisant à y « accueillir tous les pauvres[11] ». Travail multiple, émietté, aux symptômes à peine décrits, la massivité des charges primant sur le détail des effets, l'étendue des durées primant sur la dispersion des actions. Harassement inévitable pourtant, lié à une exigence précise : ne jamais quitter, un seul moment, l'esprit de sacrifice, maintenir un engagement incessant. Les règles de l'Hôtel-Dieu de Paris arrêtent des tâches quasi infinies : du lavage au couchage, du chauffage au séchage, du nettoiement au baignement, des soins courants aux soins ultimes ; toujours « pénibles[12] » aussi, parce qu'« ininterrompues », inversant « le jour en nuit et la nuit en jour »[13]. S'ajoute enfin l'assimilation implicite d'un tel travail aux stigmates auto-infligés, pénitences abruptes, blessures délibérées, dominant les siècles centraux du Moyen Âge. Sainte Douceline conçoit un implacable montage technique pour accroître ses veilles, et « servir » toujours davantage, fixant une corde au-dessus de son lit dont elle entoure sa taille : « Dès qu'elle bougeait la corde la tirait et elle se réveillait[14]. » Saint Jérôme, ermite du désert au service constant des voyageurs en perdition[15], frappe son propre corps pour éviter, coûte que coûte, tout endormissement : « si jamais le sommeil venait à bout de ma résistance et s'abattait sur moi, je cognais sur le sol mes os décharnés, qui avaient peine à tenir ensemble[16] ».

De la souffrance infligée à la contemplation

À suivre sainte Douceline et ses engagements successifs, une autre évidence s'impose : la visée dernière est moins le travail que la contemplation, moins la terre que le ciel. L'extrémité de la peine semble y contribuer. Douceline s'éloigne, année après année, des labeurs quotidiens, recherche « les lieux solitaires[17] », aménage un « oratoire très secret », s'abandonne à une « haute extase », y est quelquefois « ravie sur la durée d'un jour »[18], au point d'apparaître en lévitation. Son transport la métamorphose, attire visiteurs et croyants, intensifie les « dévotions », justifiant « la grande tradition » de l'Église médiévale : « la dignité de la vie contemplative sur la vie active[19] ». Hiérarchie complexe, sans doute : l'importance d'une mystique monacale unissant « la prière et les travaux manuels[20] » ne saurait être déniée, illustrée par les Cisterciens et Bernard de Clairvaux[21]. L'épuisement physique, signant « la condition pécheresse de l'homme[22] », ne peut être oublié, mais il est une étape. C'est la contemplation qui tend ici à l'emporter. C'est elle aussi qu'illustre le parcours de sainte Douceline, confortant la certitude d'un Pierre de Jean Olivi, le mystique languedocien, son contemporain : « La vie active a pour fin de préparer à la contemplation[23]. » Une telle fatigue rédemptrice serait ainsi une « phase », un acte préparatoire vers un ailleurs plus central. Ce qui ouvre sur une autre fatigue encore, l'emportement de l'extase, l'« arrachement » à soi, celui même que la culture du temps, faute d'outils mentaux adéquats, évoque par des traits physiques plutôt que par des traits spirituels. L'épuisement intérieur doit se voir. Il doit être perceptible à défaut d'être psychologiquement décrit : lassitude inédite, celle des grands mystiques, il demeure « ostensible ». Sainte Douceline « s'offre elle-même à Dieu avec une si grande ardeur que son corps semblait quasiment défaillir de cette grande ferveur d'esprit qui la faisait toute fondre[24] ».

Même profil lorsque Guillaume de Tyr, au XIIe siècle, évoque, chez le nouveau roi de Jérusalem, Baudoin II, l'impérieuse aspiration spirituelle et les oraisons indéfiniment répétées : « Il était infatigable à la prière à tel point que ses mains et ses genoux étaient couverts de callosités, par suite de ses fréquentes génuflexions et des pénitences qu'il s'imposait[25]. » Le physique encore et ses contraintes, les gestes encore et leurs effets, alors qu'il s'agit davantage d'effort intime et de contention d'esprit. Reste, quoi qu'il en soit, cette fatigue rédemptrice valorisée au cœur de l'univers médiéval, imposant au corps les souffrances les plus variées : la marche interminable du pèlerin, le travail incessant du religieux, l'abandon tourmenté du mystique. Rien d'autre que le spectre indéfini de la lassitude comme signe insistant et toujours espéré du rachat.

Chapitre 5
Le travail quotidien, un « silence » relatif ?

Impossible enfin d'ignorer le travail quotidien, quatrième « lieu » d'évocation de la fatigue au Moyen Âge, après le combat, le voyage, la « rédemption ». Rien de plus discret pourtant, rien de plus occasionnel. La fatigue travailleuse demeure une non-valeur, contrairement à celle des voyageurs, des combattants ou des « saints », toujours notifiée et louée. Ses gestes appartiennent à la médiocrité des jours, quasi « oubliés » dans leur lancinance, égarés dans des efforts sans éclat. Ils accompagnent le sort des anonymes, ceux que marginalise la plus totale obscurité, aucune proximité possible avec le grandissement ou le rachat.

La « trivialité » du rural

Une telle inexistence renvoie d'abord au plus lointain, le statut de serf aux Xe et XIe siècles, celui d'un être « taillable et corvéable à merci », fixé « jour et nuit[1] », livré aux tâches indéfinies. La dépendance d'un tel homme multiplie les charges possibles : « tout » peut lui être imposé. Son existence et sa légitimité tiennent même à l'« absence de bornes au service demandé [...] exprimant clairement une situation d'objet[2] ». Ce qui, d'emblée, empêche de promouvoir la fatigue en source d'attention. Une image dès lors se répète : « Aux serfs toutes les privations, toutes les peines, tous les chagrins[3]. » Une indifférence aussi : la non-prise en compte de tout harassement. Bertran de Born dans son *Sirvente*, au XIIe siècle, peut même justifier une brutalité : « On ne doit jamais plaindre un vilain si on lui voit briser bras ou jambe ou s'il lui manque quelque chose de nécessaire[4]. » S'y ajoute la condition globale du travailleur condamné à l'impuissance, livré à une loi qui le dépasse : loi implacable venue du ciel, dont la seule existence fait de la fatigue une occurrence obligée autant qu'un épisode ou un état sans réel intérêt.

Un changement de repères s'exerce pourtant, entre le XIIe et le XIIIe siècle. Non que la fatigue soit d'emblée commentée. Elle l'est, en revanche, indirectement. Dans la conscience technique d'abord, exprimée par les plus érudits. La présence des moulins sur les cours d'eau, l'apparition de l'arbre à cames transformant les mouvements rotatifs en mouvements alternatifs, la possibilité mécanique de piler et de marteler suggèrent des comparaisons, la confrontation entre gestes anciens et gestes nouveaux, le sentiment de quelque « affranchissement » de contraintes. Telle l'évocation, au XIIIe siècle, par les moines des ateliers de Clervaux :

> La rivière [...] élève ou abaisse alternativement ces lourds pilons, ces maillets ou plutôt ces pieds de bois [...] et épargne ainsi aux frères de grandes fatigues [...] Que de chevaux s'épuiseraient, que d'hommes se fatigueraient les bras dans ces travaux que fait pour nous la gracieuse rivière à laquelle nous devons notre vêtement et notre nourriture. Elle combine ses efforts avec les nôtres[5].

La diffusion médiévale du mot « engin » en est un autre exemple, matérialisant une visée : « ruser » avec la force, la suppléer, venir à son secours. La certitude du *Roman de Rou* : « L'engien aide le mestier[6]. » Ce qui impose une nouvelle catégorie d'acteurs : « Les "hommes de l'engin" s'affirment avec leurs créations, à côté des artisans, ceux-ci, "hommes de l'outil"[7]. » Machines modestes, sans aucun doute, où la main de l'homme demeure active, voire « pressante », mais le sentiment d'un monde nouveau érigé sur des lassitudes surmontées permet de mieux les évoquer.

La relation au rural est par ailleurs transformée avec la fin du servage, aux XIIe et XIIIe siècles. L'essor économique permet à nombre de serfs de racheter leur liberté, faisant basculer le travail d'une durée « infinie » à une durée « comptée ». L'engagement de journaliers, l'existence de corvées aiguisent des efficacités, suggèrent des chiffres, promeuvent des traités d'agriculture ou d'économie : « les hommes de 1250-1260 sont attentifs à la productivité, à la technique[8] ». Ce qui discrimine des tâches, transforme le salaire en calcul, oriente vers une « gestion[9] » surveillée. Le harassement, ici encore, est évoqué, mais indirectement. Aucune promotion, aucune valorisation sans doute, sinon la tentative d'éviter les obstacles de la lassitude dans l'ordonnancement des travaux. Son évaluation toute intuitive s'en tient aux efficacités présumées. Les hommes qu'elle concerne sont autant de travailleurs dévalorisés, mais l'attention qu'elle suscite porte clairement sur le labeur effectué. Pietro de' Crescenzi propose, au XIIIe siècle, de s'adresser d'abord au vilain embauché pour savoir ce qu'il « a déjà fait » et ce « qu'il fait le plus volontiers et avec le moins de fatigue »[10]. Le but : harmoniser l'activité, abréger des lenteurs, favoriser des « temps limités[11] ». Un autre questionnement vise la même exigence en s'en tenant aux critères d'espace et de temps : « voir de combien chacun homme peut semer sur une acre mesurée[12] ». La fatigue, pour la première fois, apparaît ainsi à l'horizon d'une limite possible, exprimée par un seuil, celui à partir duquel l'homme ne peut poursuivre la charge exigée. Question identique encore, pour le laboureur et son charroi, combinant cette fois distances et durées :

> Et fait savoir combien d'acres une charrue peut suffire par an, et quant des liewes [lieues] les chevaux et les bœufs font à la journeye quand ils arent une acre de terre. Asquns dyent que une carue ne poet suffire pur IX acres de terre ne VIII et joe montrer par deux raisons que si poent bien[13].

Même question enfin pour l'obstacle respectif des terrains ou l'efficacité relative des animaux, les chevaux par exemple, censés mieux s'adapter aux « terrains pierreux » mais demeurant plus coûteux que les bœufs[14]. L'interrogation est pragmatique, empirique, faite pour prévoir les journées, le nombre d'hommes à embaucher, les types de traction, leur coût. Réponses approximatives, faut-il le redire, mais elles aventurent des chiffres, fussent-ils partiels :

> Et vous devez savoir que cinq hommes peuvent bien couper et lier deux acres le jour, de chaque manière de blé, l'un plus, l'autre moins. Et là où chacun prend deux deniers le jour, vous devez donner pour l'acre cinq deniers. Et là où les quatre prennent chacun un denier une obole le jour et le cinquième parce qu'il est lieur, deux deniers, donc vous devez donner pour l'acre quatre deniers[15].

Ces mêmes réponses visent le salaire attribué : « S'ils comptaient plus la journée qu'il n'affert selon ce compte, vous ne devez pas le leur payer[16]. » Au point qu'il est possible d'entrevoir des différences de rétribution selon l'« effort » supposé : le « lieur », par exemple, censé rassembler, serrer et attacher, payé deux deniers, par rapport au « simple » coupeur payé un denier une obole[17]. Ou, à la ferme Carville, en 1308, la corvée de charrue, avec son maniement du soc et la conduite du charroi, payée davantage que la corvée de herse et son ratissage de surface[18]. Autant d'indications, rares encore, imprécises même, mais qui révèlent une volonté de hiérarchiser des « peines », comme leurs rétributions.

Non que change le mépris dans lequel le « vilain » est maintenu. Sa fatigue est même quelquefois transformée en objet de risée. Le vilain de Bailleul le montre dans le fabliau du XIIe siècle, revenant chez lui après avoir « peiné sur ses terres et ses blés ». Sa lassitude sert de prétexte à sa femme pour le conduire au lit, avant d'aller elle-même retrouver son amant. Épuisement sans doute, mais balourdise aussi d'un homme déprécié, jugé, par ailleurs, « sot et repoussant[19] ».

Reste l'iconographie, sa représentation des gestes, sa mise en scène des acteurs, images concrètes devenant autant de signes « révélateurs ». La fatigue affleure alors dans le maniement des outils, leurs figures, leurs destinations, émergeant du silence des actes et de leurs positions. L'usage de la bêche ou de la sape, par exemple, en tâche exclusivement masculine, comme le battage ou le vannage, activités jugées inappropriées à quelque « faiblesse » supposée féminine, elle-même destinée davantage à la faucille et au râteau[20]. L'image, pour la première fois, tend à distinguer hommes et femmes et leurs fatigues respectives. L'effort exigé est censé s'exhiber, restitué quelquefois dans la courbure des corps, dans l'ampleur des dynamiques, comme dans le *Rentier* d'Audenarde, enluminé à la fin du XIIIe siècle, où plusieurs paysans, aux profils proches du sol, aux membres tendus, recourent à une bêche pour labourer[21]. Profils physiques identiques encore avec les porteurs de blé du *Psautier de Saint Louis*, hommes pliés à l'extrême pour emplir les greniers de leurs sacs[22]. Évocation toute suggestive, faut-il le redire, montrant la volonté d'illustrer la gestuelle ; fatigue, effort, sans doute, mais où manquent, quoi qu'il en soit, commentaires, appréciations, explications.

Restent enfin nombre de travaux rémunérés à la tâche et non à sa durée : l'acte de « faire » et non son déploiement dans le temps. Ce qui maintient une obscurité sur toute évaluation de harassement ou d'effort. L'archevêque de Rouen, au XIVe siècle, alloue à ses vignerons une rétribution globale, prenant en compte les actes et non leur répétition, leurs ajouts, leur dispersion ou leurs possibles effets. Thommas le Cauchois est payé 4 livres 16 sous « pour avoir deffiqué, taillé, fouy, fiqué, refouy, houé, redrechié et escouppellé bien et proprement, et fait de tous labours en cours de saison, demi-arpent de vigne au dit clos le roy[23] ». Robien Cornilbout est payé 48 sous « pour avoir labouré un quartier de vigne au dit clos[24] ».

Le salaire se fonde ici sur une estimation d'ensemble, une indifférenciation générale sur le temps des services ou sur la fatigue dépensée, malgré une énumération précise des tâches engagées. Tel le paiement de deux valets, au domaine de la Cressonnière au début du XIVe siècle, Jean de Valenciennes et Jokart, qui « coupent les blés, arrangent les clôtures […] Un garde des blés surveille les champs et les moissons[25] ». L'intensité travailleuse demeurerait ainsi « peu mesurable[26] » autant que peu reconnue.

Les métiers et l'invention des durées

Les villes sont davantage facteur d'orchestration, voire de conflits, sur l'investissement physique demandé. Leur développement s'impose avec les XIIe et XIIIe siècles, lié à la fin des invasions, à l'intensification des échanges, à celle des affranchissements de serfs. Des métiers s'installent, des quartiers se distinguent, l'activité se diversifie : « Des villages endormis deviennent des marchés animés[27]. » Des modes de vie s'institutionnalisent, des règlements se diffusent.

La norme porte d'abord sur la durée, ce qui est fondamental, et, implicitement, sur la fatigue qu'elle implique. Un critère est dominant : la clarté du jour. Ce dont le *Livre des métiers* témoigne dès sa création, en 1268 : « Les dits varlets viendront tous les jours ouvrables à heure du soleil levant à leur loyal pouvoir, et feront leur journée jusqu'à vesprée. Et la vesprée durera jusqu'à soleil couchant[28]. » La durée serait uniforme, de l'aurore au crépuscule. Avec des nuances pourtant, celles mêmes où la fatigue est très exceptionnellement évoquée : les maîtres et les valets des tréfiliers d'archal « ont leur vesprée pour eux reposer[29] », de même les « fabricants de courroies » ne sauraient travailler la nuit, « les jours sont longs et le métier trop pénible[30] ». Alors que l'acceptation du travail de nuit existe, liée sans doute au traitement des objets ; ceux des teinturiers : « Peut ouvrer la nuit se mestier il est[31] » ; ceux des huiliers : « Et si peut ouvrir de jour et de nuit, toutes les fois qu'il leur semble bon[32]. »

Conflits sur les durées

Un tel flou n'est pas sans effet. Il oriente des tensions, favorise la tendance des maîtres, surtout avant la Peste noire de 1348 et en période d'abondance de main-d'œuvre, à allonger « la journée ouvrable[33] ». D'où l'émergence de résistances, celle de conflits sur le temps lui-même, la transformation de la fatigue en alibi implicite, point frontière entre le tolérable et ce qui ne l'est pas. Les valets des foulons se plaignent dans le Paris de 1277 que « les maistres les tenaient trop tard de leur vesprée[34] ». Le prévôt de Paris rétablit les durées : « les valets feront leurs journées jusqu'à vêpres, et la "vesprée" durera ensuite jusqu'à soleil couchant[35] ». Situation semblable à Senlis en 1346 : vingt-huit valets foulons s'opposent à quatre maîtres voulant que les valets travaillent en hiver jusqu'à complies ; « le bailli décide qu'ils ne travailleront que jusqu'au dernier coup de vêpres, donc avant complies[36] ». Fatigue non dite, sans doute, mais présente à l'horizon de la plainte et de la réaction des valets, prise en compte par eux, voire implicitement revendiquée, même si elle n'est pas nommée.

La Grande Peste, après 1348, provoque d'autres changements, lorsque la main-d'œuvre plus rare, et donc plus précieuse, accroît l'exigence des ouvriers. Dilettantisme accru, relâchement sans doute, laxité contestée du coup par les maîtres et « souhaitée » par les ouvriers. Ce qu'évoque dans le détail l'ordonnance du prévôt de Paris en 1395 :

> Pour ce qu'il est venu à notre connaissance que plusieurs gens de métiers, comme tisserands de linge, de lange, foulons, paveurs, maçons, charpentiers et plusieurs autres ouvrants de demeurants à Paris se sont voulu et veulent efforcer d'aller en besogne et de laisser œuvre à telles heures comme bon leur semble, ja soit qu'ils se fassent payer leurs journées tout autant comme s'ils faisaient leur besogne tout au long d'un jour, qui est au grand grief, préjudice et dommage tant des maîtres ouvrants et tenants ouvroirs de leurs métiers comme aussi du bien de la chose publique.
>
> Que dorénavant toutes manières de gens desdits métiers gagnants et ouvrants à journée, aillent en besogne pour ouvrer d'iceux métiers des heures du soleil levant jusques

à heure du soleil couchant, en prenant leurs repas à heures raisonnables[37].

Tensions dès lors multiples, locales, émiettées, auxquelles s'ajoutent d'autres causes encore : les compétitions ou les comparaisons entre les professions elles-mêmes. Les tisserands de Beauvais, en 1390, contestent aux lainiers leur arrivée traditionnellement plus tardive sur les lieux de l'embauche, leurs justifications par l'invocation d'une « fatigue » plus grande due à leur propre travail. Un enjeu s'accroît ainsi, voire se négocie : la lassitude venue de la tâche et de ses particularités. Le verdict du Parlement s'en tient en revanche au raisonnement des tisserands et rétablit une durée identique pour tous[38].

Ce fourmillement de conflits, variant avec les aléas économiques ou démographiques, a d'ailleurs provoqué, dès le milieu du XIIIe siècle, la création de « cloches de travail » dans nombre de villes européennes : la « *campana laboris* » en haute Italie, la « cloque des métiers » à Douai, la « *weverscloke* » à Bruges, la « *campana pro operarii* » au château de Windsor[39]. Insensiblement, le temps de travail s'autonomise par rapport aux vieux repères de la « nature » ou des cloches cléricales. Il gagne en spécificité. Il se particularise. Ce qui limite les tensions sans toujours les effacer, comme le montrent les événements de Provins en 1282. Les ouvriers du textile s'insurgent contre une décision du maire, celle de repousser dans la soirée le signal de la cloche annonçant la fin du travail : « le maire fut tué, la cloche détruite[40] ». Il faut une amnistie décrétée par Édouard Ier, roi d'Angleterre, comte de Champagne, pour que le calme soit restauré. Alors qu'à Thérouanne, en 1367, le doyen et le chapitre vont jusqu'à promettre aux « ouvriers foulons et autres gens mécaniques » de faire cesser « à jamais la cloche des ouvriers, pour que, à cause de la sonnerie d'une cloche de ce genre, ne naisse pas de scandale et de conflit dans la ville et dans l'église[41] ». Temps et fatigue sont bien sourdement mêlés, sans que celle-ci soit encore clairement et explicitement désignée.

Restent aussi, avec l'installation croissante des métiers, des tactiques plus précises pour régler des pauses, ménager des répits durant le cours du jour, tenter surtout de limiter les conflits pouvant en résulter. Ignorance durable d'abord, à l'image du règlement royal, promu en 1369, à la demande des bourgeois de Troyes refusant les trois arrêts réclamés par les compagnons tisserands : pauses pour le déjeuner, le dîner, le goûter. Le texte, inflexible, les enjoint d'« œuvrer tout le jour continuellement comme maçons, charpentiers, couvreurs, vignerons et autres et les autres ouvriers de quelque état qu'ils soient[42] ». La précision s'est pourtant accentuée, sinon installée, dès le début du XIVe siècle. Les échevins de Tournai recourent, en 1302, à une « sonnerie pour le déjeuner et une autre pour la reprise du travail[43] » ; les échevins d'Amiens, en 1335, jugeant trop aléatoires les règlements existants, obtiennent du roi l'autorisation d'une nouvelle cloche, sonnant dès lors « quatre fois par jour, le matin, le soir, avant et après la pause du repas[44] ».

Le temps du jour en vient ainsi à se morceler, mêlant repos et travail, ménageant des fragmentations, orchestrant limites et durées. Avec des conséquences réglementaires : des retards de travailleurs sont sanctionnés, comme à Pistoia, en 1356, où le manœuvre Capecchio se voit infliger une amende de deux sous parce que « *stette troppo a tornare da merende*[45] » (trop de temps pour revenir de son déjeuner). Les interstices se scandent. Le repos, très modestement encore, infiltre la journée, comme la surveillance et sa rigidité.

Le temps de l'horloge

La précision s'accroît encore avec les horloges mécaniques, inventées au XVe siècle. Des heures égales sont, du coup, délimitées alors qu'elles variaient jusque-là avec les saisons. Le repère n'est plus celui de la nature et de ses aléas mais celui des heures et de leur fixité. D'où ces références partagées par tous, ces durées d'emblée significatives, comme à Bourges en 1443, censées atténuer les désaccords, même si ceux-ci peuvent perdurer :

> Les foulons et tisserands yront en leur place pour eux louer en hiver au point du jour et aux jours d'été entre 4 et 5 heures du matin, et n'auront les foulons que trois heures pour leur déjeuner, dîner, goûter, boire et dormir et ne pourront rompre leur place pour quelconques traverses qu'ils fassent, ainsi iront en besogne chacun pour tel prix qu'il pourra avoir, et pour non être atablé [présents] vespres sonnant ne prendront point leur journée[46].

Des limites au labeur s'installent ainsi avec l'univers médiéval, rythmant le cours des jours, leur durée, bornant fatigues et repos. Aucun rapport avec la flamboyante description de combattants épuisés, aucun rapport avec l'insistante description de voyageurs douloureux, aucune effervescence particulière. Les appréciations, toutes fonctionnelles, ne dépassent guère ici l'intuition ou le sous-entendu. Elles occupent pourtant les codes, elles déclenchent les conflits. Elles provoquent une « mobilisation des travailleurs », même si leur poids relève le plus souvent de « l'implicite[47] ». Lassitude exprimée sourdement, tacitement, mais rappelée pour la première fois par ceux qui la vivent et tentent de la cantonner.

Les métiers et l'invention des forces

Ultimes références différenciatrices : les forces engagées, leur dureté. Le rural, on l'a vu, distingue le « lieur », censé rassembler, serrer et attacher, payé deux deniers, par rapport au « simple » coupeur, au geste plus restreint, payé un denier une obole[48]. Des « peines » se hiérarchisent aussi à la ville, des salaires se différencient, fondés sur une lassitude postulée, aussi sourde que peu interprétée. Nombre de tâches urbaines conduisent au même constat : « Pour évaluer le salaire c'est surtout la force des bras[49]. » Une gradation possible existe, oscillant avec la lourdeur des gestes, la résistance des matériaux, le type d'activité. Le scieur de bois du chantier de la cathédrale de Milan à la fin du XIVe siècle est payé entre 7 et 8 sous, le tailleur de pierre est payé entre 9 et 10 sous[50]. La journée d'un « entasseur de foin » dans l'Orléanais du milieu du XVe siècle est payée un peu plus de 0,1 livre tournois, alors que celle du bûcheron sciant du « bois de chêne » est payée 0,5 livre tournois[51]. Tout tient à l'« adversité » supposée de l'objet travaillé. Tout tient à l'image des forces, à celle des gestes engagés.

De même, Capecchio, embauché en 1356 dans les travaux de construction du baptistère de Pistoia, reçoit « 6 sous par jour quand il s'agit d'enlever les détritus et les décombres » et 8 sous quand il s'agit « de scier du marbre »[52]. La dépense provoquée par la pierre l'emporterait ainsi sur toute autre dépense possible. Ce qui dévalorise, au passage, le travail des femmes, payé moins de 2 sous dans les chantiers du Milanais au XIVe siècle alors que le « travailleur de base », le *laborator*, est payé 3 sous[53]. Rien d'autre, ici, qu'une estimation du possible, la vision des charges interprétée par l'employeur, fatigue dite en creux, soupçonnée, supputée plus que concrètement évoquée.

Chapitre 6

Entre force occulte et vertu du rafraîchissement

Impossible enfin d'ignorer les défenses, les démarches faites pour mieux résister aux dépenses physiques ou mieux effacer leurs effets, stratégies spécifiques, révélatrices d'une culture et d'un temps. La fatigue se dit encore dans les répliques faites pour la contenir ou l'effacer. Une lutte existe, quelques précautions aussi. Procédés si importants qu'ils sont quelquefois évoqués comme évidents, depuis toujours convenus, sans même que soit détaillée la fatigue concernée.

Recettes pour cheminer

Les médecins, d'abord, multiplient les formules dont rien, sans doute, ne prouve qu'elles soient fidèlement suivies. Celles liées à la marche ou à l'affrontement du lointain sont les premières citées dans leurs textes, révélatrices du défi des déplacements dans les siècles centraux du Moyen Âge. Les conseils d'Aldebrandin de Sienne, inaugurant la langue vernaculaire au XIIIe siècle, s'adressent en toute priorité à ceux qui veulent « longuement cheminer[1] », au point d'en faire un chapitre particulier de son *Régime du corps*. « Recettes » apparemment simples, nombreuses, elles jouent, sans surprise, avec les liquides corporels : se purger ou se faire saigner avant le départ pour assainir et alléger les humeurs, manger viandes légères, boire de l'eau pure ou de l'eau corrigée par oignons, vinaigres ou pommes aigres, pour épurer ces mêmes humeurs, éviter les fruits aux pulpes trop « crues » révulsant les organes, ou se décomposant par leur acidité, éviter le parler qui épuise l'haleine, se couvrir la tête contre le soleil, s'oindre d'onguent le visage en évitant le chaud ou le froid, porter du cristal en bouche pour repousser la soif. Protections variées, censées ménager directement les parties aqueuses, jusqu'à sauvegarder la salive pour mieux différer tout dessèchement.

Rafraîchir

Peu de conseils en revanche sur les combats, peu d'insistance ici de la part des médecins. Leurs exigences « modératrices » sont trop étrangères aux batailles et aux chocs. Il faut les chroniques, leurs odyssées, pour indiquer les démarches suivies par les armées. Il faut les narrations élogieuses, les récits légendaires. C'est l'« après » des combats qui mobilise les témoignages. C'est sur les humeurs encore que se centrent les choix : l'absorption de liquides en gage de renouveau. D'où les scènes illustrant les forces retrouvées ; ces femmes ou ces domestiques chargés de soutenir les croisés en leur donnant de l'eau :

> Retroussant leurs manches et se débarrassant de leurs longs manteaux, elles portent à boire aux chevaliers épuisés dans des pots, des écuelles et des hanaps dorés. D'avoir bu rend toute leur vigueur aux barons. C'est alors qu'arrive le secours qu'ils avaient tant attendu[2].

La réparation tient même à une double exigence : abreuver, épurer. Thème si fort que le mot « rafraîchir » revient comme une évidence. Durmart et ses compagnons sont « rafraîchis et lavés[3] » après leurs épuisants combats. Les croisés attendent d'une eau coûteuse et rare une renaissance devant Jérusalem[4]. Le mot s'enrichit encore au XIIIe siècle, acquérant un sens plus « global », faisant du rafraîchissement un équivalent du répit : « rafraîchir » devient « se reposer ». Robert de Clari le dit en évoquant la marche des croisés vers Constantinople : « Arrivèrent après la mer à une cité, Poles. Illec arrivèrent et s'y rafraîchirent ; y séjournèrent un peu, tant qu'ils furent bien rafraîchis[5]. » Jean Froissart banalise le terme, au XIVe siècle, décrivant, au pont de Mauvoisin en 1388, des guerriers « remettant leurs bassinets » et retournant au combat après s'être « bien rafraîchis »[6] ; Froissart accentue même la polysémie du verbe en évoquant le renouvellement des armes de deux combattants, Nicolas Lam, l'Anglais, et Saint-Py, le Français, « refreshis » avec de « nouveaux glaives »[7] dans leur combat singulier de Saint-Ingelberth. Le thème de l'eau se fait métaphore, transposition de sens, orientant vers la « résurrection » : retour de puissance autant que réconfort.

Talismans et joyaux

Ce qui n'interdit pas le recours à d'autres démarches, toutes concordant avec cet imaginaire des « puretés » : la conviction que le contact de matières cristallines aiderait à prolonger les efforts, pénétrant le corps, diffusant leurs vertus. La croyance s'impose dans l'univers des combats. Le baron Thomas de Marne, lors de la conquête de Jérusalem, possède « un talisman de grande valeur qui le protège de tout mal quand il le porte sur lui[8] ». Le Chevalier nu, dans le récit du XIIe siècle, « porte sur son poitrail une pierre qui lui donne force et rapidité[9] » ; il dispose même plusieurs joyaux à sa ceinture pour s'assurer que « jamais il ne sera vaincu[10] ». Gemmes, perles ou diamants favorisent doublement la résistance, en éloignant les « pourritures externes », en empêchant le développement des « pourritures internes ». À quoi s'ajoutent des références plus occultes, l'enjeu d'une surnature, l'assistance venue de puissances cachées. Telle la force retrouvée par Gauvain, dans *L'Âtre périlleux*, tourné vers la croix soutenue par la jeune fille qui l'exhorte : « portez sans faute votre regard sur elle, reprenez là votre souffle, et vous serez entièrement soulagé de votre fatigue ». L'homme s'exécute, recouvrant « sa vaillance et sa hardiesse »[11]. Ou la référence à quelque enchantement lié à la lumière, le conseil donné par la même jeune fille pour vaincre un adversaire diabolique censé s'« affaiblir avec le déclin du soleil » : « ne l'affrontez jamais avant que ne soit passée l'heure de none[12] ». Ce qu'observe le héros, dominant dès lors un homme réduit à merci.

Impossible d'ignorer ici la place longtemps faite aux influences occultes, les fatigues nées des envoûtements, la nuisance prêtée aux sorciers. C'est bien de vengeance inavouée que se plaignent les victimes de quelque « esprit diabolique », l'« abandon des forces », la « faiblesse dans les jambes et les mains », le « besoin de dormir ». Rien d'autre alors que des « œuvres de sorcellerie » auxquelles doivent répondre des charmes et des magies opposés[13].

Reste un usage plus quotidien des substances précieuses, mais aussi plus diversifié, systématisé par le *Traité des pierres* d'Hildegarde de Bingen au XIIe siècle, suggérant plusieurs effets possibles : « Si quelqu'un est fatigué par les humeurs, qu'il fasse chauffer le cristal au soleil et le mette à l'endroit où il souffre : ainsi l'humeur sera chassée[14] » ; le saphir en bouche « efface les douleurs du rhumatisme » ; le port de l'émeraude conforte le cœur ou l'estomac ; la respiration au contact du sardonyx « raffermit tous les sens du corps[15] » ; l'escarboucle « redonne vigueur[16] ». Substances suffisamment « actives » pour s'adresser à toutes les faiblesses, mêlant dès lors les fatigues et les maux, les épuisements et les infirmités, au point d'effacer toute distinction entre lassitude et maladie. Le joyau tolère une marge d'imprécision dans la définition du mal : porté en permanence, il protège de tout danger. Ses équivalents plus modestes sont autant de défenses génériques : dents ou cornes innombrables, os placés en sautoir, dissimulés ou visibles sur les habits des plus humbles. La fatigue demeure alors une déficience parmi d'autres, peu distinguée, peu objectivée, sinon sous forme d'affaiblissement diffus. Image d'autant plus sensible enfin, donnée par ces os polis et brillants, ces dents ou ces cornes acérées et durcies, qu'elle témoigne d'une instance vivante résistant à la mort. Obscures émanations de l'organique, de telles substances sont à la fois « dans » la vie et « au-delà » : éloignées de toute dégradation, de toute « atteinte ». Issues du vivant, elles transposent les chairs hors du temps.

Essences et épices

S'ajoutent inévitablement, enfin, nombre de substances censées traverser les chairs de leur pureté : les épices en particulier dont les essences quasi volatiles compenseraient les parties les plus subtiles, comme les plus spirituelles, des humeurs. Tout tient à l'imaginaire du corps. Leur substance aérienne comblerait la perte des « esprits », ces matières proches du feu, commandant aux gestes et aux sentiments. Leur « éther » aiderait aux nerfs, parcourant les organes, compensant les évaporations que la fatigue impose. Les herbiers les déclinent, développant interminablement cette flore « confortative », suggérant aussi ses effets pluriels, de la thérapie au délassement, du soin au renforcement, de la maladie au confort. Aucune indication précise sur leur apport dans le travail, ni même dans les activités quotidiennes, mais les cris de Paris les reprennent, proposant, entre autres, « le pain d'épice pour le cœur[17] ». Les romans les illustrent, évoquant un Ogier épuisé, rétabli par le poivre ajouté à sa viande :

> Conins [lapins] à la poivre moulu
> Que la vigueur t'iest el cor revenue[18].

Autant de références suggérant, plus encore, une double valeur : celle de l'épurement, celle du choc. Les épices sont « impressives ». Elles ajoutent, à l'effet vaporeux des essences, l'emportement en bouche, l'ébranlement du corps, créant une secousse, un saisissement, une intensité d'emblée ressentie, convertie en sentiment de renforcement physique. Une façon, autrement dit, de jouer avec la sensation, tout en transposant sa véhémence en signe de robustesse retrouvée. Les épices traversent le corps en le « vivifiant », favorisant une certitude toute subjective : celle d'un gain de « dureté » intime. Ce qui justifie une consommation possible dans les situations d'effort. Ressources de carême, aussi, comme le montrent les comptes du roi Jean le Bon, prisonnier à Londres au milieu du XIVe siècle : la comptabilité des épiciers du roi fait apparaître un doublement mensuel, quelquefois même un triplement, dans l'achat du gingembre, de la cannelle, du girofle, du sucre ou de la coriandre, pour le carême de février[19].

Le recours à ces denrées d'Orient peut sous-tendre encore une visée sexuelle : les épices, par leur parfum, par leur saveur toujours mêlée de chaleur brûlante, seraient, quasiment toutes, « luxurieuses » ; le poivre, en particulier, qui « donne bon confort et aide les nerfs en froidure », l'anis « qui provoque urine et irrite à luxure[20] », ou la noix muscade « grandement adaptée à notre volupté[21] ». Les amants y recourent, tels les moines « amoureux » des fabliaux faisant une provision de « chair cuite en pot, et de pâté au poivre[22] », avant de rencontrer leur amie, en multipliant les plaisirs. Ou Yolaine, attendant impatiemment l'absence d'un mari incommode pour envoyer son compagnon « de cœur » chercher « du poivre et du cumin », que les deux amants consomment amoureusement, avant qu'ils ne « se couchent et baisent et accolent »[23].

Sélection sociale

Ce qui suppose aussi, par l'aspect précieux et sélectif de la plupart de ces substances venues d'Orient, cannelle, gingembre, clou de girofle ou noix muscade, une consommation peu partagée. L'épice est un luxe dont la valorisation imaginaire semble d'autant plus grande que le produit reste rare. Sa cherté fait la différence. Les ressources des « vilains » ne sont pas celles des marchands ou des bourgeois. La livre de safran (489 grammes) vaut 64 sous à la fin du XIVe siècle[24], la livre de noix muscade 50 sous[25], toutes deux plus que le prix d'une vache, elle-même vendue 42 sous au comté de Beaubec en 1396[26]. Quant à la livre de poivre, limitée à une douzaine de sous[27], elle correspond au prix d'un mouton gras, vendu 10 sous 5 deniers à Saint-Martin-la-Corneille autour de 1400[28].

Encore faut-il nuancer : des « équivalences » plus modestes existent. Des produits populaires à vocation défensive se consomment. Des « substituts » sont évoqués. L'ail, moins coûteux, mais doté d'essences « puissantes », est dit par Baptiste Platine, dans ses conseils du XVe siècle,

« l'épice forte des petites gens[29] », le recours « bon pour les gens de labeur[30] », le produit fait pour les vilains. Difficile d'en apprécier la présence réelle. Les comptes ne le retiennent pas. Difficile aussi d'en apprécier l'usage spécifique. Sa mention dans les registres des bateaux et galères ibériques, à la fin du XIIIe siècle, ne vise pas nécessairement la fatigue, illustrant plutôt une distribution aux marins « d'aux et d'oignons pour les garder de la corruption de l'air de la mer et des eaux corrompues[31] ». Autant de végétaux conseillés par ailleurs pour les marcheurs par Aldebrandin de Sienne[32], substances qui, comme pour les épices, ont une vocation plurielle.

Une défense explicite et diversifiée à l'égard de la fatigue se repère ainsi, au Moyen Âge, dans le déroulement du combat, dans celui du voyage. Cette défense est plus confuse dans le déroulement du travail ou celui de la vie quotidienne, de même que l'épuisement y est plus rarement décrit. Ce qui témoigne d'une culture : certaines pratiques plus que d'autres demeurent valorisées et dès lors plus surveillées.

DEUXIÈME PARTIE

L'univers moderne et le défi des catégories

Les « emblèmes » de Cesare Ripa, commentant, à la fin du XVIe siècle, les « figures » dont peut s'inspirer le peintre, soulignent combien les repères organiques de la lassitude ne changent guère avec la modernité. Une « femme fort maigre, légèrement vêtue, et qui a la gorge découverte[1] » est campée en symbole de « fatigue ». Elle est « maigre » parce qu'elle perd ses humeurs, « légèrement vêtue » parce qu'elle déborde de chaleur. Mouvements et moiteurs combinent leurs effets : un dessèchement venu d'« un trop violent exercice ou d'une saison trop chaude »[2]. La « fuite » de substance demeure au cœur de l'image. Comme y demeure un cardinal Mazarin censé épuiser le peuple en « suçant son sang jusque dans les moelles[3] ».

Aucune étude spécifique encore sur la fatigue comme situation globale, générique, état susceptible de traverser la totalité du comportement. La curiosité en revanche s'étend. Les objets pris en compte se diversifient : multiplicité des actes, multiplicité des manifestations. Des expressions se forgent, des « dépenses » variées se disent, mobilisant la guerre, la ville, la cour, l'intendance, le voyage, le jeu… Les domaines de fatigue se diversifient, avec la complexification du monde « moderne », comme avec l'attention portée à la variété possible des comportements. Le champ des épuisements s'est accru, autant qu'il s'est fragmenté.

Chapitre 7
Inventer des degrés

Le monde moderne, celui du XVIe et du XVIIe siècle, ouvre sur un nouveau spectre de lassitudes, malgré des explications inchangées. Des nuances s'énoncent : paliers entre le supportable et l'insupportable, degrés entre la licence et l'excès. Les épreuves s'affinent, les distinctions s'accroissent : toutes « échelles » nouvelles variant les objets d'intérêt.

Graduer des états physiques

Une curiosité s'est développée. L'extrême, par exemple, est plus attentivement décrit. Une accentuation entre autres désignée par les mots « épuisement » ou « épuiser » depuis le XVIe siècle, suggérant quelque « affaiblissement complet[1] ». Ou le seuil de la mort, encore, illustré par l'accablement de Léon Bouthillier de Chavigny, au milieu du XVIIe siècle, passionnément engagé auprès de Condé durant la Fronde, submergé par ses combats, déconcerté par les trahisons, menacé par Mazarin, exténué par une stricte rigueur de vie, se nourrissant « trop peu », en particulier, par crainte de « devenir gros », avant de mourir dans la solitude et le désarroi :

> Il y avait déjà longtemps que l'agitation d'esprit et le travail de corps qui était extraordinaire depuis son engagement dans le parti avaient échauffé et desséché d'une étrange sorte, outre que sa façon de vivre y avait beaucoup contribué[2].

Classique encore l'épuisement des galériens, figures majeures des condamnations afflictives depuis le XVIe siècle, évoqués par Vieilleville lors d'une fuite hors de la rade de Villefranche, en 1543. D'Anghien, dirigeant la flotte, décide la brusque sortie du port, menacé par Doria, l'amiral italien, approchant la côte. L'épisode est brutal, la commande ultime, la « force de volte » si impérieuse que nombre de forçats « se pâment[3] » sous la rame, remplacés aussitôt par les mariniers. Situation si douloureuse que D'Anghien, stupéfait, décide d'accorder « deux mille écus à répartir entre toutes les chiourmes des onze galères et cinq cents à tous les mariniers[4] ». Situation dont l'effet tragique est, pour la première fois, si fortement perçu qu'elle est quasiment honorée.

D'autres attentions s'accentuent : la différence supputée entre hommes et femmes en particulier. Les secondes, submergées par les humeurs, ramollies par les eaux, seraient plus « fatigables » que les premiers. Différence majeure, constante, traversant l'ensemble des comportements, au point d'atteindre la période de gestation elle-même. Les femmes « porteuses » d'un garçon sont moins « fatiguées » que celles « porteuses » d'une fille : « elles sont plus gaillardes et vermeilles, d'autant que chez les mâles il y a beaucoup plus de chaleur naturelle, de laquelle les femmes se ressentent[5] ».

La grande nouveauté est pourtant ailleurs, portant sur des états jusque-là ignorés, promouvant un registre de références inédites, dans l'élite en particulier. Les

« sentiments » s'enrichissent : indices « discrets », malaises en mal de définitions, troubles obscurs, provoquant quelquefois d'inexplicables plaisirs, telles les « douces langueurs[6] » où se complaît le personnage d'Antoine Furetière à la fin du XVIIe siècle. Ou provoquant des sensations plus marquées, des désagréments, des nuances surtout, celles qu'évoque Mme de Maintenon, venue de Fontainebleau pour Versailles, disant y trouver une lassitude particulière : « Je suis languissante depuis que j'ai quitté Fontainebleau ; j'y avais plus de repos qu'ici et c'est ce qui décide de ma santé[7]. » Le mot « langueur », inédit, s'impose dans cette littérature de privilégiés, suggérant une faiblesse diffuse, conquérante, mal cernée. Celle qu'Esprit Fléchier veut, coûte que coûte, évoquer en décrivant l'état de la dauphine dans les années précédant sa mort en 1690, tout en hésitant sur les expressions employées :

> Une langueur qui semble d'abord plus incommode que dangereuse : des maux d'autant plus à plaindre, que n'étant pas assez connus, ils n'étaient peut-être pas assez plaints […] les humiliations de l'esprit jointes à celles du corps, les forces de la nature usées par les soins mêmes que l'on prend à les soutenir[8].

Des désordres plus précis peuvent accompagner de telles perceptions, l'insomnie entre autres, condamnant Guez de Balzac à avoir l'« âme languissante et le corps abattu[9] » ; les « chagrins », les occupations en excès, condamnant Mme de Maintenon à être « accablée de fluxions », « tuée, par la vie que l'on fait ici [Versailles] »[10] ; ou les larmes encore, transformant jusqu'à la posture physique de Mme de Montmorency : « ses pleurs continuels ont tellement desséché le cerveau que les nerfs se sont retirés et qu'elle est extrêmement voûtée et sujette à une courte haleine[11] ».

D'autres mots sont censés dire ces fatigues « relatives » et nouvelles, diversifiant les expressions : « vapeurs », « incommodités », « assoupissements ». Ceux que connaît Guez de Balzac, au milieu du XVIIe siècle, jurant à l'atténuation de sa vigilance : « Quoique je ne dorme presque jamais, je suis presque toujours assoupi[12]. » Le mot « incommodité », en particulier, revient fréquemment dans les lettres, les dictionnaires, les romans, tolérant lui-même diverses intensités : « C'est une grande incommodité que d'habiter au bout de la ville », c'est une « petite incommodité »[13] que d'être contraint de limiter telle ou telle action. Un spectre s'est ouvert, explicitant pour la première fois, fût-ce subjectivement, ou même obscurément, nuances et degrés.

Graduer des forces

À cette gradation inédite des « états » répond une gradation inédite des forces, l'amorce de comparaisons entre des ressources, des potentialités.

Dès le XVIe siècle, les militaires précisent les qualités de ceux qu'ils jugent les plus aptes, ceux résistant le mieux aux fatigues exigées :

> Les signes pour connaître les plus idoines à ce métier, sont les yeux vifs et éveillés, la tête droite, l'estomac élevé, les épaules larges, les bras longs, les doigts forts, le ventre petit, les cuisses grosses, les jambes grêles, et les pieds secs, lesquels points seraient bienséants en toute personne qui les y trouverait communément, pour ce que l'homme ainsi composé ne saurait faillir d'être agile et fort, qui sont deux qualités grandement requises en tout bon soldat, nonobstant ne faut refuser ceux qui n'auront tout ce que dessus,

> moyennant qu'ils soient autrement bien disposés. Surtout il faut aviser que ces gens nouveaux soient honnêtement conditionnés selon leur qualité et ne soient de ceux qui font de vice vertu[14].

Le fermier du *Théâtre d'agriculture* en 1600 est également appelé à apprécier la robustesse de ses « valets ». Exigence nouvelle d'ordonnancement autant que d'efficacité : « aux plus robustes de nos serviteurs seront commises les œuvres les plus grossières ; aux plus spirituels, celles où l'engin est plus requis que la force[15] ». Ce que les abbayes médiévales avaient partiellement observé, distinguant les frères promis aux travaux du livre et ceux promis aux travaux des champs[16]. Les classements se poursuivent, se systématisent, ménageant des degrés, proportionnant les fatigues aux ressorts de chacun, répartissant les grands, les petits, les moyens, assimilant intuitivement les « petits » aux plus faibles, les « grands » aux plus forts, instaurant une préférence pour les « moyens », censés être au croisement des deux. S'y ajoute l'affinement des tâches, des spécialités, classements sommaires sans doute, hâtifs même, mais prétendant aux catégories : les « grands hommes sont bons pour le labourage », dominant le bétail, supportant les fardeaux ; les « petits » sont « plus propres » à s'occuper du vignoble, « planter les arbres », « gouverner les jardins, les mouches à miel, garder bétail » ; les « moyens » sont « presque toujours propres à tous ouvrages »[17]. Les chantiers du bâtiment, les mines aussi, comme le montre une ordonnance de Maximilien en 1517, commencent à répartir les ouvriers selon « leur âge, leur savoir-faire, leur force physique[18] ». Aucun chiffre sans doute, aucun calcul encore, mais une volonté d'apprécier préalablement, fût-ce globalement, résistances et potentialités.

Suggestions identiques pour les recrutements de l'armée. Joseph Torrilhon de Prades, capitaine dans le régiment du Piémont, le confirme, contestant son père qui, en 1686, engage des soldats « trop faibles » pour son propre fils : « J'ai eu beau écrire qu'on ne fît que de grands hommes, cela n'a pas servi ; de huit hommes que vous m'avez envoyés, il n'y a eu que Bayard et L'Éveillé de reçus et un que mon valet me fit en chemin ; les autres étaient des nains ; il valait mieux n'en pas faire, car c'est de l'argent jeté à la rivière[19]. » Les militaires du Grand Siècle avivent les discussions sur de tels choix. Plusieurs unités exigent une taille minimale : 5 pieds 4 pouces (1,626 mètres) pour les gardes françaises[20]. Restent des nuances. Vauban préconise les tailles plutôt « petites », même si domine l'image du « grand » : « La vigueur, la force et le courage se trouvent plus communément dans des hommes de taille au-dessous de la médiocre[21]. » Les corps se distinguent ainsi davantage, selon la puissance attendue, la résistance, la fatigue surmontée ou redoutée. Avec des difficultés encore : les hommes manquent à la fin du siècle, les effectifs décroissent. Le roi dès lors refuse que « l'on mesure les soldats[22] ». Louvois interdit de se priver d'hommes « d'âge, de force et de taille à bien servir », n'ayant pour défaut que « d'avoir quelques pouces de hauteur moins que les autres »[23]. L'apparence n'en demeure pas moins codée, idéalisée, au point qu'un « modèle » se formule depuis le XVIe siècle, où l'emporte un imaginaire largement intuitif, celui des vivacités, des solidités, des emprises de bras et de mains, voire des tailles élevées.

L'exemple des galères est plus marquant. Il y va de la vogue. Il y va de la vitesse et de la maniabilité de l'esquif. Un classement plus élaboré s'institue au XVIIe siècle, accentué avec la flotte « moderne ». Jean Marteilhe, huguenot galérien « pour cause de religion », décrit les procédures, dès l'embarquement : « On nous fit dépouiller tout nus pour nous visiter dans toutes les parties du corps. On nous tâtait partout, ni plus ni moins qu'un bœuf gras qu'on achète au marché. Cette visite achevée, on fit des classes, des plus forts aux plus faibles[24]. » Les « meilleurs » occupent soit la première rangée, donnant le rythme, soit l'extrémité des rames, compensant le levier. Des hiérarchies intermédiaires s'y ajoutent, du « septerol » à l'« aposti », selon l'éloignement du bord et l'ampleur du mouvement. Des évaluations différentes se croisent : l'âge, la taille, la « complexion ». Des peines, enfin, se différencient, Jean-Baptiste Colbert Seignelay, secrétaire d'État à la Marine, recommandant en 1688 de placer les huguenots sur les « galères qui iront à Alger[25] » où la fatigue serait la plus aiguë.

Graduer des fonctions sociales

Le regard sur la fatigue, en s'accentuant, ne saurait être indépendant du social. Charles Loyseau, évoquant les « ordres » et les « dignités » au moment où s'affirme la société classique, montre indirectement combien la peine des « gens de peu » ne saurait susciter d'intérêt :

> Il y a des métiers qui gisent plus en la peine du corps qu'au trafic de la marchandise, ni en la subtilité de l'esprit, et ceux-là sont les plus vils. Et à plus forte raison ceux qui n'ont ni métier, ni marchandise et qui gagnent leur vie avec le travail de leurs bras, que nous appelons gens de bras, ou mercenaires, comme crocheteurs, aides à maçons et autres gens de journée, sont tous les plus vils du menu peuple. Car il n'y a point plus mauvaise vacation, que de n'avoir point de vacation[26].

Les particularités de tels labeurs n'ont pas de poids dans les descriptions quotidiennes. Elles confinent à l'« invisibilité ». Elles concernent « la partie “vile et méchanique” du “tiers état” […] celles exclues de la richesse du royaume[27] ». La Fontaine peut évoquer un bûcheron « gémissant et courbé[28] », mais aussi un savetier « chantant du matin jusqu'au soir, c'était merveille de le voir[29] », ou un « chartier embourbé » à qui le premier conseil demeure « aide-toi, le ciel t'aidera[30] ». Claude Fleury ignore les peines des domestiques dont les règles sont impérieuses et méticuleusement citées : « Un laquais est obligé de suivre son maître partout, sans oser s'écarter presque d'un moment[31]. » Antoine Furetière moque l'homme de peu, le valet « pigmé et barbu », ayant « appris à jeûner à l'eau et à la châtaigne[32] ». L'évocation par La Bruyère de paysans dont est tragiquement oubliée la forme humaine demeure du coup exceptionnelle[33], alors que l'épuisement des ouvriers ou des vilains laisse plus généralement peu de place aux commentaires. Observateurs ou voyageurs de la première moitié du siècle ne s'y attardent pas. Joseph du Chesne, médecin d'Henri IV, ne voit dans les « mouvements violents » des laboureurs qu'un très solide « renforcement des muscles et des nerfs[34] » ; Léon Godefroy, traversant les pays de Gascogne et du Béarn en 1646, ne voit dans l'allure des paysans rencontrés qu'un teint disgracié, « discréditant » le « peuple » de l'Armagnac, jugé « extrêmement basané pour ne pas dire tout à fait noir »[35]. François de Grenaille, traversant l'Aquitaine en 1643, y voit pour sa part « une plaine d'une fertilité merveilleuse[36] », mais ignore tout autant le moindre indice de souffrance ou d'effort.

Francis Bacon, encore, dans sa volonté médicale de comparer des « types de vie », du militaire au religieux, du plumitif au laboureur, désigne la « vie champêtre » comme étant la plus humble, mais comme procurant aussi la meilleure santé : « Car outre qu'ils jouissent en toute liberté d'un air pur, ils sont toujours en action ; ennemis de la fainéantise, exempts de soucis et d'envies, s'entretenant pour la plupart de viandes qu'ils prennent chez eux sans les acheter[37]. » Aucune douleur, aucune souffrance pour une besogne demeurant peu commentée.

Chapitre 8
Inventer des catégories

Au-delà de cette relative indifférence aux lassitudes des plus humbles, alors que sont notés par ailleurs intensités et degrés, ce sont encore des types de fatigue différents que découvre et commente l'univers moderne, des modalités, des profils, tous se diversifiant avec la transformation des économies comme avec celle des charges ou des sociabilités : de la ville à la cour, du négoce à l'armée.

La fatigue sanction

La souffrance n'est pas oubliée lorsqu'il s'agit de châtiment ou de répression. Les galères, déjà, installent une liaison toujours plus claire entre la sanction formulée et l'accablement attendu. Louis XII, le 22 janvier 1513, y destine « l'ensemble des condamnations à des peines corporelles prononcées dans le duché de Bretagne[1] ». Épuisement très spécial, devenu le cœur de la sentence, comme la violence est au cœur de la chiourme et de son quotidien. L'édit de Charles IX en 1564 étend la décision à l'ensemble du royaume, avant que ne se nuancent davantage au XVIIe siècle le rapport entre la durée du châtiment et la gravité du crime, la distinction entre les galères et d'autres condamnations. Les pèlerinages pénitentiels médiévaux[2] se prolongent ainsi sous une forme aussi différente qu'implacable. Quelques témoins décrivent la tâche : « Se lever debout pour porter la rame en arrière, s'arc-bouter en la plongeant dans l'eau et retomber sur le banc pour ramener avec plus de vigueur la rame en avant[3]. » D'autres décrivent ses variations possibles, ses conditions, la brutale transition de la « vogue » à la « passe-vogue » doublant la cadence, la conscience redoutable des « geôliers » : « Quelquefois le galérien rame ainsi dix, douze et même vingt heures de suite sans la moindre relâche. Le comite en cette occasion, ou d'autres mariniers, mettent dans la bouche des pauvres rameurs un morceau de pain trempé dans le vin pour prévenir la défaillance[4]. » Ce qui ne saurait exclure une indifférence possible au maintien du groupe de rameurs, à son intégrité, évoquée dans le détail par Marteilhe lui-même : « Si un esclave tombe pâmé sur son aviron (ce qui arrive fréquemment), il est fouetté jusqu'à ce qu'il tombe mort, puis on le jette à la mer sans cérémonie[5]. » Harassement extrême, autrement dit, si avéré que le jugement ne l'explicite pas, suggéré tout au plus par les règlements du XVIIe siècle : galériens enchaînés par trois, rivés à leur banc, ne pouvant le quitter ni jour ni nuit, nourris tous les deux jours, dormant vaguement allongés « dans la puanteur, dévorés par la vermine[6] ». Seule voix discordante, sinon paradoxale, celle de Bernardino Ramazzini, évoquant en 1700 les maladies des métiers et reconnaissant aux galériens, menacés « par une grêle de coups », l'« avantage » de faire une part de l'effort assis : « leur estomac est soutenu tandis que ce viscère pend chez les ouvriers qui travaillent debout[7] ». Illusion mécanique d'un médecin pourtant averti.

Dépense physique majeure, quoi qu'il en soit, proportionnée au « vice » présumé du condamné. La douleur fébrile, haletante, en punition ostensible : le corps comme premier destinataire des châtiments traditionnels, souffrance visible, souffrance « obligée ». La référence est identique lorsqu'est pensé, au même moment, l'Hôpital général, « pour la réception des garçons au-dessous de vingt-cinq ans et des filles qui y sont enfermées par correction », ceux, entre autres, qui « maltraitent leurs pères ou mères » ou celles qui « auront été débauchées ». L'imaginaire d'une fatigue poussée aux limites sous-tend la sanction : « On les fera travailler le plus longtemps et aux ouvrages les plus rudes que leur force et les lieux où ils seront le pourront permettre[8]. » Fatigue spéciale, donc, peu définie sans doute, mais dont toute la logique est de viser l'« ultime » pour mieux soumettre et punir.

La guerre

C'est sur bien d'autres registres de comportements encore que se catégorisent les fatigues dans l'univers moderne, chacune semblant offrir une expérience nouvelle, chacune semblant liée à un monde transformé. Le combat est un de ces registres, d'autant que changent ici les pratiques, comme change la société militaire. L'armée se professionnalise avec le XVIe siècle. Le maintien sous les armes se prolonge. Un « métier » s'installe, se complexifie, obligeant aux accoutumances, aux « éducations », aux longues traversées, celles des climats, des précarités, des régions : « Le XVIe siècle marque un tournant important dans la pensée militaire en Europe occidentale […] C'est alors que les notions modernes de “soldat”, d'“exercice”, de “discipline” prennent le pas sur celles de “chevalerie”, de “rang” et d'“honneur”[9]. » L'armée se fait permanente. Le recrutement s'éternise. Principe premier : « Le soldat ne cesse donc de servir que lorsqu'il n'est plus en état de le faire ou si l'on n'avait plus besoin de lui[10]. » La « durée d'engagement » devient « indéterminée »[11]. Ce qui mobilise une activité effervescente, continue, touchant, au-delà de l'assaut, à la vie des camps, aux terrassements, aux acheminements, aux déplacements, aux gardes, aux guets. L'enjeu : « éviter l'éparpillement des troupes, les tenir en haleine par des exercices[12] ». Le résultat, évoqué ici par Joseph Sevin de Quincy : « Nous eûmes beaucoup de fatigue dans ce camp. Il ne se passait aucun jour que nous ne fussions de service[13]. » Leurs exercices deviennent autant de spectacles. Leurs espaces se déploient. Les mouvements se répètent. Les combats se miment. La cour s'y rend, comme à Compiègne dans les années 1660, au point de créer une lassitude inattendue : « Il fallait aller au camp tous les jours, et la fatigue apparut [aux courtisans] plus grande que le plaisir[14]. »

Ordonnances et règlements se multiplient pour préciser « l'ordre et la discipline que Sa Majesté veut être dorénavant gardée par ses troupes d'infanterie dans les Villes et Places où elles tiendront garnison[15] » ; préciser, tout autant, les charges et fonctions des officiers[16] ; les exercices permettant d'assurer « les évolutions militaires », les « marches », les « files », les « pas » (le pas Louvois)[17] ; les mesures nécessaires « pour fortifier les places[18] » ; les sanctions réservées aux déserteurs[19].

Une formule nouvelle, du coup, se stabilise, loin du seul épuisement du combat, celle de « fatigue de la guerre » ou « de l'armée ». Jean de Souvigny l'utilise, en 1614, pour montrer la surprise de son oncle lorsque le jeune homme lui dit vouloir s'engager dans la compagnie de Penthièvre, alors qu'il n'a que douze ans : « Il m'interrogea si j'avais inclination et assez de courage et de forces pour supporter les fatigues de la guerre[20]. » Le *Mercure galant* l'utilise aussi, en 1672, pour montrer la surprise d'un visiteur entrant dans la chambre d'un soldat et découvrant qu'il s'agit d'une femme : « Elle était très jeune, encore qu'elle fût fort grande et qu'elle eût assez de force pour supporter les fatigues de l'armée[21]. » Même expression, enfin, lorsque Francis Bacon, au début du XVIIe siècle, s'interroge sur la « vie soldatesque », montrant, très paradoxalement, qu'elle peut prolonger les jours : « Ce qui arrive communément à ceux qui dès leurs premières années tournent le travail en habitude. D'où il s'ensuit que tout leur succédant de mieux en mieux, ce que la fatigue a de plus amer se change en douceur, sur le déclin de leur âge[22]. »

C'est qu'une sensibilité nouvelle, réévaluant le milieu, se porte aussi aux entours, aux conditions de vie, aux aménagements quotidiens : le coucher, la tenue, l'aliment, le repos, tous jugés facteurs d'aisance ou d'épuisement, loin du seul effort physique, loin du seul combat. François de Scépeaux, un des premiers, en 1552, désigne comme cause de lassitude croissante le mauvais couchage, le non-changement d'habit, autant que la marche forcée : « Nous marchâmes ainsi douze jours en extrême nécessité durant lesquels il n'y eut que les grands et aisés qui couchèrent en lits qu'ils faisaient porter. Le reste de l'armée ne se dépouilla jamais[23]. » L'Othello de Shakespeare détaille ces mêmes contrariétés, tout en prétendant les surmonter pour mieux convaincre ses recruteurs vénitiens : « Braves sénateurs, l'habitude, ce tyran de l'homme, a transformé pour moi en lit de plume la couche de la guerre, cette couche de caillou et d'acier. J'avoue que les fatigues ont naturellement pour moi des charmes et que je les subis avec joie. Je suis donc prêt à entreprendre la guerre contre les Ottomans[24]. » Le spectre de ces fatigues possibles s'accroît encore au XVIIe siècle, au point que le duc du Maine, fils légitimé de Louis XIV, « accompagnant » l'armée de Flandre en 1689, limite le sentiment de lassitude à l'absence de changement de linge, « contrariété » dont l'expérience « surmontée » est triomphalement présentée par le jeune duc à son ancienne tutrice, Mme de Maintenon : « J'ai déjà commencé, Madame, à sentir la fatigue de la guerre, car j'ai été trois jours et deux nuits sans changer de chemise[25]. »

Une nouvelle infatigabilité militaire, globale, diffuse, peut alors s'imposer. Non plus la résistance aux seuls gestes des batailles, comme le suggère l'univers médiéval, mais la résistance aux charges en tous genres que la vie en campagne, ou en camp, peut exiger. L'officier, plus que tout autre, représente cet investissement démultiplié. Saint-Simon dresse, dans un long portrait de Louis-François de Boufflers, un témoignage décisif sur la manière dont l'engagement de la guerre bouleverse au XVIIe siècle la vision des fatigues, celles des soldats, celles de leurs chefs :

> Accessible à toute heure, prévenant pour tous, attentif à éviter autant qu'il le pouvait, la fatigue aux autres et les périls inutiles, il fatiguait pour tous, se trouvait partout, et sans cesse voyait et disposait par lui-même et s'exposait continuellement. Il couchait tout habillé aux attaques et ne se mit pas trois fois dans son lit depuis l'ouverture de la tranchée jusqu'à la chamade. On ne peut comprendre comment un homme de son âge, et usé à la guerre, put soutenir un pareil travail de corps et d'esprit, et sans sortir jamais de son sang-froid et de son égalité. On lui reprocha qu'il s'exposait trop ; il le faisait pour tout voir par ses yeux et pourvoir à tout à mesure ; il le faisait aussi pour donner l'exemple et pour sa propre inquiétude que tout allât et s'exécutât bien[26].

Fatigues nouvelles ou mieux perçues, mieux circonscrites, face à des tâches elles-mêmes accrues et transformées.

Du coup, une « usure » toute particulière commence exceptionnellement à être prise en compte. Une vision sur la fatigue de quelques rares métiers s'inaugure. Le légionnaire blessé ou malade « continue de percevoir sa solde[27] », alors que les anciens militaires ou anciens marins reçoivent deux écus par mois depuis l'ordonnance de 1670[28]. L'hôtel royal des Invalides, ouvert le 1er octobre 1674, est conçu pour les soldats « usés ou mutilés en combattant pour le roi[29] ». Institution complexe, à vrai dire, dont on sait qu'elle est faite aussi pour éviter l'errance inquiétante de militaires démunis sur les places, les ponts ou les rues.

La ville

La ville devient un autre objet marquant de préoccupation, lui aussi fait de sensibilité renouvelée. La polémique traditionnelle sur l'agitation de l'urbain et le calme des champs s'infléchit, dès la fin du XVIe siècle, selon un versant neuf. Une fatigue particulière s'y dessine. De nouveaux mobiles d'effervescence, de nouveaux sentiments d'excès ou de tension s'imposent. La cité a brusquement grandi. Son rôle s'est accentué. L'accroissement du pouvoir commercial, civil, administratif a déplacé les pôles, captant « l'élite des bourgades environnantes », les « receveurs et juges seigneuriaux »[30]. Boutiquiers, praticiens, parlementaires, hommes de loi ou plumitifs s'y multiplient. Alors que la rationalisation progressive de l'exploitation rurale, excluant glaneurs et éleveurs marginaux, y jette un nombre inédit de « vagabonds répandus dans toutes les rues[31] ». Un amoncellement s'est produit, incursion turbulente, bigarrée, en « constant progrès[32] », aggravée par le maintien de murailles figeant la clôture spatiale, provoquant un « entassement extravagant dont les derniers îlots du "vieux Paris" donnent encore aujourd'hui le saisissant spectacle[33] ». Les témoignages croissants insistent sur la foule, le cumul, l'« étouffement » dans un Paris devenu « entassement de villes », lieu « aussi peuplé qu'une ruche d'abeilles »[34].

Plaintes et dénonciations s'orchestrent, agacements et exaspérations s'aiguisent. Le bruit surtout est retenu, avant toute autre « gêne », l'assourdissement, le sommeil troublé. Ce que dit la satire de Boileau en 1666 :

> Tout conspire à la fois à troubler mon repos.
> Et je me plains ici du moindre de mes maux [...]
> Mais en ma chambre à peine ai-je éteint la lumière
> Qu'il ne m'est plus permis de fermer la paupière[35].

Effervescence suffisamment nouvelle pour favoriser la caricature autour de quelque envahissement sonore, facteur d'épuisement : « Les cochers sont si brutaux, ils ont la voix si enrouée, si effroyable, et le claquement continuel de leur fouet augmente le bruit d'une manière si sensible qu'il semble que toutes les furies sont en mouvement pour faire de Paris un enfer[36]. » La « plainte » tient au repos menacé, aux sons multipliés, au timbre incessant. Les quelques vers accompagnant la gravure de Nicolas Guérard sur *L'Embarras de Paris*, à la fin du XVIIe siècle, suraccentuent l'image d'une agitation faite d'épuisement autant que de danger :

> Car si vous n'écoutez parmi le tintamarre
> Garre, garre la bas Garre, rangez vous garre
> Ou du haut ou du bas vous serez écrasé[37].

Une autre « plainte » s'affirme aussi, plus intériorisée, plus masquée, difficilement nommée encore, mais évoquant le poids des affaires, celui des bureaux, des décisions, des correspondances variées. Lassitude peu perceptible jusque-là, croissante pourtant, celle d'hommes de loi, d'administrateurs, de plumitifs, de marchands, de notables confrontés à une impuissance inédite : le dénouement toujours plus laborieux de problèmes jugés eux-mêmes toujours plus nombreux. Autant de signes d'un univers où croît la présence de la robe, du barreau, de l'administration, du parlement, celle du travail de cabinet ; tensions longtemps négligées, et devenues brusquement sensibles, exprimées ici, par facilité de langage, mais aussi de pensée, en termes physiques plus qu'en termes moraux, tels les mots d'Henri IV adressés à Sully en 1591 : « Toutes les nouvelles que j'ai de Mantes font que vous êtes harassé et amaigri à force de travailler[38]. » Même repère, quelques décennies plus tard, lorsque Saint-Simon décrit le malheur de Michel Chamillart, éreinté par ses ministères. Le désordre des humeurs l'emporte, leur bouillonnement, leur dessèchement, leur fuite, plus que leurs possibles équivalents psychologiques :

> Chamillart accablé du double travail de la guerre et des finances, n'avait le temps ni de manger ni de dormir [...] Il fit donc de nécessité vertu, mais à la fin, la machine succomba : il lui prit des vapeurs, des éblouissements, des tourments de tête, tout s'y portait, il ne digérait plus, il maigrit à vue d'œil. Toutefois, il fallait que la roue marchât sans interruption, et dans ces emplois, il n'y avait que lui qui pût la faire tourner[39].

C'est d'ailleurs en termes de corps encore qu'Ézéchiel Spanheim désigne la « fatigue du poste » et son brusque vertige de préoccupations lorsque Louis XIV accède à la royauté : « Un dehors plein de grandeur et de majesté, et la constitution d'un corps propre à soutenir les fatigues et le poids d'un si grand poste[40]. » C'est également en termes de corps, quelques décennies auparavant, que Richelieu prétendait résister aux « lourdeurs » administratives, nouvellement désignées avec le XVIIe siècle. Procédé curieux ici, dérobé, éminemment physique, quasi exotique même, mais fidèlement rapporté par Gilles Ménage, « réanimer » les esprits animaux en provoquant dynamisme et mouvement :

> Il ne laissait pas quelquefois de trouver le temps de se délasser de ses grandes fatigues qui accompagnent toujours le ministère. Il aimait surtout après les repas les exercices violents, mais il ne voulait pas être surpris […] Se divertissait dans la grande galerie du Palais Royal à sauter le long de la muraille le plus haut qu'il pouvait[41].

Cette menace d'épuisement particulière, installée dans l'univers classique, ne va pas sans l'ostentation d'un prestige possible, une manière d'exhiber résistance et « capacité ». La Bruyère en fait un portrait aigu, personnage nouveau, tirant distinction de son « harassement » supposé :

> Vous moquez-vous de rêver en carrosse ou peut-être de vous y reposer ? Vite prenez votre livre ou vos papiers, lisez, ne saluez qu'à peine ces gens qui passent dans leur équipage ; ils vous en croient plus occupé ; ils diront : « Cet homme est laborieux, infatigable ; il lit, il travaille jusque dans les rues ou sur la route. » Apprenez du moindre avocat qu'il faut paraître accablé d'affaires, froncer le sourcil, et rêver à rien très profondément ; savoir à propos perdre le boire et le manger […][42].

La ville classique invente ainsi autant de fatigues que d'infatigabilités.

La cour

La cour est un autre lieu où se désigne, dans l'univers classique, une fatigue particulière. La nouveauté tient d'abord à un immense bouleversement social : la centralisation du pouvoir, le renforcement de l'État, l'effacement des fiefs locaux, des baronnies médiévales, loin de leurs querelles guerrières. Avec elle, une société inédite se constitue, dont le centre est le souverain, et le ressort le rituel. Avec elle s'orchestre un « ordre », décrété par les Valois dès la fin du XVIe siècle, celui « que le roi veut être tenu en sa cour[43] ». L'étiquette fixe les rangs, le cérémonial fixe l'espace et le temps. D'où ce sentiment d'un dispositif aussi complexe qu'imposé, discipline toute quotidienne, dictant gestes et espaces, pénétrant chaque comportement. Encore faut-il un net affinement de la sensibilité pour transformer en fatigue ce qui, sans doute, eût été jusque-là négligé.

Une expression s'impose au XVIIe siècle, reprise par les acteurs eux-mêmes : « la fatigue de la cour ». Mme de Maintenon en fait un leitmotiv, évoquant Mlle de Jarnac dont les « jambes enflées » suggèrent la « peine à s'accoutumer à la fatigue de la cour »[44], ou Mme de Montchevreuil dont l'entrain montre qu'elle « soutient la fatigue à merveille[45] », ou la maréchale de Rochefort dont la maladie révèle qu'elle « n'est pas propre à la fatigue[46] ». La marquise elle-même s'estime « accablée de soins, de visites, de préparation de voyage[47] », au point d'y voir un « si véritable martyre[48] », ou même de trouver « fatigante » la volière de Fontainebleau, « plus vive, depuis hier, que je ne l'ai jamais entendue[49] ». Une telle affliction revient avec l'inévitable référence aux cérémonies, ou aux postures et contenances trop longtemps maintenues, la recherche de « l'appui d'un buffet » pour « soulager sa fatigue »[50], cette « station debout » que

Jean-François Solnon évoque en « terrible destin du courtisan[51] ». Ce qui confine au total épuisement pour le cardinal de Coislin : « le pauvre homme qui était fort gras et grand sueur, ruisselait dans l'antichambre, en camail et en rochet, avec une telle abondance que le parquet en était mouillé tout autour de lui[52] ».

Une règle l'emporte pourtant, « se rendre assidu[53] », faire acte de patience, se montrer « toujours nécessaire[54] », résister, autrement dit, aux « ennuis et langueurs[55] ». L'exemple du marquis d'Antin, le « fils légitime » de Mme de Montespan, longuement évoqué par Saint-Simon, dit, à lui seul, la perception par les acteurs de cette « fatigue de la cour », aussi nouvelle que particulière :

> Un corps robuste et qui sans peine fournissait à tout répondait au génie. Et quoique peu à peu devenu fort gros, il ne lui refusait ni veilles ni fatigues. Brutal par tempérament, doux, poli par jugement, accueillant, empressé à plaire, il sacrifia tout à l'ambition et aux richesses [...] Le plus habile et le plus raffiné courtisan de son temps, comme le plus incompréhensiblement assidu. Application sans relâche, fatigues incroyables pour se trouver partout à la fois, assiduité prodigieuse en tous lieux différents, soins sans nombre, vues à tout, et cent à-la-fois, adresses, souplesses, flatteries sans mesure, attention continuelle à laquelle rien n'échappait, bassesse infinie, rien ne lui coûta, rien ne le rebuta, vingt ans durant, sans aucun autre succès que la familiarité qu'usurpait sa gasconne impudence avec des gens que tout lui persuadait avec raison qu'il fallait violer quand on était à la portée de le pouvoir.
>
> Sa servitude fut extrême à l'égard des enfants de sa mère, sa patience infinie aux rebuts. Il reçut en sa vie force affront avec une dissimulation incroyable[56].

Des stratégies de pouvoir subtiles, souterraines, apparemment dérisoires et pourtant valorisées, se déploient alors pour créer des privilèges, des différences dans l'épargne des efforts attendus. Jean-François Solnon en multiplie les exemples dans l'univers classique : « le droit d'entrer en carrosse [et non de marcher] dans la résidence du roi et celui d'avoir un carreau [coussin] à l'Église forment les honneurs du Louvre[57] ». L'accès au « tabouret », également, et le droit de demeurer assis dans les résidences royales, constitue un autre avantage, fortement distinctif. Les duchesses en ont le privilège au point d'être « nommées "dames assises", ou encore laconiquement "tabourets"[58] ». Jusqu'à la qualité du siège lui-même, accusant encore les différences, les petits-fils et petites-filles de France ayant droit au dossier, les princes et princesses de sang ayant droit au fauteuil[59]. Des contestations existent, des erreurs aussi, immédiatement relevées. Mme de Sévigné les évoque dans une audience de la reine : « Il vint ensuite bien des duchesses, entre autres la jeune Ventadour, très belle et jolie. On fut quelque moment sans lui apporter ce divin tabouret. Je me tournai vers le grand maître et je dis, "Hélas ! Qu'on le lui donne. Il lui coûte assez cher". Il fut de mon avis[60]. » Autre incident : l'autorisation « interdite » et pourtant « accordée ». C'est le cas lorsque la reine permet à plusieurs dames de s'asseoir « sans façon » alors que le refus aurait dû s'imposer. Princes et ducs réagissent, se concertent en « grand nombre », demandent, « sous le nom de la noblesse, la suppression de ces tabourets »[61]. La « fatigue » dit dès lors clairement les hiérarchies, tout en les renforçant. Elle dit aussi de nouvelles particularités.

L'esprit

Dans cette diversification toute moderne de fatigues et de lieux se dessine une attention plus marquée à la conscience, la désignation d'un versant plus intime. Une profondeur s'y affirme, une manière de suggérer un état d'âme, une lassitude de « pensée ». Descartes signale une « fatigue de l'esprit[62] », celle des clercs, des méditatifs, des hommes de lettres et de cabinet. Il tente d'objectiver un « labeur » circonscrit à l'âme : une atteinte déplaçant l'attention vers des versants de comportement jusque-là peu désignés. Non pas le simple accablement des affaires, non pas la seule contrainte des décisions ou des gestions, mais celle de l'opération mentale, le calcul, l'effort réflexif, le raisonnement intense et continu. Marsile Ficin ou Christine de Pisan, au XVe siècle, s'étaient déjà attardés sur un tel épuisement, en évoquant l'écriture ou le travail de l'« entendement », tout en privilégiant les effets de corps : « Quand j'eus construit la Cité des dames [...] je restais oisive et aspirais au repos, en personne lasse d'être venue au bout d'un travail aussi considérable, les membres et le corps fatigués par un ouvrage si long et si soutenu[63]. » Descartes désigne un fait plus intérieur, reconnaissant que « nous ne pouvons être continuellement attentifs à la même chose[64] », stigmatisant le danger de « s'appliquer trop à l'étude[65] », soulignant combien « les occupations trop sérieuses affaiblissent le corps en fatiguant l'esprit[66] ». Une conclusion s'impose lorsqu'il évoque les « principes métaphysiques » et les effets d'une attention excessive à leur égard : « Je crois qu'il serait très nuisible d'occuper souvent son entendement à les méditer[67]. » Une « fatigue d'esprit » est ainsi pour la première fois désignée, circonscrite, précise, focalisée ; même si sa description ne dit guère davantage que le mot, même si demeurent dans l'ombre son contenu précis et ses traits. Les symptômes « intérieurs » sont ici plus entendus qu'évoqués, plus suggérés que développés. Ils ouvrent néanmoins sur un « sentiment », celui d'un effondrement particulier touchant à la puissance mentale et à son acuité, cette certitude, reprise dans le *Dictionnaire universel* d'Antoine Furetière en 1690, selon laquelle « l'esprit se fatigue aussi bien que le corps[68] ». D'où encore cette condamnation du jeu d'échecs par Jean-Baptiste Thiers, dans son *Traité des jeux*, en 1686 : « trop sérieux », il « fatigue pas moins l'esprit que quelque affaire importante »[69]. Ou cette référence, absente des règles édictées par les moines médiévaux, systématique en revanche dans celles édictées par les congrégations « classiques » : « Les récréations instituées pour relâcher l'esprit[70] » ; leur explication aussi évidente que peu développée : « L'infirmité humaine ne permet pas que l'esprit puisse être toujours également occupé, non plus que le corps[71]. »

Ce qui suggère du coup une autre fatigue, elle-même proche, et également peu commentée : le sentiment d'être « las de… » ou « fatigué de… ». Cette émergence d'un « territoire » psychologique aussi nouveau que lentement conquis. La tristesse d'abord, celle d'Antonio dans *Le Marchand de Venise*, rapprochée de quelque abattement intérieur, quelque impuissance cachée : « En vérité, je ne sais pourquoi j'ai de la tristesse ; elle me fatigue ; vous dites qu'elle vous fatigue aussi, mais d'où elle m'est venue[72]… ? » Ou l'état d'exaspération, celui de saturation intérieure, toutes indications inédites dont le caractère quasi psychologique révèle un intérêt nouveau, au XVIIe siècle surtout, pour ce qui est personnellement éprouvé. C'est Louis XIV acceptant par « lassitude » le retour de Mme des Ursins à la cour, au risque d'un malentendu avec la monarchie espagnole : « Fatigué des contradictions qu'il éprouvait, inquiet du désordre dangereux qui en résultait aux affaires […] Lassé des instances qui lui étaient faites et des réflexions qui lui étaient présentées[73]. » C'est le maréchal de Villeroy, à la fin de sa vie, « fatigué des dégoûts d'une cour où il avait tant brillé[74] », se démettant de sa charge en faveur de son fils, et sentant brusquement « avec horreur tout son vide[75] ». C'est, plus banalement, l'ami de Joseph Sevin de Quincy, « amant fatigué et ennuyé de ne parler à sa maîtresse que par lettre[76] » parce qu'il en est trop éloigné, et décidant de la quitter. C'est, plus banalement encore, sinon trivialement, l'accouchée ayant « la tête rompue » par les caquets « qui se sont tenus au chevet de son lit »[77], dans la satire de 1622.

Les expressions « fatigué de… », « ennuyé de… » deviennent celles de la langue classique au point de se banaliser. Elles étendent ainsi le spectre des lassitudes, allant du physique au mental, de la chair à l'intime, donnant existence à une intériorité aussi spécifiquement évoquée que peu détaillée dans ses mécanismes, comme dans ses subtilités. Elles ouvrent, quoi qu'il en soit, sur des sources plus masquées du harassement, plus intériorisées que ne l'est la seule « physique » des épuisements, mobilisant la manière de se percevoir ou de s'écouter. Les mots « importuner[78] », « contrarier », « lasser » s'imposent dans ce cas, avec leur effet quasi moral. Comme s'impose la remarque de Bussy Rabutin adressée à un correspondant dont il attend plus de sérénité : « Vous devriez être fait à la fatigue depuis le temps que vous faites de méchants tours à des gens qui s'en vengent[79]. » C'est bien l'analyse toute personnelle, le versant du « sentiment », celui de l'expérience de conscience, qui, dans ce cas précis, s'est développé. Émergence majeure autant que peu approfondie, tant demeure dominante la métaphore physique : celle des vapeurs contraintes, celle des échauffements en excès.

Une convergence possible entre des fatigues jugées différentes est même pour la première fois évoquée ; récits, rares encore, mais notables, s'attardant à un type particulier de journée, celui conduisant à une incoercible et identique lassitude, malgré la disparité des charges affrontées. Dépenses physiques ajoutées à des conversations indéfinies, veilles absorbantes ajoutées à des déplacements multipliés, autant d'investissements étrangers l'un à l'autre et pourtant unifiés. Tel le constat de la princesse Palatine, relevant scrupuleusement, sur un jour, chacune de ses activités :

> Aujourd'hui j'ai écrit une longue lettre à ma tante. Je suis montée chez la princesse de Conti (son escalier a cinquante-six marches très élevées), je me suis rendue chez Mme la duchesse à pied par le jardin, puis j'ai reçu la reine d'Angleterre. Me voici fatiguée comme un chien[80].

Seule une attention accrue aux dépenses, aux efforts, jusqu'au décompte des marches arpentées ou des rencontres occasionnées, pouvait, à la fin du XVIIe siècle, suggérer une telle identité.

Chapitre 9
L'amorce du chiffre

Le spectre des fatigues s'est ainsi étendu avec la modernité, diversifiant les formes, les lieux, ouvrant, au-delà de la pénibilité physique, sur des lassitudes plus intérieures, des saturations secrètes, des épuisements de pensée encore peu formulés mais nouvellement suggérés. Une autre extension de ce spectre tient à l'introduction du chiffre. Non que soient inventés quelque dosage précis des efforts ou quelque vérification quantifiée des effets, mais des distances et des temps se calculent, des étalonnages s'effectuent, des travaux se mesurent, tous questionnant la fatigue, tous également peu relevés jusque-là.

Le voyage et la durée

Le voyage le montre en tout premier lieu. Les horizons changent avec la modernité, même si le lointain maintient son étrangeté. Tracés et parcours s'enrichissent. Profils et surfaces s'aplanissent. Les géographies elles-mêmes, pour nombre de pays, prétendent aux ensembles homogènes, continus : « Le royaume, qui n'a pas plus de vingt-cinq journées à cheval pour aller d'une extrémité à l'autre, peut se vanter de trouver dans son sein, tout ce qui est nécessaire à la vie, sans avoir recours à ses voisins[1]. » Les parcours deviennent l'objet d'un travail particulier lorsque

Sully est nommé « Grand Voyer de France » en 1599[2]. L'éloignement s'est transformé. Un service de postes existe d'ailleurs sur les « Grands Chemins », amorcé avec Louis XI, fait de relais de chevaux, « propres à courir le galop durant le chemin de leur traite[3] », toutes les quatre lieues, régularisé davantage encore en 1629 par une surintendance gérant l'ensemble[4] et devant garantir que les dépêches, enregistrées avec leur « heure de partement », soient « promptement et sûrement apportées »[5]. Les pistes deviennent paysages, le morcellement devient unité, même si nombre de voies demeurent encore, ce qu'avouent les intendants, « impraticables et hors commerce[6] ». Diverses précautions s'affirment pour mieux assurer les parcours : les ordonnances de la France classique imposent, pour les chemins royaux, « vingt-quatre pieds de passage libre et commode, sans que la dite largeur puisse être occupée par des haies, fossés ou arbres[7] » ; défendent « aux rouliers et voituriers d'atteler plus de quatre chevaux », d'avoir « de trop grandes charges », afin d'éviter l'« enfoncement de la plupart des pavés par leur pesanteur »[8] ; délèguent enfin cette surveillance « à la diligence des procureurs des sièges des vicomtés[9] ». Les peintres de la Renaissance, déjà, multiplient, en autant de points de fuite, les représentations de vastes loggias ouvrant sur des horizons travaillés, reliés, infinis[10].

La fatigue du voyage ne saurait en revanche s'effacer, tout en prenant un sens inédit, demeurant un « lot commun[11] », jusqu'aux mouvements et cahots que ne peuvent éviter les voitures ou les carrosses, inventés pour l'élite de la fin du XVIe siècle. Le déplacement à Fontainebleau devient une épreuve pour Mme de Maintenon, alors que « les habitants des paroisses riveraines[12] », en 1687, ont travaillé plusieurs mois à l'amélioration de la voie : « Je ne suis pas encore remise de la fatigue que j'ai eue à venir ici[13]. » Ou le déplacement à l'abbaye du Lys pour Marie Mancini : « je n'étais pas encore tout à fait revenue de la fatigue et de la lassitude de notre voyage[14] ». Signe d'un aiguisement de sensibilité, sans doute, attention accrue aux effets physiques, aux tensions éprouvées, la durée se transforme en malaise, les mouvements en chocs, le roulis en désordres mal supportés. Non plus les traversées médiévales, avec leurs brouillages matériels, leurs inconnues, leurs obscurités, mais l'effet nouvellement mesuré, sur des trajets plus « commodes », des heurts et des aspérités. D'autant qu'un savoir nouveau s'installe, censé faire de la voie un objet d'étude spécifique. Henri Gautier en signe le premier essai, en 1693, très vite traduit en italien et en allemand, *Traité de la construction des chemins*[15], rédigé dans la filiation des arts du bâtir, sensible à l'efficacité des matériaux comme à celle des tracés, à celle des terrains comme à celle des revêtements ou des fondations.

Un défi peut naître enfin de ces chemins progressivement mieux aménagés, mieux « accoutrés[16] » selon le mot de Montaigne, comme il peut naître d'un recours plus systématique au cheval insensiblement banalisé. Les déplacements plus « lisses » entraînent des visées plus exigeantes, plus calculées, une tentative de franchir le plus d'espace en le moins de temps, celle de compenser le sentiment de fatigue par la satisfaction du terrain parcouru : tel Joseph Sevin de Quincy confrontant distances et durées, « ainsi en moins de dix heures nous fîmes trente milles[17] » ; ou Jean Hérault de Gourville, en 1652, plus précis, « brûlant » les étapes pour transmettre un message de Paris à Bordeaux, tout en notant scrupuleusement les lieux, les intervalles, les heures, celles des jours, des nuits, notant aussi les lassitudes surmontées : « départ 10 h 30 du soir à Saint-Eustache, minuit à Charenton, point du jour à Lieusaint, avant la nuit suivante à Gien. J'allai si vite que j'arrivais le lendemain à Saumur [...][18] » ; ou le retour nécessitant le passage par l'Auvergne, pour d'autres messages encore, et la traversée de cent trente lieux en sept jours. Hérault reconnaît la fatigue, y insiste même, tout en l'associant à sa volonté d'« avancer » : « Je fis encore tant de vigilance nonobstant ma lassitude, que j'arrivai à Paris, à l'hôtel de Chavigny, à 5 heures du matin. Mais je m'excusai sur ma lassitude, je n'avais presque pas dormi depuis le départ d'Agen, et je m'en allai[19]. » D'où enfin un nouveau type d'infatigabilité, le parti d'accroître les parcours en raccourcissant les temps, ce que fait le Grand Roi aux yeux de ses courtisans : « Le roi retourna à Fontainebleau presque aussi vite qu'il était allé à Nantes. Il était infatigable ; et quelques jours après son arrivée, il alla à cheval à Paris et en revint dans le même jour, après avoir visité les nouveaux bâtiments de Vincennes et ceux du Louvre et des Tuileries. Il fit tout cela le matin et dîna à Saint-Cloud chez Monsieur et arriva de bonne heure à Fontainebleau[20]. » Une infatigabilité inédite défie ainsi espace et durée, forçant la distance tout en avivant la brièveté.

Les courses anglaises, nées avec la fin du XVIIe siècle, confirment l'émergence d'une telle sensibilité. Il y faut des terrains balisés, des chevaux spécifiquement « préparés », une mesure des distances et des temps : « Amateurs de mouvement, propriétaires d'espaces, les Anglais chassent beaucoup, vite et loin. Ils aiment parier sur celui qui ira le plus loin, le plus vite[21]. » Il y faut, surtout, au-delà des pistes nouvelles, un investissement particulier sur le cheval, sa « mise en haleine », son adaptation progressive aux distances et aux durées. Ce que Gaspard de Chavagnac dit maîtriser comme un secret, évoquant l'adaptation du mors, celle de l'embouchure, la pratique de courses préalables[22]. Ce que Jacques de Solleysel, en 1654, présente, en revanche, comme une « science », en chiffrant les attentes :

« Il faut commencer par de petites journées et après, peu à peu, les augmenter ; par exemple, le premier jour on peut faire six lieues de France, le second huit, et après dix ou douze et même quatorze s'il est besoin[23]. » L'infatigabilité, en définitive, dans ce cadre précis des parcours, devient un travail centré autant, sinon plus, sur la monture que sur le cavalier. Elle s'obtient enfin par « fractionnement » des exercices pénibles, gradation des « améliorations », conçues pour les parcours des chevaux, ce que les pratiques médiévales tendaient à ignorer[24].

Une précaution supplémentaire vise, très spécifiquement, les charges portées par les chevaux. Ceux de poste surtout, dont il s'agit « de prévenir la ruine » en évitant leur épuisement. Un règlement de mars 1697[25] limite à une seule « mallette » le bagage du cavalier. Un arrêt du 3 juillet 1680[26] limite à une seule personne et à cent livres de denrées la charge des chaises montées sur deux roues. Un arrêt du 15 janvier 1698 limite à douze ou quatorze lieues, selon les régions, la distance ultime autorisée par journée[27]. Enjeu répété : « la conservation des chevaux[28] », mais aussi leur « fatigue » possible.

Le travail et la règle

Un tel chiffrage des distances, des temps ou des gestes trouve plus lentement un équivalent dans l'univers du travail. Non que toute évaluation ait été absente : les traités d'agriculture, depuis longtemps, indiquent ce qu'un faucheur ou un lieur peuvent couper ou nouer en une journée[29]. Remarques lacunaires pourtant, partielles aussi, dans un univers où domine prioritairement la succession des heures et des jours.

Les confrontations sur le temps de travail, son « excès » possible, semblent d'abord plus limitées encore dans l'univers classique. Jean Nicolas n'en relève quasiment pas, en France, entre 1661 et 1789, malgré les quatre cent soixante-deux conflits analysés[30]. Une image domine dans le commentaire des médecins eux-mêmes : la tâche courant du soleil levant jusqu'au soleil couchant, fixée par « nulle heure précise », « laboureurs et gens de métier [...] travaillant sans se donner de relâche du matin jusques au soir[31] ».

Les exigences de la campagne révèlent mieux encore le souci d'un travail « incessant » à l'époque moderne. Jean Liébault et Charles Estienne, évoquant les ouvriers des champs pour mieux instruire le gentilhomme campagnard du XVIe siècle, soulignent la nécessité de « continuels labeurs[32] ». Une sévérité traverse même leur propos : faire que « les gens ne demeurent oisifs et ne perdent pas une minute de temps sans l'appliquer à quelque besogne[33] ». Mieux, des recettes sont dûment citées pour éviter tout endormissement, transformant en évidence l'intervention à même le corps : porter un « parfum aux narines du patient avec fort vinaigre, ou graine de rue [...] ou de vieilles savates, ou de corne d'âne ou de poil humain[34] ». Réelle ou imaginaire, l'exigence d'une lutte contre « ceux qui sont par trop endormis[35] » devient ici normalité acceptée.

Des résistances se manifestent toutefois, des réactions paysannes, des recours sur les corvées en particulier, alors que les seigneurs ont longtemps semblé « avoir un pouvoir absolu », contraignant les « emphytéotes toutes les fois que bon leur semblait »[36]. Des règles se sont instaurées avec la fin du XVe siècle, des contestations se sont ensuivies. Les habitants de Chalmazel obtiennent en 1543 que ces astreintes, au nombre de douze par an, soient réduites à six, par arrêt du parlement de Paris[37]. Les rythmes demeurent marquants quoi qu'il en soit, tout en ne pouvant plus être

« à volonté et indéfinis[38] ». Les corvées des habitants de Chaugy sont réduites à une par mois par un « arrêt définitif » le 13 août 1675[39], alors qu'elles étaient au nombre d'une par semaine. De même, celles requises par le seigneur de Chalain sont réduites à douze par an, après sentence du baillage de Montbrison, le 9 janvier 1699[40]. Une expression largement révélatrice, mais rare, sinon exceptionnelle, est employée par les paysans de Gascogne, du Périgord, du Quercy lorsqu'ils se révoltent contre les « autorités » en 1576 avec la devise « Nous sommes las[41] ! ». « Fatigue » bien sûr, mais indistincte, révélatrice parce que générique, où se mêlent l'effet des corvées, celui des déprédations guerrières, celui des intempéries, celui des dîmes, gabelles, tailles et autres impôts.

Reste une large intériorisation, voire un effacement, des contraintes temporelles exercées sur le travail des métiers. Reste aussi une centration prioritaire sur les salaires. Telle la sédition de maçons parisiens en juin 1660 réclamant une meilleure rétribution pour leur journée de travail : « mais on en a pris prisonniers par arrêt de la cour et l'on croit que le danger est passé[42] ». Réactions déclenchées quelquefois pour la diminution d'un sou dans la « journée[43] ». Ce qui n'échappe d'ailleurs pas aux considérations sur la durée elle-même, « si, comme le notent la plupart des penseurs "mercantilistes", il faut des bas salaires pour contraindre les ouvriers à travailler[44] ». L'obtention d'un gain plus élevé serait gage d'un abaissement possible des heures passées au travail. C'est dans ce sens que vont alors 32 % des conflits recensés par Jean Nicolas[45].

La modernité en revanche ne peut manquer de conduire à de nouvelles précisions. Elles portent d'abord sur l'accroissement des règles du travail attendu. Surveillances accrues, vérifications régulières, fussent-elles indépendantes de quelque relation à la fatigue. Les manufactures du Grand Siècle le confirment, institutions réunissant, pour la première fois, « plusieurs ouvriers pour travailler à la même sorte d'ouvrage[46] ». Leurs principes sont stricts, appliqués par des « contrôleurs-visiteurs-marqueurs » institués en 1629[47]. Leur but : renforcer la productivité. Leur préoccupation : vérifier l'état des produits, et moins la peine ou la souffrance du « producteur ». Ce que révèle, mieux que tout autre, le règlement de 1669 sur les manufactures d'étoffes, limité aux « longueurs, largeurs et qualités des draps, serges et autres étoffes de laine et de fil[48] ». Tissage « minutieusement décrit[49] », nombre de fils, entremêlement des trames, souplesse des draps, l'attente demeure technique. Les inspecteurs ou « gardes jurés » ont pour rôle d'apprécier le respect ou le non-respect « du dit règlement »[50]. Toute fatigue possible demeure ainsi dans l'ombre. Pierre Goubert le confirme en scrutant les témoignages sur les tisseurs de Beauvais : « Ce qu'il convient surtout de souligner dans le labeur des ouvriers en laine de Beauvais, ce n'est pas tellement la longueur de la journée de travail, ni l'extrême insalubrité des ateliers. Ces conditions se retrouvent alors presque partout, et il n'apparaît pas qu'elles aient suscité des plaintes de la part de ceux qui les subissaient, et qui n'en concevaient sans doute pas d'autres[51]. » Autant de dépenses de gestes, et plus largement de corps, dont l'enjeu frôle l'insignifiance, efforts sans épaisseur, investissements ignorés.

Indication notable pourtant, fût-elle encore peu commune : un « repos » est octroyé aux foulons d'Amiens en 1666, eux qui doivent piétiner longuement les draps dans un mélange d'urine et d'eau pour mieux les dégraisser, les assouplir, les resserrer. Leur tâche devient quantitativement règlementée : « Les maîtres foulons ne pourront en un jour faire que quatre vaissélées sans renouveler les ouvriers, afin de les faire reposer sous peine de vingt sols d'amende[52]. » Exemple rare où la fatigue, pour la première fois, commande « réglementairement » le rythme et la succession des actions. Alors que les inspecteurs, faut-il le redire, ne rendent compte massivement que de la « qualité requise[53] » des ouvrages produits.

Le travail et l'amorce d'une « mécanique »

La très lente émergence de préoccupations « mécaniques », avec le XVIe siècle, introduit en revanche des questions « théoriques » jusque-là négligées. L'imaginaire n'y est pas toujours absent, comme le montre Scipion Dupleix en 1623, comparant marche et course, attribuant la fatigue issue de la seconde au seul fait que, contrairement au pas, « le corps y est presque toujours en l'air sans se soulager et se soutenir[54] ». Constat à coup sûr moins physique qu'intuitif et supputé, loin du réel et de ses effets, négligeant contractions musculaires et impulsions.

Croissante, quoi qu'il en soit, demeure une volonté d'objectivité. Jérôme Cardan, en 1550, est un des premiers à tenter de chiffrer une différence entre la fatigue issue du déplacement effectué en plaine et celle issue du déplacement effectué en montée : « l'homme est plus travaillé de cinq cents pas en montant, qu'il n'est de quatre mille en allant en plein pays[55] ». Calcul apparemment précis, décompté en comparaison chiffrée, tout en demeurant encore peu explicité, mais Cardan retient le fait qu'« en la plaine le corps n'est aucunement élevé », alors qu'en montée « il doit être levé autant haut que les degrés sont hauts[56] ». D'où l'attention inédite aux membres, aux lourdeurs, aux pas. Les peintres d'ailleurs, à la suite de Léonard de Vinci[57], s'interrogent sur les différences entre les situations d'effort, leurs conséquences sur les appuis, les lignes corporelles, les fléchissements, les prises sur les objets.

Remarque majeure, dès lors, d'André Félibien dans ses conseils au milieu du XVIIe siècle : « Quand on peint ces sortes d'action, l'effort doit paraître d'autant plus grand que la partie du corps qui s'abandonne pour tirer ou pour pousser, sera éloignée du centre d'équilibre[58]. »

D'où encore l'approfondissement des repères lorsque la mécanique du XVIIe siècle instaure une « science des machines », explorant forces, leviers, axes ou plans. Le vieux monde de l'« à peu près » glisse à plus de fixité[59]. L'effervescence de l'univers d'en bas, par rapport à celui du ciel, peut aussi s'ordonner, se calculer. Conversion majeure où les planètes ne sont plus le seul exemple de la précision. Des vecteurs quotidiens se géométrisent. Des aisances physiques se différencient selon les axes choisis. Des lois peuvent unifier choses et lieux. Galilée souligne la « fatigue » d'une descente d'escalier (et non plus seulement la montée) liée à la seule action du muscle déplaçant le poids du squelette[60]. Alfonso Borelli, quelques décennies plus tard, définissant le « centre de gravité » du corps, retient, en y joignant cette fois des « mesures », le fait qu'un fardeau porté en aplomb de ce centre est moins fatigant qu'un fardeau porté à l'extérieur de lui[61]. Daniel Tauvry, en 1680, s'attachant aux catégories de leviers en les distinguant, retient le fait qu'un objet tenu à bout de bras est plus fatigant qu'un objet tenu bras fléchi[62]. Ou Philippe de La Hire enfin, membre de l'Académie royale des sciences, évaluant l'efficacité des manivelles et des treuils par le calcul de leurs circonférences ou de leurs longueurs, démontre la réduction possible des forces corporelles appliquées en jouant sur de telles dimensions. L'enjeu est bien l'économie d'effort, celle de la dépense liée au muscle. Les figures d'immenses machines suggèrent des hommes épargnant leurs fatigues en animant par le seul poids de leur corps des roues dentées actionnant des poulies. De larges manivelles suggèrent des hommes poussant en position debout pour améliorer leur efficacité. Des engrenages aux diamètres successifs, des axes aux épaisseurs adaptées suggèrent des gains dans la puissance physique exigée : « Plus le câble sera gros et le tour ou le rouleau petit, plus il faudra de force pour mouvoir ou pour soutenir le fardeau[63]. » Telle est aussi la réponse, entre minceurs et grosseurs, faite par La Hire aux questions de Jacques II d'Angleterre visitant l'Observatoire de Paris en 1690, s'interrogeant sur la meilleure « application de forces » aux cabestans[64]. Démarche marquante, suffisamment argumentée pour qu'Hélène Daffos-Diogo y voie la naissance de l'ergonomie[65]. Le corps se mécanise ainsi avec le monde moderne, angles et vecteurs se recensent, des théories naissent, des efforts se hiérarchisent, des portages ou des positions se différencient. Difficile en revanche d'en évaluer l'impact sur le monde du labeur, même si se diffusent les grues, les palans, les déplacements « machiniques » des poids lourds. Les planches fines et nombreuses des graveurs figurent une géométrie quasi abstraite plus qu'une géométrie des ateliers. Les hommes et leurs membres demeurent effacés. Axes et moteurs s'arrêtent aux objets déplacés plus qu'aux muscles engagés. Le « moteur humain » lui-même n'est que peu évoqué, ou peu illustré ; seules les machines le sont. Une culture naît pourtant ici, plus physique, plus chiffrée, plus projetée qu'appliquée, dont l'effet conduit bientôt à des évaluations largement repensées.

Le travail et l'amorce d'une évaluation chiffrée

Un contexte y aide : la politique productiviste du colbertisme, comme la volonté de réduire le coût des dépenses royales. Plus encore, les projets à vocation

« monumentale », conduits dans la seconde moitié du XVIIe siècle, illustrent ce même contexte, telle la tentative de détourner les eaux de l'Eure, aux environs de Maintenon, en 1686, pour les acheminer à Versailles par un « aqueduc majestueux[66] », déplacer d'immenses masses de terre, remodeler des vallées, assurer l'assise des ponts. La requête qu'adresse Louvois à Vauban, dont l'expérience fait autorité, est précise, évaluative, chiffrée : « Il faudra mesurer sept cent mille à huit cent mille toises cubes de terre ; vous me ferez plaisir de joindre un état de ce qu'il faudrait de troupes pour faire ce remuement de terre en trois ans, comptant que l'on commencerait à y travailler au 1er avril et que l'on y finira au 15 novembre de chaque année[67]. »

Toute la différence avec les dispositifs médiévaux, autant qu'avec la requête de Richelieu, quelques décennies auparavant, en 1638, exigeant de ses généraux une multiplicité de travaux de renforcement sur les places de Casal et de Pignerol, sans exiger une quelconque prévision des investissements : « Je suis très aise que vous fassiez fortifier les fortifications des places ; quelque fonds qu'il faille pour cet effet, il ne vous sera ni dénié, ni plaint[68]. »

S'ajoutent, pour Louvois, la question des salaires, leur estimation préalable, les terrassiers étant « payés à la toise cube de terre portée[69] ». Réponse quasi impossible, voire largement approximative, mais l'intention du ministre est d'approcher des chiffres : l'effort ouvrier et son prix, le résultat du travail et sa durée. Elle est aussi d'éviter des dérives : dépenses étatiques excessives, épuisements physiques inopérants. D'où sa demande insistante d'évaluation, son exigence de relevés réguliers, « des états par quinzaine[70] », sur le nombre d'ouvriers employés, sur les quantités déplacées, sur les dépenses consenties. Constats et vérifications s'amorcent. Chiffres et rapports s'accumulent.

Vauban les commente. Une évidence l'emporte : les résultats varient selon les groupes et les ateliers. Les réalisations sont irrégulières, les coûts le sont aussi. Plus grave, l'entreprise de la vallée de l'Eure se désagrège par son gigantisme, le découragement, la présence d'épidémies. Les travaux cessent, abandonnés en 1688. Saint-Simon y voit l'effet d'effluves dangereux venus du sol, évoquant « les morts, que le rude travail et plus encore l'exhalaison de tant de terres remuées tuaient[71] ». Vauban y voit plutôt la nécessité de reprendre les chiffres et de tenter des expériences totalement inédites sur la rationalisation des efforts et la distribution des travaux : instaurer par l'observation et le calcul une démarche d'évaluation inconnue jusque-là.

Les questions se relancent alors : comment uniformiser des mesures ? Comment rendre les meilleurs résultats répétables, hors fatigue excessive ? Les chantiers d'Alsace, en 1688, sont l'occasion de réinventer des expertises : leur extension est massive, leur enjeu majeur, leur finalité directement stratégique. Le ravage du Palatinat, la volonté d'expansion française, la menace en retour des Impériaux renforcent l'importance militaire des défenses de l'Est, comme l'urgence de leur achèvement. Mont-Royal, Fort-Louis, Belfort, Phalsbourg, autant de places fortes nouvellement aménagées sous la responsabilité de Vauban. Autant d'occasions de parfaire le projet amorcé à Maintenon : chercher « une norme de productivité vraisemblable [...] », évaluer « la quantité raisonnable de travail que peut fournir un homme en une journée »[72]. Ce qui uniformiserait les coûts, tout en permettant aux forces physiques de se renouveler. L'entreprise alsacienne favorise une telle visée, cantonnée aux terrassements, aux gestes répétés, aux terres déplacées. Aucune référence mécanique préalable sans doute, aucun chiffre *a priori*, mais Vauban prétend les obtenir en scrutant les réalisations moyennes, tout en simplifiant le comptage : pointer le nombre de brouettées réalisées et la quantité de terre excavée, le tout effectué par un homme de « force médiocre[73] », censé entretenir cet effort avec régularité. L'ingénieur Guy Creuzet de Richerand fournit des données à partir des travaux de Sarrelouis, Vauban les obtient à partir de ceux du fort Saint-Louis, démarche dont la précision laborieuse était inconnue jusque-là.

Le futur maréchal de France, confrontant l'ensemble des quantités entre elles, prétend alors qu'il faut « entre 220 et 233 brouettes pour transporter une toise cube de terre [7,39 mètres cubes][74] ». Confrontant ces résultats à leur réalisation dans la durée, il prétend aussi qu'il faut onze heures pour un homme, soit une journée, pour excaver 2 toises cubes de « terre meuble », et onze heures pour pousser une brouettée (avec des allers et retours) sur 30 kilomètres en plaine et sur 19,5 kilomètres en montée. Une norme chiffrée se dessine, servant une double visée : établir les payes, étalonner les résultats. Peu importe l'aspect minutieux et austère de telles mesures : les réalisations « envisageables » et leur déroulement seraient ainsi arrêtés. Des distinctions s'ajoutent, tout aussi calculées, selon les résistances et les « consistances » de la terre remuée ou la profondeur de l'excavation demandée, au point de mobiliser des travailleurs supplémentaires en cas d'« obstination » des sols. D'autres distinctions enfin confrontent les temps de repos à l'efficacité attendue[75]. Vauban prétend, pour la première fois, établir les critères uniformes de travaux de terrassement, chiffrer le meilleur résultat possible obtenu sans épuisement des ouvriers : « J'estime qu'on peut encore régler le travail comme ci-après. Le commencer par exemple à 5 heures du matin et travailler jusqu'à 8, le quitter depuis 8 heures jusqu'à 9, et le reprendre depuis 9 heures jusqu'à 12, le discontinuer jusqu'à 2, et le reprendre ensuite, et le continuer jusqu'à 7 heures du soir, ce qui fait dix heures de travail et trois heures de repos par jour[76]. » Distribution d'autant plus importante que les décrets imposent jusque-là une présence « de 4 heures du matin à 6 heures le soir, soit quatorze heures[77] », sans indiquer d'intervalle ; plus importante encore est la distinction faite entre travail d'été et travail d'hiver, conduisant à basculer ce dernier de dix heures à sept heures effectives. La démarche promeut ainsi mesure et précision là même où dominaient intuition et approximation ; elle est « pionnière » aussi, partageant très explicitement ce qui est jugé supportable et ce qui est jugé excessif :

> Pour les quatre mois qui seront d'hiver on en pourra retrancher les déjeuners et les goûters et réduire le temps de travail à sept heures, pendant lesquelles, je suis persuadé que les ouvriers ne feront guère plus de demi-journée d'été à cause du froid et du mauvais temps ; je tiens qu'il n'en faut point imposer davantage au soldat qui a sa tâche [...] De les pousser plus loin, c'est les outrer et les exposer à devenir malades et ne pouvoir tenir longtemps[78].

Résultat inédit, suggérant les possibles, leurs bornes, comme leur légitimité. Mirage d'un chiffre réglant les actions, leur durée, les fatigues épargnées. Reste qu'une telle procédure demeure limitée, centrée sur une seule pratique, laissant dans l'ombre les transpositions à d'autres activités. Elle est empirique aussi, laissant tout autant dans l'ombre nombre de différences entre les accidents de terrain, les lieux, leurs pentes, leurs inclinaisons ; silencieuse enfin sur ce qui est entendu comme « effort moyen ». Elle révèle sans aucun doute le souci nouveau de quantifier de part en part le travail, en même temps que la difficulté de surmonter les innombrables variables dont il peut être l'objet. D'où l'évidence d'un « manque », l'impossible maîtrise des données : la présence inévitable d'un « flottement » ; la faiblesse incoercible du calcul malgré la volonté de l'appliquer. Vauban crée une rupture dans l'exigence de précision, tout en entretenant une continuité dans le recours au « jugé ». La novation n'en est pas moins historique. L'homme des forteresses a transformé les vastes espaces de terrassement en espaces d'observation et de recensement. Jamais le travail n'avait été ainsi étudié.

Chapitre 10

Une diversification des effets

Degrés nouveaux, catégories nouvelles, tentatives amorcées de chiffrage, l'univers de la fatigue change avec la modernité. Il devient plus observé, voire plus catégorisé. Comme il change avec l'attention portée aux effets, aux traces, aux pathologies possibles. La nouveauté des démarches « classiques » tient encore à l'observation des conséquences. L'ensemble des troubles résiduels s'est ainsi tout autant accru, grandissant en importance comme en gravité.

Accoutumances « douloureuses »

Les « marques » laissées dans le corps, d'abord, prennent un relief inédit, celles surgies après l'exercice et ses épuisements momentanés en particulier. Quelques témoignages du XVIIe siècle, rares encore, mais notables, s'attardent aux crispations demeurées dans les membres après un effort longtemps soutenu, aux souffrances diffuses, aux tiraillements obscurs. Ils spécifient, pour la première fois, des troubles liés au manque d'accoutumance, le « choc » issu d'une absence d'habitude. Ils les désignent par des « douleurs », des gênes, des raideurs. Le voyage parisien de deux jeunes Hollandais au milieu du XVIIe siècle en offre un exemple circonstancié. L'un et l'autre se décrivent visitant les académies équestres, multipliant les mouvements inaccoutumés, avant d'évoquer les effets inattendus, les engourdissements, les maux localisés :

> Nous montons tous les jours trois chevaux, sans compter celui de bague. Cet exercice est si rude au commencement que nous n'en pouvons commencer d'autre, que la douleur de nos cuisses soit passée ; elle est telle d'abord qu'à peine peut-on marcher, ou pour nous bien consoler, un académiste nous dit que nous aurions à la souffrir quinze jours durant, comme nous l'avons en effet expérimenté[1].

Aucune étude particulière ou savante encore sur ces symptômes, à vrai dire peu spécifiés, aucune exploration, mais une sensibilité inédite leur donne une place qu'ils n'avaient pas. François de Rabutin attribue même la mort de nombre de soldats entre Metz et Lunéville en 1551 à un effort brutal et imposé après une « longue » inactivité : un « trop grand abandon à leurs aises et voluptés » ne les avait pas préparés à une marche dont ils devaient être « longuement travaillés[2] ». S'impose du coup une allusion prometteuse aux effets concrets du manque d'adaptation, ruptures et faiblesses du corps après des efforts peu anticipés.

L'exclusivité du « pathologique »

Plus largement, les conséquences de tout épuisement semblent davantage interrogées. Des liaisons surgissent, des explications s'étendent, nombreuses, hétérogènes. Non que change, dans l'Europe classique, l'image d'un corps fait de liquides, non que change l'image d'une fuite d'humeurs due à la fatigue, mais une attention plus aiguisée, fût-elle toute subjective, en diversifie les effets.

Multiples et disparates sont alors les faits retenus : la mort de la reine de Navarre, à quarante-quatre ans, en 1572, expliquée par les efforts dus à « un travail extraordinaire », la préparation des noces de son fils[3] ; le brusque mal d'oreilles d'Henri III, en 1580, expliqué par des excès physiques bariolés : « il avait passé des nuits entières à mommer et masquer, et autres exercices peu convenables à sa santé[4] » ; le « saignement du nez » du duc de Berry, encore, en 1698, expliqué par un surcroît d'« échauffement » survenu « en tirant des perdrix »[5]. Symptômes bavards, inattendus, dont toute la logique demeure liée à la représentation de quelque effervescence humorale. La vigilance s'aiguise, en revanche, sur ces « débordements » d'humeurs, leurs accidents possibles, aussi graves qu'inopinés, le « lumbago », entre autres, illustration quasi symbolique, n'étant pour Giorgio Baglivi qu'un flux de « sang épanché entre les muscles[6] » après quelque effort excessif. Un danger supplémentaire naît de tels rapprochements : celui de la boisson froide prise sur des humeurs dites « en furie ». Les récits se multiplient de « pneumonies » ou de « sang coagulé et soudain épaissi » chez ceux qui « après quelque exercice violent boivent incontinent de l'eau froide »[7]. La longue relation de Lazare Rivière en 1646 dit, à elle seule, la relative désorientation médicale devant la diversité des troubles possibles, en même temps que le questionnement :

> Monsieur Petit, citoyen de Montpellier, âgé de cinquante ans, d'un tempérament atrabilaire, comme il était accablé d'affaires et de soucis, ensuite de plusieurs symptômes qui faisaient connaître une mélancolie hypochondriaque, il eut une tumeur sous la clavicule droite de la grosseur de la moitié d'un œuf, molle et de la même couleur que le reste de la peau, dans laquelle il avait une grande pulsation ; il fut jugé que c'était un anévrisme incurable[8].

Plusieurs organes aussi sont davantage ciblés. Le cœur, qui « s'irrite grandement par l'exercice immodéré, par le chaud, par les bains et par les actions vénériennes, par la crapule, par l'usage de vins trop forts, et par la fâcherie[9] » ; le thorax, sujet à fluxions, par « les bains, les exercices, la colère[10] » ; le cerveau, menacé par « l'ardeur du soleil, l'exercice immodéré, tout ce qui peut agiter ou échauffer les humeurs[11] ». Un mélange de causes l'emporte ainsi, fustigeant la chaleur, croisant dans la même inquiétude le bain, la fatigue, l'excès vénérien.

Restent les efforts ouvriers et leurs conséquences, rarement cités, peu valorisés encore, mais relevés dans une littérature à vrai dire prioritairement médicale. Georgius Agricola, médecin de Joachimsthal, en Bohême, observateur attentif des mines du lieu, décrit, au milieu du XVIe siècle, les « atteintes » et « souffrances » des mineurs, « gens rudes, habitués à travailler depuis leur enfance »[12]. Les « maux » évoqués l'emportent alors sur la fatigue : asthme, usure des poumons, ulcères, irritations des yeux, noyades, chutes, jusqu'à la présence de démons destructeurs fréquentant les galeries éloignées. Attention inchangée lorsque, quelques décennies plus tard, François Ranchin s'attarde aux « atteintes » et « souffrances » de « ceux qui courent la poste ». Seule demeure la pathologie : « écorchures importunes des fesses », « ardeur d'urine », « échauffement du sang », « dissipation des esprits », ou même désordres incoercibles de la vue provoqués par le cumul des cahots, et moins l'usure possible venue de quelque effort prolongé[13]. Même focalisation enfin, même choix, lorsque Bernardino Ramazzini assemble les troubles causés par les métiers dans une synthèse majeure, voire imposante, à la fin de l'époque classique[14]. Le regard est orienté, la sélection délibérée, quêtant les maux ostensibles, exubérants, flamboyants. Les travailleurs « debout », menuisiers, maçons, ouvriers du fer ou sculpteurs, sont sujets aux « varices et ulcères » venus d'un ralentissement du « mouvement du sang artériel et veineux »[15]. Les « mineurs » sont sujets à un bouleversement de « l'économie animale » venu de l'absorption de « miasmes métalliques ». Les coureurs, ces hommes précédant, au XVIIe siècle encore, les carrosses ou les chevaux de la noblesse, sont sujets à une dégradation des « organes de la respiration » venue de l'« échauffement de la course ». Les horticulteurs, enfin, sont sujets à « cachexie et hydropisie[16] » venues de l'humidité constante de leurs jardins. Les maux s'enchaînent, les plus visibles surtout, ceux directement associés à une profession et à ses « particularités », moins les états de faiblesse générique, les déclins de puissance, les forces surpassées. Cécité apparente sur les modes de désignation de la fatigue elle-même, autant que sur l'effort générique provoqué par la situation même de labeur.

Les désordres du dessèchement

Reste le rôle accentué, systématisé, toujours plus souligné, accordé aux humeurs du corps, les pertes, les dessèchements. Tel François Bernier progressant en pays moghol dans les années 1650 : « Depuis ces huit ou neuf jours de marche, la sueur a bien dissipé toutes ces humeurs. Mon corps est devenu un vrai crible, sec et aride, et je ne me suis pas plutôt jeté une pinte d'eau dans l'estomac (car on n'y va point à moins) que je la vois en même temps sortir de tous mes membres comme une rosée jusqu'au bout des doigts. Je crois en avoir aujourd'hui bu plus de dix pintes[17]. » Image extrême de quelque inexorable fuite d'humeurs. Ou Robert Challe, écrivain embarqué sur *L'Écueil* pour les

« Indes orientales », à la fin du XVIIe siècle : « La chaleur empêche de respirer, la respiration brûle les entrailles[18] », alors que « l'argent sert à acheter des rafraîchissements à la première terre[19] ».

Ce que montrent encore les préoccupations de Mme de Sévigné, multipliant les causes d'échauffement, et par là l'effet de « manque » et d'affaissement, signes de cette sensibilité accrue dans l'élite surtout, celle dont la marquise demeure un témoin privilégié : le soleil de Provence qui transforme « en four[20] » la chambre de Mme de Grignan, les jeux d'échecs qui « font du mal tout en divertissant[21] », les boissons chaudes, l'insuffisance de nourriture, l'attitude penchée pour écrire qui « tue la poitrine[22] », l'air d'Avignon qui « enflamme la gorge[23] », le vent de Grignan qui « supprime le sommeil[24] », la toute banale « agitation des jours[25] ». Exemple majeur où se multiplient les situations, les actes, les positions, censés déclencher aridité et dessiccation intérieures, alors même qu'aucun indice objectif ne vient le confirmer, alors même aussi que les témoins populaires ne s'y attardent guère et que seule demeure une référence physique privilégiant liquides et chaleurs. Image synthétique, en définitive, où se croisent « brûlure », « dépense » et « effacement » : « Il me semble que je vous vois sans dormir, sans manger, échauffant votre sang, vous consumant vous-même, vous creusant les yeux et l'esprit[26]. »

Les actes « obscurs »

S'ajoute, enfin, l'aveu de l'érotique, plus fréquemment cité avec la modernité : la « forte » fatigue du corps est généralement jugée conduire à l'impuissance. Tel l'effort extrême d'Agrippa d'Aubigné rejoignant sa maîtresse en 1572, blessé, épuisé après une « traversée de vingt-deux lieues », arrivant « sans sentiment, sans vue et sans pous [force[27]] », abandonné « dans les bras » de celle-ci.

Plus largement, ce sont les effets de la dépense sexuelle qui sont évoqués : récits d'épuisements laborieusement surmontés, « bouillon et couple d'œufs frais[28] » apportés après les « efforts » de la nuit ; attentions variées surtout : de l'aliment au repos, du parfum au bon vin, des confitures aux dragées, tous censés restaurer un corps « morfondu[29] ». Peu spécifiée, peu détaillée, cette fatigue semble néanmoins redoutable. Tallemant des Réaux décrit une Mme de Champré conduisant son mari aux portes de la mort : « Elle était belle et friande ; on dit qu'elle avait toujours ses mains dans ses chausses, de sorte qu'il ne dura guère[30]. » Explication identique pour le décès de Louis XII en janvier 1515. Louis, âgé de cinquante-deux ans, se remarie le 9 octobre 1514, à Abbeville, avec Marie d'Angleterre, la très jeune sœur du roi Henri VIII. L'enchaînement semble irréversible : « Il avait voulu faire le gentil compagnon avec sa femme ; mais s'abusait car il n'était pas homme pour ce faire [...] Et lui disaient les médecins que s'il continuait il en mourrait pour se jouer[31]. » La vision de l'âge sans doute, celle d'une misogynie largement acceptée, celle d'un épuisement obscur aussi font ici l'explication. Les « traités » ou « diverses leçons » d'hommes de lettres ou de savants multiplient, au XVIe siècle, les exemples de personnages ayant « perdu » par la « luxure » la « force et la vie »[32], dont Salomon que l'« amour des femmes » fit passer de « très sage » à « grand débauché »[33]. Il n'est jusqu'à certains animaux dont l'extrême brièveté de vie ne s'explique par « l'excès de lascivité ». Les « passereaux », entre autres, et leur existence limitée à l'année, selon Scipion Dupleix, eux qui s'accouplent « plus de vingt fois » quotidiennement « avec la femelle »[34]. Conclusion sans surprise : « Pour cette cause les hommes salaces et luxurieux vivent moins que les autres[35]. »

D'où ce sentiment également partagé d'une vigueur entretenue par l'abstinence, celle du comte Louis Diacette, évoqué avec admiration par Jacques de Thou à la fin du XVIe siècle :

> Il avait plus de soixante ans quand il fut tué ; mais comme il s'était abstenu dès sa jeunesse du plaisir des jeunes gens, il était encore d'une santé si vigoureuse, qu'à son âge il couchait en hiver dans une chambre fort exposée aux injures de l'air, sans ciel de lit et sans rideaux ; il n'était incommodé, ni du froid, ni du serein, ni des brouillards, comme si Dieu lui avait conservé des forces (comme il disait) dans des temps si difficiles[36].

Pratique sulfureuse, toujours soupçonnée de « paillardise », de « luxure », la vie sexuelle demeure menace autant que plaisir.

Chapitre 11

Une diversification des « recours »

Le principe des défenses ne saurait par ailleurs varier avec la modernité, alors que ne changent ni celui des représentations ni celui des fonctionnements du corps. Les procédés anciens se prolongent. L'idéal persiste : préserver les liquides, restaurer les humeurs. Les effets des lassitudes en revanche se sont multipliés, comme se sont multipliées les catégories de fatigue, les appréciations, les intensités. Ce qui n'est pas sans conséquence sur les résistances, les stratégies d'évitement. D'où la panoplie accrue des produits, l'attention accrue aux indices discrets, aux malaises, jusqu'à une lente défense populaire jusque-là ignorée.

Réinventer le rafraîchissement

À l'image marquante de l'échauffement répond encore l'image tout aussi marquante du rafraîchissement. Mme de Sévigné y revient, dans ses interminables conseils à sa fille, insistant sur les liquides, leur renouvellement, leur renforcement : « Ma fille, quand on aime bien, il n'est pas ridicule de souhaiter qu'un sang auquel on prend tant d'intérêt se tranquillise et se rafraîchisse[1]. » D'où l'injonction de « prendre du lait de vache ; cela vous rafraîchirait et vous donnerait un sang raisonnable[2] ». Robert Challe y revient aussi, dans son voyage océanique, avec ses achats réguliers « de rafraîchissements à la première terre[3] ». Les militaires y reviennent également, évoquant les forteresses prises, celles, surtout, permettant de « nous rafraîchir de toutes les fatigues que nous venions d'essuyer[4] ». Centrale demeure cette compensation de l'aqueux.

Paradoxe, le bain chaud est considéré comme un autre recours possible : les pores ouverts par sa température laissent pénétrer une eau venant remplacer les liquides effacés par l'effort. Quelques partisans des thermes s'enchantent de telles images : « Toute forme de lassitude trouve sa guérison dans le bain, [lequel] humectant et ramollissant les parties dures et sèches, résolvant et discutant la superfluité des humeurs, il faut croire qu'il est profitable aux lassitudes[5]. » Le thème est bien celui d'une eau infiltrant si bien la peau qu'elle se substitue aux liquides évanouis. Paroles notables, mais paroles de médecin « thermal[6] » plus que de « médecin de ville », n'indiquant en rien la présence d'une telle pratique dans le quotidien de la société classique. L'eau y est rare, son acheminement difficile, son effet « inquiétant », envahissant le corps, le troublant, le laissant « ouvert[7] », vulnérable au « venin de l'air ». Aucune évocation de joueurs de paume, ou de chasseurs, recourant au bain pour oublier leurs efforts[8]. Aucune mention de baignoire dans « le cadre de vie des médecins parisiens, aux XVIe et XVIIe siècles[9] ». Aucun bain cité après les voyages de Mme de Sévigné, de la princesse des Ursins ou de la princesse Palatine. Jusqu'à Charles Perrault avouant une telle « absence », la confrontant aux thermes anciens, tout en soulignant le rôle toujours plus important joué par le linge : « Il ne tient qu'à nous de faire de grands bains, mais la propreté de notre linge et l'abondance que nous en avons, valent mieux que tous les bains du monde[10]. » Absorbant les humeurs, le linge peut encore rafraîchir par son soyeux ou sa netteté. Telle la conviction de Laurent Joubert, fustigeant les « erreurs populaires » : « Tellement que si on y prend garde, vous verrez que on est tout recréé, réjoui et renforcé d'avoir changé de linge et d'habillement, comme si cela renouvelait nos esprits et la chaleur naturelle[11]. » Le linge, autrement dit, participe, pour la première fois, avec l'univers moderne, aux pratiques de « restauration ».

Multiplier les « essences »

Il faut encore s'arrêter aux produits, à leur nouveauté par rapport aux eaux, aux vêtements, ou aux épices traditionnelles limitées aux rafraîchissements ou aux ardeurs des piments. L'attention va aux « esprits », les parties les plus aériennes et « subtiles » des humeurs, à leurs effets de stimulation quasi nerveuse, à la transformation matérielle des liquides intérieurs. Les parfums le montrent, immense réservoir d'essences nuancées et nouvelles, dites « confortatives », avec leurs parties « volatiles » censées pénétrer les nerfs. Telles les « eaux de senteurs », celles de bergamote, de marjolaine, de mille fleurs, de patchouli, celles de l'alambic, redoutées encore au Moyen Âge parce que mêlant l'eau et le feu, mais gagnant définitivement en enjeu ; celles dont use l'amie de Benvenuto Cellini, Mme d'Étampes, au XVIe siècle, pour éviter les fatigues et entretenir le « fraîcheur de son teint[12] ». Ou l'« eau de romarin », recommandée par Harlequin dans son *Jardin des herbes* en 1624, multipliant les effets contre la palpitation du cœur, la paralysie, le tremblement des membres, le relâchement des nerfs, le venin même, tout en étant « convenable à tenir la personne longuement en sa force, beauté et jeunesse[13] ». Rien d'autre que la vision traditionnelle des maux, sans doute, le régime des humeurs livré aux rapprochements les plus variés, mais vivifiés ici par une démultiplication d'essences distillées.

Vision inédite du vin encore. Son recours se théorise : la « fleur » représente la partie « spiritueuse », le liquide « représente le sang[14] ». Sa fermentation se travaille, ses cépages s'améliorent, son effet « médicinal » s'accentue. Le « nectar » venu du soleil, déjà, métamorphoserait la lumière : Jean de Thou, épuisé dans son voyage entre Antibes et Monaco en 1589, pris de furieuses nausées, se dit totalement restauré par un « vin de Corse » dont il tire « assez de force et de vigueur pour suivre Gaspard de Schomberg et pour gagner avec lui la ville de Gênes[15] ». Des découvertes s'y ajoutent. Le vin de Champagne, introduisant sa formule pétillante, sa coloration cristalline, associe comme jamais délicatesse et pureté, d'autant que ses flûtes effilées, mêlant l'or et l'argent, transforment « les perles qui montent » en gage de totale perfection. Saint-Simon attribue la longévité de Duchesne, le médecin des filles du roi, « au fait qu'il soupait tous les soirs avec une salade et ne buvait que du vin de Champagne[16] ».

Valorisation de l'« eau de vie » enfin, dont l'alambic, devenu plus commun avec la modernité, accroît la puissance spiritueuse. Martin Lister le constate dans son voyage parisien en 1698 : « C'est aux guerres si longues qu'on la doit. Les seigneurs et les gentilshommes qui souffraient beaucoup de ces interminables campagnes avaient recours à ces liqueurs pour soutenir les fatigues du temps et des veilles, et rentrés à Paris les utilisaient sur leurs tables[17]. » Robert Challe le constate encore, sur sa frégate des Indes, évoquant la distribution de liqueur aux marins « après quelque rude travail » : l'« eau de vie pour bordage d'artimon »[18]. Autant de recours s'intensifiant, alors même que les efforts directement concernés, trop « banals » sans doute, ne sont pas toujours décrits.

Du tabac au café

Les plantes issues du Nouveau Monde, au XVIe siècle, tout comme celles multipliées par les voyages d'Orient, confirment la même visée. Le tabac et son herbe séchée à l'imitation des Indiens, en est le premier symbole : vapeur légère et aérienne soutenant le corps, aidant la commande physique, prolongeant les gestes en les confortant. Les visiteurs des lointains y insistent, évoquant les fines particules enflammées parcourant les nerfs en portant leur feu. Les Indiens d'Amérique, aspirant la braise « par de petits tuyaux », supporteraient d'autant mieux les courses, les longs trajets, les pesants fardeaux, jusqu'à quelque extase furtivement éprouvée : « ils hument la fumée du tabaco, tombent tout soudain comme privés de sens, puis étant éveillés, ils se trouvent tous allégés par tel sommeil et leurs forces restaurées[19] ». Les observateurs occidentaux y projettent d'abord le même recours, un gage d'ardeur, un soutien d'effort. Le Royer de Prade fait ainsi réagir les soldats du roi : « soutenant les fatigues de la guerre, sans boire ni manger et sans prendre autre chose qu'une demi-once de tabac en vingt-quatre heures[20] ». Vertu éclectique ici encore, où domine la lutte contre toute défaillance, « fluxion de tête, goutte, rhumatisme, dépôt d'humeurs glaireuses…[21] », autant de maux s'additionnant avec les éditions successives de l'*Histoire générale des drogues* de Pierre Pomet, le « marchand épicier » parisien de la fin du XVIIe siècle[22].

Le tabac, pourtant, est davantage : il dessine d'autres usages, suggère d'autres attentes. Il concerne encore les fatigues nouvelles, celles de la modernité. Il entretient les vigilances, les résistances mentales. Il « conforte le cerveau[23] », assure La Garenne. Il « éclaire l'entendement[24] », ajoute Corneille Bontekoe. Plus largement, il étanche les excès, les liquides débordants et perturbés. Ce que suggère Brienne en évoquant la vie de Boileau et sa santé allègre à quatre-vingts ans : « Le tabac dont il usa à tous les moments, jour et nuit, en masticatoire, dessèche les humeurs superflues et le maintient dans une vigueur que peu de gens sont assurés d'avoir à son âge[25]. » L'objet porte sur la clarté mentale, la manière de soutenir l'attention, intensifier la réflexion, l'investissement dans les affaires, l'administration, le travail de cabinet ; stricte réplique de ce que le XVIIe siècle commence à appeler la « fatigue d'esprit »[26].

Même objet, toujours plus spécifié, pour les plantes du Levant, café, thé, chocolat, feuilles ou graines rapidement adoptées par l'Occident classique, végétaux séchés, brûlés ou torréfiés dont Thévenot, un des premiers, dit constater les effets dans ses voyages d'Arabie au milieu du XVIIe siècle : « Lorsque nos marchands français ont beaucoup de lettres à écrire et qu'ils veulent travailler toute la nuit, ils prennent une ou deux tasses de café[27]. » Enjeu particulier, enjeu central : les plantes d'Orient confirment plus que jamais le nouveau régime des lassitudes, ces harassements inédits imposés par la ville, la cour, la robe, le commerce, les bureaux, ceux qu'évoque indirectement Nicolas de Blégny en demandant aux produits de « réparer les esprits dissipés, déboucher les nerfs obstrués, et par ces deux effets, augmenter la mémoire, assurer le jugement, donner de la force et de la gaieté[28] ».

Remarquable à cet égard devient le destin du café. Importé à Paris en 1669 par Soliman Aga, mystificateur de génie se faisant passer pour l'ambassadeur du Grand Turc, le breuvage est très vite perçu comme « excitant », se révélant boisson d'éveil, renouvelant les pratiques, jusqu'à suggérer son recours quasi ritualisé. Tels ces « services de café » décrits par Saint-Simon dans les appartements de Mme de Maintenon à la fin du XVIIe siècle, ces groupes attardés après le dîner autour des cabarets, ces tables légères supportant les plateaux conçus pour les nouveaux breuvages : « On était auprès de plusieurs cabarets de thé et de café, en prenait qui voulait[29]. » Mieux, des lieux totalement neufs se créent, portant le nom du produit lui-même, centrés sur l'accueil, l'échange social, la conversation animée. Des « maisons de café » s'installent après 1670, offrant l'arôme nouveau, à Londres, à Paris, exploitant la fève du Levant selon une double visée : l'agrément, le stimulant.

Changement culturel et social à la fois, les « maisons de café », offrant l'amertume sucrée de la plante, s'opposent aux tavernes et aux cabarets, offrant les vapeurs entêtantes des « spiritueux ». Tout y est différent, des décors agrémentés de miroirs et de bois vernis au public fait de marchands, de plumitifs, de bourgeois : « l'on y voit les personnes savantes qui viennent s'y délasser l'esprit du travail de cabinet[30] », insiste Louis de Mailly. Les prix encore y divergent : Procope vend l'arôme nouveau pour 2,5 sous en 1672[31], alors qu'un journalier ne gagne qu'entre 3 et 6 sous[32]. L'effet attendu enfin, toujours moins lié au choc provoqué par l'épice ou à l'emportement provoqué par le vin, mais bien au seul constat mental, l'effort apparemment renforcé de conscience et de lucidité. L'apport du grain oriental rejoint ce que le tabac avait déjà dessiné : dissipateur de fatigues, le café serait aussi dissipateur de « nuages », d'obscurités quasi intérieures. L'impact est organique et « cérébral » à la fois : résistance souterraine autant qu'affermissement d'esprit. Jules Michelet y décèle une mission quasi historique[33] : la liqueur noire contre la liqueur rouge, la « vigilance » contre l'« ébriété ». Ce que disent à leur manière les puritains anglais :

Alors que le doux venin de la grappe traîtresse
Avait ravi l'univers tout entier.
Le café arrive, cette liqueur grave et saine
Qui guérit l'estomac, rend le génie plus vif
Et ragaillardit les esprits sans rendre forcené[34].

Signe d'un glissement culturel décisif : les valeurs d'ordre et de raison prennent une place qu'elles n'avaient pas ; la stimulation mobilise des « terrains » qu'elle ne traversait pas. La montée du rationalisme, autrement dit, arrête, avec la modernité, ses lassitudes comme ses pharmacologies.

Alléger l'existence, une réponse populaire ?

Reste une défense plus masquée, peu explicite sans doute, peu commentée aussi, et pourtant marquante autant que directement matérielle : la tentative « silencieuse » d'alléger les charges par le recul de l'âge du mariage, l'abaissement des grossesses, du nourrissage et du nombre d'enfants, liés à une réduction de « fertilité ». Elle concerne le populaire et son quotidien. Elle révèle un déplacement de culture, engageant les plus humbles, malgré son silence et son apparente discrétion. Elle déplace les effets de corps. Quelques années de décalage à l'union maritale sont sensibles, atteignant la fécondité, limitant les investissements au long cours, voire les accablements. Un tel mouvement s'amorce en Angleterre au XVIe siècle avant de s'étendre, un siècle plus tard, à l'Europe du Centre et du Nord. Prise de conscience lente, mais aux conséquences notables. Plusieurs années sont en jeu, au point de devenir « la clé du système démographique ancien[35] ». L'âge moyen du mariage passe de moins de 20 ans à plus de 24 ans sur le siècle pour les filles du Bassin parisien[36] ; de 19,1 ans à 23,4 ans entre les périodes 1578-1599 et 1655-1670 pour les filles d'Athis[37] ; de 18,9 ans à 22,3 ans entre les périodes 1560-1569 et 1610-1619 pour les filles de Bourg-en-Bresse[38]. Les villes enfin, où la sensibilité est plus marquée, les contraintes sont moins supportées, révèlent un âge moyen du mariage plus tardif encore que les campagnes : c'est au-delà de 27 ans que se marient les filles de Saint-Malo ou de Lyon autour de 1700[39]. Le recul de cet âge peut avoisiner, selon les lieux, près de huit ans sur le siècle. La « natalité des riches et des puissants », celle que préservent l'aisance et l'assistance ancillaire, demeure « plus généreuse que celle des pauvres »[40]. Rien d'autre alors, chez ces derniers, que la première « révolution malthusienne[41] », la première action sur une fatigue globale et peu formulée. Aucune victoire sur la maladie, et moins encore sur la mort, dans ce nouveau dispositif du mariage ; une atténuation, en revanche, fût-elle infime, des épreuves et des incommodités et, au bout du compte, un comportement préventif d'un genre inédit à l'égard des lassitudes et du « poids de la vie ».

Aucune représentation nouvelle du corps dans cet accès à la modernité, aucune découverte nouvelle censée transformer la compréhension de la fatigue. Celle-ci pourtant s'est largement diversifiée. La curiosité à son égard s'est creusée. Un « supportable » ancien est « moins supporté ». Une « normalité » s'est déplacée. Évidente conquête culturelle, alors que n'ont changé ni les repères ni les explications.

Chapitre 12
La misère et l'« abattement »

Une panoplie de fatigues s'est ainsi développée aux XVIe et XVIIe siècles, traduite elle-même par une variété de recours. Nombre de fragilités, peu évoquées jusque-là, assombrissent pourtant l'horizon de l'Europe classique. Elles concernent les plus humbles. Elles touchent aux campagnes, aux « déserts », atteignant une population généralement ignorée. La vision demeure « massive », désignant une misère générique, peu spécifiée, suggérant néanmoins une inquiétude inédite. Il faut la fin du XVIIe siècle pour que se révèle ce nouveau visage de la pauvreté et qu'émergent des carences longtemps voilées sinon méprisées.

Misères

Il faut un contexte surtout : l'importance accrue donnée aux efficacités travailleuses, les potentialités mieux reconnues des bras et du sol, telles que Colbert ou Louvois ont pu les penser, en attendant d'elles quelque enrichissement national[1]. Un champ nouveau de déficiences peut alors s'imposer, bien au-delà des lassitudes « subtiles » que l'élite classique a inventées, ou de celles plus « ordinaires » que le populaire a partiellement repoussées ou négligées. Il tient à la considération de menaces plus sourdes : misères, anémies, disettes, tous obstacles opposés à la rentabilité, tous faits de faiblesse visible suggérant une « fatigue » initiale quasi collective. Non qu'ait grandi, avec cette fin du XVIIe siècle, le statut accordé aux personnes viles. Non même qu'ait grandi l'importance accordée aux conditions abruptes des métiers. L'enjeu est ailleurs. Il tient au regard porté sur quelque indigence primitive, celle d'une impuissance « vitale », déficience quasi organique venue des géographies, des guerres, des climats, ou même des prévisions défaillantes, menaçant la vie quotidienne comme l'efficacité laborieuse. La Bruyère introduit cette vision tragique à la toute fin du siècle, évoquant le malheur paysan : « animaux farouches, des mâles et des femelles, répandus par la campagne, noirs, livides et tout brûlés de soleil, attachés à la terre qu'ils fouillent et qu'ils remuent avec une opiniâtreté invincible[2] ». Des circonstances jouent dans une telle noirceur. Les disettes des années de la fin du siècle en sont le symbole, renseignées par la correspondance des intendants, les témoignages des notables, tous illustrés de descriptions inquiètes, voire de constats chiffrés. À Limoges en 1692 : « La plus grande partie sont contraints d'arracher des racines de fougère, les faire sécher au four et piler pour leur nourriture. Ce qui leur donne une grande faiblesse, qu'ils en meurent et ce qui peut causer dans peu de temps une peste[3]. » À Reims en 1694 : « L'état présent de la ville est misérable et calamiteux [...] Le soin qu'on a eu jusqu'à présent n'a pas empêché qu'il n'en soit mort de disette et de langueur depuis six mois plus de quatre mille[4]. » Mécanique implacable dans une économie où réserves et stockages ne sont pas toujours assurés ; les mauvaises récoltes des années 1693-1694, entre autres, assèchent les revenus de la terre, lesquels assèchent les marchés, ruinant à terme artisans et boutiquiers : « directement ou indirectement la disette provoque des hécatombes[5] ».

Une vulnérabilité de masse

Le constat de telles catastrophes ne naît évidemment pas avec la fin du XVIIe siècle. Accablements et « malheurs du temps[6] » accompagnent les sociétés anciennes. *Les Tragiques* d'Agrippa d'Aubigné les évoquent tout aussi fortement, au début du siècle, stigmatisant ces nourritures faites pour certains d'« herbes, de charognes et viandes non prêtes[7] ». La vision à leur sujet s'est pourtant transformée. Leurs conséquences sont autrement appréciées, devenues plus économiques, plus « totales », stigmatisées par un pouvoir central plus resserré. La misère elle-même semble autrement pensée : « l'élément nouveau, à partir de la fin du XVIIe siècle, paraît résider dans la prise de conscience d'une vulnérabilité de masse, différente de la conscience séculaire d'une pauvreté de masse[8] ». Fragilité inédite conçue au cœur de la puissance collective, ce dénuement jugé plus tragique avive sans doute les peurs traditionnelles, les menaces de vagabonds propageant violences et maladies. Il engendre aussi des peurs jusque-là inconnues : les réalisations travailleuses endiguées par l'épuisement, les productions déjouées par l'indigence. Les lettres adressées au contrôleur des finances le disent ; l'intendant de Rouen, par exemple, « surpris de voir la faiblesse[9] » des travailleurs du port d'Honfleur retardant inexorablement l'entreprise ; ou l'évêque de Mende constatant « l'épuisement général de la populace et des laboureurs », au point qu'une « partie des terres demeurent incultes et que les maladies commencent à s'allumer avec beaucoup de violence »[10] ; ou l'intendant de Limoges, enfin, estimant que sa « généralité a été si accablée par la misère des années passées qu'elle est toujours fort épuisée d'argent et manque même de laboureurs[11] ».

« Surcharges » d'impôts et « affaiblissement »

Le mémoire de Vauban sur l'élection de Vézelay, en 1696, est, sur ce point, un des plus éloquents, confrontant les ressources et les possibles, visant une évaluation rigoureuse des « revenus », celle de « la qualité et des mœurs des habitants », tout en ambitionnant « l'augmentation des peuples et l'accroissement des bestiaux »[12]. Un premier constat pourrait sembler anodin, lui-même traditionnel, sinon moral : « terres mal cultivées [...] habitants lâches et paresseux », pays quasiment à l'abandon, « ronces et mauvais arbustes » gagnant les campagnes, pierres et graviers envahissant les sols. La paresse jugée comme un mal venant du fond des âges. Très vite pourtant le constat s'infléchit. Vauban dénonce des causes, évoque des enjeux : une telle déshérence « provient apparemment de la nourriture qu'ils prennent, car tout ce qui s'appelle le bas peuple ne vit que de pain et d'orge et d'avoine mêlés [...] Il ne faut donc pas s'étonner si ces peuples si mal nourris ont si peu de force[13] ». Les vêtements faits de « toile pourrie et déchirée », les sabots « dans lesquels ils sont pieds nus toute l'année »[14] ajoutent à l'affaiblissement. D'où ces hommes apparemment « fainéants, découragés[15] », cette fatigue souterraine, non directement nommée, mais accompagnant un quotidien aux horizons toujours plus limités.

Que l'origine en soit la misère ne fait aucun doute. Son effacement en revanche devient l'objectif d'un Vauban retenant un argument traditionnellement minoré : limiter les taxes, ces « abus et malfaçons qui se produisent dans l'imposition et la levée des tailles[16] », interdisant le « vrai repos du royaume[17] ». Les fatigues pourraient alors s'inverser, les forces succédant aux faiblesses, le travail au découragement. La puissance grandirait :

> Car quand les peuples ne seront pas si oppressés, ils se marieront plus hardiment, ils se vêtiront et nourriront mieux ; leurs enfants seront plus robustes et mieux élevés ; ils prendront un plus grand soin de leurs affaires, enfin ils travailleront avec plus de force et de courage quand ils verront que la principale partie du profit qu'ils feront leur demeurera[18].

C'est bien un affaiblissement global qui est ici pris en compte, comme son exact contraire, censé redonner vigueur au labeur, robustesse aux générations, durée à la vie. C'est le constat selon lequel : « Une des marques les plus certaines de l'abondance d'un pays est la multiplication des peuples, comme au contraire leur diminution est une preuve constante de sa disette[19]. »

TROISIÈME PARTIE

Les Lumières et le défi du sensible

Le XVIIe siècle a étendu le spectre des fatigues possibles, comme celui des recours pour y résister. Les causes se sont diversifiées, les résistances se sont réinventées. Le paysage de la lassitude s'est largement étendu et même redéfini. Identiques en revanche demeurent, depuis toujours, les images de pertes d'humeurs, sans permettre leur objectivation ; relatifs par ailleurs, aléatoires même, malgré leur nouveauté, demeurent les chiffrages du labeur, sans permettre leur réelle précision.

L'approfondissement est différent au XVIIIe siècle. L'appréciation s'est déplacée, la manière de dire aussi, jusqu'à celle de s'éprouver. L'homme « sensible » des Lumières, celui que le recul du divin livre davantage à lui-même, celui qu'une autonomie nouvelle oblige à se redéfinir, métamorphose la lassitude en phénomène plus immédiat, plus intime : sentiment plus aigu des obstacles opposés aux initiatives, aux libertés, troubles refluant sur le « ressenti » de chacun. D'où encore la recherche plus originale d'affirmation, cette démarche totalement nouvelle, et déjà « moderne », « psychologique » même, tentant de surmonter de façon délibérément « areligieuse » une fatigue devenue défi : voyager, découvrir, braver les sommets, arpenter le monde pour mieux s'assurer et s'éprouver.

D'autant que change la représentation du corps, accordant, dans la même dynamique d'individualisation, une place nouvelle aux nerfs, aux stimulations, donnant à la chair et à son effervescence une importance toujours plus soulignée, et toujours plus interrogée, jusqu'aux failles, aux faiblesses, voire aux « ratés ». S'ajoute qu'une telle sensibilité s'accompagne également de pragmatisme, accentuant le regard sur les pratiques comme sur les difficultés rencontrées, valorisant les connaissances des arts et des métiers, celles des manufactures, celles des artisanats. Alors que s'accentuent, inévitablement enfin, les attentes d'efficacité, voire de « progrès », dans un monde où croissent opportunisme et perfectibilité.

Chapitre 13

L'enjeu du sensible

La certitude croissante d'une autonomie individuelle joue ici un rôle majeur, installant la limite « intérieure » au principe même de l'action, renouvelant les alertes, les curiosités, enrichissant les sources de faiblesse, suggérant leur possible personnalisation. La vie intérieure gagne en épaisseur. Immense déplacement où l'individu se met davantage en scène et s'étudie. La fatigue s'installe d'abord en « malaise » plus quotidien, en désordre obscur, et bientôt en provocation, touchant aux projets, aux modes de vivre et d'exister. D'où sa présence nouvelle dans les témoignages comme dans la littérature ou les récits.

« S'écouter vivre »

Il faut ce principe d'affranchissement[1], dans les élites en particulier, l'affirmation d'un « goût pour la vie libre[2] », comme la mise en doute des vieux pouvoirs, pour que soient révisées les fragilités, transformant de part en part l'image de la faiblesse, humanisant la vulnérabilité en la rendant plus personnelle, plus singulière. Celle-ci ne désigne plus la distance infinie avec le ciel, l'inévitable abîme entre nature et surnature, condamnant cette « impuissance » au désintérêt par son évidence même[3]. Elle se glisse entre soi et soi, gagne en présence, reflue sur l'individu, appartient à son identité, traverse sa conscience, infléchit ses perceptions. D'autant qu'un être réduit à lui-même, et à lui seul, censé aussi s'expliquer comme objet de « nature », quête davantage ses états, s'en tient aux expériences propres, s'analyse à partir d'elles et non à partir de quelque « ailleurs » dont il serait l'effet.

Le présent se fait plus dense, comme se fait plus aigu le risque de débilité. Une notion révèle cette attention, imposée avec les Lumières, évoquée comme expérience première, le « sentiment de l'existence[4] ». Ce que Victor de Sèze, médecin formé à l'école de Montpellier et futur conventionnel, dans un livre consacré exclusivement au sensible, désigne, en 1786, comme étant une « sensation » située « à la base de toutes les autres[5] » : celle même qui manifeste notre « être propre[6] », celle qui provoque la bascule du très cartésien « je pense donc je suis[7] » au très empirique « je sens donc j'existe[8] ». Le déplacement est central. L'individu éprouve « son corps se manifester sans cesse à lui[9] », exister en témoignage d'être, « mélodie obsédante[10] ». Nouveauté majeure : « L'on aime à s'écouter vivre[11]. » Ce qui transforme aussi le statut de la lassitude elle-même : non plus simple accident venu du dehors, non plus atteinte, aux multiples facettes, liée aux circonstances, aux lieux, voire aux manifestations divines, mais possible versant de la vie intime, incoercible accompagnement du déroulement des jours. Tel le témoignage de Mme du Deffand constatant son propre « amoindrissement », émergence irrépressible accompagnant son quotidien : « je m'affaiblis beaucoup ; le plus léger exercice me semble impossible. Je me lève fort tard, de mon lit[12] ». Ou l'exaspération de Julie de Lespinasse dans son impossible relation avec Jacques-Antoine de Guibert : « Je me sens accablée avec moins de ressort[13]. » Ou le constat de Mme d'Épinay, scrutant un manque qu'elle ne parvient pas à expliquer : « Je sens tous les jours mes forces s'affaiblir[14]. » La fatigue s'installe quelquefois sans s'annoncer, côtoyant les façons d'être, transformant chaque instant en désagrément, contrariant les décisions, alourdissant les actions. Si familière enfin que Marguerite Staal de Launay peut amorcer la plus banale anecdote, dès les années 1730, en se disant « un soir, plus fatiguée qu'à l'ordinaire [...][15] ». Rien d'autre qu'une constance jusque-là négligée où le féminin lui-même se fait plus présent.

La fatigue « récit »

Ces formes inédites d'attention peuvent se métamorphoser en récits d'un nouveau genre. La souffrance s'étale dans le temps, les incidents se succèdent, les étapes s'orchestrent, portant exclusivement sur une lassitude devenue quasiment condition de vie. Les relations de la cour, en particulier, génèrent de telles narrations. La baronne d'Oberkirch le montre, visitant Versailles à trois reprises dans les années 1780, à la suite du « comte et de la comtesse du Nord ». Les épisodes confortent un sentiment général : « Cette vie de cour me fatiguait beaucoup, c'était épuisant[16]. » Les causes s'éprouvent plus nombreuses, plus préoccupantes, plus continues aussi que la traditionnelle « fatigue de la cour[17] » : la réception de « plusieurs visites[18] », le fait de « se coucher tard », celui de « se lever tôt[19] », de « ne pas avoir l'honneur du tabouret[20] », le fait de « s'habiller », de « se déshabiller »[21] avec des robes à paniers d'un « poids énorme[22] », les « représentations d'étiquette », toujours « pénibles et fatigantes[23] », la « grande débauche d'une nuit passée à une fête[24] », les promenades à Chantilly, « jusqu'à une heure très avancée », susceptibles d'« horriblement fatiguer[25] », les courses « très fatigantes[26] » entre Versailles, Paris, l'opéra… Les « longs soupers » mêlant « fatigue et plaisir[27] ». Un retour de Versailles le 8 juin 1780 renseigne sur la sensibilité, voire la mentalité de la baronne. Souper, danse et contre-danse se sont enchaînés, une « foule curieuse » s'est pressée, la fête s'est « prolongée », le départ du château a lieu à 4 heures du matin. La baronne se dit « bien fatiguée[28] ». Elle compare alors les visages jugés « calmes et satisfaits » de paysans croisés sur le chemin de leur travail, soleil à peine levé, aux « mines fatiguées[29] » de courtisans ensommeillés, appesantis dans leur carrosse. La référence aristocratique commande les faits : l'aiguisement dans la sensibilité d'une « caste » se joint ici à la cécité sur la fatigue des plus humbles.

André Grétry, le prolifique compositeur d'opéras-bouffes de la fin du XVIIIe siècle, transforme également en interminable « relation » ses tragiques impressions d'épuisements. Les symptômes ont surgi avec un « air chanté fort haut[30] » durant sa jeunesse. Le phénomène se reproduit durant vingt-cinq ans, strictement identique après chacune de ses créations : crachements de sang, harassement extrême, besoin impérieux de repos. Suivent les traitements subis à Rome, à Liège, à Genève ou Paris ; les tentatives d'atténuer de telles manifestations ; les conseils donnés par Théodore Tronchin, le collaborateur de l'*Encyclopédie*, médecin de Voltaire ou du duc d'Orléans. Les descriptions demeurent identiques, quoi qu'il en soit : « Après le dernier accès je reste deux fois vingt-quatre heures couché sur le dos, sans parler et sans remuer. Il faut alors une huitaine de jours pour reprendre mes forces[31]. » Une écoute toute particulière naît ici, dans l'élite en particulier, concernant très directement la fatigue, transformant la sensation du corps en accompagnement toujours plus présent de la personne.

Ces formes narratives concernent aussi les militaires, les marins, ceux qui parmi eux savent écrire, bien sûr, ceux qui décrivent pour la première fois la fatigue comme un « état », une manière durable d'exister. Tel le témoignage des officiers du *Centurion* en 1742, un des vaisseaux participant au « tour du monde » affrété par la marine anglaise en 1740 visant à contenir les possessions espagnoles. L'épisode s'étend sur dix-neuf jours, entre le moment où le navire rompt ses amarres, emporté par un « terrible coup de vent[32] », dans la nuit du 22 septembre 1742, alors qu'il mouille dans l'île de Tinian au cœur du Pacifique, et son retour au point d'attache après une douloureuse et « inutile » dérive. Harassements interminables, ils imposent les premiers mots du chapitre : « Fatigues et souffrances essuyées à bord du vaisseau[33]. » D'où ces duretés prolongées : le pompage continu de l'eau d'abord, les « trois heures inutiles » d'efforts pour hisser la grand-vergue ensuite, alors que se « cassent les drisses », laissant les corps si abattus que les hommes s'abandonnent « au risque de périr »[34], les « douze heures », le 26 septembre, « jour de cruelle fatigue », pour retirer « de toutes nos forces »[35] l'ancre risquant de rompre, l'élévation enfin réussie de la grand-vergue, puis, après le 26, les infinis « virements de bord », avec un « équipage si faible » qu'il « ne pouvait faire davantage », l'ultime phase de cette « terrible fatigue[36] » enfin, le 11 octobre en vue de l'île de Tinian. Autant de moments scrupuleusement comptés, annotés, alors qu'ils ne correspondent à aucune avancée dans le trajet, à aucun gain dans le projet, simple interlude, suspension dans l'immense périple.

L'originalité du propos tient à un changement décisif de sensibilité, la transformation de la fatigue en phénomène en soi, expérience spécifique déroulant son temps, devenant, à elle seule, objet d'un « journal » répercuté en quasi-« feuilleton ». Le long chapitre le montre, comme le montre sa conclusion : une « terrible fatigue[37] ». Rien encore, loin s'en faut, des troubles psychologiques et de leur complexité, les rêves, les illusions, les effondrements, voire les oublis de soi, interminablement prospectés par notre modernité, mais une attention inédite déjà, et cruciale, à ce que chacun peut éprouver.

Commodités et incommodités

Plus modeste, mais tout aussi constante, l'insistance nouvelle, dans l'élite surtout, sur des désagréments devenus « états » durables ou passagers, contrariétés, malaises, lassitudes jusque-là négligées. James Beresford en fait un recensement minutieux et bariolé dans un livre à succès, au tout début du siècle suivant : le manque de sommeil avec « les yeux qui vous cuisent, la tête qui vous tourne, des dents qui craquent, des membres engourdis[38] », l'excès de sommeil, à l'inverse, avec d'irrépressibles abattements et amollissements[39] ; le fauteuil désaccordé, la position assise inconfortable, le lit trop court ou trop étroit, avec crampes et crispations[40] ; l'occupation « des heures entières auprès d'une cheminée qui fume[41] », avec suffocation et étouffement ; la nécessité de parler avec « une bouche desséchée[42] » ; l'impossibilité de « faire valoir vos fatigues[43] » lors d'une soirée prolongée parmi des « convives inconnus ». Autant de « tribulations[44] » innombrables réinventant les malaises, renouvelant les attentions.

C'est dans le même esprit, et au même moment, que les lettres adressées par Napoléon à Marie-Louise répercutent fidèlement l'état de fatigue de l'Empereur : « Mon amie, je suis arrivé hier au soir, assez fatigué à Breskens[45] » ; « Mon amie, j'arrive à Posen, un peu fatigué de la poussière[46] » ;

« Ma bonne amie, je suis très fatigué[47] » ; « Ma bonne amie, il est 11 heures du soir, je suis bien fatigué[48] » ; « Mon amie, je me suis emparé de Bautzen [...] Cela a été une belle journée. Je suis un peu fatigué[49]. » État jugé, dès lors, suffisamment important pour figurer dans chaque message, témoignant d'un objet devenu plus « précieux » qu'auparavant : ce qu'éprouve chaque jour l'expéditeur, pour rassurer, inquiéter, ou tout simplement communiquer.

« Ressentis » opérants, aussi, au point d'infléchir l'espace intime, celui de l'élite toujours. Un mot en est le signe, les « commodités », « la facilité de vivre sans fatigue[50] », systématiquement cité, systématiquement valorisé, renvoyant plus que jamais à des procédés inédits, ustensiles ou techniques, dont l'architecte Jacques-François Blondel, en 1752, prétend être « devenu idolâtre » alors que ses « prédécesseurs les ignoraient un peu trop[51] ». L'univers domestique est repensé. Des meubles s'inventent, des dispositifs s'ajustent, des surfaces se recomposent, conçus pour réduire les mouvements, limiter les parcours, rapprocher les objets. Les « commodes » se diversifient (« circulaires », « à demi-lune », « ellipsoïdales », « servantes », « consoles dessertes »), facilitant les rangements, abrégeant les allers et venues[52]. Les cheminées se complexifient, restreignant la stagnation des fumées[53], au point qu'un inventeur propose en 1765 une machine « pour empêcher que les cheminées ne fument[54] ». Des mécanismes se développent, intégrant leviers et ressorts, « animant » les mobiliers, déployant des parties cachées, convertissant les verticales en horizontales ou les horizontales en verticales, métamorphosant les lignes, diversifiant les finalités. D'où ces « tables à ouvrage » articulant tiroirs et plateaux, disposant différemment laines, fils, épingles, aiguilles, ciseaux ; ou ces « tables à abattant » dont le « dessus se redresse » dévoilant un « agencement utilitaire »[55] transformé en bureau, avec « layette et tiroirs plaqués » ; ou ces « secrétaires à panse » dévoilant l'écritoire et des « tablettes à coulisse »[56] ; ou la « table de toilette » à ouvertures multiples, à « coulissements », recélant miroir, « caves », tiroirs frontaux et latéraux, étagement de niveaux[57]. Un imaginaire de l'« économie » conduit ainsi à transformer les gestes quotidiens, du moins chez les plus nantis. Avec d'autres différences encore, les inventions anglaises étant jugées plus « avancées » que celles des autres ; les voyageurs disant trouver l'« art mécanique » plus développé en Angleterre, au point que « tout y est plus commode, plus simple et mieux fini »[58].

De la courbature à la syncope

De telles attentions ont leur correspondance avec le regard médical. L'accentuation de la sensibilité bouleverse aussi les modes de description, conduit à les multiplier, au-delà des nuances que l'âge classique avait déjà initiées[59]. Ce sont des symptômes que différencie la culture des Lumières, des états, avec leurs noms, leurs causes, leurs effets. L'ambition va aux « nosologies », la désignation aiguisée des pathologies. Changement marquant : l'abandon de la seule dénomination traditionnelle du mal par son lieu, « maladies de la tête, de la poitrine, du ventre, des jambes[60] », pour mieux en saisir les différences, les formes, les développements, selon « une méthode étiologique[61] ».

La « courbature » apparaît alors comme un état premier de fatigue, clairement nommé, référence inédite dont William Buchan, dans sa *Médecine domestique*, plusieurs fois éditée après 1770, donne une définition canonique : « douleurs sourdes dans tous les membres, dans le dos, dans les reins, dans le ventre [...] chaleur à la tête, aux entrailles [...] trouble excité dans toute la machine par un excès quelconque[62] ». Non que le phénomène se découvre avec la seconde moitié du XVIIIe siècle. Quelques récits l'avaient évoqué au siècle précédent[63], une perception obscure a existé. Elle est en revanche dotée ici d'un mot, d'une description, d'une explication : « engorgement des muscles, vaisseaux distendus, fluide nerveux épuisé[64] ». Elle est aussi l'objet d'une vigilance absente jusque-là. « Nul n'en a parlé[65] » prétend même William Buchan, un « silence l'a entouré[66] » ajoute Joseph Lieutaud au même moment, l'un et l'autre s'attardant aux contours du « mal », à ces peines opaques, impressions vagues, effets souterrains, tous révélant un espace interne traditionnellement peu interrogé[67]. Les notions s'accumulent pour ces médecins « classificateurs », quêtant phases et intensités. Le *Dictionnaire portatif de santé* en 1770 évoque, au-delà de la « courbature », la « faiblesse », « diminution des forces si considérable qu'elle dérange les fonctions[68] », l'« épuisement », où la faiblesse « permet à peine de se soutenir[69] », la « défaillance », où les « forces vitales tendent à s'éteindre[70] », la « syncope », où s'abattent subitement « toutes les forces et des fonctions animales et vitales[71] ». Progression approximative sans doute, toute conventionnelle et empirique même, mais signe d'un accroissement indéniable d'attention. Les distinctions se multiplient, avec le *Dictionnaire de Trévoux* en 1743, déclinant l'épuisement des humeurs, celui de la patience ou des idées[72]. Ou la *Nosologie méthodique* de François Boissier de Sauvages en 1770-1771, orientant jusqu'à l'extrême juxtaposition de maux : dix-sept formes d'épuisement, huit formes de lassitude, plusieurs formes de « fourbure », plusieurs formes de « défaillance », plusieurs formes d'« engourdissement », toutes classées dans les « faiblesses »[73]. Les chiffres s'étendent, frôlant le vertige, tout à l'obsession de distinguer, confrontant les fatigues issues des pathologies et les autres, censées désigner l'« important pour un médecin[74] », tout en rappelant ce qui est lié à l'effort, la dépense, l'excès. D'où l'insistance du « nosologiste » :

> L'épuisement diffère de la fièvre maligne et de la paraplexie par les signes propres à ces deux genres, mais que l'on n'a point assez distingués jusqu'ici ; on ne le confondra point avec la lassitude, lorsque l'on considérera que la lassitude est une sensation incommode, qui est compliquée avec l'épuisement[75].

C'est bien le sentiment intime qui demeure pourtant prioritairement cité dans la culture de l'élite, la forme impressive, les modulations variées de l'« amoindrissement », leur présence dans les moments les plus diffus de la vie. Telles les précautions de Buffon : « J'écris très rarement pour ne pas fatiguer mes yeux qui sont devenus très faibles depuis un an[76]. » Ou les subtilités, quasi sophistiquées, de Beaumarchais : « Pourquoi tel morceau qui me charmait au clavecin, reporté du chapitre au grand cadre, était près de me fatiguer s'il ne m'ennuyait pas d'abord[77]. » Ou l'attention du prince de Ligne projetant la fatigue jusque dans l'illusion de ses rêves nocturnes : « Je passe une partie de mes nuits à cheval, moi qui y monte si peu […] Je grimpe une montagne aussi haute qu'un mur […][78]. »

Chapitre 14

Le nerf, de l'agitation au « tourbillon »

Le changement de vigilance est décisif, plus profond qu'il n'y paraît, chez les plus nantis en particulier. L'attention nouvelle focalise autrement la « sensibilité ». Lorsque Baculard d'Arnaud fait avouer à Volsan : « J'étais né sensible : c'est là, Monsieur, la principale source de mes infortunes et de mes chagrins[1] » ; lorsque l'abbé Prévost fait avouer à des Grieux : « les personnes plus nobles [...] ont plus de cinq sens » et sont traversées « d'idées et de sensations passant les bornes de la nature »[2] ; ou lorsqu'une des patientes de Samuel Tissot avoue en 1789 : « J'avais, comme on dit chez nous, le sensorium très délicat et les sens trop exquis [...][3] », le regard se déplace, orienté vers la tension intime, la mobilisation nerveuse, la stimulation, avec, comme possible et ultime conséquence, l'effondrement, l'abattement, la perte d'excitation. Ce qui fait aussi exister d'autres causes, entraîne d'autres mécanismes, d'autres explications ; renouvelle les lieux d'alerte, de trouble, d'insatisfaction. La fatigue est autrement ressentie parce qu'autrement expliquée.

Stimulations et courants

Un nouvel univers « physique » se déploie ici, favorisant l'« impressif », l'excitable, modulant les impulsions, les réactions, allant des vivacités aux crispations, des ardeurs aux irritations, faisant du corps un prolongement de la conscience, avec ses vibrations, ses élans, ses agitations. Insistance inédite qui déplace l'horizon intérieur, alors même que se convertit la vision des chairs. C'est la représentation de l'organique, cette fois, qui s'est transformée. La fatigue se diversifie, s'ouvre à d'autres versants. Des repères se réordonnent : non plus les humeurs, leur volume, leurs trajets, mais les courants, leur impact, leur intensité. Non plus le liquide organique et son effacement, mais la substance charnelle et son affaissement. Des images se réinventent, orientant vers d'autres références et d'autres sensations. L'affirmation de Diderot : « la fibre [dans le corps] est ce que la ligne est en mathématiques », elle est au « principe de toute la machine »[4]. Ou celle de George Cheyne, dès les années 1720 : « Il y a des personnes qui ont les fibres fort vives, prêtes à la vibration et si élastiques, qu'ils tremblent violemment par le moindre mouvement[5]. » Des résistances possibles se repensent, tenant aux parties corporelles, valorisant leur consistance, leur ton, imposant force ou faiblesse selon l'état des filaments et des nerfs. Des expériences s'engendrent aussi, visant irritations et tensions. Daniel Delaroche, en 1778, excite un cœur de grenouille, le pousse à des contractions « violentes », avant de constater qu'il devient, par « fatigue », « promptement insensible à toute sorte de stimulant »[6]. Conclusion attendue : l'exercice et la lassitude qu'il provoque tendent à diminuer « l'activité du fluide nerveux[7] ». Rien d'autre aussi qu'une amorce d'objectivation de l'épuisement par perte de réaction musculaire.

Un contexte quasi technique conforte encore le changement : la découverte de l'électricité, « ce champ » récemment « ouvert »[8], assure Joseph Priestley en 1770, cette certitude que « le fluide électrique est présent et agissant partout[9] », celle aussi qu'il peut stimuler, s'opposer « aux défaillances, aux langueurs », voire à la « paralysie »[10]. Nombre d'« expérimentateurs » prétendent ici redessiner les forces. Plusieurs témoins disent « éprouver une sensation extraordinaire » dans « tout le corps » après avoir « été électrisés longtemps de suite »[11]. Les « chocs » électriques peuvent se communiquer, se « manipuler », se commenter[12]. Plus largement, la Société royale de médecine, évoquant le « temps d'orage » et d'éclair, prétend qu'il provoque « une sorte de faiblesse chez les hommes et les animaux[13] ». Explication devenue « évidence » : le phénomène nébuleux, captant l'électricité de l'atmosphère, en l'ôtant aux corps, transforme dans chaque organisme la perte de fluide en perte de force. Ce que confirme le *Journal de médecine* : « Je sentais que le temps pluvieux me rendait le corps lourd[14] », ou, à l'inverse, « l'électricité augmente la vitesse du pouls[15] ». La mode est aux « électrisations », antidote aux sourdes faiblesses des corps. Pierre Bertholon peut même évoquer, en 1780, une technique liant la plus curieuse des ingéniosités à la plus triviale des croyances : celle d'un couple disant avoir retrouvé sa fécondité en isolant son lit avant de le relier à une machine électrique[16].

Courants, stimulations, circuits nerveux font alors, de proche en proche, naître d'autres relations à la fatigue. Celle d'un épuisement par excès d'excitation ou de « nervosité ». Tel l'effondrement de Miss Harlove, dans le roman de Samuel Richardson, mesurant avec angoisse les conséquences de son enlèvement par Lovelace : « Mortellement fatiguée et l'esprit encore plus abattu que le corps[17]. » Ou celui de Manon Lescaut, « bannie » en Amérique, confrontée à des menaces, des déceptions, des peines mal surmontées : « languissante et affaiblie », parvenant, dans un dernier effort, « à se lever malgré sa faiblesse »[18]. Ou Mlle de Lespinasse, encore, avouant qu'elle a « plus de sensations qu'il y a de mots pour les rendre » avant de conclure : « ce n'est plus guérir que je voudrais, mais du calme[19] ». L'excès de vibration fatigue, autant que son absence d'ailleurs : déficit par surplus ou par perte de feu. Louis-Sébastien Mercier évoque, en 1782, les « vaporeuses » des Lumières dont « la mollesse de corps [...] enlève aux fibres l'élasticité nécessaire pour que les sécrétions se fassent avec régularité[20] » ; affaissement suivi d'une « lassitude » devenue « tourment » : « l'être se sent exister tandis que ses organes sont oblitérés et que les nerfs ne peuvent plus transmettre les sensations dont ils sont les véhicules »[21]. Courants et stimulations sont au cœur des nouveaux repères. « Atonie », réactivité affaiblie sont au cœur des indices révisés de l'épuisement. Les métaphores physiques demeurent dominantes, mais devenues différentes, pour évoquer l'être fatigué.

Les excitations « exténuantes »

D'où des sources elles-mêmes autrement évoquées, autrement analysées. La ville, par exemple, est perçue, comme auparavant, en lieu de tumulte ou de bruit, mais elle se révèle aussi, nouvellement, lieu d'emportement, de fièvre, glissant au « vertige », à l'épuisement sensible : « mouvement de tourbillon » qui « fait mal »[22] dit Buffon, ou « bruyant tourbillon » dont le voyageur cherche quelquefois à « s'isoler »[23], ou encore « tourbillon bruyant et rapide » dont Louis-Sébastien Mercier relève l'exigence constante de mobilité, de hâte, la « course » des « voitures », des « porteurs », des « écuyers », des « plaideurs » ou même des « perruquiers »[24], effervescence toute nerveuse, ou tout simplement lieu de « fatigue par la mobilité perpétuelle de son spectacle[25] » ; rapidité imposée, voire frénésie, devenue inévitable lassitude ; ou « fourmilière » encore, évoquée par Rousseau[26]. La cour, tout autant, demeure, comme auparavant, lieu d'occupations contraintes, de visites éprouvantes, mais elle est aussi, nouvellement, « agitation des sens[27] » ; occasion de « crise épouvantable des nerfs[28] » ; présence troublante de « groupes variés à l'infini qui se décomposent sans cesse pour se recomposer mutuellement[29] », exacerbant l'attention, altérant la vivacité. Il n'est jusqu'à la guerre dont l'épuisement ne puisse suivre le même ressort, ajoutant aux efforts du corps le saisissement surgi du tumulte, des explosions, de la peur. Ulrich Bräker, paysan suisse enrôlé de force par les Autrichiens au milieu du XVIIIe siècle, se dit « littéralement hébété[30] » à la bataille de Lowositz en 1756, privé de mouvement au cœur de la fureur, avant de pouvoir péniblement s'évader à travers vignes et bosquets. Alors que Frédéric Hoffman, consulté par un « brave colonel » dans les années 1750, le dit victime d'un « affaiblissement considérable du genre nerveux », épuisé par une « agitation » excessive « d'esprit et de corps »[31].

Ce que Samuel Tissot transpose en témoignages « inquiétants », ceux de ces masturbateurs « épuisés », définitivement abattus par crises successives, acmés intenses suivies de tout aussi intenses effondrements, difficilement avoués : « À l'affection et sensibilité extraordinaire du genre nerveux et aux accidents qu'elle occasionne, se joignent une faiblesse, un malaise, un ennui, une détresse qui semblent m'affliger comme à l'envi[32]. » Ou cette allusion directe à l'affaissement nerveux : « J'ai les nerfs extrêmement faibles, mes mains sont sans force, toujours tremblantes et dans une sueur continuelle[33]. » L'onanisme devient le type même d'affaiblissement par le « spasme », le symbole de « la perte totale de force[34] », ou encore celui du « relâchement total du genre nerveux[35] ».

Il faut suivre les interminables observations d'Hoffman, convulsions, tiraillements, ardeurs, raideurs, tensions ressenties, sur un homme « ayant essuyé beaucoup de fatigues », ayant abusé du « commerce avec les femmes », pour mesurer l'extrême renouvellement d'attention envers les symptômes concernés, les rapprochements toujours renouvelés avec quelque « maladie de nerfs » :

> Après les repas, il ressent à la peau une démangeaison et une ardeur violente, surtout aux bras et aux jointures des doigts ; ensuite une douleur singulière dans un certain endroit seulement de l'épaule gauche. Il éprouve des spasmes, des tiraillements douloureux aux épaules, au cou, tout au long de l'épine du dos, de façon que pour peu qu'il se remue, on entend un craquement dans ces parties ; il est surtout tourmenté d'une ardeur incommode dans la paume des mains, laquelle cesse aussitôt qu'elles sont moites. Il sent de temps en temps des douleurs vagues dans les muscles intercostaux ; son ventre ne fait de fonctions que par des lavements ou des pilules balsamiques d'Hoffman. Les flatuosités le tourmentent surtout la nuit, et il éprouve vers les deux hypocondres, au-dessous des fausses côtes, une certaine tension qui cependant est moindre qu'elle n'était auparavant. Sa salive a toujours une odeur aigrelette et on ne sait si cette odeur vient du tabac, dont il fume trop, et qui le fait beaucoup cracher, ou plutôt de la mauvaise digestion et du suc pancréatique qui en résulte. Il commence à avoir bon appétit et ses forces ne sont pas tellement abattues qu'il ne puisse monter à cheval, et se promener longuement sans être las. Il n'a plus de sueur pendant la nuit, son sommeil et son pouls sont dans un état naturel, néanmoins son corps ne profite point. L'urine qu'il rend le matin est abondante et d'une couleur blanche tirant vers le citron, mais celle qu'il rend vers 10 heures du matin, paraît en plus petite quantité et plus rouge ; et après avoir reposé deux heures, elle dépose un sédiment copieux, semblable à du sable rouge et qui

s'attache fortement aux côtés de l'urinal. Depuis peu, outre l'ardeur des bras et des mains, il y a dans les articulations une rougeur et une douleur lancinante qui s'étend jusqu'aux cuisses ; et quelquefois il lui prend, surtout la nuit, une grande raideur dans le cou que la sueur fait cesser. Il sent assez souvent une tension douloureuse dans la joue et l'œil droit, accompagnée de rougeur. Il n'a ni soif, ni toux incommode, si ce n'est quand il expectore de la pituite salée. Il rend quelquefois des excréments blancs et a beaucoup de disposition à la sueur. Sa respiration devient difficile en marchant, mais il a des rapports qui le soulagent ; il jette aussi de temps en temps une mucosité tenace et coagulée qui lui sort de la poitrine[36].

Témoignage interminable aussi neuf qu'approfondi.

« Dégénérer »

Cette centration sur la sensibilité redessine, inévitablement aussi, le champ des faiblesses collectives. Elle étend les fragilités, généralise les vulnérabilités, fait de la « modernité » des Lumières une accentuation des « excitations » et des « fébrilités ». Ce qu'illustre la question mise au concours par le collège de médecine de Copenhague en 1777 : savoir « si les maladies spasmodiques ou les convulsions ont été plus fréquentes dans les dix ou vingt dernières années que précédemment et quels sont les remèdes les plus propres à les guérir[37] ». Ou le constat de Samuel Tissot évoquant l'accroissement du « genre nerveux », porteur inéluctable d'« alanguissement », dans un « petit canton » des Alpes suisses, après les années 1760, et le passage d'activités sylvestres à des activités sédentaires, non plus la coupe des bois ou le port de charrois mais la coupe de pierres fines, celle du cristal des montagnes, ou la fabrication de bijoux, non plus les gestes amples et déployés mais les gestes contenus et confinés. Rupture inexorable : « c'est depuis plus de vingt ans le quartier où il y a le plus de maux de langueur[38] ». Les faiblesses de nerfs l'ont emporté. L'amollissement s'est banalisé. La sensibilité s'est métamorphosée[39].

Un mot s'impose alors chez les hommes de sciences comme chez les hommes de lettres de la seconde moitié du XVIIIe siècle, celui de « dégénération », par faiblesse de « stimulation », terme inspiré de Buffon et de son analyse de la domestication : récession d'emblée visible chez certains animaux. La transformation du rustique mouflon en « chétive brebis » par l'apprivoisement, l'absence de mouvement, l'existence adoucie en est l'exemple toujours cité : forces plus frêles, formes plus floues. La ville, son « luxe », ses agitations, ses tracas, aurait tout autant « altéré les corps[40] », apparences déformées, ressorts appauvris. Elle créerait une « populace lâche[41] ». Le « vice aujourd'hui le plus commun » est celui des « constitutions tendres, faibles, et cacochymes »[42], avec pour implacable conséquence la « dégénération réelle des constitutions[43] ». La cause : « une fibre plus lâche et par là même des nerfs plus mobiles[44] ». Exemples jugés toujours plus manifestes : Jean-Baptiste Moheau évalue en 1778 les armures des anciens chevaliers en affirmant que ses contemporains ne pourraient plus les porter[45] ; l'abbé Ferdinando Galiani évalue les voyages des premiers « conquérants » en affirmant que ses contemporains ne pourraient plus les affronter : « Voyez combien il nous coûte d'aller dans des pays inconnus […] en proportion de celle qu'avaient nos ancêtres. Voyez de combien nous sommes énervés, amollis, dégradés[46]. » L'humain est au cœur du procès : « Il paraît très constant que l'espèce humaine dégénère insensiblement en Europe[47]. » L'*Encyclopédie* s'attarde à quelque « abâtardissement des races[48] ». Laurence Sterne, auteur d'un voyage fictif dans le Paris de 1767, le dit jusqu'à la caricature. Tout y est débilité : visages aux « nez longs, aux dents gâtées, aux mâchoires de travers », corps « noués, rachitiques, bossus »[49]. Tout y est récession : tarissement des naissances, envahissement des faiblesses, individus devenus des « riens inaptes à dépasser la hauteur d'une jambe[50] ». L'explication revient avec insistance : la ville, son confinement, sa vaine excitation.

Croyance, bien sûr, alors que les catastrophes sanitaires reculent insensiblement avec les Lumières[51] et que l'exigence inédite de progrès[52] produit, en image inversée, la crainte d'une dégradation. D'où ces attentions possiblement plus inquiètes, plus ciblées. Les infirmités, les corps déjetés, les marches claudicantes, longtemps négligés ou ignorés, sur les routes ou dans les cités, sont autrement interrogés. Leur présence est moins acceptée. Leur vision alarme, suggérant de nouvelles questions : et si la marche en avant s'effaçait ? Et si un délabrement s'installait ? D'où encore ce sentiment de leur croissance, ce regard neuf porté aux populations, celles devenues brusquement « précieuses » avec l'amorce encore balbutiante de l'industrie, ou les initiatives tout aussi balbutiantes d'une bourgeoisie dénonçant l'« épuisement[53] » du monde ancien. Le conflit traverse les élites : investissement novateur dans l'avenir ou ancrage aristocratique dans le passé ? Rien de si caricatural, sans doute, mais les attentes d'un monde en gestation ont brusquement valorisé les forces collectives, suggérant une restauration à grande échelle des « nerfs » : « Les hommes sont la vraie richesse de l'État et c'est elle qu'on néglige le plus[54] », insiste Charles Vandermonde, rédacteur principal du *Journal de médecine* dans la seconde moitié du XVIIIe siècle ; « il faut repétrir nos organes[55] », ajoute-t-il, avide de programme et de « régénération », donnant sens à l'expression toute nouvelle d'« hygiène publique[56] », censée exiger de l'État une garantie inédite de bien-être et de santé. Même préoccupation lorsque Léopold de Genneté s'inquiète en 1767 des effluves délétères régnant dans les hôpitaux, susceptibles d'abréger la vie de malades pourtant « guérissables », eux-mêmes « simples manœuvres, pauvres ouvriers […] si utiles et nécessaires à l'État[57] ». La population, pour la première fois, se fait force anonyme, ressource massive et sourde, censée apporter ses bras : promesse de puissance et exigence de protection. D'où la stigmatisation de toute fatigue collective en objet redouté.

Chapitre 15
Dire les forces

Vision très théorique, sans doute, tant demeurent rares encore les entreprises concrètes, tant demeurent peu formulées, dans ces années 1760, les responsabilités de l'État sur la santé de tous, tant demeure dominant, pour celui-ci, le parti « de gouverner, de contrôler, de pressurer[1] » et moins celui d'aider ou d'assister. Restent des questions neuves en revanche, des estimations provoquées par cette inquiétude sur la « dégénération » comme par l'intérêt porté à l'univers sensible, sa matérialité, sa fonctionnalité : calculs inédits sur les forces de l'homme, interrogations sur ses résistances, ses seuils de fatigue, de débilité.

Au-delà d'un déplacement majeur vers l'intériorité, une exploration encore balbutiante du sensible, s'opère, avec les Lumières, un autre déplacement, également majeur, celui vers l'extériorité, l'exploration tout aussi balbutiante des forces, leur calcul, leur confrontation à la fatigue et aux limites que celle-ci peut imposer. Un des premiers, Buffon énonce de telles questions, dès 1749, avec le plus de clarté : « L'homme civilisé ne connaît pas ses forces, il ne sait pas combien il en perd par la mollesse, et combien il pourrait en acquérir par l'habitude d'un fort exercice », d'autant qu'il vit dans « une société où l'esprit fait plus que le corps et où le travail de la main ne peut être que celui des hommes du dernier ordre »[2]. Remarque fondamentale, montrant l'attente d'une évaluation plus précise sur les forces physiques, sur leur amélioration prévisible, sur leur limite aussi ; regret, tout autant, du manque d'évaluation des travaux les plus « manouvriers », ceux issus du « dernier ordre » de la société, tout en négligeant sans doute les vieux chiffres de Vauban, trop cantonnés aux pratiques de remuement des terres dans les chantiers alsaciens[3].

Question d'autant plus ouverte, enfin, que les Lumières font triompher la temporalité nouvelle : celle du progrès, la promesse dans l'avenir, la particularité « spécifiquement humaine » définie par Rousseau, « la faculté de se perfectionner »[4]. D'où la légitimité largement inédite donnée au « plus », au « mieux », à la vertu du dépassement et de la libéralité : cette curiosité toujours plus actualisée interrogeant « jusqu'où l'homme peut aller[5] ». Ce qui change le regard sur les choses, comme sur les actions de chacun.

Reste que deux univers se dessinent, lesquels ne cesseront de se croiser, voire quelquefois de s'ignorer : la fatigue éprouvée par les acteurs, la fatigue évaluée par les observateurs, l'une ressentie, l'autre examinée ; deux faces d'une même « limite », deux faces indéfiniment explorées.

Questionner la « limite »

Une préoccupation inédite s'impose alors, quêtant la réalisation « maximale », les potentialités inconnues. Nouvelles attentes, nouveaux constats, mais aussi nouvelles sources étendant une telle curiosité : voyages de découverte, ouvertures répétées sur l'ailleurs, les « autres », les géographies[6]. Ce que montre clairement le traité *De l'homme* de Buffon, au milieu du XVIIIe siècle, évoquant les « crocheteurs de Constantinople » comme références extrêmes de portage, avec ce décompte, plus qu'improbable, de « 900 livres pesant[7] » (450 kilos) soulevées et déplacées par les hommes du lieu ; les « chaters d'Ispahan » comme références extrêmes de course, effectuant « trente-six lieues courues en quatorze ou quinze heures » ; les Hottentots comme références extrêmes de parcours :

> Les longs voyages qu'ils entreprennent et qu'ils achèvent à pied dans les montagnes les plus escarpées, dans les pays les plus difficiles où il n'y a aucun chemin battu, aucun sentier tracé, ces hommes font, dit-on, des voyages de mille et douze cents lieues en moins de six semaines ou deux mois. Y a-t-il aucun animal à l'exception des oiseaux qui ont en effet des muscles plus forts en proportion que tous les autres animaux ; y a-t-il, dis-je, aucun animal qui puisse soutenir cette longue fatigue[8] ?

La limite des résistances est au cœur de l'interrogation ; la recherche de chiffre au cœur de la prospection. Jusqu'à l'attention aux croyances, celles des « nègres de Loango » par exemple, persuadés que les reliques portées dans leur sac « atténuent leur fatigue » en les rendant « plus légers »[9].

Jean Désaguliers, mécanicien huguenot émigré à Londres, avait déjà tenté, un des premiers, au début du XVIIIe siècle, de confronter les poids soulevés, les distances parcourues, les vitesses, les durées. Des observations s'effectuaient, des chiffres se profilaient : « Un portefaix peut porter 200 livres et marcher à raison de trois mille par heure ; un porte-charbon ou un portefaix qui porte du charbon de pierre en peut porter 250 livres, mais alors il ne peut aller fort loin pour décharger son fardeau, quoique d'un autre côté il monte souvent des degrés avec ce poids[10]. » Comparaison tout empirique sans doute, inédite pourtant, systématisant les rapports de Vauban[11]. Ceux intégrant, dans la même activité, les charges portées. Non, bien sûr, que la fatigue soit ici clairement chiffrée, non même que les parcours soient clairement étalonnés, le seuil du « supportable » en revanche est pensé selon des critères plus variés, associant la force, la célérité, le temps déroulé. Le raisonnement s'installe pour longtemps, composant avec les versants multiples d'une même action, comme avec plusieurs qualités de corps, de la vitesse à la robustesse, de l'endurance à l'habileté.

Initier des enquêtes

De proche en proche, de telles questions révèlent une ambition plus vaste. La sensibilité s'ouvre davantage aux entours, aux œuvres, aux faits. Le travail suggère d'autres prospections. Son analyse gagne en exigence, portée par l'inquiétude des « dégénérations », venue des artifices, voire des « dénaturations », portée aussi par la valorisation nouvelle de l'« utilitarisme[12] », de l'« énergie[13] » : telle « l'image de l'Anglais [...] prototype de l'homme énergique, depuis Voltaire jusqu'à Mme de Staël[14] ». Le monde du labeur, longtemps négligé, peut autrement exister, au point de changer de statut. Les économistes y voient davantage un facteur de richesse : la force des bras, au-delà des seuls effets de la terre ou du commerce, devient force sociale, ressource collective ; « Tout se passe comme si le travail était quelque chose qui s'inventait de manière abstraite et instrumentale[15] ». En lui réside brusquement une réserve de puissance censée transformer le monde, réalisme accru, pragmatisme assumé. Non plus le seul « savoir » des classiques, mais le « faire » des empiristes et son efficacité attendue.

La fatigue, du coup, se glisse inévitablement dans les descriptions, associée aux tours de main, aux obstacles matériels, aux résistances physiques, même si les inspecteurs des manufactures, détenteurs de l'autorité, continuent de privilégier largement l'attention aux résultats obtenus plus qu'aux difficultés éprouvées : « L'existence pénible de tout ce peuple [...] n'attire guère leur compassion[16]. » C'est ailleurs pourtant que s'opère le changement, ailleurs aussi que se renouvellent les vieilles images de Bernardino Ramazzini[17], cantonnées aux pathologies de chaque labeur, pour des images plus précises étendues aux éreintements familiers ; ailleurs enfin que se corrige la certitude de la baronne d'Oberkirch, aristocrate trop aisément convaincue du bonheur dans le visage paysan[18]. Cet « ailleurs » est celui d'hommes de lettres, de médecins, d'encyclopédistes, de savants avides d'application[19]. Un « territoire » inédit se dévoile avec eux, touchant aux mœurs, aux professions, aux usures des corps, loin de la seule attention que Vauban portait aux porteurs ou aux terrassiers[20]. L'empirisme demeure central, sans doute, l'approximation aussi. Les attitudes de l'ouvrier, en revanche, « décomposées comme les pas du danseur[21] », sont autrement évaluées. Elles le sont par une « élite » prétendant au rôle, encore inconnu, d'« ingénieur » ou de « théoricien du travail », vocation largement spéculative, tout en révélant un réel renouvellement d'intérêt. L'*Encyclopédie* fait de l'étude des « arts » un indispensable accès aux savoirs du temps : « C'est chez les artisans qu'il faut aller chercher les preuves les plus admirables de la sagacité de l'esprit[22]. » L'Académie royale des sciences fait de la « Description des arts et métiers » un objet majeur de ses missions[23]. Le *Dictionnaire raisonné universel des arts et métiers* fait de l'analyse des arts mécaniques un renouvellement de culture : « Tous les écrits que nous avons sur les arts mécaniques sont très peu de chose en comparaison de l'étendue et de la fécondité du sujet[24]. » Des explorations s'amorcent. Des constats se croisent. Des conclusions se dessinent, d'autant plus modestes qu'elles sont encore largement paroles d'érudits.

Comparaisons de gestes, d'abord, d'outils, de procédés, pour évoquer ceux qui allègent les forces, limitent la fatigue, favorisent l'efficacité ; situations diverses, disparates, touchant aux travaux journaliers. Démarche balbutiante et pourtant métamorphosée. L'ambition est « pratique » comme elle ne l'avait jamais été jusque-là. Les exemples se multiplient. Duhamel Du Monceau constate que le recours, pour couper le blé, à des faux utilisées habituellement pour couper l'avoine, longues et lourdes, crée une « inversion très pénible du corps[25] », d'où les recommandations pour en spécifier l'usage dans ses *Éléments d'agriculture*. Ses remarques portent, ailleurs, sur une négligence dommageable, l'ignorance de créer à même la pente du toit une surface plane, pour le couvreur, avec planche et échelle, indispensable à l'adoption de « l'attitude la plus commode[26] », d'où ses recommandations dans son *Art du couvreur*. Ailleurs encore, Hulot confronte les pédales du tourneur pour conclure sur celle qui paraît « la plus commode[27] » : résistance amoindrie, mouvement facilité, grâce à un dispositif en « fléau de balance ». L'*Encyclopédie* compare les coups de rame en insistant sur la nécessité, sous peine d'inutile fatigue, d'éviter « la rotation de la rame autour de son axe[28] ». Charles Coulomb compare les coups de bêche en insistant sur la nécessité, pour la même raison, de ne pas « élever l'engin plus haut qu'il ne faut[29] ». La marche militaire, elle-même, est l'objet d'une vision s'aiguisant avec le siècle, analyse du déplacement, attention à son économie, minutie descriptive. Le mouvement s'est précisé : « Si les soldats levaient la jambe plus que cela n'est nécessaire, ils perdraient du temps et se fatigueraient inutilement » ; ou encore : « Si l'on frappait en posant le pied, ce dernier mouvement aurait encore l'inconvénient de fatiguer inutilement les soldats[30]. » Jacques-Antoine de Guibert, dans son *Essai général de tactique*, plusieurs fois publié à la fin du XVIIIe siècle, transforme d'ailleurs la marche en une épreuve de « méticulosité », totalement ignorée jusque-là, symbole du regard « redimensionné » sur la technique, son chiffre, ses « articulations » : « Quand le pied gauche sera avancé de douze pouces, il se portera en terre ; le corps transposé en avant se trouvera presqu'entièrement appuyé sur le pied gauche, le pied droit sera légèrement appuyé sur sa pointe et le talon sera levé et prêt à commencer le second pas[31]. » Méticulosité sans doute, exigence laborieuse aussi, mais visée précise : certitude que la marche en deviendra « plus commode et moins pénible[32] ». Aucun doute, c'est sur cet élémentaire des gestes que s'amorce un renouvellement.

Calculer la « quantité d'action »

Nombre d'évaluations concrètes s'affinent au milieu du siècle pour confronter résultats et durées. La montre, pour la première fois, tient lieu de sanction. Les constats se répètent pour garantir les données. Des chiffres sont fournis, fixant, entre autres, les corvées. Des « ingénieurs » les établissent, informant intendants et administrateurs. Peu d'évocation de la fatigue sans doute, mais, à nouveau, l'établissement de limites et de possibilités, la recherche de normes transposables, pour les portages, les brisements de cailloux, les déblaiements, les trajets. Tel l'établissement de parcours quasi chronométrés :

> L'on a pris pour cet effet, la longueur de la lieue moyenne ; l'on a mesuré, la montre à la main, le temps qu'une voiture met à la parcourir ; l'on a recommencé plusieurs fois

> l'opération, et le résultat bien combiné, a donné environ une heure et vingt minutes de marche. Ces notions une fois établies, l'on a cru pouvoir regarder ce résultat comme une mesure constante et invariable à laquelle on devait rapporter toutes les autres ; et l'on a en conséquence dressé une table de proportion, dont le sous-ingénieur, sans jamais craindre d'errer, peut se servir, pour toutes les distances possibles, dans les travaux ordinaires[33].

Des tentatives existent aussi, plus circonstanciées, dès le milieu du siècle, pour calculer par le chiffre les investissements les plus efficaces, comparer des efforts, hiérarchiser des résultats, donner, autrement dit, à l'évaluation du travail une précision qu'elle n'avait pas. Le projet, totalement neuf, tient à postuler des dissemblances ou des équivalences, au sein de dépenses physiques variées : préciser ainsi des fatigues égales pour des travaux différents, faire de la fatigue un objet modulable et contrôlé, savoir ce qu'il en « coûte » pour des situations disparates ; visée centrée, au bout du compte, sur l'efficacité des labeurs.

Daniel Bernoulli, le premier, suggère en 1753 des parités mathématiques en poursuivant les intuitions de Désaguliers, déjà évoquées[34]. Il inaugure une confrontation entre des proportions « mécaniques » ; interroge des identités possibles, postule, par exemple, qu'à fatigue égale la variation du poids porté implique une stricte variation dans la distance parcourue : le « moins » de charge peut être acheminé plus « loin », selon une proportion toujours respectée. Le changement de l'un engage, corrélativement, le changement de l'autre : le fardeau amoindri permet, en miroir inversé, un déplacement accru, pour une peine inchangée. L'originalité décisive tient au repère chiffré, comme à la tentative de « traiter la fatigue[35] », de la maintenir égale malgré l'action transformée : élever « 20 livres à la hauteur de 3 pieds, à chaque seconde », aurait pour équivalent, dans le même temps, le fait d'« élever 60 livres à la hauteur de 1 pied[36] », rapport constant, rapport quantifié. D'où l'invention d'« unités de travail[37] » (ici 60 livres à hauteur de 1 pied) et leurs possibles correspondances ; d'où, plus encore, la liaison stricte entre deux actions aux versants proportionnés et, dès lors, l'épuisement impliqué. La combinaison serait constante : force et trajet concorderaient, poids et distance seraient intriqués. Possibilité inédite de calcul : « De ce fait, le travail est susceptible d'être additionné, soustrait, divisé, bref, de faire l'objet d'une algèbre économique[38]. » Telle est bien l'avancée décisive par rapport aux calculs de Vauban[39] : le constat de forces et de déplacements toujours proportionnés entre eux. Ce qui légitime l'ambition de faire de la fatigue une « unité de coût » : fixer des dépenses physiques immuables pour des travaux pourtant différents, entretenir des identités d'effort dans une variété d'actions ; seule visée, au bout du compte, « qu'il faille considérer[40] ». Propos central, croisant plus que jamais résistance et efficacité. À une nuance près, pourtant, mais décisive : la définition de telles fatigues demeure limitée au « jugé ». La dépense physique elle-même reste obscure, la physiologie du milieu du XVIIIe siècle ne l'objective pas, la perte organique, en 1753, ne se quantifie encore pas. Bernoulli chiffre l'action, mais « apprécie » seulement la lassitude, il l'interprète, l'évaluant quasi subjectivement. Ce qu'il dit implicitement : « J'estime tout le travail journalier possible d'un homme d'une force et d'une taille moyennes à pouvoir élever 172 800 livres à la hauteur de 1 pied chaque jour sans apporter préjudice à sa santé et je fonde cette estime sur un grand nombre d'observations[41]. » Une unité de travail chiffrée, à « valeur » universelle, se dit pour la première fois, le calcul de la fatigue, en revanche, ne se dit encore pas, fût-il objet d'empirie. Son importance seule est alléguée, ce qui est en revanche aussi nouveau que marquant. Encore faut-il souligner d'autres « limites », Bernoulli quêtant moins « le bien-être des acteurs que la froide optimisation des moyens mécaniques[42] », s'abstenant de toute description des forces musculaires engagées.

Charles Coulomb, mécanicien formé au génie militaire, poursuit le raisonnement dans les années 1780, en ajoutant une notion nouvelle : la « quantité d'action », ou « la quantité qui résulte de la pression qu'un homme exerce, multipliée par la vitesse et le temps que dure cette action[43] ». L'objet, ainsi nommé, suggère plus clairement l'idée de « dépense » du corps, voire celle de « consommation » de soi. L'attention au « moteur » humain croît ainsi avec le siècle, alors que la finalité centrale ne change pas, décisive dans l'histoire de l'épuisement travailleur, fût-elle toujours aussi formelle que celle de Bernoulli[44] : établir « la fatigue que l'homme peut soutenir chaque jour sans dérangement dans son économie animale[45] ». L'enjeu se veut simple, accessible : « Pour tirer tout le parti possible de la force des hommes, il faut augmenter l'effet sans augmenter la fatigue[46]. » Ce qui est bien la volonté, au cœur même des Lumières, de systématiser l'efficacité, tout en respectant un seuil physique. Suivent des exemples concrets, objets d'observations et de constats. Telle la montée du mont Ténériffe par les compagnons du citoyen Jean-Charles Borda, un ami de Coulomb, fournissant chiffres et comparaisons possibles : les 2 923 mètres de hauteur franchis en une journée par des hommes pesant moyennement 70 kilos donnent une « quantité équivalant à 204 610 kilos élevés à 1 mètre », ou « 205 kilos élevés à 1 kilomètre »[47]. Autre situation, autre « expérience », celle d'une montée d'escalier avec une charge de 68 kilos, effectuée dans de tout autres conditions : la hauteur étant de 12 mètres, faite ainsi de degrés successifs, franchie plusieurs fois. Seuls 66 voyages sont possibles dans la journée, selon le témoignage des ouvriers concernés, exprimant leur éreintement, comme sa limite subjective. Suit le calcul de la quantité d'action, croisant distance, poids et durée :

> Ajoutons à cette charge [de 68 kilos] le poids du corps de l'homme que nous avons supposé être de 70 kilos : nous aurons pour la quantité d'action fournie à chaque voyage 138 kilos élevés à 12 mètres ; et comme le porteur faisait dans la journée 66 voyages, l'on aura pour la quantité d'action fournie dans la journée les trois nombres 138, 66 et 12 multipliés ensemble, ou, ce qui revient au même, 109 kilos élevés à 1 kilomètre[48].

Inévitable constat : le résultat, avec charge, celui de 109 kilos élevés à 1 kilomètre, est bien plus faible que celui obtenu par les marcheurs du Ténériffe accomplissant, sans charge, « 205 kilos élevés à 1 kilomètre ». Conclusion : la montée avec poids est non seulement pénalisante mais son déficit peut être chiffré. La question s'étend : quel peut être le « plus » de poids porté, permettant, sans fatigue, le meilleur résultat entre distance et durée ? La règle tout abstraite des « maximis et des minimis[49] » fournit le résultat. Sa formule algébrique confronte une pluralité de « portés » possibles, fixant l'un d'entre eux comme étant le plus « équilibré » : celui permettant le plus de charge pour le même temps et la même fatigue ; idéal « moyen » et « théorique », autrement dit, où toute fatigue insurmontable serait évitée. Coulomb établit ce fardeau type à 56 kilos, soit 12 kilos de moins que le premier poids. Remarque indispensable à ajouter ici, au-delà du résultat obtenu : la démarche s'en tient à la « hauteur » franchie, négligeant les différences susceptibles d'exister entre la montée d'une pente volcanique et celle d'escaliers urbains.

Même calcul, encore, sur des manivelles où des charges sont entraînées par des pressions sur les poignées. Distances et poids sont confrontés, nombre de tours et de durées sont mesurés. Nouveau constat : « la manivelle se montre préférable à la sonnette[50] ». Aucune de ces actions pourtant ne permet d'atteindre les « 205 kilos élevés à 1 kilomètre » correspondant à la montée sans charge. Autre constat encore : l'efficacité du recours à la gravité du corps comme « moteur », puisque censé produire le maximum en « quantité d'action » ; ce privilège donné au dispositif où l'homme monterait une distance sans charge, avant de se « laisser retomber par un moyen quelconque en entraînant et élevant un poids d'une pesanteur à peu près égale au poids de son corps[51] ». Le calcul prétend ainsi comparer des fatigues sur un mode plus « expérimental » que ne le faisait Bernoulli, assurant, de surcroît, légitimer l'usage « utile » du poids du corps.

Reste, au-delà du chiffre, au-delà aussi d'« observations uniques[52] » et non répétées, interdisant toute valeur moyenne obtenue par confrontations successives, l'inévitable présence des appréciations personnelles, limites identiques à celles du raisonnement de Bernoulli[53] : l'évaluation tout subjective de la fatigue, son estimation circonstancielle, constat limité au seul dire des acteurs. Le regard, dans ce cas, se porte à l'action, moins à ce qui la commande ou la permet, moins à l'organisme qui se dépense et se défait. Rien n'est dit sur l'« état » des compagnons de Borda arpentant le Ténériffe ou sur celui de porteurs arpentant les escaliers. Reste la quantité mécanique, non la quantité de dégradation charnelle, révélant au passage toute la difficulté de saisir l'« amoindrissement » spécifique et interne du corps. À quoi s'ajoute enfin que tout travail, toute « unité » produite, dans la variété des gestes comme dans l'extrême éparpillement des situations, ne sauraient se limiter à « l'expérience fondamentale de lever un poids à une certaine hauteur[54] ».

Projet éminemment « moderne », quoi qu'il en soit, la démarche de Charles Coulomb a tenté de cerner la fatigue minimale pour une efficacité maximale, intention majeure. Ses résultats demeureront une base de calcul pour les mécaniciens au début du siècle suivant. Exigence affinée, renouvelée, mais promise et annoncée plus que clairement concrétisée.

Calculer la quantité d'oxygène

Tout aussi ambitieuse est la démarche d'Antoine-Laurent Lavoisier, en 1777, à laquelle Coulomb ne recourt pourtant pas. L'originalité est de rechercher le chiffre non plus dans le résultat mécanique, mais dans la dépense organique. Il faut la découverte de l'oxygène pour bouleverser les calculs, renouveler les données, jusqu'à déplacer les représentations du corps. Une « perte » organique, enfin, pour la première fois, peut être objectivée, calculée. Révolution capitale. Lavoisier évalue la consommation de ce « gaz vital » selon l'activité effectuée. La « charge » physiologique est ainsi, pour la première fois, ciblée autant que matérialisée : le dedans du corps devient un dehors mesurable[55]. Un dispositif inédit le permet : les chambres hermétiques captant entrées et sorties d'individus mis au travail, indiquant le fluide traversant leurs poumons. Ces chambres et leurs structures favorisent un constat aussi neuf que central : l'absorption d'oxygène varie selon l'effort réalisé, exactement comme des équivalences existent pour des activités disparates. Lavoisier le dit dans une évocation détaillée, dont la longueur n'occulte en rien la précision :

> Ce genre d'observation conduit à comparer des emplois de force entre lesquels il semblerait n'exister aucun rapport. On peut connaître par exemple, à combien de livres en poids répondent les efforts d'un homme qui récite un discours, d'un musicien qui joue d'un instrument. On pourrait même évaluer ce qu'il y a de mécanique dans le travail du philosophe qui réfléchit, de l'homme de lettres qui écrit, du musicien qui compose. Ces effets purement moraux ont quelque chose de physique et de matériel qui permet sous ce rapport, de les comparer avec ceux de l'homme de peine[56].

Pour la première fois l'activité est assimilée à une dépense physiologique calculable, exactement comme un feu absorbe une « quantité » d'oxygène selon la « quantité » de combustion produite. Le corps est un brûleur dont il est possible de quantifier la consommation. Pour la première fois le travail s'énonce en termes de perte étalonnée : coût attendu, coût chiffré. Tout labeur « supplémentaire » entraîne un « supplément » consommé. Toute accentuation d'effort entraîne une accentuation du feu. Constat décisif. Mieux, la chambre de Lavoisier en offre des chiffres. Ce qui bouleverse de part en part les évaluations et leurs objets. Ce qui profile déjà, sans vraiment la nommer, la notion inédite de « rendement », comparant entrées et sorties : l'efficacité de l'activité liée à l'oxygène absorbé, son exploitation, sa quantité, l'utilisation minimale, ici encore, pour le résultat maximal. La découverte pourtant n'ouvre pas encore sur de telles disparités possibles, celles indiquant que le « taux » de fatigue peut se révéler purement individuel, référence liée aux qualités organiques, aux circonstances, aux accoutumances préalables, aux formes plus ou moins efficientes d'une mobilisation de l'oxygène. D'où l'absence encore de ce calcul dans les situations les plus variées de travail, alors même que le principe dévoilé se révèle central.

Non qu'une telle découverte demeure sans effet. Plusieurs expériences la prolongent. Joseph Priestley, rival de Lavoisier, isole laborieusement le gaz dans un siphon de verre, le respire abondamment et le déclare « élixir de vie », prétendant y retrouver une force inconnue : « Il me sembla que ma poitrine se trouvait singulièrement dégagée et à l'aise pendant quelque temps[57]. » La *Gazette de santé* décrit, au début des années 1780, des « machines » inédites destinées à projeter le flux sur des malades épuisés. Rien de simple pourtant : le fluide se manipule difficilement ; son emploi demeure fragile, mal maîtrisé. Les tentatives ne se poursuivent guère avec le siècle, comme ne se poursuivent guère les explorations sur le travail et ses consommations. Le temps n'est pas venu d'une vision alliant la mécanique organique à la chaleur, focalisant l'énergie dans l'ensemble des potentialités « combustives » du corps, recherchant clairement dans le poumon une ressource physique insoupçonnée. Le temps n'est pas venu où le rendement est appelé à révéler son efficacité autant que sa complexité.

Chapitre 16

La fatigue « subie », amorce de compassion

Cette attention nouvelle portée aux pratiques et aux gestes, avec les Lumières, a laissé néanmoins plus de traces encore. Cette curiosité a eu plus d'effets. Le regard sur les mouvements, leurs manœuvres, a suscité d'autres objets, diversifiant les interrogations, créant un étonnement possible, une surprise, et parfois de l'émotion. La focalisation nouvelle sur l'industrie a pu transformer la vision de l'observateur lui-même. Une compassion inconnue a pu naître, loin de la seule misère[1], valorisant, dans le labeur même, ce qui était traditionnellement négligé. Le regard sur la fatigue s'impose alors selon un autre versant, non plus la sensation interne qu'elle produit, non plus le froid calcul de sa maîtrise ou de son évitement, mais l'émoi suscité chez l'observateur par son effet de délabrement. Moment majeur du regard sur le travail.

Naissance d'une compassion

Des efforts, longtemps indifférents, gagnent en acuité, des souffrances, longtemps méconnues, gagnent en visibilité. Les témoignages s'y attardent, provoquant un champ inédit d'intérêt, celui d'actes apparemment marginaux s'imposant brusquement au regard. Le monde obscur des anonymes prend du relief, s'ouvre sur des souffrances, révèle des douleurs. L'activité des portefaix, par exemple, évoquée par Louis-Sébastien Mercier dans son *Tableau de Paris* en 1781 : « Légèrement courbés, soutenus sur un bâton ambulatoire, ils portent des fardeaux qui tueraient un cheval[2] » ; celle des « porteurs de chaise » : « robustes mercenaires, tout en sueur et s'arc-boutant sur leurs larges souliers ferrés[3] » ; celle des femmes alourdies par les fardeaux : « On ne voit point le travail de leurs muscles comme chez les hommes, il est plus caché ; mais on le devine à leur gorge enflée, à leur respiration pénible ; et la compassion vous pénètre jusqu'au fond de l'âme[4]. » Ou les corvées encore, dénoncées dès le milieu du siècle comme « abusives » par quelques voix en quête d'équité : « Les grands chemins à corvée sont la plus horrible taille qui ait jamais été supportée. On force le labeur et la subsistance des journaliers par-delà toutes leurs forces[5]. »

Ce qui infléchit encore l'argument justifiant la multiplication des machines. Non bien évidemment qu'un tel projet soit purement compassionnel. Le renouvellement économique, l'approfondissement du geste fabricateur, l'éloignement des seules ressources rurales jouent en faveur d'une mécanisation. Les inventions traversent la société des Lumières. Notable pourtant demeure, chez certains « mécaniciens », la visée explicite d'un allègement des peines. Claude-François Berthelot le dit en évoquant, en 1782, sa grue « propre à charger et décharger les bateaux » :

> La considération des dangers auxquels sont sans cesse exposés, les malheureux que la triste nécessité de gagner leur vie occupe à ces sortes de travaux, a déterminé l'Auteur à appliquer le moteur des moulins précédemment décrits, les pédales qui les mettent en mouvement, à toutes sortes de grues[6].

De tels engagements ne transforment guère, d'emblée, le cœur de pratiques. Ils ont même peu ou pas de conséquences sur les vies ouvrières. Ce qu'ils auront plus tard, à l'extrême fin du XVIIIe siècle et au siècle suivant. Mécanisation sans doute, mais lente, ne bouleversant pas encore l'ensemble des gestes, ils témoignent plus ici d'un aiguisement de sensibilité dans la culture du XVIIIe siècle que d'un bouleversement des métiers ; un changement d'affect, son affinement, repérable dans bien d'autres « lieux ». Celui même qui renouvelle aussi l'image de l'enfance, l'attention à ses « faiblesses », ses « fragilités », dont l'*Émile* de Jean-Jacques Rousseau est un des témoins en 1761[7] ; celui même qui renouvelle tout autant l'image de la violence, la remise en cause de la torture ou de la « question », dont le texte de Cesare Beccaria, *Des délits et des peines*, est un des témoins en 1764[8] ; celui même, encore, qui renouvelle l'image de l'esclavage, l'alarme sur ces êtres « condamnés à une affreuse condition […] au travail continuel dans tout l'archipel américain […] sous le fouet toujours agité d'un conducteur féroce[9] », dont le texte de l'abbé Guillaume Raynal est un des témoins en 1770. Lent déplacement du seuil de tolérance dans les mœurs et les comportements, décalage de l'acceptable et accentuation de l'« insupportable ». Ce qui n'exclut évidemment pas plusieurs jugements dénoncés plus tard comme autant d'« indifférences ». Gabriel Jars, observateur sourcilleux des mines européennes en 1774, cumulant la traversée des exploitations, curieux de chaque procédé aidant à économiser dépenses et efforts, estime néanmoins utile, voire nécessaire, la présence de très jeunes enfants dans les puits : leur petite taille s'accommode mieux que d'autres des galeries trop basses comme des passages ne disposant « pas encore de routes faites[10] ». Aussi normal que banal serait leur travail dans la nuit des boyaux. Aussi « invisible » serait leur souffrance possible. L'affect bien réel de nombre d'observateurs sur le labeur des humbles se mêle ainsi à ce qui apparaîtra plus tard comme de possibles « insensibilités » envers certains d'entre eux.

Une « compassion » inédite domine pourtant, à laquelle s'ajoutent des contestations elles-mêmes plus nombreuses envers les « corvées », alors que les « anciens terriers » obligeaient les « corvéables à faire les charrois et manœuvres à volonté du seigneur[11] ». Une remise en cause s'amorce, avivée dans la seconde moitié du XVIIIe siècle. Telle la longue action des habitants de l'Angoumois, tentée en 1765 pour mettre fin aux droits du comte Charles-François de Broglie portant sur plus de trente paroisses, déboutée par la sénéchaussée d'Angoulême le 18 décembre 1768, mais témoignant d'une détermination délibérément collective. Une même action obtient quelque résultat contre les droits des seigneurs d'Alsace, fortement restreints par un arrêté du 24 décembre 1783[12]. Charles-Alexandre Calonne enfin, contrôleur général des finances de Louis XVI, réduit la taille et remplace les corvées par une prestation en argent, en 1787, décision saluée au même moment par le comte Louis-Philippe de Ségur comme marquant la « fin de siècles de barbarie[13] ».

Contestations plus nombreuses aussi dans le monde ouvrier. La seule revendication des salaires l'emporte sans doute avec les émeutes de Lyon en 1786, « lancées par les ouvriers en soie auxquels se joignent les chapeliers et les canuts[14] », mais sont également visés le « despotisme » et l'« esclavage » auxquels les soumettent les marchands. Ce que reprend la chanson ironique des tisserands anglais, aux mêmes dates, dénonçant le recours à l'abaissement des salaires lorsque ces mêmes marchands font payer aux ouvriers le fil acheté aux commanditaires. D'où l'allongement des heures pour compenser les pertes. C'est le

« délice du drapier », brocardé par les Anglais : « exténuer les fileurs pour un salaire infime[15] ». Une double visée, en revanche, celle de « l'amélioration des salaires et [celle] de l'allègement des heures de travail[16] », est bien cette fois l'objet de « mouvements » aux fabriques de toiles peintes de Beauvais (plus de mille ouvriers) en 1778. Même objet encore avec l'« association générale » des papetiers s'étendant de l'Auvergne vers le Sud-Ouest en 1780[17].

Évoquer la durée de vie

Impossible d'ignorer encore un repère tout particulier dans cette seconde moitié du siècle, présent chez nombre de notables, d'encyclopédistes, de savants : l'évocation de l'usure physique, l'estimation quasi décomptée de la durée de vie, liaison circonstanciée entre la brièveté des jours et le harassement des métiers. La certitude de Diderot : « Il y a beaucoup d'états dans la société qui excèdent la fatigue, qui épuisent promptement les forces et qui abrègent la vie[18]. » Même conclusion, plus précise encore, avec la Société royale de médecine, en 1778, explorant Marseille et ses environs, décrivant des paysans provençaux « exténués par un travail dur et immodéré [...] vieux avant l'âge de quarante-cinq ans et vivant moins[19] » ; ou Buffon comparant Paris et ses campagnes, décrivant, dans les villages, des « gens plus fatigués, plus mal nourris, périssant beaucoup plus tôt que ceux de la ville[20] ». D'où ces vastes tableaux chiffrés du naturaliste, confrontant pour la première fois, en 1749, des conditions, professions ou milieux différents et les espoirs de vie. Vérifications ajoutant la rigueur à la nouveauté : deux fois plus nombreuses sont, à Paris, et à population comparable, les personnes de plus de quatre-vingts ans, quatre fois plus nombreuses celles de plus de quatre-vingt-dix ans[21]. Même type de référence encore avec l'évocation des mines, dans quelques rapports de la fin du siècle, nuançant l'apparente indifférence de Gabriel Jars dans ses rapports de 1774[22]. Les épreuves vécues dans les souterrains ne tiennent plus seulement aux substances absorbées, aux catastrophes possibles, aux miasmes, aux airs, aux eaux, mais aux déplacements, aux positions, aux mouvements contraints, et, dès lors, aux épuisements vitaux : « Dans plusieurs galeries on ne peut passer qu'en marchant sur les genoux et sur les mains. En général, il faut être continuellement courbé et même accroupi [...] Comme cette position forcée ne peut que nuire beaucoup à l'économie animale et abréger la vie des ouvriers, on devrait donner à toute la galerie un peu plus de hauteur[23]. »

Les acteurs eux-mêmes peuvent émettre de tels constats, ce qui est plus marquant. Vincent-Marie Vaublanc évoque, à la fin du siècle, les paysans du Grand-Saint-Bernard reconnaissant « ne pas vivre longtemps » à cause de « la fatigue fréquente de monter et de descendre la montagne »[24]. Les maîtres de forge, loin de ce monde rural, mais face au progrès de la nouvelle méthode de puddlage, par « brassage à la main de la fonte pour la décarburer », inventée en 1780 en Grande-Bretagne, y décèlent encore une si grande « dépense musculaire » que « les ouvriers ne sont plus en état d'être à leur poste, passé quarante ans »[25] ; ou les tondeurs de draps, contraints au « métier le plus rude [...][26] », maniant les plus pesants ciseaux, selon Duhamel Du Monceau, s'estiment également « ne plus pouvoir bien tondre au-delà de cinquante ans, tant le travail exige force, habileté manuelle et acuité visuelle[27] ».

La conscience des durées de vie s'est accrue avec le siècle, comme s'est accrue celle de l'effet des métiers sur un possible abrègement des jours.

La division du travail

Il faut un autre monde en revanche pour déplacer encore les types de fatigue à la fin du XVIIIe siècle, celui de la division du travail. Adam Smith est le premier à en faire la théorie en 1776. L'exemple demeure canonique : une fabrication d'épingles, divisée en dix-huit opérations différentes, évoquée en cas d'école. L'ouvrier seul, « quelque adroit qu'il fût », ne peut produire qu'une épingle par jour, alors que la répartition en « un grand nombre de tâches dont la plupart constituent autant de métiers particuliers », spécialisant les travailleurs, simplifiant les gestes, les coordonnant entre eux, permet de démultiplier le résultat : « J'ai vu une petite manufacture de ce genre » où dix ouvriers parvenaient à produire « quarante-huit milliers d'épingles dans une journée »[28]. Comparaison extrême : le chiffre devient sans commune mesure avec celui réalisé par l'ouvrier isolé. Adam Smith peut même évoquer furtivement la fatigue, renvoyant la simplification gestuelle à celle d'un raisonnement enfantin :

> L'un de ces petits garçons, qui avait envie de jouer avec ses camarades, observa qu'en mettant un cordon au manche de la soupape qui ouvrait cette communication [entre la chaudière et le cylindre d'une machine à feu], et en attachant ce cordon à une autre partie de la machine, cette soupape s'ouvrirait et se fermerait sans lui, et qu'il aurait la liberté de jouer tout à son aise. Ainsi, une des découvertes qui a le plus contribué à perfectionner ces sortes de machines depuis leur invention, est due à un enfant qui ne cherchait qu'à s'épargner de la peine[29].

L'originalité de la démarche est pourtant ailleurs : disparition des temps morts, mécanisation des tâches, intensité productive. Alors même que l'envers possible d'une telle « économie d'effort[30] » demeure, de fait, dans l'ombre : « suppression du sentiment et de la raison », chute des « aptitudes intellectuelles et manuelles »[31]. Conséquence inattendue : l'apparition d'une fatigue toute nouvelle, ne tenant plus ici à la stricte dépense musculaire, mais à l'attention soutenue, à la fixité du poste, à la monotonie prolongée. Ce qui transforme la vieille activité individuelle de l'atelier en discipline collective, uniformisée, rigoureusement surveillée ; transformant tout autant l'initiative possible en contrainte normée. Un tel dispositif apparaît ainsi en Angleterre, à la fin du siècle, avant de se répandre en Europe au début du siècle suivant.

La tâche se « raidit », « étroitement limitée et toujours la même »[32], sciemment cantonnée et recherchée par l'industriel, au point que Boulton, dans son usine de Solo, dans les années 1780, prétend reconnaître, au bruit des roues et des marteaux, le moindre incident ou arrêt[33]. Le harassement venu de cette « mécanique sans âme[34] » et de sa durée quotidienne n'a pas encore de nom. Il a peu, sinon pas de place aussi dans les écrits des « ingénieurs »[35]. Il produit pourtant des résistances, des refus, le bris d'engins, la violence, fût-elle liée plus encore à l'infortune d'artisans privés d'emploi. Assemblements et agressions se multiplient. Josiah Wedgwood, l'industriel du Lancastre, l'évoque en 1779 : « ils sont bien cinq cents, ils me dirent qu'ils venaient de détruire quelques machines et qu'ils entendaient en faire autant dans tout le pays[36] ». Ils sont plusieurs milliers, près de Chorley, en 1780, avec enseignes et tambours, ou en 1796 encore dans le Yorkshire. La répression est brutale : envoi de troupes, emprisonnements, exécution de meneurs. Menaces aussi : perte d'ouvrage, embauche de femmes et d'enfants. Ou renouvellement de la loi, telle celle de 1799 interdisant « les coalitions ouvrières en vue d'obtenir augmentation de salaires, réduction de la durée de travail ou toute autre amélioration de l'emploi[37] ». Naissance de contraintes démultipliées, où Michelet décèle une « malédiction pesant lourdement sur l'Angleterre[38] ».

La fabrique, autrement dit, invente une nouvelle dureté. Ce qui n'est pas sans paradoxe au siècle de la sensibilité : « La philanthropie était à la mode, mais pour beaucoup de manufacturiers, elle s'arrêtait au seuil de la fabrique. Leur compassion pour les nègres des colonies, qui leur coûtait d'ailleurs peu, épuisait leur provision d'humanité[39]. » Un modèle s'inaugure, se construit, dont l'expansion croissante et inédite au XIXe siècle instaurera un régime aussi spécifique que généralisable d'épuisement.

Chapitre 17

La fatigue « recherchée », amorce de défi

De la langueur des vaporeuses à l'accablement des ouvriers, le versant social des fatigues est ainsi toujours plus « ouvert » au XVIIIe siècle. Il s'est étendu, révélant l'attention aux sensations quasi euphémiques des nantis comme l'attention aux souffrances nouvellement évoquées des déshérités. Il comprend des formes abruptes aussi, avec la fin du siècle, liées au rythme des fabriques, aux surveillances renforcées. Le spectre des lassitudes a ainsi conjointement accentué ses deux pôles, croisant aussi bien la sensibilité que la dureté.

Restent dans les franges plus fortunées de la société, ou dans celles de l'opinion éclairée, de nouvelles prises de conscience encore, créant avec le siècle d'autres espaces de lassitude, d'autres types de comportement, jouant avec le développement de l'individualisme, celui d'une volonté d'autonomie, la vision nouvelle du corps, comme avec celle tout aussi nouvelle du temps : éprouver autrement l'organique, améliorer les réalisations, renouveler les horizons du possible, grandir les procédés personnels d'affirmation. Ce qui transforme, pour la première fois, la fatigue en lieu d'aventure délibérément affronté, consenti, recherché, occasion de découverte, thème de prospection sur le monde et sur soi. Non plus la « fatigue rachat » et ses accents anciens[1], mais la « fatigue défi » et ses accents d'avenir.

Le défi du voyage

Nombre de pratiques tendent ici à inverser leur sens en l'enrichissant. Le voyage entre autres, non qu'il perde *a priori* son versant redouté, régulièrement évoqué dans les lettres, celles de Mme du Deffand, par exemple, faisant de « la fatigue du voyage[2] » une crainte répétée, mais il peut aussi, pour la première fois, révéler un versant « régénérateur », restaurer des forces, provoquer des ardeurs. Diderot s'en étonne même en évoquant, en 1773, son long périple vers la Russie :

> Une promenade au bois de Boulogne à pied m'aurait beaucoup plus fatigué que ces huit cents lieues de poste par des chemins effroyables. Il faut que le mouvement me soit excellent et que la vie sédentaire et appliquée soit la véritable cause de mes indispositions. À Paris, je me couchais las, et je me levais ordinairement plus las que je ne m'étais couché. Je n'ai rien éprouvé de pareil, même après quarante-huit heures de route continue, car il nous est arrivé plusieurs fois d'aller jour et nuit[3].

Image centrale : ce sont les secousses, les cahots qui ont restitué la vigueur attendue. Ce sont les oscillations des berlines qui ont redonné aux fibres leur ton perdu, alors que de tels mouvements engendraient auparavant d'inexorables faiblesses. Le « ballotement », jugé jadis fatigant[4] parce que refoulant les humeurs, est jugé fortifiant parce qu'affermissant les fibres, stimulant leur résistance, leur potentiel. Le sentiment d'un ressort intime, d'une liberté nouvelle est ici dominant, accentuant le sentiment de résistance et d'affrontement. Mieux, la fatigue elle-même, traditionnellement identifiée à une « perte », en dehors sans doute du très circonscrit rachat religieux[5], se fait ici bénéfice, profit, transformation de soi. D'où cette affirmation inversant les propos traditionnels des voyageurs : « Je ne travaille jamais mieux et je ne me porte jamais aussi bien que sur les grands chemins[6]. » Ou cet épisode jugé « exemplaire », en 1785, par Jean-Baptiste Pressavin, chirurgien lyonnais, futur conventionnel : l'histoire d'une « vaporeuse » parisienne, épuisée de langueur, apprenant qu'elle doit régler dans l'urgence une affaire d'héritage à Bordeaux. Le message est impérieux, le départ brusque, l'aventure obligée, au point que la future voyageuse se voit contrainte de recourir à une voiture louée sur-le-champ, inconfortable, mal suspendue. L'arrivée crée une surprise : la fatigue a disparu, la « fermeté » est revenue. Explication toujours identique : le voyage est lassitude sans doute, mais le corps foulé, secoué, bousculé y retrouve aussi quelque « dureté ». Le changement se révèle revigorant. L'amollissement se mue en raidissement, l'amoindrissement en grandissement[7]. Des engins s'inventent alors, pourvoyeurs d'oscillations et de chocs, censés inverser les langueurs. Tels le « fauteuil mécanique », le « cheval mécanique », le « tabouret d'équitation », autant de machines inédites évoquées par l'*Encyclopédie* ou les *Affiches, annonces et avis divers*[8], dont les bascules, leviers et engrenages, dûment agités par quelque domestique diligent, installent l'usager dans un mouvement aussi régénérateur que continu, au cœur même de « son appartement[9] ».

Le défi des durées

Les limites aussi sont autrement recherchées : distances et durées transformées en challenges, en défis, insistance sur l'initiative, l'affirmation risquée. Non plus seulement l'attention à la rapidité, non plus la notation quasi mécanique de la vitesse entre deux lieux, tels les détails donnés par les courriers du XVIIe siècle[10], mais le pari sur cette rapidité même, l'excitation qu'elle provoque, la recherche d'un croisement toujours amélioré entre le parcours et le temps. Affirmation tout individuelle, faut-il le redire : la certitude de pouvoir affronter l'« impossible », atteindre l'« extrême », sous forme de « performance » ou d'« exploit » mesuré. Une telle gageure, la première en France, a lieu en 1694, le duc Henri d'Elbeuf pariant que « son équipage fait Paris Versailles et retour en moins de deux heures[11] » et l'emportant de sept minutes, répondant évidemment aussi à un calcul toujours plus précis du temps lui-même. Les tentatives se succèdent au XVIIIe, après le milieu du siècle surtout ; au point d'acquérir quelque accent officiel lorsque le challenge de milord Poscool, en novembre 1754, celui de joindre Fontainebleau à Paris en moins de deux heures, provoque une décision royale : l'ordre donné « à la maréchaussée de lever sur la route tous les obstacles qui pourraient causer au coureur le moindre empêchement[12] ». Autre nouveauté, Poscool galope « avec une montre cousue sur son bras gauche de manière à voir toujours l'heure en courant[13] », régler sa progression, transformer le temps en « obsession », avant de gagner de douze minutes. Ce qui fait tout simplement de l'épreuve un événement, dûment décrit comme tel par Louis-Sébastien Mercier ou Dufort de Cheverny : « l'on en parla pendant six mois, tant les esprits commençaient à s'échauffer aux courses[14] ».

La fatigue et son défi sont bien présents dans de telles tentatives. Des aménagements sont pensés, des lieux préparés, des chevaux réglés pour le relais. Un lit est même disposé « chez un limonadier », au point d'arrivée, lorsque le marquis Charles-Noël du Saillant, le 6 août 1722, parie d'« aller deux fois de la porte de Saint-Denis au château de Chantilly, trente-six lieues, en moins de six heures ». Le cavalier monte successivement seize chevaux, gagne de vingt-cinq minutes et se repose une heure et demie sur le lieu convenu, « bien trop peu » aux yeux des témoins[15]. Le journal d'Edmond-Jean-François Barbier insiste sur les qualités ainsi démontrées : « ce n'est pas là une course de chevaux, c'est une course d'homme » ; ceux qui ont voulu le suivre « avaient perdu haleine »[16]. Recherche inédite, à coup sûr, où la résistance à la fatigue devient pour la première fois occasion de pari autant que lieu d'exploit chiffré.

C'est après le milieu du siècle que les exemples se systématisent. Le duc de Croÿ s'attache à des performances provoquant clairement le souffle. Les courses de patin sur des canaux gelés : « J'appris là que de bons patineurs faisaient deux fois la longueur du canal, qui a huit cents toises, en six minutes. » Il les rapporte à des unités de temps : « ce qui ferait, à continuer, six lieues et un tiers en une heure[17] ». Il s'émerveille de certains résultats : « La vitesse dont il avait été dans sa course de Flandre, où il avait été, en berline, de la vitesse de cinq à six lieues par l'heure ce qui est prodigieux[18]. » Nouveauté absolument majeure où la distance parcourue est pour la première fois rapportée à une unité de temps. Rien d'autre que l'invention d'une fixité. Abandon définitif du monde de l'« à-peu-près »[19] : non plus la durée relative pour atteindre un lieu, mais la durée standardisée pour franchir une distance. L'allure ne se parle plus en aléas quasi anecdotiques du chemin mais en tableau abstrait croisant des unités : celle de l'espace, celle du temps. Des vitesses pourraient dès lors se comparer. Des résistances aussi.

Le défi des découvertes

Il est un autre mode encore d'affrontement volontaire à l'exténuation et à la douleur avec les Lumières, un autre voyage aussi, différent de l'agitation renforçatrice déjà évoquée[20] : celui de la grande traversée, le risque des mers, le défi des périls et des dangers. Non plus les tempêtes, les ouragans, leurs aléas, pour obtenir quelque pardon ou quelque rachat, comme le trajet en Terre sainte et ses incertitudes l'ont longtemps été, ou pour mieux dominer les terres ou commercer les produits, comme les périples de conquête l'ont, également, longtemps été ; mais ces mêmes alarmes pour un projet plus prosaïque, plus « moderne » aussi : mieux connaître le monde, explorer l'inconnu, accéder à des régions ignorées. Accorder de la gratuité au défi pour mieux se grandir, éprouver le danger pour mieux s'affirmer. L'enjeu des grandes aventures s'est métamorphosé. Leur visée s'est déplacée : voyager pour mieux comprendre, défier pour mieux informer, peiner pour mieux savoir, sinon pour mieux exister. La souffrance y apparaît dès lors plus généreuse, plus estimée :

> Avec les Lumières tout changea. L'exceptionnel effort de clarification et de systématisation des sciences de la nature, de la terre, de la matière, que fut l'*Encyclopédie*, donna aux voyages un contenu scientifique presque systématique[21].

Le second voyage de James Cook, entre 1772 et 1775, est destiné à « faire des découvertes dans l'hémisphère austral[22] ». Le voyage de Bougainville, entre 1766 et 1769, effectue un tour du monde en s'attardant aux archipels d'Océanie[23]. Celui de La Pérouse, de 1785 à 1788, vise l'exploration du Pacifique dans son ensemble autant que

« la résolution de problèmes scientifiques qu'avaient soulevés les dernières navigations célèbres[24] ». La « connaissance » est au cœur de l'équipée. Son approfondissement s'anoblit par les efforts consentis. Ce qui grandit tout autant les descriptions des éreintements. Yves-Joseph de Kerguelen de Trémarec en donne le meilleur exemple, en rappelant les écueils et leurs enjeux rencontrés durant son long périple dans les mers du Nord en 1768-1769 :

> Les difficultés que j'ai trouvées dans une navigation où il faut lutter contre les courants, essuyer de fréquentes tempêtes, manœuvrer au milieu des glaces, où les variations de la boussole différentes pour ainsi dire à chaque pas, jettent des incertitudes continuelles sur l'estime des routes, en un mot les obstacles qu'il m'a fallu vaincre, me font espérer que ce journal, qu'on m'a ordonné de publier, sera de quelque utilité[25].

Une insistance particulière souligne régulièrement ce point dans cette seconde moitié du XVIIIe siècle, magnifiant « l'entreprise hardie et périlleuse », réalisée dans le seul but de « reconnaître des mers qui n'avaient jamais été traversées[26] ». Anders Sparrman, compagnon épisodique de James Cook autant qu'aventurier solitaire, résume, en quelques mots, la double valorisation du savoir acquis et de l'épreuve consentie : « Ce n'est donc point à prix d'argent que j'ai amassé mes collections et élargi la sphère de mes connaissances. C'est, comme on dit, à la sueur de mon front et au péril de ma vie[27]. »

Le défi des sommets

Il est un autre défi, enfin, dont l'objet renouvelle l'horizon des épuisements : celui de la montagne, triomphant avec les Lumières, et la fatigue toute particulière qu'elle provoque, bravée pour mieux apprécier parcours et trajets. Un renversement ici encore s'est produit. Les neiges, les éperons, les surplombs, les défilés, traditionnellement réprouvés, voués à l'inutile ou au risque sans objet, mobilisent l'attention, la volonté de savoir, la sensibilité esthétique, la « bravade » quasi personnelle. Ils déclenchent surtout la volonté d'aborder de tels lieux, de les traverser, de les affronter, comme autant de victoires intimes, « parmi les couches aisées de la population[28] » surtout, disposant de temps et de possibilités de déplacement. Le regard se métamorphose : ravines et glaces changent d'aspect. Tel l'aveu de William Windham, en 1741, gentilhomme anglais initiant l'exploration des glaciers malgré les mises en garde diverses, voire les réprobations : « Notre curiosité l'emporta, nous confiant en nos forces et notre courage[29]. » Ou le mot de Théodore Bourrit, avant son ascension du mont Blanc en 1784 : « L'on est étonné qu'on n'ait pas tout tenté [auparavant] pour cela[30]. » Une telle expérience symbolise la culture nouvelle : l'importance de la décision personnelle, l'attention aux messages des sens, l'enjeu du contact aux choses, au monde, la moindre croyance aussi aux forces occultes, aux menaces cachées. Une culture nouvelle du chiffre également : Horace-Bénédict de Saussure, un des premiers ascensionnistes du mont Blanc, constate que dans les Alpes et le Jura une heure de chemin correspond à une ascension verticale de quatre cents mètres. Ce qui mêle d'emblée la fatigue à de tels calculs, inévitable condition de la réussite escomptée : « Enfin après quatre heures et trois quarts de marche très pénible, nous nous trouvâmes au sommet de la montagne d'où nous jouîmes de la vue des objets les plus extraordinaires[31]. » Lassitude devenue « récompense », mais non plus celle du rachat, celle, bien au contraire, de la jouissance sensible et du plaisir profane : « Je n'en croyais pas mes yeux. Il me semblait que c'était un rêve[32]. » Au point que l'abattement peut se transformer lui-même en bien-être, situation suffisamment originale pour faire « aimer les plus grandes fatigues[33] ». Aucun doute, l'attitude est fondamentale, recherchant le plaisir au cœur de l'effort, tout en transformant celui-ci en objet d'étude et de curiosité. Saussure en donne le détail, mêlant le chiffre à ses observations : « Ces hommes robustes, pour qui sept ou huit heures de marche que nous venions de faire n'étaient absolument rien, n'avaient pas soulevé cinq ou six pellées de neige qu'ils se trouvaient dans l'impossibilité de continuer[34]. » L'explication ignore encore l'oxygène pour s'en tenir au « manque d'air », à sa moindre pression, tout en se centrant sur le souffle et sa difficulté : « On comprendra qu'il fallait suppléer à la densité par la fréquence des inspirations[35] », jusqu'à la tentative, ici encore, d'approcher le repère chiffré : « Je ne pouvais faire que quinze ou seize pas sans reprendre haleine[36]. » Une fatigue toute particulière est ainsi nouvellement étudiée, accompagnant une initiative, tout aussi particulière, jugée auparavant « insensée ». Estimation plus objective enfin, sinon plus assurée, de ce qui longtemps demeurait menace inquiétante et dès lors rejetée.

L'homme déplace sa position devant le cosmos, l'affronter en peinant fait partie de sa propre affirmation.

Chapitre 18

L'amorce de l'entraînement, la révision du temps

À ces curiosités largement renouvelées répondent des défenses elles-mêmes renouvelées. Le principe des résistances n'est plus le même lorsque change la vision du corps, celle des fibres, celle des tonicités. Le principe des résistances n'est plus le même non plus lorsque change la vision du temps, celle du progrès, celle de son avancée. Perspectives de nantis sans doute, ceux maîtrisant savoirs et décisions, mais perspectives dont l'effet porte, en définitive et inévitablement, sur la culture et les pratiques du quotidien : nouveaux ingrédients proposés, nouvelles accoutumances, nouvelles ambitions sociales aussi.

Les toniques

L'image de la fibre et sa fermeté suggèrent d'abord un renouvellement des recours, même si la vieille référence aux humeurs n'est pas toujours abandonnée. Un principe domine : renforcer des fibres jugées affaiblies, et non plus, comme auparavant, suppléer des liquides jugés « évaporés ». Le recours à l'électricité, on l'a vu[1], fût-il rare, voire limité, correspond déjà à la mise en acte d'une telle image. Les pharmacopées plus fréquentes, plus banales, systématisent tout autant l'« affermissement ». Tels les « médicaments propres à donner aux solides le ton qu'ils doivent avoir pour remplir leur fonction[2] », ou ceux propres à « fortifier les nerfs et donner du ton aux fibres de la peau[3] ». Les substances astringentes ou fortifiantes se multiplient. Louis Desbois de Rochefort, le maître de Corvisart, conseille les « pastilles de menthe que l'on trouve dans les boutiques[4] » ; Joseph Lieutaud, premier médecin de Louis XV, les martiaux et la limaille de fer, « rendant aux vaisseaux, l'élasticité, le ton qu'ils ont perdu[5] » ; *L'Avant-Coureur*, le périodique savant de 1760, les « bourgeons de sapin de Russie » pour lutter « contre l'atonie des fibres »[6].

L'*Encyclopédie* diversifie les choix : l'orange amère, « digestive et tonique », la menthe d'Angleterre, « confortative et amie des nerfs », le tartre purifié, « tonique général de l'organisme », l'eau de carme, « pour les palpitations et les faiblesses », l'eau de Balaruc, vivifiant « le ton de l'estomac et des intestins »[7]. Un leitmotiv revient, clairement souligné par le *Dictionnaire portatif de santé* en 1760 : « resserrer toutes les fibres[8] ».

Restent des formules individuelles, largement empiriques, mais toujours toniques. Le duc de Luynes vante la rose dont « le suc ranime les forces[9] » ; James Boswell, avocat anglais amoureux du continent, le « bouillon de veau », censé « donner plus d'entrain et calmer les nerfs »[10] ; le duc de Croÿ, le chocolat, pris avec constance dans son laborieux voyage à Arras pour rapporter au procès de Damiens sur les parents du « régicide »[11].

Révélatrices enfin sont les références à la fatigue sexuelle et à son possible dépassement par une mobilisation des fibres et des nerfs. Ce que promettent des « élixirs de vie produisant de merveilleux effets[12] » dans les *Mémoires* de Casanova. « Bol de punch » et café sont censés « exciter[13] » les corps, vins fins et dragées sont censés prolonger la nuit. Innombrables encore sont les recours à de tels « excitants » par les personnages sadiens. Les mots disent la référence nerveuse. Des « fluide stimulants sentant le jasmin[14] » arrosent les personnes prenant part aux orgies. Des potions particulières facilitent « attaques de nerfs » ou « convulsions »[15], alors que l'« eau-de-vie de la plus grande vieillesse[16] » est censée préparer les ébats de la nuit. Références dès lors répétées, telles les « poudres de joie », animant « les viveurs affaiblis et énervés[17] », illustrées par le marquis. Recours anciens sans doute, mais mentions bien plus fréquentes, d'une part, et actions plus spécifiques, d'autre part, délibérément centrées sur les réseaux nerveux. C'est tout particulièrement de « stimulants », enfin, dont parle l'« Espion anglais », relatant les relations intimes entre Louis XV et « Jeanne Bécu », la comtesse du Barry : « L'attachement du roi pour [elle] lui est venu des efforts prodigieux qu'elle lui fit faire au moyen d'un baptême [lavement] ambré dont elle se parfuma intérieurement tous les jours. On ajoute qu'elle joignit à cela un secret dont on ne se sert pas encore en bonne société[18]. » Aucune indication ici sur l'essence ou le produit concernés, d'où le « secret », une insistance en revanche sur l'effet croisant l'excitation et les nerfs, pour une « volupté » elle-même plus évoquée comme plus affirmée.

L'affermissement par le froid

Reste aussi le frais, ou le froid, dont l'effet est de « resserrer » les chairs, d'aider à mieux résister. Ce que Mme d'Épinay dit rechercher dans son voyage en Suisse : « Le froid vif qu'il fait ici me fortifie et me convient mieux que le temps mou qu'il fait en France[19] » ; ou le chirurgien Larrey, durant la campagne d'Égypte, plongé dans l'eau fraîche du Nil : « Ces bains nous délassaient et fortifiaient nos muscles[20] », contrairement aux bains chauds jugés délassants au XVIIe siècle[21] ; ou Pierre Pomme encore, immergeant durant plusieurs heures ses malades atteints d'affections vaporeuses, prétendant par le froid lutter contre leur mollesse et « rétablir le ressort de leurs solides[22] ». Le chaud, au contraire, « allonge les fibres, les relâche, produit l'abattement et la faiblesse[23] », attendrissant les chairs, alanguissant les mœurs, température d'emblée « contraire aux personnes qui ont les nerfs délicats[24] ». La pratique nouvelle assure l'inverse : elle restaure, elle affermit. Elle est davantage aussi. Louis-Sébastien Mercier souligne son rôle d'opposition à un monde jugé désuet, voire à une aristocratie jugée décadente, lorsqu'il la confronte à celle de la jeune oisive submergée de vapeurs, se traînant « de sa baignoire à sa toilette et de sa toilette à sa baignoire[25] », affaiblie par la nonchalance et la moiteur.

C'est le froid, du coup, qui devient référence majeure pour les hygiénistes et les éducateurs de la seconde moitié du siècle. Il répond aux craintes des dégradations organiques et leur malheur social. Il assure une « protection » durable, garant de résistance et d'affermissement, préservant des fatigues à venir. Disciple zélé de Rousseau, Jean-Louis de Fourcroy, obscur conseiller du roi au baillage de Clermont, explique longuement comment des bains froids, régulièrement appliqués dès les premiers mois de la vie, ont considérablement accru la robustesse de ses fils : « effet tonique sur la peau », « chaleur naturelle plus active », « cuirasse à l'épreuve de l'air »[26]. Fourcroy effectue même des comparaisons ; jugeant un de ses fils plus résistant, parce qu'ayant bénéficié de l'expérience du père, il a été plus souvent plongé dans le froid. Recours identique chez Mme de Maraise, lectrice assidue des médecins des Lumières, collaboratrice d'Oberkampf, le fabricant de toiles peintes ; bourgeoise active, entreprenante, elle entretient une longue correspondance où, au-delà de multiples considérations industrielles, elle condamne les mœurs « amollies » de son temps, décrit avec insistance les pratiques éducatives sur ses enfants et neveux : nourriture « naturelle », exercices, bains froids, regrettant même que la tête ne soit pas immergée[27]. William Buchan conduit de telles considérations à un point ultime, profilant, pour la première fois, le recours au froid dans un temps long, installant des degrés, visant des phases, recherchant des progrès : non pas l'eau de rivière appliquée d'emblée sur un corps fragile, mais une température insensiblement abaissée, un travail sur le « moins », pour mieux accoutumer et mieux réussir. Rien d'autre que la vision nouvelle du progrès appliquée à une démarche modeste, celle du bain, devenue méthode éducative. Principe doublement important :

> Quoique l'eau froide soit très utile pour fortifier un tempérament faible et relâché, cependant, si on essaie de s'en servir trop tôt, son action sur la surface du corps peut être trop forte, tandis que la puissance réactive de l'intérieur sera trop faible, d'où il peut résulter les plus fâcheuses conséquences[28].

À l'attention inédite sur un progrès lentement installé s'ajoute l'attention tout aussi inédite sur une résistance « intérieure » renforcée.

Étapes et progressions

La vision des exercices, enfin, change avec ces préservations renouvelées. La pratique elle-même est davantage privilégiée, gratifiée, renforçatrice de fibres, pourvoyeuse de duretés. Jusqu'aux autorités religieuses qui tolèrent davantage la danse et ses séductions longtemps désavouées, au point d'y voir quelque délassement régénérateur. Tel le conseil de Jean Pontas, docteur en droit canon, donné aux confesseurs au milieu du siècle :

> Si on considère la danse comme un relâchement de l'esprit, et comme un divertissement, qui empêche que l'on tombe dans l'abattement que peut causer une trop forte occupation, ou une trop grande régularité dans les actions ordinaires de la vie, nous pouvons dire qu'elle est exempte de tout péché, pourvu qu'elle soit accompagnée de toutes les conditions ou circonstances qui sont nécessaires pour la rendre innocente[29].

Plus important, l'approche de l'exercice lui-même est autrement conçue, ménageant des seuils, prévoyant des gradations, visant des améliorations régulières. Les vieilles méthodes du maréchal de Boucicaut[30], répétant inlassablement les mêmes mouvements, sont bouleversées. Très lentement commencent à se penser des progressions dans les apprentissages physiques, des étapes dans les préparations les plus variées. La vision d'un temps toujours plus orienté vers le futur permet celle d'une construction graduelle, efforts faits d'avancées successives, centrés sur l'avenir. Lendemains suggérant un « plus », perspectives suggérant un « mieux ». Des développements s'étudient ; des moments se prévoient. Changement majeur : les parcours se préparent ; les durées s'orchestrent. Équipages et coursiers, déjà, sont autrement concernés. Le cheval doit « être mis en haleine ». Des séquences se chiffrent avant d'affronter un voyage : « On fera d'abord de petites journées, c'est-à-dire, le premier jour, six lieues communes, on augmentera le deuxième jour, et ainsi, petit à petit, jusqu'à quatorze lieues par jour[31]. » Un mot nouveau apparaît en

Angleterre, le *training*, suggérant un échelonnement calculé des habitudes et des effets. Les boxeurs professionnels, et leurs défis de la fin du XVIIIe siècle, en sont les premiers exemples. Un texte de 1789 leur propose des courses et des lancers réitérés, devant cesser lorsqu'on « éprouve un sentiment de fatigue[32] », seule garantie d'amélioration et de progrès. Quelques textes centrés sur les exercices et les jeux de la fin du XVIIIe siècle en sont encore l'illustration, *La Gymnastique de la jeunesse*, par exemple, où tout début de « préparation » doit être « faible » et les premiers sauts « très bas »[33]. Mme de Genlis en donne le tableau le plus complet, dans les années 1780. Les exercices corporels qu'elle propose aux enfants du duc de Chartres, dont elle a été nommée « gouverneur » en 1773, sont tous fondés sur le chiffre. Méthode « système » répondant à un nouvel idéal de perfectionnement. La comtesse étalonne « graduellement » et scrupuleusement les courses, les pas, les sauts, les porters de cruches, d'haltères ou de poulie. Elle les adapte, pour en faire des progressions, selon les forces respectives de ses élèves. Elle note les résistances, les étapes, les avancées. Elle recherche une constante « bonification ». Le porter de « cruches d'eau » auquel sont soumis ses élèves devient alors caractéristique. Le parcours est précis : 190 pas auxquels s'ajoutent 40 marches à franchir. Les 22 voyages effectués un jour de 1788, avec perte d'eau, conduisent à utiliser des cruches « plus petites[34] ». Quelques jours plus tard sont notés 25 voyages. Plus tard encore, un poids supplémentaire est ajouté aux cruches du frère cadet, né en 1775. Un an plus tard enfin, l'aîné, né en 1773, le futur Louis-Philippe, peut porter des cruches de 56 livres (28 kilos), alors qu'elles étaient jusque-là de 40 livres (20 kilos). Le « mieux » se chiffre à partir d'exercices plus rudimentaires, ce « mieux » peut aller au-delà encore, puisque ce dernier exercice est jugé avoir été exécuté sans rectitude et sans grâce[35]. Chiffres dérisoires sans doute, voire anecdotiques, mais toute leur importance tient à un nouvel imaginaire des progressions, comme à une vision nouvelle de fatigues toujours repoussées.

L'armée se convertit, avec la fin du XVIIIe siècle, à de tels exercices faits de progressions étalonnées. Les marches se chiffrent, comme leurs répétitions, leurs temps de repos, leurs durées. Un principe domine chez les nouveaux hygiénistes des camps et des garnisons : l'attention aux fatigues « évitables » et « évitées ». D'où ces conseils en voie de banalisation :

> On peut ordonner de petites marches avant la chaleur du jour et faire faire halte aux troupes de temps en temps. Une pareille conduite, bien loin de les fatiguer, contribue infiniment à les conserver en santé [...] Il est plus avantageux de réitérer souvent cet exercice de bon matin, avant que le soleil ait acquis un certain degré de chaleur, que de le faire rarement, et d'être plus longtemps à chaque fois [...] On doit éviter toute fatigue inutile[36].

L'enjeu est bien d'« endurcir insensiblement[37] », de former en confrontant à des lassitudes supportables et programmées. L'enjeu est surtout de calculer ces exercices afin de les rendre « les plus utiles pour les troupes[38] ».

Avec le thème du progrès, avec celui du « chiffrage » des actions, les Lumières ont inventé une accoutumance totalement inédite à la fatigue et à ses effets. Conclusion décisive : « La perfectibilité de l'homme est encore illimitée[39]. »

QUATRIÈME PARTIE

Le XIXe siècle et le défi du chiffre

Au-delà des inventions acquises par les Lumières, bouleversant les visions précédentes, au-delà de l'insistance sur un double versant de la fatigue, celui des observations « internes » comme celui des observations « externes », toutes deux centrées sur les limites du faire et du sentiment de soi, au-delà encore d'une « fatigue défi » amorçant des initiatives jusque-là inconnues, le XIXe siècle a renouvelé de part en part les objets pris en compte, les catégories, les explications, jusqu'aux chiffres tentant de cerner avec système ce qui ne l'était pas : des dépenses physiques aux dépenses mentales, des principes mécaniques aux principes énergétiques, des effets du calcul aux effets du rêve et des idées. Le siècle du « positivisme » a transformé la fatigue en nouvel objet, cultivant une recherche de « preuve » délibérée. Alors que s'y ajoutait l'affirmation croissante de l'individu, avec l'exigence tout aussi croissante de mesurer ses « ressources » comme ses « déficits ».

Une fatigue clairement valorisée s'est d'abord imposée avec le début du siècle, celle de métiers censés concourir au bonheur social, portée par une ambition d'égalité, transformant toute lassitude en geste utile, installant l'effort au service de chacun et non à celui de maîtres longtemps « abusifs ». Fatigue « idéologique », en quelque sorte, proche et différente de la vieille « fatigue rachat », orientant la ferveur collective vers de nouvelles voies. Ce que Balzac évoque en 1842, dès l'« Avant-propos » de la *Comédie humaine* : « l'existence d'un nouveau monde moral[1] ».

À cette fatigue spécifiquement « valorisée » s'oppose, durablement, une « fatigue malheureuse », destructrice, celle qu'une première société industrielle a engendrée, éreintant les corps, inquiétant les observateurs, les poussant à réinventer mesures et constats ; vision plus attentive aussi sur des dénuements dont l'accablement n'avait pourtant pas épargné, dans le passé, nombre de campagnes désolées[2]. Les résistances les plus diverses, voire les plus opiniâtres, y ont répondu, les recherches également : dépenses physiques bientôt mieux limitées, horaires mieux contrôlés, préventions mieux appliquées. Ce qui a allégé les souffrances sans toujours les effacer, ce qui les a déplacées aussi, en les faisant quelquefois autrement exister.

Des démarches plus personnelles enfin se sont inventées à la fin du siècle, opposées aux sentiments de faiblesses possibles : promesses improbables et variées, voire simplement postulées, pour « devenir plus fort », « faire son chemin dans la vie », accroître « la confiance en soi », jusqu'à l'élaboration et l'approfondissement de quelque « gymnastique psychique » censée renforcer l'assurance de chacun. Tous signes d'une culture renouvelée : aveu d'une hantise inédite envers une fatigue devenue plus diffuse, croyance inédite aussi envers une volonté devenue plus inquiète, plus exigeante, sinon plus affirmée.

Chapitre 19
Le citoyen et la ténacité

Les exemples de persévérance, voire d'abnégation, s'imposent en toute priorité. Un modèle inconnu s'invente, au tout début du XIXe siècle et son projet démocratique, celui du « citoyen nouveau », figure générique au destin nécessairement « entreprenant », laborieux, sensible au « progrès ». Chacune de ses initiatives est utile, chacune mérite attention, sa fatigue, faite d'investissement physique autant que de détermination intérieure, sert la cause de tous. Un monde, avec lui, est en réveil. Son travail, surtout, est autrement perçu : légitimité sociale plus que religieuse, obligation politique plus que morale, « désormais reconnu comme une base de la République, dont le but ultime est la prospérité économique[1] ». La Révolution a ses effets culturels : l'implication de chacun envers la communauté, fût-elle physiquement coûteuse, devient aussi évidente que valorisée.

Au service de tous ?

L'efficacité serait obligée, l'infatigabilité inévitable. Une dynamique s'est imposée. La société a changé d'axe, visant le bien-être collectif, réclamant l'engagement de chacun. Les métiers réinventent des fatigues utiles, les engagements se partagent en se renforçant. *Les Français peints par eux-mêmes*, ouvrage prétendant décliner « l'encyclopédie morale du XIXe siècle[2] », le dit comme jamais : l'avocat est debout « à 7 heures du matin, ses dossiers rangés [...] à 9 heures il est au palais [...] aucune cause ne le rebute, aucune juridiction n'est indigne de lui[3] » ; le médecin « se lève à 5 heures », dès 7 heures « l'hôpital l'arrache au travail de cabinet », à 11 heures il « n'a pas encore quitté son tablier », avant de trouver, pour un interminable après-midi, sa clientèle privée[4] ; ou le pharmacien, « honnête et infatigable manipulateur, prisonnier volontaire dans son laboratoire[5] ». D'autres acteurs, ceux qu'appelle la surveillance des violences ou des troubles, sont plus encore au centre de l'attention. Le commissaire de police « fatiguerait le plus intrépide nomenclateur » à la seule « énumération de ses attributions »[6] ; le gendarme supporterait le « plus pénible des états[7] », devenu premier garant d'une loi rénovée ; le « garde du commerce » ne pourrait « dormir la nuit », tant il traque les délinquants de finance, tout en consacrant ses jours à méditer « ses plans d'attaque »[8]. Jusqu'aux activités les moins visibles ou les plus modestes, toutes confirmant une nouvelle intensité. L'herboriste est plus « occupé » qu'un ministre[9]. Le maraîcher sait se lever aux aurores, il faudrait alors « être bien matinal pour trouver une caserne dont la porte ne fût pas envahie par quelques-unes de ses charrettes[10] ». L'épicier, tout autant, doit « se lever le premier, se coucher le dernier[11] ». Le chiffonnier réussit grâce à une « vigilance de fourmi[12] ». L'« homme à tout faire » fait preuve d'une « disponibilité indéfinie[13] ». La dévote, elle-même, estime « criminel » de « perdre une heure » de son temps[14]. Le simple regard porté au « compositeur typographe » révèle encore la force de l'évaluation chiffrée, toute théorique, voire mythique : « Un calculateur patient a trouvé que la main d'un compositeur typographe, en portant les lettres de sa case à son composteur, faisait pendant une année un chemin équivalent à je ne sais combien de fois le tour du monde[15]. »

Reste, bien sûr, l'apprentissage, installant la ténacité au cœur de l'ambition. Ce que révélerait le jeune menuisier, dans un autre grand texte à visée sociale autant que morale, *Les Enfants peints par eux-mêmes* : « Cette planche qui m'eût extrêmement fatigué dès les premiers jours, ne me paraît plus rien aujourd'hui, j'ai déjà manié la scie et le ciseau[16]. »

Vision idéalisée, voire abstraite, bien évidemment, mais ce parti de l'effervescence conduit à installer le thème d'une présence diffuse de la fatigue et, plus encore, celui d'une résistance résolue à son égard. Un spectre d'occupations toujours plus large est confronté à des efforts toujours plus distincts. Vision purement descriptive, encore, évoquée sur le mode de la grandeur nécessaire et résignée.

Autant dire qu'une telle vision des solidarités est déjà présente dans celle des combats de la Révolution ou même de l'Empire. Un mythe magnifie les fatigues toujours surmontées, « utiles », admirées :

> Passant torrents et monts
> Sans repos, sans sommeil, coudes percés, sans vivres
> Ils allaient fiers, joyeux et soufflant dans les cuivres
> Ainsi que des démons[17].

La vieille fatigue « récit »[18] gagne ici en profondeur, côtoie l'extrémité, la mort, tout en se jouant du sacrifice et de l'abandon consentis. La retraite de Russie y devient même canonique : non humiliation mais héroïsation, non abaissement mais grandeur. Le sergent Bourgogne, dont le témoignage a valeur de symbole, s'attarde aux fatigues à valeur collective, d'autant plus révélatrices qu'elles sont

« ultimes », celles que le combattant met au service de tous : les cantonniers de la Bérézina, « travaillant la nuit, avec l'eau jusqu'aux épaules, sacrifiant leur vie pour sauver l'armée[19] » ; les amis épuisés, mais soutenant un Bourgogne « ne pouvant plus marcher[20] » ; les soldats effondrés, mais donnant leur réserve, « levant encore la tête pour dire "prenez pour l'Empereur"[21] ». Au cœur de la narration réside la fatigue nouvelle, non plus celle rendue plus précise, voire plus douloureuse, par une conscience mieux affirmée[22], mais celle rendue plus collective, voire plus « fédérative », par un social mieux pensé. La bravoure et la constance qui l'accompagnent jouent alors un rôle inédit dont le « civil » peut s'inspirer.

Le citoyen nouveau et l'« obstination »

De tels investissements privilégient une image : la réussite possible, l'abnégation efficace, celle même du citoyen zélé, celui qui ne se rebute jamais, tout en voulant progresser, ouvrir son horizon, « changer de peau ». Déplacement plus profond : la « condition » de chacun n'est plus acceptée comme une donnée, situation désignée par Dieu, mais comme une charge « évolutive », susceptible de conquête, objet d'initiative et de décision. L'égalité change tout, justifiant la mobilité autant que l'ambition. Il s'agit bien d'une figure neuve, loin de celle du courtisan classique s'éreintant à suivre pas à pas chaque mouvement ou chaque exigence de son roi[23] ; loin aussi du bourgeois des Lumières inventant sa propre affirmation, transformant en récit les épreuves qu'il traverse ou se donnant des défis pour mieux se sentir exister[24]. Le changement décisif porte ici sur la « parité », équivalence jusque-là inconnue, identité de statut pour tous, favorisant l'effort, autant que sur l'allégation d'un idéal commun, celui d'une « nation » nouvellement inventée. Conséquences majeures : l'émergence d'un croisement entre l'engagement individuel et l'engagement collectif, la valorisation du combat « utile », celle, autrement dit, d'une fatigue suscitant reconnaissance voire admiration.

D'où encore l'importance inédite attribuée à la concurrence, la culture des persévérances, celle de l'ascension sociale, ses dépenses, ses combats. « Monsieur Beaudoin » en est le symbole, en 1840, exemple obscur dans un ensemble de récits au titre évocateur, *Vertu et travail*[25]. Modeste employé d'une maison de commerce, l'homme lutte bientôt pour gravir paliers et degrés. Ses peines se déclinent comme un roman : il est « parvenu par la seule puissance d'une volonté énergique, à force de travail, de fatigues, de veilles, à s'élever au-dessus de la condition sociale dans laquelle le ciel l'avait fait naître[26] ». Son succès promeut un épuisement particulier, fait d'austérité, de rudesse, mêlant, au « refus de repos », les études poursuivies durant « des nuits entières »[27]. L'issue est « pénible », mais tracée : Monsieur Beaudoin succède à son patron, fonde une nouvelle entreprise, donne son propre nom à ce qui devient « maison de banque[28] ». Sa résistance à toute fatigue s'est imposée. Mais cette dernière est faite autant d'investissement physique que d'investissement mental, autant de tourment musculaire que de tourment moral. Une « globalisation » de la dépense d'énergie individuelle s'évoque, voire s'ébauche ici, promise à d'inévitables développements.

Autre exemple encore, dans la même série de récits, plus effacé sans doute, mais tout aussi ostensible, celui de l'enfant quasi abandonné parvenant à une dignité et à un métier grâce à un « travail sans relâche », une privation de « toutes les petites jouissances », un « refus du nécessaire même »[29].

L'enjeu tient à l'entêtement, aux obstacles franchis, aux duretés toujours renaissantes et toujours surmontées.

Le périodique des années 1840 *Le Fabricant, journal du maître et de l'ouvrier* multiplie les figures de telles réussites, au point de proposer une rubrique régulière intitulée « les hommes du jour[30] ». S'y côtoient les images disparates d'inventeurs, d'ingénieurs ou d'entrepreneurs, dont la seule convergence serait quelque infatigable ténacité favorisant le progrès : Antoine Pauwels, créateur d'usines d'éclairage et de bateaux à vapeur, ayant su « résister aux tracasseries en tous genres » et conduire une « lutte longue et pénible » pour imposer ses établissements à Rouen et à Paris, ou le chimiste Gustave-Augustin Quesneville, multipliant à l'envi les activités de directeur de fabrique, de chercheur, de découvreur, d'écrivain. Thème identique, enfin, dans la longue série, au titre évocateur, publiée sous la monarchie de Juillet *Portraits et histoire des hommes utiles*. Antoine-Jean Beauvisage, exemple parmi bien d'autres, y illustre, à nouveau, le travailleur modeste rêvant « améliorations et perfectionnements[31] ». L'homme est d'abord « ouvrier teinturier ». Son avenir semble limité. Son ardeur, en revanche, lui fait trouver des maîtres censés heureusement l'orienter. Suit une période d'activité intense où Antoine-Jean Beauvisage « interrompt souvent son sommeil pour prendre des notes[32] », surmonte jalousies et obstacles « sans cesse renaissants[33] », avant de faire une découverte décisive : celle d'un procédé chimique pouvant « remplacer la cochenille ». L'avenir s'ouvre. Peines et fatigues pourtant se prolongent au point de provoquer une « très grave inflammation d'estomac ». Suivent dès lors des efforts constants et « inouïs[34] » pour conduire à bien le traitement médical proposé, et créer, par ailleurs, l'usine et l'entreprise depuis longtemps espérées.

Un mot d'ordre traverse ces textes comme un leitmotiv : « l'unique secret, l'occupation[35] ».

Ce qu'exige l'ambition

L'avantage ainsi donné à l'investissement continu, voire à l'acharnement, promeut une fatigue « sociale », une ténacité définie plus indirectement. Elle existe au creux de la constance : logée dans la détermination, présente dans l'exploitation de chaque moment. Elle s'impose en même temps qu'elle se nie. Elle s'intensifie en même temps qu'elle s'oublie. Les grandes figures de l'univers balzacien le montrent, avec leur contrainte intérieure implicite, sourde, et pourtant déterminée. Benassis, dans *Le Médecin de campagne*, entièrement engagé dans le bouleversement de sa bourgade rurale, déploie une activité ininterrompue, multiplie les entreprises, accumule les trajets, sollicite les initiatives, accompagne les projets. Du coup, le résultat, à lui seul, suggère la somme des empressements endurés : l'espace campagnard se transforme, les routes se renouvellent, les relations s'étendent, les échanges se croisent, la ville se rapproche, les marchés se diversifient. Tout est dans l'effervescence des actes. Benassis ne dit rien de sa résistance, ni de ses difficultés. Il reconnaît seulement une activité « incessante[36] », et avoue « lasser deux chevaux par jour[37] ». Ou le Desroche de la Maison Nucingen, ayant « rudement travaillé de 1818 à 1822 », symbole de l'ardeur constante, au point, une fois le pouvoir obtenu, d'être « la terreur de ses clercs », soumis eux-mêmes à une contrainte toujours répétée : « ne pas perdre de temps »[38]. Ou Albert Savarus encore, lancé dans la conquête de la députation provinciale après ses échecs parisiens, avocat méticuleux, insatiable, accumulant les plaidoiries, recherchant coûte que coûte le prestige obligé, « se levant toutes les nuits entre 1 heure et 2 heures du matin, travaillant jusqu'à 8 heures, déjeunant, et après, travaillant encore[39] ». La fatigue supposée se dit dans le décompte des heures, son rythme, son intensité.

Elle peut se dire aussi dans les aveux devenus plus subjectifs et personnels d'un Albert Savarus exhaustivement investi : « Voilà bien dix ans que je lutte [...] Ce combat avec les hommes et les choses, où j'ai sans cesse versé ma force et mon énergie, où j'ai tant usé les ressorts du désir, m'a miné pour ainsi dire intérieurement. Avec les apparences de la force, de la santé, je me sens ruiné. Chaque jour emporte un lambeau de ma vie intime. À chaque nouvel effort je sens que je ne pourrai le recommencer[40]. » L'objet de la fatigue se révèle alors diffus, rapporté à la contrainte ressentie, à l'impuissance éprouvée, plus qu'au projet réalisé. Il devient sensation globale, mobilisation d'une profondeur organique peu évoquée jusque-là : « Dans les oreilles les tintements perpétuels, dans les mains la petite sueur nerveuse, dans la tête l'agitation fébrile, dans le corps les tremblements intérieurs que j'éprouve en jouant ma dernière partie au jeu de l'ambition[41]. » Exemple majeur d'une fébrilité perçue par l'acteur et par lui seul, liée, sans aucun doute, à une écoute plus précise de la sensation interne, voire à un affinement inédit de la conscience de soi, mais rapporté aussi à une lutte sociale nouvelle, totalement originale, celle que l'imaginaire démocratique a rendu possible. Savarus le dit mieux encore dans une lettre adressée à la femme désirée, rapportant la lassitude à l'affrontement des concurrences, l'accentuation des avidités : « Ce qui fatigue et vieillit cher ange, c'est ces angoisses de vanité trompée, ces irritations perpétuelles de la vie parisienne, ces luttes d'ambition rivales[42]. »

Une « figure » inédite se dessine alors, au-delà de la rudesse toute physique des métiers[43]. Elle s'incarne dans les désirs, dans les ambitions. Elle est masquée, embusquée dans les volontés plus que dans les gestes. Elle concerne une manière de se tourmenter : lassitude spécifiquement issue d'une tension vers l'ascension, la volonté opaque de progresser. Celle qui, selon Balzac, peut concerner jusqu'aux ouvriers dont les seules ressources tiennent pourtant à leur corps : « Alors ces quadrumanes se sont mis à veiller, pâtir, travailler, jurer, jeûner, marcher, tous se sont excédés pour gagner cet or qui les fascine[44]. » Démesure inconnue jusque-là dans son explication, dans son extension, comme dans son intensité.

Alors même que demeure toujours à part, au début du XIXe siècle, le statut du domestique, rivé à la tradition, identifié au « devoir », traversé par l'obligation : homme ou femme « de service », cet être que rien ne disjoint encore de son maître, cette existence que rien ne promet encore à l'autonomie. Espace familial et intime où la culture hiérarchique demeure préservée[45], au point que l'ambition du « valet » obéit à un seul objet : celle du « maître ». Ce que répètent doctement les traités censés régler les comportements de la « servitude » : « Tous les instants de votre vie doivent être consacrés au profit des personnes que vous servez[46]. » Ce que confirment encore les témoignages interminablement répétés : « Le domestique doit être tout dévouement, don de lui-même, sans hésitation ni arrière-pensée[47]. »

Aucun doute pourtant, le paysage des fatigues s'est étendu, repéré plus attentivement avec la société démocratique du début du XIXe siècle, bariolé avec la diversité des métiers, mais traversé aussi d'une tension inédite, diffuse, enfouie, faite d'un temps largement repensé, aussi calculé qu'orienté.

Intensifier l'emploi du temps

Rien d'autre alors qu'un changement de culture, la présence d'un repère devenu majeur : l'emploi du temps, l'attention à la succession des heures, l'économie des instants. Une fatigue, du coup, émerge en horizon positif de cette préoccupation clairement orientée. Ce que suggère un survol quasi rituel des métiers. La journée du médecin, par exemple, avec son découpage horaire, ses changements de lieux, du cabinet à l'hôpital puis à la clientèle privée[48] ; ou celle de l'avocat, avec ses rendez-vous, ses moments différenciés ; ou celle du journaliste, commençant ses lectures « dès midi », les poursuivant jusqu'au soir, avant de commenter les spectacles de la nuit, toujours affairé à l'heure même du « délassement pour tous[49] ». La présence de durées découpées se généralise. Celles du maraîcher : « Il est à peine 2 heures quand il se lève », il se déplace à la halle pour se transformer en marchand « jusqu'à 7 heures du matin », retourne chez lui, « se jette sur un grabat », qu'il quitte très vite « pour planter, cueillir et surtout arroser »[50] ; celles du nouvelliste, s'empressant aux Tuileries dès 7 heures avant de passer une ou deux heures au Carrousel pour guetter l'arrivée des courriers, et d'aller ensuite à la Bourse pour « s'informer des taux de la rente et des actions[51] » ; ou même celles de l'employé, que la simple journée n'oppresse sans doute pas, « commençant à 10 heures et finissant à 16 heures », mais que le mariage, les attentes de la famille, l'arrivée des enfants contraignent plus que jamais, d'où sa recherche d'activités rémunératrices, sa lutte contre la « misère », ce « travail constant de dix-sept heures par jour »[52].

Présentation anodine et pourtant décisive : l'activité se divise en étapes, le travail se conçoit en gradations. Non que la simple scansion soit nouvelle. La cloche, depuis longtemps, divise le temps. Le signal sonore, depuis longtemps aussi, rythme jours et durées. Les abbayes, les premières, ont su diviser chaque instant pour mieux le mettre au service de Dieu. La nouveauté est ailleurs, orientée vers une amélioration possible, une efficacité indéfinie. Elle tient à une pensée cumulative, à une version particulière de la méticulosité, celle de rendre tout instant précieux, de le transformer en opération profitable, de l'additionner à d'autres pour mieux les dépasser, ce qui oriente les successions en progressions. Ce qui confirme l'opposition entre un Ancien Régime au temps jugé immobile, figé dans un cadre inchangeable, et un monde nouveau au temps jugé mobile, déplaçant son propre cadre, favorisant toute avancée. Le présent, du coup, s'intensifie en changeant de sens, devenu fragment d'une dynamique plus large et clairement orientée. Au point que le temps s'inscrit davantage, pour le fabricant, l'artisan, le commerçant, dans la prévision sourcilleuse et ordonnée des heures du jour à venir : « Il calcule et ne s'endort jamais le soir, sans avoir mis bon ordre à sa journée du lendemain[53]. » Marc-Antoine Jullien en donne le modèle en 1808 avec son *Essai sur une méthode qui a pour objet de bien régler l'emploi du temps, premier moyen d'être heureux*. L'enjeu tient à quelques mots décisifs : connaître « le prix du temps et [savoir] employer tous les instants pour son avantage et son perfectionnement[54] ». Au cœur du thème : la volonté confuse d'« exploiter » le possible, l'insistance sur l'infime du temporel, l'attente de perfectibilité. Une manière de suggérer, plus encore, le vrai changement de culture : faire du progrès un défi de conscience. Le livre de Marc-Antoine Jullien est un succès, réédité plusieurs fois entre 1808 et 1830. Ses injonctions s'étendent, répercutées par la sensibilité quotidienne : « Que de journées perdues dans les illusions des sens[55] ! », peut affirmer Julien-Joseph

Virey, en 1823, dans un texte au titre évocateur, *De la puissance vitale.* Mieux, de telles injonctions ont leur versant directement pédagogique : « Soyons avares du temps ; ne donnons aucun de nos moments sans en recevoir la valeur ; ne laissons sortir les heures de nos mains qu'avec épargne, qu'avec fruit[56] », affirme un texte « adressé à la jeunesse » en 1812. Une tension marquante et nouvelle existe, de fait, dans ces propos apparemment banals : une volonté de suggérer l'ascension sociale, le franchissement possible de strates jusque-là fermées, profiler des ténacités, des constances, des fatigues aussi, largement délibérées.

Les enfants du siècle, la fatigue de l'illusion

Renouvellement de l'ambition, métamorphose de l'emploi du temps, tension vers un progrès voulu indéfini, mais ambiguïté possible aussi de promesses non tenues, de blocages, de rêves irréalisables ou irréalisés. La société du début du XIXe siècle est également celle des déceptions, des attentes inassouvies, des idéaux échoués. Elle est, pour beaucoup, celle des « illusions perdues[57] », avec les fatigues toutes particulières que celles-ci peuvent engendrer. Corruption, domination ont pu pervertir les espérances. Matérialisme, dispersion, appauvrissements divers[58] ont pu figer les projets. L'« avenir semblait appartenir aux hommes », mais le « pouvoir des hommes nouveaux »[59] se révèle aussi exclusif que celui des « anciens ». Musset le vit comme un malheur :

> J'ai vu le temps où ma jeunesse
> Sur mes lèvres était sans cesse
> Prête à chanter comme un oiseau
> Mais j'ai souffert un dur martyre[60].

Balzac en fait un interminable objet de romans. La désillusion y est même quasi physique, plus douloureuse encore que les fatigues engagées. Le Raphaël de *La Peau de chagrin* se noie dans une « boisson légèrement opiacée », entretenant « une somnolence continuelle[61] », après un « travail de nuit et de jour, sans relâche[62] » aussi vain qu'ignoré. Le Lucien des « Souffrances de l'inventeur » éprouve un sentiment vital d'anéantissement lorsqu'une « catastrophe » vient annuler tout espoir, corps et âme déjà « brisés » par une « longue et douloureuse lutte ». Seule issue : prier son hôte de « l'aider à se mettre sur son lit en lui demandant pardon de lui donner l'embarras de sa mort[63] ». Vigny y voit, avec amertume, un principe récurrent de perte et d'amoindrissement : « La rêverie qui ne produit pas affaiblit[64]. » Déficit que la vaste entreprise des *Français peints par eux-mêmes*, en 1840, non sans paradoxe[65], prétend directement, voire trivialement, cerner : « Plusieurs se disaient : Puisque des soldats sont passés rois, puisqu'un lieutenant d'artillerie a pu devenir maître de l'Europe, pourquoi ne deviendrai-je pas général, ministre ou consul[66] ? »

Jusqu'à la satire qui devient ici révélatrice. Les « cent et un » métiers traversés par le Robert Macaire d'Honoré Daumier en 1838, présentés comme une « phénoménale odyssée », avec ses drames et ses inattendus, ne sont autres que naufrages « drolatiques » et inexorables échecs, illusions ou revers semblables à ceux d'un Don Quichotte clairement évoqué par le caricaturiste. Une manière de moquer une ambition collective inédite, cette volonté entêtée d'ascension, celle de changer d'état, s'aventurer, risquer, chercher coûte que coûte à « se distinguer du vulgaire obstruant toutes les routes qui conduisent à la fortune[67] ». Même quête anxieuse encore, même enchaînement de méprises avec le *Jérôme Paturot à la recherche d'une position sociale* de Louis Reybaud en 1842[68]. L'ironie s'achève sur des escaliers « descendant » plutôt que « montant » et sur la résignation du héros, « revenu de ses grandeurs[69] ». Dans l'un et l'autre cas, l'enjeu tient bien à une tension inédite : préoccupation affectée, contrariée, tourmentée traversant la plupart des milieux, fatigue inutile et désenchantée. Son dénigrement vaut confirmation : celle de sa présence blessante, comme de sa nouveauté.

Une première recherche élitiste d'accalmie

Ce qui oriente vers d'autres imaginaires encore, suscite d'autres défenses : celles de la « pause », de la suspension temporaire, dans l'élite en tout cas ; entreprise délibérée d'inverser les fatigues. D'autant que les « tourmentes politiques » à la bascule du siècle, les conflits collectifs ajoutent leurs troubles, leurs passions, effets suffisamment profonds pour être objets de thèses de médecine elles-mêmes, explorant les « maladies nerveuses[70] » provoquées par quelque obscur accroissement de malaises et de crispations.

La ville, en priorité, prétend inventer très spécifiquement des lieux de repos, des espaces d'oubli, de recul. Première initiative majeure, inévitablement sélective, prêchant le calme et le relâchement. Quelques établissements de bain, socialement et culturellement ciblés, en seraient le symbole : jardins d'agrément, structure élégante, cabine silencieuse, isolée, instrumentée ; la douceur du liquide en promesse d'accalmie, le calme du lieu en promesse d'abandon. Une maîtrise accentuée de l'eau, une quasi-industrialisation des pompes, des canalisations de plomb insensiblement étendues et enfouies permettent d'aménager, au début du XIXe siècle, quelques-unes de ces institutions en bordure du fleuve, peu nombreuses sans aucun doute, mais déclinant un rôle précis. Non plus seulement la fuite du tumulte, la distance du « tourbillon », mais celle des contractions nerveuses, des préoccupations excessives, des contrariétés mal contrôlées : l'arrêt momentané des « pressions ». Les bains parisiens Tivoli, près de la Chaussée-d'Antin, à deux rues de la Seine, sont dits lutter contre « les maux de nerfs, les spasmes, les tintements, les nébulosités du cerveau[71] ». Tout y serait délicat : « promenades délicieuses et ombrages frais[72] », parfums subtils, liquides aromatisés, collations calculées, de « nature fortifiante », avec « vin pectoral » et « sirop de bouillon de veau »[73]. Les bains Vigier, près du Pont-Royal, construits sur une frégate surhaussée, finement travaillée, entourée d'allées sablées et arborées, alignant « des caisses d'orangers, des rosiers, des acacias, des saules-pleureurs, des seringas, d'épais branchages de lilas[74] », se donnent une finalité identique, centrée sur l'effacement de toute lassitude intérieure, démarche indéfiniment précisée, commentée :

> Votre âme se rassérène en entrant dans ce brillant séjour ; vous souriez à un nouvel ordre de chose et le bruit fatigant de Paris, son brouhaha insupportable est déjà loin de vos souvenirs. Vos pieds fatigués du pavé des rues, pressentent avec plaisir une pelouse verte, un plancher uni qui vous semble la terre du repos. L'odeur des arbustes, des fleurs, le murmure des eaux, tout vous invite aux plus délicieux délassements ; les scènes de la vie naguère si tumultueuses à vos oreilles abasourdies au milieu de la capitale, ici deviennent calmes, paisibles et délicieuses [...] Les acteurs, les objets qui vous environnent, contribuent au nouveau calme de votre âme[75].

Les thermes, ceux voisins des cités surtout, sont pensés en « refuges » ; comme à Enghien, où « les nerfs se détendent, le cerveau s'épanouit, le sang se rafraîchit[76] », annulant « les maladies du genre nerveux[77] » ; à Passy, où s'oublient les maux « provoqués par l'habitation des grandes villes[78] » ; au Mont-Dore, où se reconstituent tout simplement les « forces vitales[79] ».

Le voyage enfin se découvre un autre destin possible, au-delà des habituels affrontements de trajets. Stendhal, un des premiers, y voit un principe d'éloignement des contrariétés[80]. Jules Janin suggère plus fortement une visée totalement inédite : non plus l'agitation, avec ses plaisirs, son effervescence ou ses désagréments, mais l'inverse, la recherche d'un temps sans contrainte, une appartenance à soi sans obligation. D'où ce sentiment d'une renaissance, décrit comme une vacuité volontaire, délibérée : se « sentant la tête fatiguée[81] », exténué par les tâches, les services répétés, Janin décide de « partir » pour un temps. Tout, alors, peut changer : « S'abandonner au nonchalant mouvement de la chaise de poste [...] Et puis ne rien faire, ne rien entendre, ne rien juger [...][82]. » La nouveauté tient à un total déplacement d'horizon : le prestige, jusque-là inconcevable, donné à l'annulation de toute occupation, comme de tout tracas. Cette appropriation très particulière : « Avoir pour soi tout seul, ses rêves, ses méditations, ses pensées[83] » ; ce « soi » suffisamment affirmé, avec la lente émergence de la société contemporaine, pour supporter le vide intérieur, en faire une défense envers des tourments, jugés eux-mêmes inédits, ceux de l'ambition, des concurrences entre égaux, des conflits. Rien d'autre qu'une vision largement originale de « vacance » volontaire, à la hauteur d'un sentiment tout aussi original d'une accentuation des « crispations ».

Chapitre 20

Un univers chiffré : de la mécanique à l'énergie

Les espoirs perdus, les troubles, voire les déceptions sociales ne sauraient effacer, en ce début de siècle, l'ambition économique, la confiance en la technique, l'attente de prospérité. Une telle certitude s'est même affermie, privilégiant les « inventifs » et les « entreprenants » : l'idée de progrès s'est aiguisée, la volonté de développer les « sciences et les arts » s'est renforcée. Un univers croissant d'ateliers, de machines, d'engins, d'objets oriente davantage le regard vers les effets matériels, les possibilités organiques, les adaptations gestuelles et leur efficacité. Incontestable renouvellement, fait de science et de technicité, révélant dès lors plus tâtonnantes ou limitées les avancées des Lumières[1], tout en spécialisant davantage les hommes de calcul et ingénieurs. Ce que confirment les institutions nées de la Révolution. Le *Journal de l'École polytechnique* se propose de « répandre des connaissances très utiles » et d'aider aux « applications heureuses »[2]. L'École centrale des arts et manufactures, créée en 1829, vise le développement d'un « savoir empirique[3] ». Les projets se recoupent : « améliorer les conditions de la vie de l'Humanité[4] », favoriser l'épargne des forces autant que leur meilleure exploitation. L'enjeu est aussi celui des sociétés techniques. La fatigue est celle du labeur physique. Même vision avec la Gesellschaft Deutscher Naturforscher und Ärzte, créée à Berlin en 1822, ou la British Association for the Advancement of Science, créée à Londres en 1831[5]. L'attention au travail en est inévitablement renouvelée : la vigilance sur l'effort, l'évaluation des résultats. L'atelier, le chantier ont gagné en préoccupation comme en dignité. La science est censée les assister. C'est bien sur la dépense physique, sur l'univers des travaux de la main, des muscles et des bras que la fatigue est dès lors centralement étudiée. Toute son existence se manifeste ici par l'« effort ». Tout son être tient à l'organique.

Plus largement, l'accentuation de la présence machinique, celle de la rationalisation économique et manufacturière, incite, au début du XIXe siècle, à la confrontation entre le chiffre et la dynamique du corps. Les engins se diffusent, les gestes s'y adaptent, les forces musculaires se mêlent aux forces instrumentales. Les interrogations se multiplient sur les attitudes travailleuses, leur efficacité, et, au bout du compte, sur l'allègement possible des mouvements appliqués. Univers d'ingénieurs encore, sans aucun doute, où la théorie prétend multiplier ses effets, mais où une fatigue mieux dominée participerait, en définitive, au bonheur de chacun. Gestes et efforts occupent comme jamais les préoccupations, forces et opérationnalités occupent comme jamais les calculs. Nouvelle curiosité, enfin, dans l'imaginaire industriel : la fatigue des ouvriers.

Calculer la force

Un instrument totalement novateur, en tout premier lieu, conduit déjà à révolutionner les objets de calcul. Buffon en attendait la réalisation dès les années 1760, en le commandant à Edme Regnier, un « maître serrurier » aux compétences reconnues. L'enjeu était de diversifier les types de forces envisagées : non plus seulement l'acte de porter, jusque-là quasi seul étudié, mais celui de tirer, de pousser, de presser, de se redresser, de résister, non plus seulement le dos, mais les reins, les bras, les jambes, les mains. Multiplier, autrement dit, les possibilités d'évaluer les ressources engagées. Regnier, après plusieurs aléas, propose l'outil inédit à la toute fin du siècle : un « ressort elliptique, ne perdant pas son élasticité par l'usage[6] », tout en dévoilant par curseur la « quantité » de force mobilisée. Étirement, pression, oppositions se chiffrent, calculs et constats peuvent s'énoncer. Regnier décline les observations dans le *Journal de l'École polytechnique* de 1798, accumulant des données au service du quotidien : « main droite et main gauche » se révèlent de force inégale, « forgeron et perruquier » ont une vigueur manuelle totalement distincte, allant de un à deux, homme et cheval ont une efficacité de tirage allant de un à sept, femme et homme une « puissance » globale allant de deux à trois[7]. Aucune indication claire sur la fatigue sans doute ici, mais des évaluations censées la prévoir, voire la prévenir, anticiper des potentialités, catégoriser des efficacités. Le « dynamomètre » et son emploi se généralisent au début du XIXe siècle. Instrument, pour beaucoup, de jeu ou de pari, il pénètre les foires, les fêtes, sert le spectacle des saltimbanques, des bateleurs, mesurant leurs coups sur des ressorts ou des effigies de bois. Il provoque l'ironie de La Bédollière ou de Daumier, leurs illustrations goguenardes répercutant les modestes « cadrans » où s'inscrit « la force de vos poings[8] ». Mais il est aussi instrument de prospection, valorisant autrement la puissance des membres, leurs particularités, catégorisant des dynamiques jusque-là ignorées.

Observations modestes, patientes, elles nourrissent bientôt, grâce à leur chiffre et leur répétition, un arsenal de repères et d'informations. Adolphe Quetelet s'en empare dès les années 1820, précisant les profils de l'« homme moyen », celui dont les statistiques, toujours plus importantes dans une société dite « démocratique », sont censées révéler les « qualités ». Il s'arrête aux forces, accumule les constats : les différences selon les métiers, ce que soulignait déjà Regnier ; « maçons et charpentiers[9] » se révélant ici les plus vifs de mains et de bras ; les différences selon les conditions de vie, toujours vérifiées avec l'appareil : « l'abondance des nourritures et des exercices modérés contribuent à développer avantageusement les qualités physiques ; tandis que la misère et l'excès de travail produisent un effet contraire[10] » ; ce qui tend à invalider, voire nier, des critères longtemps décisifs, tels la taille ou le poids. Autant d'informations nouvelles pour qui veut dessiner l'univers des résistances et des solidités.

Non, faut-il le redire, que la fatigue soit ici clairement précisée, mais s'imposent un culte du chiffre, un principe possible d'adaptation, sinon d'économie des forces employées. Un calcul d'améliorations prévisibles enfin. Les gymnastes à eux seuls le montrent, au début du siècle, évaluant les gains de force selon une multiplicité d'exercices, prolongeant et diversifiant les premiers calculs pédagogiques de Mme de Genlis effectués au siècle précédent[11]. Peter Clias le confirme dans son établissement de Berne, utilisant le dynamomètre comme « sanction », décrivant la « renaissance » opérée en 1815 sur un frêle jeune homme de dix-sept ans ayant appliqué les mouvements les plus divers sur nombre de machines et d'agrès : extension de reins, traction de bras, pression de mains, toutes ces forces auraient doublé en quelques mois[12]. Francisco Amoros le confirme aussi dans son établissement de Paris, en 1820, soumettant ses élèves à une « fiche physiologique » préalable où sont dûment chiffrées, grâce au dynamomètre encore, « pression des mains », « force des reins », « force de traction », « impulsion verticale du poing droit », « impulsion verticale du poing gauche », « pression contre la poitrine », « force pour supporter »[13]... Les veilles évaluations livrées au seul regard des allures ou des conformations, celles qui ont longtemps triomphé pour répartir les militaires ou les galériens, sont ici abandonnées à l'à-peu-près, dépassées par l'exigence chiffrée.

Inventer la « mécanique industrielle »

Le milieu des engins, leur enjeu toujours plus conquérant suscitent du coup une science nouvelle au début du XIXe siècle : la « mécanique industrielle », réorientant l'observation des métiers, savoir inédit, visant le quotidien des ateliers. Elle se confronte aux corps, aux moteurs, aux courroies, aux aciers. Elle prétend aux économies, aux efficacités. Gérard-Joseph Christian, le directeur du Conservatoire royal des arts et métiers, la définit en 1822 :

> La science de la mécanique a pour objet de connaître et de rechercher les moyens de suppléer à la force et à l'adresse physiques de l'homme, et d'économiser son temps dans l'exécution des travaux que lui commandent ses besoins et ses goûts. Nous appelons cette science la mécanique industrielle pour la distinguer de la mécanique rationnelle dont l'objet nous paraît tout différent[14].

Le projet, loin de se limiter à l'apport des machines, s'étend à la réplique des membres confrontés aux instruments. Un enseignement est même inventé pour transformer les pratiques ouvrières. Charles Dupin étudie les développements d'une telle démarche en Angleterre[15], avant de la transposer dans ce même Conservatoire à partir de 1819, conforté par une ordonnance de Louis XVIII installant des cours publics et gratuits en faveur de « l'application des sciences aux arts industriels[16] ». Des initiatives semblables naissent à Lille, Versailles, Strasbourg, initiées par de « généreux citoyens[17] ». Claude-Lucien Bergery publie en 1829 ses « Cours industriels[18] » dispensés aux ouvriers de Metz. La perspective est volontariste : « abandonner la routine », « raisonner toutes les circonstances du travail »[19]. L'attente est ciblée : « Vous aurez infiniment moins de fatigue à éprouver et pourtant vous gagnerez davantage[20]. » Lassitude limitée, efficacité accrue. Nombre de situations sont revisitées. Le spectre gestuel en particulier : « debout avec ses bras », « debout avec ses jambes », « assis avec ses bras », « assis avec ses jambes », « assis avec ses bras et ses jambes »[21]. La position érigée suppose des directions définies, la position assise, plus complexe, suppose des « points fixes » soutenant les jambes et les pieds[22]. Quelques « fous littéraires[23] » prétendent même multiplier les moyens pour « ne pas se fatiguer, en sciant, en frappant, en portant, en corroyant, en rabotant, en poussant, en tirant [...][24] », suggestions souvent dérisoires, mais confirmant la volonté croissante de théoriser les mouvements, et plus encore de les économiser.

Les gravures suivent, dévoilant, plus que jamais, des hommes finement dessinés, campés, debout, appuyant sur les manivelles des cabestans ; d'autres retenant, cambrés, des tonneaux encordés sur des plans inclinés ; d'autres encore maniant vérins et crics ; d'autres enfin optimisant les « transports par glissement », par « roulement », par « tirage » ou par « roue »[25]. Quelques graveurs se spécialisent même, comme Jean Duplessi-Bertaux dont l'album en 1822 décline les mille mouvements des forgerons ou des tonneliers, des rémouleurs ou des charpentiers[26]. Forces et durées s'aiguisent, calculs et dispositifs se diversifient, selon des exemples toujours plus particuliers :

> En général, pour un travail continu, exigeant un effort de 8 à 10 kilogrammes et de huit à neuf heures de durée, il faut faire agir l'homme debout et avec ses bras seulement ; il est rare qu'on puisse trouver avantageux de choisir d'autres dispositions[27].

Les recensements de Coulomb[28] sont repris, non plus sur des actes isolés, mais sur des actes répétés. Multiplicité du chiffre, multiplicité des objets. Les terrains s'étendent, les situations se codifient. L'action des prisonniers anglais sur les roues entraînant des meules ou activant des machines est étalonnée : « la tâche journalière de chaque prisonnier consiste, moyennement, à monter 50 marches de 0,2 mètres par minute ou 3 000 par heure, et à répéter ce travail pendant sept heures[29] ». Les gestes de la pelle ou de la bêche des militaires du génie français, en 1837, sont mesurés dans leur amplitude, leur angle, leur répétition : « un homme peut enlever à la pelle et charger sur une brouette, environ 12 à 15 mètres cubes par jour. Lorsque cette terre est jetée à 2 mètres au moins et 4 mètres au plus, ou élevée à 1,60 mètre, ou chargée sur un tombereau, il faut réduire le nombre de mètres cubes à 10[30] ». Distances et temps des porteurs sont réglés : 30 mètres pour les relais avec brouettes, 72 secondes pour les allers et retours[31]. La marche encore, objet d'interminables expériences, suggère normes et seuils :

> Un piéton peut parcourir 6 kilomètres par heure en poursuivant une longue route ce qui fait 100 mètres par minute. On estime à 8 décimètres la longueur du pas de route ; ainsi le piéton fait 125 pas dans une minute et 7 500 dans une heure. Il peut ainsi marcher pendant huit heures et demie chaque jour et continuer aussi longtemps qu'on le veut,

> sans altérer sa santé ni diminuer ses forces. D'où 51 kilomètres la distance moyenne que peut parcourir un piéton sans altérer ses forces[32].

Les recommandations, du coup, se multiplient pour obtenir des moyennes, dépasser les singularités, favoriser des confrontations. Entreprise majeure de rationalisation où le monde rural lui-même est concerné, précisant ce qu'un homme peut « décharger de fumier en dix heures de travail » ; de même « semer de froment », « faucher » un pré, « repiquer » des navets, charger de « gerbes sur les chars », « ranger dans une grange », temps révisés encore « quand les prairies sont éloignées »[33]. L'empirisme, en revanche, le « sentiment » ou le « jugé » l'emportent toujours pour désigner les limites ; l'approximation plus que le calcul :

> L'expérience peut seule faire connaître la quantité de travail, ou si l'on veut de fatigue, que chaque espèce de moteur, ou même chaque moteur en particulier, peut supporter journellement, ainsi que le temps au bout duquel cette fatigue est acquise, suivant l'espèce de travail[34].

Impossible, certes, d'ignorer les « gains » proposés par la « mécanique industrielle » des années 1820-1830. Ils font oublier les propositions de Coulomb sur des actes individuels ou les suggestions des encyclopédistes sur l'attentive mais laborieuse description des arts[35]. Chaque force vise l'économie, chaque conseil l'efficacité. Gérard-Joseph Christian en donne à nouveau l'exemple dans son traité de 1822 : « l'homme supportera plus longtemps le travail et avec moins de fatigue, toutes choses égales d'ailleurs, lorsque son action sera régulière, uniforme, tant dans l'effort de pression que dans la vitesse[36] ». Les injonctions suggèrent d'éviter le recours simultané à « tous les muscles du corps », de favoriser « par degrés » puissance et adresse, de « donner de fréquents intervalles de repos, pour ranimer les forces »[37]. La parcimonie gestuelle, son effet de résistance sont au cœur du regard. La fatigue en revanche demeure « approchée », subjectivement constatée plus qu'objectivement désignée. Jugement toujours pratique, certitude venue de la coutume et de la « conviction » : « Le travail qu'il convient d'exiger de chaque espèce d'être animé, le nombre et la durée des repos, etc. ne peuvent être déterminés que par une longue expérience[38]. »

La mécanique, autrement dit, s'est confortée, la physiologie en revanche demeure estimée plus que chiffrée.

Inventer l'énergie

C'est vers la physiologie pourtant que se tourne insensiblement le regard des mécaniciens dans le deuxième tiers du XIXe siècle : l'intérêt se porte au « moteur », à l'origine des forces, et non plus seulement à la gestuelle ou à sa chorégraphie. La recherche s'oriente vers les instances obscures, celles qu'ignorait Coulomb en s'en tenant aux seuls résultats observés[39]. L'exemple de Lavoisier, longtemps effacé parce que difficilement « mesurable » et « appareillable », est repris, interrogé, approfondi. Chacun convient que « la respiration est la fonction la plus essentielle au corps animal[40] ». Elle produit la chaleur, conditionne le travail, fournit le « feu » aux muscles, aux élans, aux efforts. Gabriel Andral et Jules Gavarret, instrumentant inspiration et expiration avec tuyaux et clapets, comparent en 1843 les consommations d'oxygène et les rejets de gaz carbonique selon les individus, enregistrent leurs rythmes, leurs mélanges, leurs taux, concluent que « la quantité d'acide carbonique exhalée par le poumon est d'autant plus grande que la constitution est plus forte et le système musculaire plus développé[41] ». De même constatent-ils une baisse « à partir de cinquante ans » et « à mesure que le sujet avance en âge »[42]. Alors que les « meilleurs » savent, par ailleurs, mieux brûler l'oxygène absorbé et donc l'exploiter. Victor Regnault et Jules Reiset différencient en 1849 de telles consommations chez les animaux selon les espèces, le poids, l'âge ou l'activité, concluant au même constat[43]. Gustave Hirn, enfin, poursuit le projet dans les années 1850, jusqu'à expérimenter directement sur le travail lui-même : l'air respiré y est confronté à son effet mécanique et « productif » concret. Il s'attarde surtout à des différences jugées éclairantes. Le mécanicien de Colmar compare ses propres consommations à celles d'une jeune fille mieux aguerrie aux efforts. Ce qui oriente vers la qualité du « brûleur », la moindre fatigue, aussi, mesurées à l'essoufflement comme aux échanges gazeux :

> Tandis qu'à l'état de repos je respirais près de 18 fois par minute, la jeune fille précédente ne respirait que près de 12 fois à peine, tandis que chez moi à chaque respiration il entrait plus d'un litre d'air dans les poumons, chez elle, il n'en pénétrait qu'un demi. La puissance absorbante des vaisseaux aériens était donc chez elle beaucoup plus puissante que chez moi. Ainsi les 350 litres d'air qui passaient par ses poumons en une heure étaient-ils plus chargés en acide carbonique que ne l'étaient proportionnellement les 700 litres qui passaient par les miens[44].

L'ascension d'une montagne prolonge la comparaison. Hirn consomme, en l'arpentant, « quatre fois plus d'oxygène » qu'au repos, dont une « grande part » n'est pas liée au travail mais à une vaine dépense calorique, mouvements inutiles, réflexes excessifs, crispations variées. Le rapport s'inverse chez la jeune fille, peu de chaleur extérieure, beaucoup de travail. D'où la distinction inédite, obligée, entre l'oxygène « efficient », celui dont la combustion engendre l'action, et celui « échappé » en sueur ou en température corporelle, dont la combustion perturbe l'action. Le premier est absorbé par le poumon, converti en dégradation « positive », le second s'épanche au-dehors, converti en « bouillonnement » factice. Toute la différence entre « la chaleur disparue et la chaleur produite[45] ». L'une se transforme en dynamique « utile » activant le moteur, l'autre en échauffement « inutile » freinant le moteur. Toute la différence aussi avec les observations de Lavoisier, limitées à l'accroissement de la consommation d'oxygène avec le travail. Alors que deux types de dépenses se distinguent ici, selon leur rôle et leur opérationnalité : « C'est par la grandeur de l'excès de chaleur inutile ainsi développée que les divers individus diffèrent le plus entre eux[46]. » Distinction confirmée par les théories nouvelles, celles de Sadi Carnot, celles de James Joule, avec les années 1820-1840, sur l'équivalent mécanique de la chaleur, appliquées aux machines à vapeur : engins ayant « mis sans cesse sous nos yeux et fait entrer dans la pratique journalière de notre vie le spectacle du travail créé avec de la chaleur[47] ». Les plus efficaces d'entre elles diminuent pertes et rayonnements issus des tuyaux, des frottements, des ouvertures mal contrôlées, pour transformer le plus de chaleur possible en travail. Ce qui aiguise les mises en parallèle avec le « moteur humain », expérimenté encore avec un lourd appareillage par Gustave Hirn en 1858 : une « chambrette hermétique », avec « planches de sapin calfeutrées », où se surveillent la température, la respiration, les échanges et un labeur mesuré sur une « roue à palette et escalier mobile »[48]. Le constat s'approfondit : la consommation accrue d'oxygène peut être illusoire et le « travail » devenir moindre lorsque le souffle s'embarrasse, l'agitation se désordonne, la transpiration s'accentue. La fatigue surgit d'une telle déficience : chaleur excessive, halètement forcé, sentiment de perte et d'excès ; un trouble que les machines elles-mêmes peuvent à nouveau suggérer :

> L'individu qui s'essouffle et qui sue en gravissant une montagne imite exactement ces chauffeurs maladroits qui chargent outre mesure leur foyer et sont ensuite obligés de lâcher la vapeur en pure perte, tandis que le chauffeur expérimenté ne développe à chaque instant que la chaleur nécessaire à l'effet dynamique qu'elle doit fournir[49].

Les modèles ont ainsi basculé, rupture décisive, révolution majeure, sinon totale. L'épuisement ne tient plus à quelque affaiblissement des fibres comme au XVIIIe siècle[50], « relâchement » des parties, amollissement des nerfs, mais à quelque déséquilibre dans l'échange gazeux lui-même, excès de chaleur d'un côté, absence d'adaptation de l'autre, profusion d'effervescence d'un côté, déficit de combustion de l'autre, suivis de vains efforts pour surmonter l'impuissance. Les observations changent d'objets. Les pertes changent de forme et de lieu. La fatigue naît d'un manque précis, celui du feu, et des crispations inutiles, voire des douleurs, qui l'accompagnent. L'explication est bouleversée. Le regard est déplacé. Une force générique et éminemment matérielle est au cœur du procès :

> Si le XIXe siècle fut obsédé par la fatigue, ce n'était pas seulement le signe d'une « vraie » lassitude des individus dans la société industrielle, mais aussi l'aspect en négatif du corps conçu comme une machine thermodynamique capable de conserver et de développer de l'énergie[51].

Non que s'obtiennent aisément des moyennes ou que tout travail corresponde à un taux prévisible d'échange gazeux. Les constats soulignent inévitablement « la différence d'un individu à l'autre quant à la puissance absorbante des poumons[52] ».

L'important en revanche est ailleurs, réorientant l'image de la fatigue travailleuse elle-même, ses explications, ses préventions : éviter toute dépense inutile, toute crispation, favoriser l'accoutumance du brûleur, voire son « éducation ». Conclusion *a priori* familière, proche apparemment de ce que suggérait la mécanique industrielle avec l'adaptation des gestes, leur affinement, leur économie ; et très différente pourtant : le calcul ne vise plus simplement la souplesse ou la coordination gestuelles, mais la consommation et ses modalités, la combustion et son efficacité.

Le regard s'est définitivement déplacé. Un nouvel objet s'est imposé : la poitrine, devenue « foyer », élément décisif du « moteur », armature métamorphosée en lieu de mesure, de calcul. Ses formes s'évaluent, ses ressources se prévoient. Hygiène et physiologie l'évoquent en « capital » organique. Gabriel Andral amorce ses cours de clinique médicale, en 1823, par le recensement des « maladies de la poitrine[53] », ou ses cours d'hygiène, en 1828, par l'exploration de l'« air atmosphérique et la respiration[54] ». L'objectif est inédit. La forme du thorax s'impose en gage de solidité, son amplitude surtout. Au point que Marshall, médecin recruteur anglais dans les années 1840, prétend éloigner des cadres de l'armée britannique « les individus dont la poitrine ne donne pas 31 pouces [soit 75 centimètres] de circonférence[55] ». Au point aussi que Woillez y recherche les signes de phtisie[56]. Ou que Louis Laveran tente d'établir une fourchette chiffrée entre les forts et les faibles : 83 centimètres de circonférence chez les premiers, 77 centimètres chez les seconds[57]. La préoccupation de chiffres moyens se retrouve ainsi dans celle des allures et des profils.

Reste l'acte respiratoire, interrogé plus que jamais. Certains l'étudient même jusqu'à l'obsession, tel Lutterbach, « professeur de médecine naturelle spontanée », rejoignant l'enthousiasme des « fous littéraires », tentant, dans un essai de 1852, de distinguer près de trente manières de respirer[58] : l'« ondulée » faite pour « alléger les fatigues d'esprit », la « cadencée » pour alléger les fatigues de la marche, la « progressive » pour alléger les fatigues de la course ; bien d'autres encore, visant d'improbables finalités : de la « saccadée » à la « rebondie », de la « vacillante » à la « flottante », de la « purgative » à la « salivaire », de la « nourricière » à l'« isochrome ». Témoignage bavard, faussement savant, largement illusoire, mais révélant à lui seul l'enjeu dont la respiration peut devenir l'objet en ce début du XIXe siècle.

Plus originale et efficace enfin, la découverte du « spiromètre » par John Hutchinson en 1845, appareil permettant de calculer le volume chiffré du souffle par expiration forcée, la quantité d'air exploitable par les poumons[59]. Une cloche mobile, flottant sur du liquide maintenu par des parois, enregistre et chiffre l'air ainsi expulsé. Un repère de robustesse s'ajoute du coup aux précédents ; une « contenance » jusque-là obscure est dès lors mise en tableau. Un « dedans » s'impose au-dehors. Les individus les plus résistants seraient ceux dont la capacité est la plus grande, ceux dont chaque aspiration assure la plus forte combustion disponible. D'où cette certitude inédite d'obtenir ainsi de « précieuses indications pour la mesure de la force des individus et la prophylaxie de leur mode d'imminence morbide[60] ».

Réinventer l'aliment

La démarche de Gustave Hirn demeure centrée sur la respiration, le « brûleur » et son rôle, l'oxygène consommé, alors que la vision énergétique renouvelle inévitablement encore le rôle de l'aliment, le matériau « brûlé », l'apport concourant à la combustion et dès lors au travail, orientant du coup une proposition chiffrée aventurée par Albrecht Thaër en 1830 :

> La force, l'activité et l'adresse de l'homme sont variées à l'infini, et dépendent beaucoup de la nourriture et du bien-être proportionnel dans lequel il vit. Un ouvrier auquel je donne par jour douze gros peut souvent exécuter en quantité et en bonté plus du double du travail que j'obtiens d'un autre qui reçoit six gros par jour[61].

Raisonnement apparemment banal, tant le déficit alimentaire semble intuitivement entraîner lassitudes et épuisements. Michel Lévy s'en tiendrait ainsi à la plus simple tradition hygiénique en affirmant, en 1844, que « la limite de l'excès est marquée par la sensation de fatigue, plus prompte chez les gens faibles et mal nourris que chez les personnes qui jouissent des conditions opposées[62] » ; affirmation originale, pourtant, parce que référée directement à l'oxygène et au feu ; ce double versant de l'embrasement organique, précisé par les chimistes du deuxième tiers du siècle : le gaz brûleur et son matériau, la flamme et sa substance. Victoire de l'image, sans doute, mais délibérément concrète : « Les aliments sont pour le corps de l'animal ce que le combustible est pour le poêle[63]. » Justus von Liebig, dans les années 1830[64], répartit même ces aliments en deux catégories : ceux qui concourent au renouvellement des organes, les « aliments plastiques », ceux qui concourent à l'entretien de l'étincelle charnelle, les « aliments respiratoires », ces derniers charriant carbone et puissance calorique, « graisse, amidon, gomme, sucre, pectine, bassorine, vin, eau de vie... »[65]. Analyse d'autant plus décisive, inaugurale même, qu'elle dévoile, pour la première fois, la dégradation organique provoquée par la combustion : la présence d'acide lactique dans le sang, accentuée par l'exercice. Explication pionnière de la souffrance et de la douleur venues d'une fatigue éclairée par la chimie.

L'« énergie » s'installe ainsi définitivement au cœur du procès, l'activation de la machine, son rendement, tous deux renforcés par l'apport nourricier. Rien d'autre alors que le nouveau repère mobilisé par les géographes et les statisticiens du début du XIXe siècle, pour opposer régions pauvres et régions riches, populations faibles et populations fortes, stigmatisant les départements du Centre, « partie de la France où l'on consomme le plus de châtaignes : car sur les 2 700 000 hectolitres que l'on consomme en France, ces cinq départements en consomment 1 436 000[66] ». C'est le repère auquel recourt Balzac encore pour qualifier l'action de Benassis, son « médecin de campagne », entreprenant la métamorphose de son hameau, lieu sauvage et isolé, par une totale révision des cultures et des denrées, l'abandon des « pommes de terre et des laitages[67] » pour le recours plus fréquent aux viandes blanches et rouges, garanties d'apports organiques comme de résistances restaurées : « Je guérissais les paysans de leurs maladies si faciles à guérir : il ne s'agit jamais en effet que de leur rendre leurs forces par une nourriture substantielle[68]. » Ou le repère enfin auquel recourt John Sinclair dans ses conseils aux agriculteurs anglais : le foin, jugé plus « énergétique », préféré à la paille pour les chevaux de trait, la certitude qu'« avec cette nourriture et deux repas de grains par jour, les chevaux, non seulement sont en état de labourer trois quarts d'acre [30 ares] par jour, mais se trouvent ordinairement pleins de vigueur et de santé lorsque la saison des semailles commence[69] ».

Reste une limite dans ces années 1850 : l'enjeu d'un rapprochement d'emblée subjectif, ou tout simplement suggestif, l'emporte encore sur le repère savant. La conviction domine sur la vérification, la certitude sur l'expérimentation. La viande, en particulier, « aliment plastique » et non « combustif », selon les termes de Liebig, s'impose sans partage dans les propositions d'un régime de santé. Elle attire l'attention, se fait complice des chairs, idéalise les muscles, suggère le sang, sans que la preuve de son rôle concret soit apportée. C'est elle seule surtout qu'évoque Pierre-Honoré Bérard dans son *Rapport sur le régime alimentaire des lycées de Paris* en 1852, allant jusqu'à préciser niveaux et quantités :

> Pour le grand collège, 65 grammes par tête et par repas
> Pour le moyen collège, 55 grammes
> Pour le petit collège, 45 grammes[70]

C'est elle encore qui domine dans une *Instruction du conseil de santé des armées* le 5 mars 1850, elle qui, très spécifiquement, « doit prendre le premier rang dans le régime du soldat[71] ». C'est elle enfin que magnifient les grands textes centrés sur « l'hygiène alimentaire » au milieu du siècle : « Elle restaure énergiquement les forces, sans qu'elle impose à l'estomac une digestion trop laborieuse[72]. »

Obstacle sans doute, insuffisance d'appréciation encore, ce qui n'enlève rien, quoi qu'il en soit, au renouvellement des préoccupations avec le siècle, à leur diversité, leur enrichissement : du souffle à l'aliment, des muscles au mouvement, l'image des résistances aux fatigues s'est définitivement transformée, devenant lieu d'étude et de prospection.

Définir la « constitution »

Ce qui met davantage au défi de préciser les critères d'infatigabilité, ceux des fermetés possibles, le partage entre les êtres robustes et ceux qui ne le sont pas. Les recours classiques, dans ce cas, ont faibli. L'attention aux enveloppes globales, au « teint », aux « têtes droites », aux « yeux vifs et éveillés[73] », ou même à la palpation des membres comme pour les galériens du Grand Roi ont perdu en pertinence. La physiologie et l'énergie ont compliqué les mesures. Les fonctions organiques ont gagné en intériorité. L'exploitation de l'air, de l'aliment, la chimie des forces ont transformé le regard. Un mot surtout s'est imposé avec le siècle, celui de « constitution », croisant des qualités multiples, dérobées, mobilisant des données plus intimes, plus intriquées. Les dictionnaires de médecine des années 1820-1830 s'y attardent avec insistance, désignant par elle l'« ensemble de l'organisation particulière de chaque individu[74] ». Les hygiénistes en donnent la définition la plus élaborée, autour de 1840, la référant au « degré de force physique, à la régularité plus ou moins parfaite avec laquelle s'accomplissent les fonctions, à la somme de résistance aux causes des maladies, à la proportion de vitalité, et par conséquent aux chances de durée[75] ». Les potentialités de chacun y trouvent plus de système, plus de singularité aussi. Définition dès lors complexe, où les repères d'apparence sont moins évidents : « C'est si vrai que les hommes d'une complexion athlétique ne se font point remarquer par la stabilité et la régularité de la santé[76]. » L'allure musculaire peut abuser le regard. La « proportion de vitalité[77] » ne saurait se donner d'emblée.

Restent les outils inventés au début du XIXe siècle : le dynamomètre, le spiromètre, la chimie de la respiration, celle du sang ; l'hématologie entre autres, nouvelle science suggérant des indications de résistance et de défaillance organiques : « On sait que ce sont les globules qui, par l'élévation ou l'abaissement de leur chiffre, marquent dans le sang la faiblesse ou la force de la constitution[78]. » Outils savants, appareils de laboratoire, leur recours demeure limité dans le quotidien. D'où la recherche de critères réalistes, « exploitables », répondant aux représentations nouvelles du corps, dominées par le rendement, l'énergie, la puissance du feu.

L'évaluation des militaires le montre, devenue plus systématique avec les conseils de révision et l'extension de la conscription durant les premières décennies du XIXe siècle. Le mot de « constitution » y est également utilisé, « mauvaise », « débile », « faible », « forte », tout en sollicitant l'attention à « des membres parfaitement développés, c'est-à-dire libres et exempts de tout vice de conformation, des chairs fermes, des muscles bien dessinés, sans être volumineux, ni saillants, autrement que d'une manière modérée[79] ». Regard très orienté, quoi qu'il en soit, retenant d'abord ce qui garantirait l'« harmonie » des fonctions elles-mêmes, retenant surtout l'aspect de parties jugées dominantes, la poitrine, tout particulièrement, qu'il faut « carrée, large, voûtée, sonore, mobile et se dilatant avec facilité[80] ». Une certitude l'emporte : le privilège donné à la respiration, devenue critère premier, dans ses allures, ses mouvements, sa liberté, au point de qualifier quasiment la constitution. Un rapport sur « le contingent de la classe 1840 » adressé au préfet du Nord le dit à sa manière : « Persuadé que la constitution générale devait être soigneusement examinée, j'ai cru que la capacité du thorax, l'état de nutrition devaient entrer bien plus en ligne de compte, pour les décisions du conseil, que de légères difformités[81]. » Les expressions de « mauvaise constitution », « faible complexion », « mauvaise poitrine », « incurvation de la colonne vertébrale », « gibbosité » se recoupent dans les tableaux des conseils de révision, allant de l'extrême maigreur à l'extrême affaissement du tronc, avec leur conséquence énergétique supposée, touchant près du tiers des causes de réforme (1 188 sur 3 851 dans le cas du département du Nord en 1841[82]), toutes censées compromettre l'affrontement aux « fatigues de la guerre[83] ». L'apparence reprend subrepticement son ascendant, mais totalement repensée.

De tels repères gagnent aussi le quotidien. Les silhouettes s'apprécient autrement. Les lignes se réordonnent. L'attitude se redéfinit. Les poumons en seraient les premiers protecteurs. Ce que révèlent les vidangeurs, affrontés aux efforts, aux odeurs, défendus par une « poitrine large », signe des meilleures « vigueurs[84] ». Ou les montagnards, arpentant les pentes et leur peu d'oxygène, assurés par « une poitrine excessivement volumineuse, très bombée et plus longue qu'à l'ordinaire[85] ».

La mode romantique valorise ces mêmes formes. Le gilet, en particulier, son port ostensible, coloré, devenu « maîtresse pièce[86] », sur-accentuant la poitrine et son profil « forcé », au point d'avoir valeur d'identité : « Montrez-moi le gilet d'un homme et je vous dirai qui il est[87]. ». Les revers aussi, prolongeant une carrure toujours plus élargie. Le traité du tailleur répercute ces images à la fois déliées et « charpentées » : « Un costume fait selon les règles de l'art en 1828 doit élargir la poitrine et les épaules, il doit donner à la taille une forme conique et cette forme doit être aussi celle des hanches[88]. » Le *Guide pratique du tailleur* de 1848 transforme ainsi en trapèze fortement évasé et cintré la partie haute de l'habit[89]. Deux profils s'opposent dès lors toujours davantage : celui du bourgeois à la ceinture affaissée, au ventre appesanti, et celui du dandy à la ceinture serrée, au buste généreux. Jean-Jacques Grandville en donne l'image canonique dans ses *Cent Proverbes*, en 1845 : « Tout ce qui reluit n'est pas or[90] », où le jeune homme triomphant, à la poitrine évasée, au bras d'une jeune élégante, moque un prétendant fortuné, plus âgé, au ventre arrondi et à la graisse effondrée.

Chapitre 21

Un univers menacé : la misère du labeur

Aucun doute, l'observation des corps n'est plus la même : les poitrines disent les énergies. Les régimes les disent aussi, séparant faiblesses et robustesses. Ce qui renouvelle les attentions, tout en stigmatisant des faits que la tradition tendait à négliger : les habitations exiguës, le manque d'air, l'humidité, le froid, la faiblesse des consommations et des budgets.

Encore faut-il constater combien un tel regard est confronté au début du siècle à un monde apparemment inattendu, sinon bouleversé, né en Angleterre avec la fin du XVIIIe siècle[1] et bientôt largement déployé, celui des usines multipliant les machines en batterie, épuisant les acteurs, contraignant les mouvements, accentuant les durées de travail, désolant les ateliers. Nouveauté radicale, bouleversant les repères habituels. Rien d'autre que la naissance d'une « fatigue malheureuse », sans horizon, dévoilant des obstacles plus résistants que ne le promettaient les tranquilles dessins de la mécanique industrielle. Rien d'autre aussi qu'une « main-d'œuvre excédentaire, sous-employée, sans défense[2] », métamorphosée par la mécanisation. D'où des curiosités largement révisées, et depuis lors bien connues : « De tous les problèmes qui s'agitent aujourd'hui, il n'en est pas de plus important que ceux qui se rapportent à l'organisation du travail et au sort des travailleurs[3]. » D'où, aussi, ces fatigues apparemment inédites, alors qu'elles ne le sont pas toujours, ces lieux où l'incoercible dénuement des ouvriers contribue, davantage encore, à leur propre épuisement. Avec elles, un nouvel objet de préoccupations sociales est né, mobilisant la presse, suscitant des enquêtes, suggérant des questions mises au concours, redessinant des dangers[4], imposant tout autant une vigilance « anxieuse des classes dominantes sur cette réalité sociale qu'elles produisent et qui les menace en même temps[5] ».

Une autre novation enfin tient à une parole inconnue jusque-là : celle de quelques-uns de ces travailleurs auxquels un enseignement embryonnaire, une conscience politique naissante, une culture nouvelle aussi insufflent une voix qui n'existait pas. D'où ces mêmes fatigues, mais autrement évoquées, autrement suggérées, éprouvées jusque dans leur chair par ceux mêmes que la tradition ne pouvait jusque-là écouter.

La construction d'un vécu ouvrier

Les classements sociaux tendent d'abord vers plus de globalité en ce début du XIXe siècle, plus d'amalgame, plus d'identité chez les « démunis » ; d'autant qu'ont disparu, avec la Révolution, les vieilles corporations cantonnant et séparant les professions. Ouvriers, manœuvres, travailleurs d'usine ou de chantier, ceux n'ayant que leurs bras pour gagner leur vie deviennent masse confuse, ensemble uniforme, population obscure aux ressources rares et aux dangers possibles. Balzac y voit l'homme remuant « ses pieds, ses mains, sa langue, son dos, son seul bras, ses cinq doigts pour vivre[6] », celui même qui « outrepasse ses forces [...] excédé pour gagner cet or qui le fascine[7] ». L'opinion bourgeoise, cultivant la distance, basculant vers l'inquiétude, annulant toute différence entre « l'ouvrier et le pauvre, l'indigent et le délinquant[8] », y voit plutôt une « classe dangereuse[9] ». Confusion tenace que l'industrie a sans doute favorisée. Le développement à grande échelle de fabriques et d'établissements propulsés par la vapeur, concentrant les productions, fabriquant à bas coût, a fait chuter les prix, appauvri des métiers, creusé paradoxalement accablements et disparités, conduisant les « perdants » aux limites de la survie. Une déficience rampante, communicative a gagné en visibilité. Le tisserand traditionnel le montre, avec son travail et sa fatigue, alors qu'il ne peut contenir le dénuement, la misère, la baisse irrémédiable de ses gains, face aux machines d'une industrie conquérante, fabriquant des produits moins coûteux que les siens :

> Cette classe d'ouvriers est certainement la plus malheureuse, car tout en travaillant quinze à seize heures par jour, et souvent plus encore, elle a bien de la peine à pouvoir vivre, puisque par suite de la concurrence qui existe entre les fabricants, ces tisserands voient, de jour en jour, diminuer leur salaire[10].

Les soyeux lyonnais le montrent aussi, isolés dans leur tissage familial, impuissants à résister aux métiers à vapeur de quelques villes françaises ou de ceux « établis à Zurich, à Berne, à Cologne, en Angleterre[11] ». Ce que confirment les chefs d'ateliers de la Croix-Rousse, à Lyon, en 1832, mesurant l'épuisement aux heures toujours plus « imposées » pour compenser la moindre valeur des objets produits : « Dès lors la misère devint générale et l'ouvrier, tout en se livrant à un travail assidu de dix-huit heures par jour ne pouvait plus suffire aux exigences de la vie[12]. » Des mots se cherchent pour désigner de tels changements : celui de « prolétariat » d'abord, « directement produit par la révolution industrielle[13] », regroupant hommes et femmes identifiés par la fabrique, « masse considérable de gens non qualifiés[14] », réduits à leur force de travail. Celui de « paupérisme[15] », encore, adopté avec les années 1820, venu d'Angleterre, distingué de celui de misère ou de pauvreté, désignant « un état d'indigence permanent[16] », un dénuement « passé à l'état chronique[17] », mais prolongeant quoi qu'il en soit l'image englobante du « pauvre » héritée de l'Ancien Régime. Des « tragédies » émergent enfin, justifiant ces termes. La révolte envers les machines, d'abord, censées limiter les fatigues alors qu'elles sont tout simplement « accusées d'affamer le peuple[18] ». À Lodève, Saint-Pons ou Carcassonne, des centaines d'ouvriers, autour de 1820, « s'assemblent à l'arrivée des mécaniques pour bloquer leur utilisation[19] ». Bris et destructions de moteurs, engrenages ou roues dentées accompagnent un contexte quasi révolutionnaire où typographes, tisserands, voire paysans, avec les premières batteuses à vapeur, éprouvent leurs métiers comme directement menacés. L'insurrection des canuts lyonnais en est l'exemple extrême, en novembre 1831, une des plus dramatiques avec sa devise « Vivre en travaillant ou mourir en combattant[20] », écrasée dans le sang par la troupe envoyée de Paris. L'effet est majeur, renforçant le sentiment d'une opposition entre « ceux qui possèdent et ceux qui ne possèdent pas[21] », renforçant surtout le sentiment d'une même appartenance chez les plus démunis : « On a remarqué plus d'agitation dans les esprits, surtout parmi la classe ouvrière[22]. »

Des voix nouvelles s'élèvent surtout, venues de ceux prétendant « ne rien posséder[23] », ouvriers déjà « mûris » sans doute, sachant écrire, sensibles aux revendications ou élans révolutionnaires, dont celui de 1830 en France ; élite ouvrière s'exprimant ainsi pour la première fois sur son labeur et ses conditions de vie. L'accroissement de salaire est au cœur des attentes, comme l'est la réduction des heures ou l'abaissement de fatigues jugées excessives. Grignon, ouvrier tailleur, prenant la parole au nom de sa profession, résume de tels appels en 1833 :

> Nous travaillons quatorze à dix-huit heures par jour dans l'attitude la plus pénible ; notre corps se déforme et se casse ; nos membres s'engourdissent et perdent leur agilité, leur vigueur ; notre santé se ruine et nous ne quittons l'atelier que pour entrer à l'hôpital. Comment consacrer quelques heures de la vie à notre instruction ? Comment exercer notre intelligence, éclairer notre esprit, adoucir nos mœurs ? Tous conviennent de la nécessité de l'instruction et ils cherchent à nous abrutir par un travail qui absorbe à la fois notre temps, nos forces et nos facultés ; de même ils conviennent de la nécessité du travail et ils vivent dans le loisir, ils se gorgent de superfluités[24].

Les heures, leur durée, ne sont plus simples souffrances. Elles sont aussi obstacles à plus d'affirmation : acquérir plus d'autonomie, rêver à plus d'indépendance. Leur allègement se pense en termes de « liberté », leur fatigue « allégée » en termes de culture possible, jusqu'à suggérer quelque rapprochement de l'ensemble des conditions par un épuisement mieux contrôlé. Ambition inédite, exprimée comme jamais jusque-là, l'affranchissement se profile en souci d'égalité : « pourquoi celle-ci [la parité] s'arrêterait-elle à vous[25] ? », clame Jean-Louis Ferrien, garçon tailleur dénonçant les « nantis » dans une *Épître aux Parisiens*, en 1831.

La demande est limitée sans doute, venue d'une frange ouvrière elle-même étroite, sa présence n'en révèle pas moins une accentuation de sensibilité. Feuilles volantes, lettres adressées à la Chambre, déclarations fabriquées à bas coût, suppliques publiées dans les quotidiens, fussent-elles peu nombreuses, expriment, toutes, la même visée : « améliorer notre malheureuse condition[26] ». Toutes focalisent aussi une attente d'instruction inconnue jusque-là :

> Si donc les pauvres, les artisans, les cultivateurs, au lieu d'être écrasés sous le poids de quinze heures d'un travail excessif, lorsque toutefois ils travaillent, se trouvaient pouvoir donner chaque jour un certain temps à la culture, au développement de leur intelligence [...] Jugez quel malheur[27] !

L'évocation du temps de travail est neuve enfin, suggérée de l'intérieur même du labeur, mêlant les rêves et les douleurs éprouvées. Gabriel Gauny, menuisier « philosophe », est de ceux qui évoquent avec le plus d'acuité la journée, ses étapes, sa durée : un investissement mobilisé avant même les premiers gestes à effectuer, engageant ses « facultés d'artisan fonctionnant déjà[28] » sur le chemin de l'atelier ; les tâches ensuite, « harcelant son corps, inquiétant sa pensée d'incessantes préoccupations[29] » ; les heures surtout, minutieusement décomptées, « dévorant son âmc[30] », mesurées comme si elles n'avançaient pas. Gauny transforme ce déroulement en obsession : sa « pauvre musculature, reposée un peu par le sommeil, s'acharnant à la besogne[31] », son « chagrin devant les dix heures qui s'avancent[32] », ses impatiences avant le premier repas « où l'estomac de l'ouvrier, aiguisé par cet appétit que provoque un travail turbulent, ne s'alimente point selon les règles de l'hygiène mais s'emplit de mets plus ou moins frelatés d'un mauvais traiteur[33] », son exécration d'une « cloche détestable annonçant qu'une heure commence[34] ». Relation exceptionnelle sans doute, première restitution ouvrière où la fatigue mêle le sentiment physique et l'exaspération, la tension musculaire et l'irritation, les forces mobilisées et le désir bafoué. Le témoignage de Gauny révèle, quoi qu'il en soit, un changement dans la culture ouvrière au début du XIXe siècle, celle des travailleurs les plus « éduqués ». Une façon ici encore[35] de faire de la fatigue musculaire une fatigue également mentale, liant, dès lors, la « dépense » à une peine moins acceptée, mal supportée. Accentuation de l'attention à soi, sans aucun doute, son avivement au sein même de l'acte imposé ou accompli. D'où cette atteinte directement intérieure, intime ; croisement, embryonnaire encore, entre la plainte physique et le désarroi moral, convergence que le temps ne fera qu'approfondir, avec l'affirmation croissante de l'individu.

Le physique inédit du « pauvre »

Au-delà de ces quelques témoignages « vécus », le regard des observateurs s'est également aiguisé. Non plus la sensation intérieure du travailleur, mais l'attention portée sur lui. Le paupérisme gagne les consciences. Le dénuement convainc l'opinion. Une image « identifiable » s'est imposée. Les marques de l'identité travailleuse seraient reconnaissables, ses « excès » seraient incarnés, indices traversant les corps, amaigrissant les membres, affaissant les poitrines, multipliant les asymétries ; tous signes rapportés à une fatigue particulière, comme à un insurmontable déficit d'énergie. Descriptions neuves aussi, venues du renouvellement des physiologies. La Mayeux, « confectionneuse de chemises », campée par Eugène Sue dans *Le Juif errant* en 1844, le révélerait jusqu'à la banalité, « cruellement contrefaite », avec « sa taille très déviée, son dos voûté, sa poitrine creuse et sa tête profondément enfoncée dans les épaules »[36], limitée dans sa respiration comme dans ses mouvements. Ou les ouvriers de Glasgow, scrutés par

Friedrich Engels en 1845 : « Les poumons des habitants ne reçoivent pas leur pleine ration d'oxygène : la conséquence en est un engourdissement physique et intellectuel et une diminution d'énergie vitale[37]. » Ou les tisserands de Spitalfields, à Londres, métamorphosés par le *New Monthly Magazine* en ressortissants d'ethnies étranges aux allures irrémédiablement déjetées :

> Il me prit envie de voyager dans ces terres australes et inconnues. C'était un jour de fête. Certes, si j'étais tombé des nues, je n'aurais eu plus de sujet d'étonnement […] Ce qui me frappa d'abord, ce furent les proportions diminutives de ceux qui m'entouraient. Je ne voyais que petits hommes chétifs, étiolés, malades, difformes, aussi peu semblables aux Londoniens de l'autre côté de la ville, que le Lapon haut de quatre pieds, ne ressemble à l'Américain géant. L'excès de travail et de la misère courbe sous une vieillesse prématurée le jeune homme de vingt ans qui paraît en avoir quarante […][38].

Infléchissement des profils, étroitesse des bustes, manque de résistance sont autant de critères premiers. D'où le déclenchement d'enquêtes novatrices, provoquées par un État s'avouant plus comptable qu'hier de la santé collective et de la constitution des populations. L'Académie des sciences morales et politiques commande en 1835, après nombre d'initiatives anglaises, une prospection « exhaustive » à Benoîston de Châteauneuf et à Louis-René Villermé, deux fondateurs des *Annales d'hygiène publique* : parcourir les départements de la France « dans le but de constater, aussi exactement que possible, l'état physique et moral des classes ouvrières[39] ». Le périple de Villermé dresse un « tableau » embrassant l'ensemble des régions, recensant villes et campagnes, fabriques et ateliers, répétant d'identiques constats : « teint flétri », « maigreur », « perte de force »[40] chez les ouvriers des manufactures de Mulhouse, « colonnes vertébrales courbées[41] » chez les enfants ouvriers de Lille, « difformité » et « faiblesse de constitution »[42] chez les ouvriers des usines d'Amiens. Non que seule l'emporte partout quelque faiblesse uniforme, plusieurs régions, sans doute, échappent à un tel verdict, mais une évaluation inédite des forces s'est de fait imposée, une appréciation spécifiant la morphologie. Comme s'est imposée une volonté inédite de décrire, voire d'expliquer. Non, encore, que de telles débilités soient inconnues jusque-là, nombre d'états physiques et organiques sous l'Ancien Régime étaient à coup sûr aussi délabrés. Impossible d'ignorer « les conditions alimentaires de l'humanité d'avant 1730[43] », impossible d'ignorer la présence lancinante des famines, la précarité des logements, la fragilité des biologies. Autant de faits confinant à la banalité, et pourtant d'autant moins observés. La « lecture du réel » doit interdire ici tout « contresens »[44]. L'indiscutable originalité en revanche, dans ces années 1830-1840, tient à la localisation de telles faiblesses autour de l'usine, mais aussi à la manière de les transformer en « insuffisances », en « carences », de les recenser, de les situer, autant que de les commenter. Au point que la fatigue elle-même est considérée, par certains, comme source possible du choléra ravageant Paris en 1832, dans l'ignorance du rôle de la bactérie *Vibrio choleræ* et dans l'attention croissante portée aux « travaux poussés au-delà des forces naturelles » ou aux « veilles trop prolongées »[45].

Les fatigues plurielles du labeur industriel

C'est plus encore sur des épuisements d'origines variées, pour la première fois spécifiés, qu'ouvrent de telles observations. Les vieux affaiblissements gagnent en qualification, les gestes en particularité. La physiologie nouvelle, centrée sur les grandes fonctions organiques, exige une précision repensée, toujours plus éloignée du vieux regard classique arpentant le corps, partie après partie, et de haut en bas, pour évaluer plutôt les grands mécanismes biologiques, de la respiration à la digestion, du système musculaire au système nerveux[46].

Les efforts d'abord sont définitivement distingués des seules maladies des artisans, telles que Bernardino Ramazzini les avait recensées en 1700, en s'en tenant aux lieux organiques concernés par chaque métier[47], pour ouvrir sur des effets plus génériques. Les boulangers, menacés, selon le vieux médecin de Modène, par « la farine volatilisée reçue par la bouche[48] », promis dès lors à l'asthme et à la perte de souffle, le sont, de surcroît, selon Émile-Auguste Bégin, un siècle plus tard, en 1835, par la « station debout », le « travail des mains et des bras », la « transpiration excessive », le tout compromettant leur résistance, au point que ces hommes « meurent presque tous épuisés à quarante-cinquante ans »[49]. Les métiers du fer et de la forge, où Ramazzini relevait en priorité l'atteinte des « membranes des yeux » par la « partie sulfureuse du fer rouge »[50], deviennent plus redoutables, selon Bégin, ajoutant les souffrances provoquées par la « force contractile dans les muscles des extrémités supérieures », la brutalité des coups sur l'enclume, l'entretien pénible du feu, la préhension tout aussi pénible des objets[51]. Les travailleurs de la pierre, menacés, selon Ramazzini, par l'absorption de particules minérales, le sont, de surcroît, selon Bégin, par leurs manœuvres diffuses, les frappes répétées, les positions contournées, au point que de tels ouvriers « deviennent bossus au déclin de leur vie[52] ». La fatigue n'est plus compagne sans éclat, infortune obligée et inaudible du labeur, comme elle l'a longtemps été, au point d'être à peine citée. Elle est d'abord désignée. Elle est surtout plus qu'auparavant étudiée dans ses effets physiques « globaux », modelant davantage les corps, les façonnant jusqu'à les métamorphoser. Telle la permanente « flexion du dos, chez le vigneron[53] », et ses effets déformants, la répétition du « mouvement du pied droit sur la bêche[54] », chez le jardinier, favorisant d'innombrables torsions, les contractions continues des « extrémités supérieures », chez les bûcherons, favorisant d'innombrables douleurs. Ou le travail du mineur encore, évoqué par Édouard Ducpetiaux en 1843, « pénible, fatigant, répugnant », l'ouvrier, « manquant d'espace nécessaire », obligé, pour « arracher la houille », de se coucher « de tout son long sur un sol raboteux, la tête portée sur une petite planche »[55]. La force est spécifiée selon ses mobilisations. L'épuisement est spécifié selon son envahissement, sa diffusion. Inévitable changement encore : l'enthousiasme social, l'espérance de solidarité nés avec le siècle, l'acceptation d'une « fatigue heureuse » font place à un réalisme où la fatigue n'est plus que dégradation, voire amputation. Autre conséquence enfin, plus spécifiquement étudiée, celle des « excès physiques » sur l'aspect du cœur, des poumons, leur physiologie : « irritation morbide [...], liée aux exercices fatigants, aux professions qui exigent de grands efforts, aux affections morales qui excitent de vives palpitations[56] ».

Autant dire encore que de telles distinctions ont favorisé celles instituées dans les bagnes des années 1830. Le règlement veut ici que « tous les condamnés, quel qu'ait été leur rang dans la société, soient livrés aux travaux les plus pénibles, travaux nommés la grande fatigue[57] ». Hubert Lauvergne, médecin du bagne de Toulon, les décrit longuement en 1841 : manœuvre des cabestans, exercice des roues, attelage aux charriots, transport sur l'épaule de pièces pesantes[58]… Effort et force sont visés en premier lieu, l'épuisement aussi, dont le détenu « n'aurait pas idée[59] », labeurs souvent décrits comme « propres à inspirer l'effroi[60] ». Alors que la « petite fatigue » demeure une promesse, concernant ceux que leur « bonne conduite » a réhabilités. Le cadre change : travaux d'atelier ou d'industrie, gestes effectués à l'intérieur, favorisant moins la force que l'habileté.

Faut-il alors revenir à l'usine, elle aussi susceptible de déplacer les forces : d'autres versants s'imposent, totalement nouveaux, plus sournois, plus inattendus, également relevés par des descriptions mieux précisées. Des machines plus nombreuses viennent suppléer les vigueurs des corps. Aucune agitation excessive ou dépense d'emblée massive, par exemple, mais des positions indéfiniment maintenues, des stations, des surveillances, des attentions toujours continuées. Aucun essoufflement, aucun brusque effondrement, mais des ankyloses, des abandons insensibles, des abattements obscurs. L'affaiblissement s'impose par « l'immobilité », la fixité « prolongée[61] », la chaleur, même, conduisant à l'« absence d'énergie pour essuyer la sueur coulant de toutes parts[62] » :

> Depuis l'introduction et la propagation de la machine à vapeur, les travaux très fatigants ont presque entièrement disparu des manufactures […] Le défaut d'exercice musculaire, l'immobilité, la station debout ou assise pendant douze heures, pourraient plutôt être invoqués pour expliquer ce non-développement des muscles, de toute la constitution[63].

Un geste limité, rétréci, longtemps recommencé, peut tout autant provoquer l'atteinte : « Opération purement mécanique, fastidieuse et abrutissante[64]. » Villermé le décrit en mêlant pour la première fois l'effet psychologique à l'effet corporel : « travail borné à quelques mouvements, qui se répètent avec une accablante uniformité, dans l'enceinte étroite d'une même salle. On m'a montré des malheureux dont l'état de langueur n'était attribué à aucune autre cause[65] ». Conclusion inédite : « La seule maladie qu'engendrent les manufactures c'est l'hypochondrie[66] », loin des images premières ciblant la dépense physique et son intensité. C'est alors de manière allusive, mais pourtant claire, qu'est suggéré l'accompagnement possiblement mental de l'univers laborieux. La lancinance du geste n'est pas seulement « physique », elle est aussi « morale ».

Autres fatigues enfin, celles issues du milieu, influences des promiscuités, des lieux de vie, de l'entour, pour la première fois recensées : confinements, températures, mobilier, avec leurs contraintes possibles, leurs effets spécifiques d'épuisement ; l'espace, surtout, davantage scruté, au point de déclencher une sensation de malaise et d'étouffement chez le visiteur-observateur :

> Il faut être descendu dans ces allées où l'air est humide et froid comme dans une cave. Il faut avoir senti son pied glisser sur le sol malpropre et avoir craint de tomber dans cette fange pour se faire une idée du sentiment pénible qu'on éprouve en entrant chez ces misérables ouvriers[67].

Eugène Buret, enquêtant sur l'Angleterre des années 1830, s'attarde à la dimension des pièces, l'état du sol, la présence ou l'absence d'armoire et de table, la présence ou l'absence de lit ; insistant, dans le district de Bethnal Green, à Londres, sur un réduit habité par « dix personnes », n'atteignant « pas dix pieds de long et sept pieds de hauteur[68] » ; à Manchester, sur une chambre où logent un couple et trois enfants, à l'aménagement « aussi nu que ceux qui l'habitent[69] » ; en Écosse, sur « la chambre habitée par deux couples mariés, qui n'ont de lit ni l'un ni l'autre[70] ». Même constat pour Villermé, dans l'Est et le Nord français, avec « ces misérables logements où deux familles couchaient chacune dans un coin, sur de la paille jetée sur le carreau et retenue par deux planches[71] ». Autant de manières d'évaluer inconnues jusque-là. Ce que disent encore, quelquefois plus cruellement, les témoignages directs, tels les récits exceptionnels d'ouvriers, durant la monarchie de Juillet :

> Je trouvai à m'employer à la percée du chemin de fer de Loyasse, au prix de trois francs par jour. On se relayait depuis 6 heures du soir jusqu'à minuit et depuis 6 heures du matin jusqu'à 11 heures. Sous cette voûte, l'eau suintait à travers la roche et nous perçait jusqu'aux os. Je commis l'imprudence d'acheter de gros sabots couverts dans lesquels j'introduisais des chaussons fourrés. Le soir je m'en retournais tout trempé dans un logement de terrassiers situé à deux kilomètres du tunnel, sur le plateau de Saint-Just. Et quel logement ! Une chambre glacée dans laquelle on ne faisait jamais de feu ; elle était meublée de douze lits composés chacun d'une paillasse et de draps de grosse toile qui ne se lavaient que deux fois par an. Il fallait se coucher ainsi tout mouillé dans ce grabat qui sentait mauvais, à côté d'un camarade de lit, tout aussi[72].

Au travail s'ajoutent ainsi d'autres causes de fatigue ouvrière, le manque de sommeil, l'affrontement au froid, l'absence de vêtement, les trajets effectués, la faiblesse du budget, elle-même évoquée avec une précision croissante dans les années 1830-1840. Toutes indications physiques ici, mais plus nombreuses qu'auparavant. Tels les « chiffres » de la Mayeux, dont les dépenses inévitables « de pain, de chandelle, de pommes de terre et de légumes secs » ne laissent plus que 91 centimes par semaine pour « se loger, se vêtir, se chauffer[73] ». Ou ceux des ouvriers nantais, dans une enquête de 1835, dont les dépenses annuelles de pain, de lumière, de combustible, de loyer ne laissent qu'« une existence affreuse [...] et 46 francs pour acheter le sel, le beurre, les choux et les pommes de terre[74] ».

D'une fatigue à l'autre, d'une impuissance à l'autre, une vision se forge dans le discours même des observateurs, celle d'une usure non compensée par le repos ou le renouvellement des forces. Les symptômes s'installent dans la durée, touchant aux résistances, à la santé. Ils se font « dépérissement[75] », menace cumulative portant sur les ressources physiques, gagnant la collectivité, « viciant » la descendance, altérant les générations. Le constat de Morton Eden dans l'Angleterre de la fin du XVIIIe siècle déjà : « J'attribue l'apparition d'une nouvelle classe d'hommes, désignés désormais sous le nom de pauvres dans la législature, à l'introduction des manufactures et à l'émancipation qui en fut la conséquence[76]. » La limite est celle de la subsistance : l'impossible entretien des potentialités physiques, leur inexorable déperdition. Référence énergétique ici encore : celle d'un corps dont le déséquilibre affecte les « entrées » et les « sorties », celle d'un corps impuissant à alimenter « son » moteur, promis, dès lors, à un inéluctable déclin.

La logique d'une « plus-value »

Ce dénuement d'un type inconnu engendre, inévitablement aussi, de nouvelles oppositions, de nouvelles critiques. Le paupérisme favorise les identifications génériques, les exaspérations, les affrontements. L'unification de statut chez les plus démunis encourage la fronde et une opposition de la part des nantis. Ce que montre la placidité de Mimerel, député français du milieu du XIXe siècle : « Le sort des ouvriers n'est pas mauvais : leur travail n'est pas excessif puisqu'il ne dépasse pas treize heures [...] Celui qui est à plaindre, c'est le manufacturier dont les profits sont faibles[77]. » Ce que montre, plus encore, l'emportement du maréchal Bugeaud, après les violences de 1848, dans une lettre à Thiers le 7 avril 1849 : « Quelles bêtes brutes et féroces ! Comment Dieu permet-il aux mères d'en faire comme ceux-là ! Ah voilà les vrais ennemis et non pas les Russes et les Autrichiens[78]. »

Le face-à-face se raidit, devenu opposition de « classes », multipliant interprétations et théories, alternant résistances et représailles. Une pensée socialiste prend forme, de Bakounine à Engels, de Proudhon à Blanqui, censée éclairer l'extrême indigence des prolétaires. Karl Marx en offre la lecture la plus suggestive, comme la plus exhaustive, dès le milieu du siècle, diffusée quelquefois jusqu'à la caricature, où la référence à la fatigue est plus présente qu'il n'y paraît. Un marché, selon lui, est au cœur du procès : l'engagement entre l'entrepreneur et l'ouvrier. Acteur « assujetti », le second ne vend pas seulement son « travail », mais sa « force de travail[79] », profilant sa propre contrainte comme le bénéfice attendu de l'« acquéreur ». Aucun gain par exemple, aucun véritable produit, si la valeur de cette force doit correspondre aux seuls « frais d'entretien de l'ouvrier et sa famille[80] ». Le « capitaliste » y serait quasi « perdant », ne créant pour seule valeur que la « sauvegarde » de son « obligé ». Il lui faut obtenir plus, tirer un profit, bousculer cette force, extraire un avantage de ce marché qu'il domine. Conséquence nécessaire : contraindre le travailleur à « produire plus que la valeur de sa propre force de travail[81] » ; outrepasser sa seule subsistance ; prolonger, autrement dit, le travail ou l'intensifier, afin de permettre une « plus-value[82] ». Le capital « n'a qu'un penchant naturel, un mobile unique, absorber [...] la plus grande partie possible de travail extra[83] ». Ce qui installe en principe l'accentuation de la fatigue, jouant entre le supportable et l'insupportable, le réalisable et le « trop », créant une implacable logique étirant la journée de labeur :

> Dans sa passion aveugle et démesurée, dans sa gloutonnerie de travail extra, le capital dépasse, non seulement les limites morales, mais encore la limite physiologique extrême de la journée de travail. Il usurpe le temps qu'exige la croissance, le développement et l'entretien du corps en bonne santé. Il vole le temps qui devrait être employé à respirer l'air libre et à jouir de la lumière du soleil. Il lésine sur le temps des repas [...] Il réduit le temps de sommeil destiné à renouveler et rafraîchir la force vitale, au minimum d'heures de lourde torpeur sans lequel l'organisme épuisé ne pourrait plus fonctionner[84].

Une fatigue recherchée, travaillée, intensifiée fait ainsi partie du contrat, un « plus » dans l'investissement du corps.

S'y ajoute une autre exigence, un « écart » supplémentaire, conduisant à une analyse originale de la fatigue une fois envisagée la fabrique, sa machine, la gestualité qu'elles orchestrent. Image toujours plus tranchée : le fer industriel est censé traverser l'organique, animant d'un seul et unique mouvement l'ensemble de l'atelier, glissant de ses agencements mécaniques aux répliques corporelles, transformant en équivalence les membrures d'acier et les membrures de chair. Ce qui artificialise le mouvement jusqu'à le dénaturer, attaquant « l'individu à la racine même de la vie[85] ». Vision délibérément radicale où la fatigue est d'emblée liée au contexte technique, contrainte d'emblée étrangère à la logique des organes, dynamique « estropiant le travailleur, faisant de lui quelque chose de monstrueux en activant le développement factice de la dextérité de détail, en sacrifiant tout un monde de dispositions et d'instincts producteurs[86] ». La lassitude ne vient plus seulement de la dépense, de l'usure physique, mais d'une manière d'être, imposition obscure où les ouvriers sont rendus absents à eux-mêmes, inadéquats aux assiduités exigées, « incorporés à un mécanisme mort qui existe indépendamment d'eux[87] ». Rien d'autre qu'une « force démoniaque » conduisant à quelque « danse fiévreuse et vertigineuse de ses innombrables organes d'opération[88] ».

Autre déterminant enfin, conduisant à prolonger la journée de travail : le jeu avec l'usure de la machine elle-même, l'obligation d'intensifier son exploitation durant les premiers temps de son existence, pour mieux en tirer du profit, alors que l'érosion de l'engin atténue sa valeur. Ce qui fait, « de sa première période de vie, la période aiguë de la prolongation du travail[89] ».

Marx insiste du coup sur les exemples ultimes, les « morts par excès de travail » : Mary Anne Walkley, âgée de vingt ans, ayant travaillé vingt-six heures et demie sans interruption avec soixante autres jeunes filles[90] ; ou les forgerons de Marylebone, « mourant à trente-sept ans au lieu de cinquante[91] ». Toutes « exactions monstrueuses, à peine dépassées par les cruautés des Espagnols envers les Peaux-Rouges de l'Amérique[92] ».

Le travail des enfants, figure du dépérissement

Restent les négociations, les résistances, les constats toujours plus aiguisés et les pressions accentuées pour en changer. Reste surtout une fin non inexorable et toujours modifiée. Le débat autour du travail des enfants en est l'exemple majeur dans la première moitié du XIXe siècle, avec ses références spécifiques aux fatigues « prématurées ».

C'est d'abord la transformation même du dispositif manufacturier, sa simplification de gestes, son allègement d'effort qui ont provoqué le recrutement de très jeunes garçons et filles, avant même leur cinquième année, dès l'origine des fabriques. Les justifications sont *a priori* « banales », suggérant l'exigence des concurrences, les « qualités » particulières du corps enfantin, ses possibles rendements financiers :

> Le travail des enfants est nécessaire dans les manufactures ; la souplesse de leurs membres, la prestesse de leurs mouvements, l'exiguïté de leur taille, ne permettraient pas de les remplacer par des adultes dans toutes les opérations de fabrication sans un notable désavantage. Ce travail donne du pain aux familles, protège les enfants contre l'oisiveté et le vagabondage, leur inspire l'habitude de l'ordre, leur enseigne de bonne heure que chacun peut vivre de ce qu'il gagne[93].

Non que soit inventé quelque principe jusque-là inconnu de travail précoce, l'originalité est plutôt de soustraire celui-ci à la famille, à l'espace domestique et son versant quasi intime, en créant un lieu et une réglementation séparés, avec gestes et horaires quasi chiffrés. La « disparition du tissage à domicile[94] » en est une des causes, provoquée par les usines plus nombreuses, celles de lin, de laine, de coton, comme par l'intérêt d'entrepreneurs pensant abaisser leurs coûts, ou celui de parents pensant accroître leurs gains. Michelet en évoque l'origine, quelques décennies plus tard, sur un mode glacial :

> Dans la violence du grand duel entre l'Angleterre et la France, lorsque les manufacturiers anglais dirent à Pitt que les salaires élevés de l'ouvrier les mettaient hors d'état de payer l'impôt, il dit ce mot terrible : « Prenez les enfants »[95].

Jean de Sismondi en perçoit, un des premiers, la possible perversité économique : le paiement des enfants entraîne la réduction du salaire des pères, pour un surcroît global de travail[96]. Ce que Marx soulignera d'une courte phrase : « La machine, en augmentant la matière humaine exploitable, élève en même temps le degré d'exploitation[97]. »

L'originalité est encore de considérer ce changement comme une menace générationnelle : « dépérissement » progressif, lent tarissement des énergies. Signes en voie d'accentuation : « traits livides et amaigris, symptômes d'une fin prématurée[98] ». Morale en voie de régression, à l'exemple de la « fille de manufacture » évoquée par Balzac : « envoyée à sept ans dans une filature [...] corrompue à douze ans, mère à treize ans, elle se vit attachée à des êtres profondément dégradés[99] ».

C'est le fait en lui-même dès lors, sa précocité, son intensité qui ont suscité des résistances, marquant un seuil dans la vision de fatigues bien particulières. L'« indignation publique[100] » naît en Angleterre dès 1802, provoquant le vote de neuf *bills* en faveur de la « protection » avant 1833. La critique tient à la culture autant qu'à la santé publique. Ce que montre l'émergence d'une littérature sociale avec le XIXe siècle, l'approfondissement de la référence familiale provoquant la compassion pour les « malheurs » enfantins[101], ceux de la Petite Fadette[102], ceux de David Copperfield[103], ceux de jeunes travailleurs endurant de « grandes bottes de métal[104] » pour que la fatigue ne fasse pas plier leurs genoux. Le grand cycle des *Français peints par eux-mêmes*, en 1840, s'autodésignant, on l'a vu, « encyclopédie morale du XIXe siècle », attend d'une législation protectrice la disparition d'une « barbarie » : « On sait qu'une loi tendant à abolir l'odieuse traite des enfants dans les manufactures a été présentée aux Chambres dans cette session dernière[105]. »

Non que cèdent ici les oppositions à tout projet de loi. Théodore Barrois, à la même date, dans un *Mémoire sur l'état physique et moral des ouvriers employés dans les filatures et particulièrement sur l'état des enfants*, assimile la moindre remise en cause de tels faits à « une petite tyrannie tracassière[106] ». Le ministre du Commerce, Pierre Laurent Barthélemy de Saint-Cricq, en 1828, assimile la moindre proposition protectrice à une mécompréhension sociale : l'oubli des urgences « productives »[107].

L'enjeu aux yeux des partisans de la loi, en revanche, est de spécifier les épuisements, pour mieux les dénoncer. Ce que les enquêtes anglaises réalisent les premières, interrogeant les manufacturiers autant que les contremaîtres, ou les enfants. Questions et réponses se suivent avec leur lot de précision et de nouveauté :

– Éprouvez-vous de la fatigue après vos travaux ?
– Fatigué à mort, surtout pendant les mois d'hiver [...] Sans savoir ce que je fais, en rentrant à la maison, je me

> jette à terre, accablé par la fatigue […] Je me sens harassé et je souffre beaucoup de devoir rester si longtemps debout […] Il m'arrive quelquefois de ne pas savoir me soutenir ; je suis aussi fatigué le matin que si je n'avais pas dormi[108].

Les lieux du corps reviennent dans de tels témoignages : les pieds enflés « qui font pleurer », la douleur de côté « qui ne me quitte pas », le mal de tête « qui empêche de fermer l'œil de la nuit[109] », les « souffrances des jarrets, du dos, des reins[110] » qui limitent le mouvement, toutes références confirmant l'accentuation de l'attention portée aux « emplacements » physiques, à leurs maux, à leurs incommodités. Les heures, plus encore, sont questionnées, stigmatisées par les surveillants eux-mêmes : « Je n'ai jamais connu un seul enfant employé dans la fabrique qui ne se plaignît de la trop longue durée du travail[111]. » D'où les doléances systématiquement citées : « C'est trop long, nous ne pouvons le supporter[112]. » D'où aussi le discours de Villermé, spécifiquement consacré au même sujet, en séance publique des cinq académies, le 2 mai 1837 :

> Pour mieux faire sentir combien est trop longue la journée des enfants dans les ateliers, rappellerai-je ici que l'usage et les règlements fixent pour tous les travaux, même pour ceux des forçats, la journée de présence à douze heures, que le temps des repas réduit à dix, tandis que pour les ouvriers qui nous occupent sa durée est de quinze à quinze heures et demie sur lesquelles il y en a treize de travail effectif[113].

Jusqu'aux travailleurs eux-mêmes qui, dans les années 1830, peuvent se plaindre de « la séparation des enfants, de la dislocation des foyers, de la disparition de toutes ces attaches qui lient le cœur de l'homme […][114] ».

Des décisions majeures interviennent alors, à l'orée du deuxième tiers du siècle, sur l'âge, sur la durée, chacune révélant autant leur totale nouveauté que leur évidente distance avec la sensibilité d'aujourd'hui. Le 29 août 1833, la loi anglaise fixe à neuf ans l'âge minimum d'entrée dans les « manufactures de coton, de laine, de lin, d'étoupe, de chanvre ou de soie, qui font usage des machines à vapeur ou à roues hydrauliques », et à huit heures, ou, au plus, à neuf heures par jour le travail des enfants de moins de onze ans[115]. Le 22 mars 1841, la loi française fixe à huit ans l'âge minimum d'entrée dans « les manufactures, usines ou ateliers » et à huit heures la durée maximale de travail par jour pour les enfants de moins de douze ans[116]. Dans les deux cas est réclamée une obligation d'enseignement. Dans les deux cas est réclamé un examen médical.

Législations pionnières, quoi qu'il en soit : « premier exemple de l'interventionnisme de l'État en matière sociale[117] », ou même « acte de naissance du droit du travail[118] ». La loi s'oppose de manière inaugurale à la décision des pères recherchant un gain supplémentaire, comme à celle des entrepreneurs recherchant une économie. Elle pénètre l'espace familial. Elle pénètre l'espace privé. Elle vise la fatigue aussi, la durée des tâches et l'âge concerné. Tout en demeurant « transitoire », voire « limitée », selon les repères à venir, focalisant le regard sur les manufactures, tout en laissant dans l'ignorance d'autres lieux d'épuisement. Ceux de la mine par exemple, évoqués par un rapport anglais en 1840, repris par Villermé en 1843. Nombre d'embauches y ont lieu à l'âge de quatre ans, réservant aux plus jeunes la charge, lors du passage des charriots dans les boyaux, d'ouvrir ou de fermer les portes d'aérage faites pour prévenir les « dangereux courants d'air » et leurs suites possibles de « terribles accidents[119] ». Ces *trappers*, selon le mot anglais, occupent une « espèce de niche, où chacun reste seul, souvent dans l'obscurité[120] ». D'autres, plus âgés, sont confrontés aux efforts prolongés, scrupuleusement décrits par les rapporteurs :

> Ceux-ci plient sous le poids des charges énormes qu'ils portent sur le dos […] Ceux-là nus en partie ou même complètement nus, et attelés, comme des animaux de trait, à de lourds chariots montés sur de petites roues et remplis de houille qu'ils tirent après eux dans des galeries souvent si basses qu'ils ne sauraient s'y tenir debout, et que pour avancer, ils doivent se servir à la fois des mains et des pieds, ou, pour employer une expression énergique autant que vulgaire, marcher à quatre pattes[121].

Lois transitoires, datées, faut-il le redire, ces textes des années 1830-1840, en Angleterre, en France, sont promis à révision, tant ils apparaîtront bientôt partiels. Ils ont néanmoins remis au premier plan un débat devenu sensible au milieu du siècle, celui des fatigues au travail, celui des heures et des durées.

L'« obstruction » durable sur les heures

Plus largement, les heures deviennent un combat symbole, avec l'affirmation de la société industrielle, signe d'une promesse d'allègement possible des fatigues et des tâches, voire d'un arrachement possible aux exigences des manufacturiers. Immense procès où le déplacement de sensibilité pourrait l'emporter, alors même que la tradition demeure ici, et pour longtemps, durablement inchangée.

Un chiffre, celui de dix heures, est approuvé en Angleterre avec la loi de 1847, « après trois décennies d'agitation intense et face à une opposition tout aussi importante[122] ».

Durée « compacte », unité « pleine », Marx y voit une confirmation selon laquelle, « pour la première fois [...] au grand jour, l'économie politique de la bourgeoisie reculait devant l'économie politique de la classe ouvrière[123] ». Signe tout aussi important : la durée de travail relève alors de l'autorité de l'État et non plus de celle des entrepreneurs, installant la puissance publique des sociétés « modernes » en instance comptable de la santé des citoyens.

Progression plus lente en France, mais clairement illustrative d'un travail graduel sur les consciences. Les dix heures sont d'abord suggérées par l'*Aide-mémoire des officiers du génie*, dans la France de 1837 : « La journée de travail et celle du cheval sont fixées par l'expérience à dix heures de travail[124]. » Imposées même lorsque, le 6 avril 1848, le jeune commissaire local du gouvernement provisoire, Émile Ollivier, décrète la journée de dix heures dans les Bouches-du-Rhône[125]. Décision précédée par des incidents sanglants à Rouen, en mars, avant que le commissaire du gouvernement provisoire, Frédéric Deschamps, ne diminue les heures dans les manufactures[126]. Suivie d'autres incidents en mai et juin à Marseille lorsque le décret d'Émile Ollivier est menacé d'être aboli. Des barricades se dressent, cent cinquante ouvriers sont conduits aux assises, des meneurs sont condamnés[127]. Une « impression de grand malaise[128] » demeure sur place comme à Paris. La durée de dix heures n'en est pas moins « arrêtée » par les décisions initiales de la révolution de 1848, réclamée par deux cents « délégués ouvriers », confirmée par la déclaration de Louis Blanc, membre du gouvernement provisoire : « Un travail manuel trop prolongé non seulement ruine la santé du travailleur, mais encore, en l'empêchant de cultiver son intelligence, porte atteinte à la dignité de l'homme[129]. »

Impossible en revanche de s'en tenir à de tels accords dans un climat d'antagonisme constant entre patrons et ouvriers, dans celui, tout autant, de quelque inquiétude productiviste, comme dans celui de quelque insensibilité aux fatigues du labeur. Seul constat : « La question ouvrière occupe aujourd'hui le monde entier[130] », sans qu'un consensus sur les heures soit arrêté. Seule évidence : une controverse interminable traverse les décennies. L'Assemblée constituante parisienne abroge le 9 septembre 1848 les décrets précédents, par 617 voix contre 57, fixant à douze heures la durée maximale de la journée de travail dans les manufactures, sans l'appliquer aux ateliers, où l'on continue à travailler plus de douze heures par jour. Plus marquant, un décret du 17 mai 1851 ôte toute garantie de durée, provoquant une conséquence répétée : les ouvriers « accablés par des journées de travail trop longues, déférant tel ou tel patron devant la justice, ont la surprise de constater qu'ils ne disposent d'aucune protection légale[131] ». Pour quelques décennies encore, les durées demeurent inchangées.

Les « allègements » n'auront lieu qu'à la fin du siècle, autorisant ici ou là, selon des arrangements locaux, des durées variant entre huit et dix heures, alors même que la loi ne s'est pas encore prononcée.

Chapitre 22
L'univers du rendement

La tension industrielle traversant le siècle, la « fièvre » des machines et des produits expliquent aussi la tension sur les heures. Les attentes d'efficacité croissent, comme s'aiguisent du coup les réactions ouvrières, durcissant un inexorable régime d'affrontement.

Le *Dictionnaire encyclopédique de l'industrie* banalise, en 1887, un mot auquel les pratiques industrielles ont donné tout son sens dans la seconde moitié du XIXe siècle, celui de « rendement », mot qu'il tient à précisément définir : « Le rapport de la quantité du travail utile effectué par une machine, ou un récepteur quelconque, à la quantité d'énergie absorbée par lui pour effectuer ce travail[1]. » Triomphe croissant du calcul pour un triomphe croissant des effets. La notion est au cœur du projet encyclopédique de Julien Turgan, explorant, entre 1863 et 1884, l'ensemble des « grandes usines » tout en soulignant les efficacités, les « moindres coûts », les progrès ; l'insistance, entre autres, pour valoriser les établissements Dollfus-Mieg, parvenus à restreindre la consommation de vapeur[2] pour une meilleure production ; ou pour valoriser la société des omnibus de Paris, parvenue à restreindre l'investissement sur les véhicules pour plus d'efficacité : « Les voitures devinrent moins lourdes, tout en contenant plus de places. La traction put se faire avec deux chevaux seulement. Les lignes furent allongées[3]. »

Au-delà de cette volonté d'équilibre entre entrées et sorties, c'est généralement le « plus » qui s'impose, relance interminable de la quête du « mieux », bien évoquée par Léon Poincaré dans un des premiers traités d'« hygiène industrielle » : « Les progrès de la société industrielle nécessitent de produire vite, beaucoup et à bon marché[4]. » Ce qui, outre les résistances ouvrières, a pour conséquence de multiplier les recherches sur la fatigue et sa gestion, l'une et l'autre devenant paradoxalement objets premiers.

C'est aussi que le rôle du muscle s'impose encore. Nombre de charrettes traversant les ponts de la Seine à la fin du XIXe siècle sont mues à la force des bras, les charges de briques pour la construction des maisons parisiennes sont, au même moment, réparties en poids de 40 kilos pour « hommes robustes » et de 27 kilos à 31 kilos pour hommes de « seconde catégorie »[5]. La technique physique suppose la vigueur. Les résultats supposent l'effort. Le corps, au cœur de l'industrie, demeure encore engin premier.

La logique industrielle

Les mineurs de *Germinal* illustrent d'ailleurs un inévitable « excès ». Tel l'abattage à la mine Jean-Bart : effondrer la taille avec le plus de houille possible durant le moins de temps possible, pour un paiement lié à la quantité :

> Ils n'avaient que l'idée fixe de compléter un gros nombre de berlines. Tout disparaissait dans cette rage de gain disputé si rudement. Ils cessaient de sentir l'eau qui ruisselait et enflait leurs membres, les crampes des attitudes forcées, l'étouffement des ténèbres, où ils blêmissaient ainsi que des plantes mises en cage[6].

Émile Zola met en scène une priorité : celle d'excaver toujours davantage, de « rendre plus », d'ignorer le mal pour arracher un salaire chichement décompté. C'est parce qu'est négligé le boisage soutenant les galeries, afin d'abattre davantage encore, que vont naître les tragédies de la mine Jean-Bart : conflit avec la compagnie pour assurer les gains lorsque le nouveau règlement instaure un temps quasi non payé pour boiser ; grèves violentes, intervention de la troupe, reprise du travail, effondrements inéluctables de boyaux, tourments renouvelés.

La « fureur » productive peut conduire ici à des tragédies autant qu'à des épuisements négligés. Comme elle peut conduire au tourment de l'industriel lui-même : Hennebeau, l'administrateur de Jean-Bart, se « désespérant » face aux difficultés rencontrées, se sentant « chaque jour diminué, compromis, forcé d'imaginer un coup d'éclat, s'il veut entrer en grâce près des régisseurs[7] ». Ou Deneulin, le concurrent rendu plus vulnérable par la grève de sa propre mine : « il espérait d'abord en mourir, le sang à la tête, le cou étranglé d'apoplexie[8] ». Les industriels insistent d'ailleurs spécifiquement sur leur fatigue, « lutte » toujours renouvelée, qu'ils jugent même plus pénible, fût-elle différente, que celle des ouvriers : « Être chef de petite ou de grande industrie, c'est se vouer à un labeur incessant et qui, par plus d'un côté, est infiniment plus éprouvant que cette journée de travail manuel, objet actuellement de tant de sollicitudes[9]. » Contrainte systématiquement évoquée d'ailleurs, non sans quelque grandissement, pour toute entreprise d'envergure, dont celle du canal de Suez, terminé en 1869 après une exceptionnelle levée de fonds et une diplomatie éprouvante de la part de son concepteur. L'épuisement du « promoteur » ne saurait avoir encore le même sens social ou personnel que celui de l'ouvrier, même si tous deux sont emportés dans l'« excès » :

> Chacun connaît et se rappelle les luttes terribles que M. Ferdinand de Lesseps eut à soutenir lorsqu'il conçut le projet du percement de l'isthme de Suez. On sait également comment il put arriver après des efforts surhumains, à mener à bien ce gigantesque travail[10].

Le roman de Zola s'inspire lui-même des conflits du temps : chronique des violences autour de la durée du travail et du taux de salaire[11]. Le cas de Mulhouse en est un exemple parmi d'autres, quelques jours avant la guerre de 1870, où une bande de deux cents à trois cents grévistes envahit la vallée de Masevaux, réclamant une augmentation de salaire et une diminution des heures, imposant par la force la cessation de toute activité. Deux compagnies d'infanterie sont envoyées de Belfort pour rétablir l'ordre, alors que la déclaration de guerre, le soir même, « fait sur les grévistes l'effet d'une douche froide. Ils se dispersent et nos soldats mettent sac au dos pour aller se faire tuer à Soultz-sous-Forêts[12] ». Les cas d'Anzin ou de Decazeville en sont encore des exemples. Decazeville en particulier, en janvier 1886, où une double revendication de la part des hommes du « fond », la demande d'un salaire fixé à 5 francs par jour pour les mineurs, boiseurs et piqueurs, 3,75 francs pour les manœuvres, et celle d'une durée réduite à huit heures par jour « pour cause des mauvais airs et feux de la mine », provoque une grève ponctuée d'agressions : devant le refus réitéré des autorités, deux mille grévistes envahissent les locaux, défenestrent le sous-directeur, Jules Watrin, achevé ensuite par la foule, une fois tombé au sol[13]. Le commentaire de la revue *Le Socialiste* illustre la froide exaltation de la révolte : « Victoire, le sang a coulé et contrairement à tous les précédents miniers, c'est le sang patronal, le sang capitaliste[14]. »

Implacable logique du rendement dont la force se banalise dans la seconde moitié du XIXe siècle, mêlant fièvre productive, révoltes, épuisements.

La logique physiologique

Le recours aux recherches et aux évaluations croissantes ne peut pourtant être ignoré. À la froide avancée du « plus » s'oppose aussi, au-delà des réactions ouvrières, un effort de contrôle et d'objectivation grandissant.

Des instruments de calcul s'inventent, des dispositifs expérimentaux s'orchestrent, des résultats chiffrés se multiplient, transformant la fatigue en nouveau territoire de science appliquée, immense terrain d'investigation, exclusivement organique dans ce cas, pour mieux promouvoir vérifications et précisions, mobilisant mécaniciens et médecins. Elle devient un objet en soi, lieu d'expériences et de constats. Déplacement majeur où son existence et ses manifestations sont spécifiquement étudiées avec les armes du laboratoire savant, confirmant l'attention croissante portée à leur sujet, comme l'affirmation de leur statut culturel et social en cette fin du XIXe siècle. Non plus la seule étude des économies gestuelles, comme la mécanique industrielle a pu l'inventer[15], ou l'étude des économies combustives, comme les énergéticiens ont pu les chiffrer[16], mais celle des indices directs de fatigue et leur mode d'objectivation ; la création, autrement dit, de ce qu'Anson Rabinbach peut appeler « une science de la fatigue[17] ».

L'« ergographe » d'Angelo Mosso en est le meilleur exemple, avec les années 1890. L'outil évaluateur est neuf, même s'il prolonge les études effectuées au siècle précédent sur un muscle de grenouille préalablement séparé et excité, afin d'apprécier résistances et réactions[18]. Il est plus complexe, plus proche de la vie, plus lié au comportement humain, tout en concernant un seul muscle, celui d'un doigt, le fléchisseur du majeur. Le parti est d'enregistrer sur tambour carboné, selon un montage très étudié, l'activité de ce même muscle lorsqu'il soulève régulièrement un poids. Les courbes obtenues disent les forces. Elles disent aussi leur évolution, les « étapes » de la tâche, leur sanction : « fatigue progressive » avec le fléchissement successif des tracés, « fatigue définitive » avec la disparition totale de ces mêmes tracés, « lorsqu'on est fatigué, on ne réussit plus, malgré tous ses efforts, à soulever le poids[19] ». L'expérience est canonique, chiffrant, pour la première fois, la fatigue selon un graphique et ses sinuosités.

Mosso, confirmant la nouveauté de l'objet, multiplie les observations au point de prétendre élaborer les « lois de l'épuisement[20] », terme, à vrai dire, aussi inaugural que central. À commencer par le profil toujours individuel des courbes de l'affaissement :

> Certains tombent brusquement, d'autres par degrés, d'autres résistent après avoir rapidement fléchi [...] L'ergographe nous donne ainsi l'inscription d'un des faits les plus intimes et les plus caractéristiques de notre individu : la manière dont nous nous fatiguons, et ce caractère particulier se maintient constant[21].

Le versant personnel concerne dès lors la progression quasi matérielle de la fatigue, son mode d'envahissement ; l'individuel pénétrant muscles et chairs.

Restent, en revanche, une fois ces différences constatées, des bilans plus généraux. L'effet des répétitions d'abord. L'usage régulier de l'ergographe améliore imparablement la résistance du muscle, illustrée par la verticalité prolongée des tracés : le « professeur Aducco », collègue de Mosso, réalise, « après un mois, le double du travail que celui produit dans le commencement[22] ». S'ajoute le rapport toujours proportionnel entre le poids de la charge et la fréquence des impulsions : « à puissance égale, l'organisme est d'autant mieux garanti contre la fatigue qu'il travaille à charge plus faible et à vitesse plus grande[23] ». La célérité pose ses conditions, le seuil d'épuisement aussi. S'ajoutent encore les variations accidentelles : les courbes changent selon les saisons, les moments de la journée, les aliments, les émotions, les maladies, l'option de la main droite ou de la main gauche, l'état global de santé[24]. Ce qui laisse une évidente marge de variabilité, suggérée à vrai dire plus qu'étudiée. S'ajoute l'effet du repos enfin, le choix de ses moments en particulier. Une première évaluation montre la nécessité d'une interruption d'une durée de deux heures après un travail « épuisant » pour que les courbes retrouvent leur ancien tracé[25]. Une deuxième évaluation montre la nécessité d'un arrêt momentané avant tout fléchissement trop net des forces, pour que leur effet utile soit davantage protégé. Le travail fractionné, autrement dit, repousse mieux l'épuisement :

> Supposons que trente contractions suffisent pour épuiser un muscle, si on ne fait que quinze contractions, le temps de repos pour permettre au muscle de se rétablir pourra être diminué (bien moins de deux heures) […] En répétant les expériences toute la journée, quinze contractions suivies d'une demi-heure de repos, on obtient des tracés tous égaux entre eux, la hauteur du poids soulevé restant constante. On voit que le travail produit est beaucoup plus considérable si on n'arrive jamais à l'épuisement[26].

Mosso rejoint ainsi, d'une manière cette fois « calculée », la classique volonté d'une formulation idéale : celle promettant de régler la mesure du labeur le plus efficace, régulièrement et durablement poursuivi sans que devienne inquiétante la fatigue engagée. Les voies d'un équilibre atteignable seraient ainsi « démontrées ».

Ultime indication, la contestation de la stricte analogie entre l'organisme et la machine à vapeur : « la locomotive brûle une quantité de charbon pour chaque kilogrammètre de travail. Chez nous, quand le corps est fatigué une faible quantité de travail produit des effets désastreux[27] ». La « recharge » nécessaire n'est en rien identique dans les deux cas. D'où l'enjeu décisif d'une attention sourcilleuse à la fatigue, sa prévision, sa prévention.

Mieux, la situation de laboratoire permet d'expérimenter quelques « influences » jusque-là pressenties plus qu'analysées. Le fatigué devient cobaye. Charles Féré multiplie les interventions d'excitants externes pour « chiffrer » leur possible effet sur les courbes. Couleurs, sons, odeurs assaillent le sujet en expérience, au moment même où baissent ses contractions, pour mieux jauger l'éventuel « relèvement d'activité ». Objets largement bariolés, étendus, diversifiés, mais à vrai dire plus matériels que psychologiques ou moraux : « essence de cannelle de Ceylan », « valérianate d'ammoniaque », « verre rouge », « *Asa fœtida* », « interruption urgente ». Constats dès lors nombreux, dûment mesurés : la substance excitante restaure partiellement rythmes et intensité, alors que le recours trop fréquent à celle-ci conduit à ne plus pouvoir « travailler sans excitant[28] ». Des nuances aussi, différenciant les moments : « l'odeur est perçue comme excitant avant d'être perçue comme [simple] sensation[29] » ; ou différenciant les stimulations : « La sensation pénible coïncide avec une dépression considérable du travail[30]. » Le « milieu » est ainsi, pour la première fois, évalué directement en rapport avec la fatigue et ses dérives possibles. Se profilent alors insensiblement les interrogations à venir sur les « ambiances de travail », le rôle possible de la lumière, de la couleur, du son, des odeurs, les entours censés améliorer ou restreindre les efficacités.

Aucun doute, la démarche peut sembler abstraite, le recours au laboratoire suggérer l'artifice, l'appel à un seul geste suggérer l'exception. Aucun doute encore, la situation quotidienne de travail est plus complexe que ne l'est la seule mobilisation d'un muscle ; les seuils de fatigue sont plus flous, plus variés aussi, que ne l'est le simple effondrement de la contraction. Démarche si positiviste pourtant que Mosso, comme l'a montré Marco Saraceno, « propose la physiologie même comme fondement de la réforme sociale[31] ». La certitude quasi politique du savant italien :

> Il ne s'agit pas d'une question de parti, d'un moyen d'agitation, c'est une conviction profonde, un sentiment sacré de haute moralité qui pousse à étudier les moyens de répartition équitable de la propriété, sans violence, sans que le sang soit répandu, pour que le travail soit en rapport avec les lois qui régissent l'humanité, pour que l'ouvrier ne devienne pas un esclave et que, usée par la fatigue, la race humaine ne dégénère pas[32].

Malgré ses limites, la démarche de Mosso a ainsi multiplié les ambitions, outre sa croyance aux vertus quasi sociales du laboratoire, renouvelant des calculs, réinventant des repères : l'individualisation des profils, les effets chiffrés d'une pratique régulière et répétée, les effets chiffrés du repos, l'effet chiffré des excitations intempestives[33], le rapport, tout aussi chiffré, entre la vitesse adoptée et la charge mobilisée. Elle a surtout montré l'importance culturelle et sociale définitivement attribuée à la fatigue, en l'instituant en objet spécifique d'évaluation. Ce qui est ici décisif : indices anoblis parce que soumis à l'expérience du savant. L'« officine » et les appareils de ce dernier prétendent servir de leçon, orienter l'usage des ateliers. Non sans le maintien de silences d'ailleurs, tous appelant à plus d'approfondissement et de complexité : ceux concernant les situations de travail quotidien et leur diversité, ceux concernant la source des forces et leur entretien, ceux concernant les enjeux psychologiques déjà perçus par des constats antérieurs[34].

La logique gestuelle

Ce qui pousse d'ailleurs à une autre mode d'objectivation, voire de frénésie chiffrée : choix des situations quotidiennes et plurielles, hors du laboratoire, fixation sur les gestes complexes, immersion dans les chantiers et les ateliers, certitude que le rendement peut s'étalonner, par la montre, la distance, le poids. Frederick Winslow Taylor en donne un exemple « célèbre », au tout début du XXe siècle, lui aussi focalisé sur la « matérialité » concrète, voire organique du labeur. L'ingénieur de Philadelphie propose, au cœur de l'univers industriel américain, des « principes d'organisation scientifique » du travail, expression dont il fait le titre de son livre : centration sur les ouvriers d'abord, et leur gestuelle, promis à un net « accroissement de rendement » sans augmenter « leur fatigue »[35] ; centration sur les industriels ensuite, et leurs modes de prescriptions, promis à une vision strictement « méthodique » sans augmenter leur tension. Ambition élargie : assurer « à l'employeur et à chaque employé la prospérité maxima[36] » tout en excluant usure et épuisement.

Taylor, ancien ouvrier promu ingénieur, dit étalonner chaque situation jusqu'aux plus infimes détails et aux plus infimes déplacements. Son exigence est double : scruter minutieusement les mouvements et leur durée, pour mieux les réduire, retenir ensuite les meilleures performances assurées « sans fatigue », pour mieux les exemplifier. Ses investigations se multiplient : port de gueuses de fonte, travail de maçonnerie, maniement de pelle, vérification de billes d'acier. Dans chaque cas, la sanction est celle d'un chronomètre à dixièmes de seconde, celle aussi d'une moindre quantité de gestes et de leur économie, démarche dès lors nettement plus minutieuse et plus instrumentée que ne l'était la « mécanique industrielle » et son « application des sciences aux arts industriels »[37], si focalisée aussi, si réduite aux limites de chaque acte qu'elle est indifférente aux « kilogrammètres » de Coulomb[38]. Seule demeure une interminable étude des efficacités : résultats ciblés en quantité produite et en célérité augmentée. Seul s'impose le chiffre, celui des effets opérationnels, celui des progrès accomplis. D'où les résultats et avancées dûment soulignés, au bout de longues expérimentations : le même homme peut, dans la journée, transporter 47 tonnes de gueuse sur les vingt mètres le séparant du wagon, au lieu de 12 tonnes au début de l'expérimentation ; les mouvements du poseur de briques, à fatigue égale, sont réduits de 18 à 5 ; les pelletées sont redimensionnées, calibrées comme jamais :

> En choisissant deux ou trois pelleteurs, leur payant une prime pour qu'ils travaillent consciencieusement, faisant varier graduellement la charge de la pelle et faisant observer pendant plusieurs semaines par des expérimentateurs exercés, toutes les conditions accessoires du travail, on découvrit que le bon ouvrier pelleteur obtient son rendement maximum avec une charge d'environ 10 kilos ¼. Cette

> charge n'est évidemment pas la même pour tous les pelleteurs, mais elle varie de 1 ou 2 kilos environ[39].

S'y ajoute la création d'une instance sociale faite d'« hommes spéciaux[40] », nouvellement formés, censés réaliser les études préalables et définir les modèles attendus. Taylor insiste sur cette strate inédite de « concepteurs », dont les investigations peuvent être patientes, s'étendant quelquefois sur plusieurs années, insensiblement affinées : « il faut un homme uniquement occupé à préparer le travail et un autre chargé de l'exécuter[41] ». Novation majeure, promise à avenir : l'instauration de « cadres », administrateurs et « calculateurs », tous chargés d'étudier les meilleures formules de gestes, d'outils, de comportements, de dispositifs, dont les rôles convergent pour améliorer le travail au moindre coût. Une « science » inédite se crée : « l'organisation scientifique[42] », avec une insistance mise sur le mot « organisation », agencement concerté des hommes et du milieu, au-delà de l'ancienne « mécanique industrielle[43] » cantonnée aux forces et aux leviers.

Avec des limites évidentes aussi, confirmant combien l'objet complexe qu'est le travail résiste à toute étude projetant de le circonscrire dans sa globalité. Taylor laisse dans l'ombre le seuil de fatigue toléré, en le rapportant au seul propos des acteurs, la dépense énergétique exigée aussi, ou la réaction psychologique de chacun, celle même que la littérature a déjà évoquée. De même ignore-t-il « la fonction reposante du mouvement inutile[44] ». Nombre de vieilles lacunes se retrouvent, malgré l'apport d'évidentes précisions. Autant d'absences notables repérées par les contemporains eux-mêmes :

> W. Taylor s'en rapporte à l'avis du travailleur. Cet avis est sans valeur scientifique. Non seulement l'ouvrier peut

tromper l'observateur, mais chose plus grave, en raison des conséquences lointaines de la fatigue, il peut se tromper lui-même[45].

Absences d'autant plus « dommageables » pour la précision que Taylor « congédie ou rétrograde » sans ménagement « les plus obstinés [des ouvriers] qui ne voulaient faire aucun effort »[46], avec une indifférence à tout versant émotionnel. Une manière d'ignorer la personne de l'ouvrier, alors même que des interrogations à ce sujet se sont déjà affirmées[47]. Seuls résisteraient les plus solides et les plus déterminés. Seuls serviraient d'exemple les plus « adaptés ». Lacune d'autant plus soulignée enfin que nombre de critiques demeurent impitoyables, plus qu'auparavant sensibles aux références psychologiques, désignant des ouvriers transformés en « automates crétinisés », décrits encore par *La Vie ouvrière*, en 1913, comme d'« exacts et inconscients prolongements de la machine[48] ».

Henry Ford pousse toujours plus loin ce type de mécanisation dans ses usines de Detroit, dès les années 1910. Désincarnation à l'extrême de chaque mouvement, limitation à l'extrême de chaque déplacement : « Nul homme ne doit avoir plus d'un pas à faire [...] l'homme qui place un boulon ne met pas l'écrou. L'homme qui place l'écrou ne le visse pas[49]. » La chaîne inaugure un dispositif de « simplification », charriant des pièces allant « au-devant de l'ouvrier[50] », portées par des « convoyeurs mécaniques[51] », permettant un rendement accru par l'association de gestes successifs, toujours plus réduits, abrégés, effectués par des acteurs différents et contigus. La fatigue n'est d'ailleurs pas l'horizon immédiat de l'inventeur de Detroit alors que s'imposent plutôt, et seulement, l'augmentation de la production, la réduction des temps, le passage de « 9 h 54 pour assembler un moteur » en octobre 1913 à « 5 h 56 six mois plus tard »[52]. Ce qui conduit à une « réussite » croissante, mêlée à la sourde résistance d'ouvriers auxquels semble refusé « le droit de penser[53] », faite d'abandons individuels, de rejets de la tâche, de turnover constant, au point que certains secteurs de l'usine doivent engager annuellement trois cents personnes pour remplir cent postes de travail[54]. Indifférence enfin, tout aussi impavide, envers la garantie du travail : « Faut pas crâner chez lui, parce que si tu crânes on te foutra à la porte en moins de deux, et tu seras remplacé en moins de deux aussi[55]. » La réplique d'Henry Ford, en 1914, se traduit par une augmentation de salaire et une réduction du temps journalier de neuf heures à huit heures ; une manière d'attirer davantage en jouant sur la rémunération et la durée.

Les études sur la fatigue au travail demeurent ainsi partielles, sinon « compartimentées » au début du XXe siècle, chacune apportant ce que la précédente n'a pas, chacune ménageant un silence, soit sur la complexité gestuelle, soit sur la dépense organique, soit sur la lassitude et son seuil, soit, pour la quasi-totalité d'entre elles, sur l'intimité, ses troubles, ses aléas, alors même que quelques critiques ont commencé à évoquer ces derniers[56].

La logique énergétique

Un autre changement a lieu pourtant dès la fin du XIXe siècle, conduisant à enrichir radicalement aussi bien les études de Hirn que celles de Taylor, de Ford ou de Mosso, tout en demeurant dans le strict champ de la physiologie.

Son origine tient à une vision largement repensée de l'énergie. Savants et ingénieurs réinvestissent les dépenses organiques, scrutant plus qu'auparavant les aléas du moteur animé ses consommations, ses effets, attribuant aux aliments une part décisive des résultats. L'enjeu demeure, à l'évidence, celui du fonctionnement de la « machine corporelle », mais ce même fonctionnement est toujours mieux précisé. Nourriture et chaleur sont revisitées. Gains et dissipations sont recalculés, les denrées surtout, jusqu'au plus infime détail. Les laboratoires des années 1890 sont métamorphosés, centrés délibérément sur les pertes organiques et leurs origines, les ressources et leurs conditions. Les nouveaux dispositifs prolongent, au premier abord, les anciennes chambres « closes » de la fin du XVIIIe siècle, mais visent, outre les échanges respiratoires étudiés par Lavoisier[57], outre les déperditions de chaleur étudiées par Gustave Hirn[58], la totalité des entrées et des sorties du corps (*ingesta et excreta*), l'ensemble des émissions caloriques, l'ensemble des forces exercées. Rien d'autre alors que la focalisation sur la totalité des substances mises au service de la machine. Les instruments se transforment, les objets se diversifient, les attentes aussi, mêlant physique et chimie, analyse des mécaniques et analyse des flux. Le « calorimètre à respiration[59] » installé à Middletown (Connecticut) en 1898 par Wilbur Atwater et Edward Rosa en est l'exemple le plus symbolique, vaste machinerie aux enceintes superposées et contrôlées, associant filtres et capteurs, panneaux étanches et passages infimes pour enregistrer « le travail mécanique, la chaleur rayonnée, la chaleur latente de vaporisation par la peau et les poumons[60] », les échanges gazeux, autant que les substances ingérées et les substances rejetées. Les observations s'étendent sur plusieurs jours, les participants, dûment « enfermés », méticuleusement suivis, alternent les activités, écrivant, lisant, actionnant un bicycle ergonomique, vaquant à l'ordinaire, se reposant. Principe décisif enfin : identifier l'absence de fatigue, à long terme, par un indice inédit, le fait que « le sujet en expérience ne change ni de poids, ni de nature[61] », évaluation à coup sûr favorisée par la pratique toute nouvelle du pesage corporel, son usage fonctionnel, ses formules simplifiées, ses sanctions répétées[62]. La vieille attente, fondamentale et toujours approximative, du « sans-fatigue », trouve pour la première fois ici une réponse chiffrée : le maintien du poids corporel, indice plus décisif qu'il n'y paraît.

L'appareil recompose les tableaux de Gustave Hirn en y ajoutant l'aliment, en confrontant surtout l'énergie dépensée au repos et l'énergie dépensée au travail. D'autant que cette dernière peut être « traduite » en termes de calories depuis les calculs de Constantin Miculescu en 1892[63], proportionnant l'équivalent mécanique d'une calorie à une force de 425 kilogrammètres ; suggérant dès lors le nombre de calories à ingérer pour compenser le labeur effectué.

Toute l'originalité porte ainsi sur l'évaluation des denrées consommées et leur répartition : les 107 grammes d'albuminoïdes, les 64,5 grammes de graisse et les 407,5 grammes d'hydrates de carbone, correspondant à une ration de repos de 2 602 calories. L'albumine représente les « aliments plastiques » de Liebig[64] censés remplacer les « parties » détruites par le fonctionnement organique, alors que la graisse et les hydrates de carbone représentent les « aliments respiratoires » censés incarner les combustibles. S'ajoute un autre constat, plus original encore, en situation de travail : un accroissement de la consommation d'albumine par le corps limité à 1 gramme, de 107 à 108 grammes, alors que grandissent fortement les autres dépenses une fois effectués les 192 000 kilogrammètres sur le bicycle ; « fait capital, montrant que le travail musculaire n'augmente pas la dépense d'azote[65] », d'autant plus capital même que cette faible désassimilation cellulaire durant l'effort cantonne le rôle traditionnellement prêté aux protéines et à la viande (l'albumine)[66], valorisant en revanche celui des substances carbonées et leur pouvoir comburant durant l'effort. Les rations de travail sont rediscutées, vision inédite des matières censées faire résister aux fatigues, éloignement des formules du médecin de campagne de Balzac magnifiées en 1833 avec leur centration sur les « chairs blanches et rouges » comme premier recours défensif[67], au bénéfice d'autres matières, les sucres et les féculents en particulier.

Les confirmations se multiplient au début du XXe siècle, prétendant au rééquilibrage des denrées. Tel le constat de Pierre Fauvel sur un homme de 67,5 kilos dont le poids ne change pas durant cinq ans alors qu'il effectue, « sans fatigue, des courses de cent à cent cinquante kilomètres par jour à bicyclette », tout en limitant sa consommation d'albumine à 60 à 70 grammes par jour[68]. Même constat avec les nombreux cas étudiés, durant plusieurs mois, par Russell Chittenden :

> Ces sujets ont réduit peu à peu leur régime total et surtout leur régime albumineux, cessant d'être carnivores pour devenir végétariens. Non seulement ils n'ont pas souffert mais leurs forces se sont développées ; plusieurs ont augmenté de poids et ont accru leur masse musculaire[69].

Ce qui provoque l'enquête de Josefa Ioteyko et Varia Kipiani, en 1907, sur les différences de résistance physique selon les régimes adoptés : mesure des forces au dynamomètre, des fatigues à l'ergographe, des souffles au spiromètre ; et la conclusion privilégiant le régime végétarien : « Le travail mécanique s'accroît [avec lui] de 50 %[70]. » Résultat à coup sûr approximatif, tant est absente ici, et difficile, une enquête à grande échelle, mais révélateur d'une attention accrue : celle portée au régime, à la viande, à l'effet énergétique des denrées consommées. Le récit de Jules Lefèvre, en 1904, est plus circonstancié. L'homme, membre de l'Académie de médecine, décrit longuement un de ses propres efforts :

> À la fin d'une forte excursion en montagne entre 4 h ½ et 6 h ½ du soir, j'ai effectué la descente du Pic de Bigorre à Luz. Cela fait plus de 20 kilomètres de course et 2 200 mètres de descente, correspondant à 250 000 kilogrammètres en deux heures ; soit une puissance de 125 000 kilogrammètres heure pendant deux heures[71].

Il dit « ne pas en avoir ressenti de fatigue », tout en demeurant « dans l'ordre physiologique », alors que ses compagnons, malgré « leur robustesse », se déclarent épuisés, au point que certains n'ont pu le suivre. Indépassable témoignage des acteurs. Mais Jules Lefèvre évoque aussi son propre poids et sa stabilité sur la longue durée, signe global et nouveau, on l'a vu, de « non-fatigue », avec une diète journalière, fermement appliquée « depuis treize ans » : « ration de repos et de travail faiblement azotée, ne dépassant pas en général 60 grammes de protéiques en vingt-quatre heures », richesse en revanche d'« hydrate de carbone et surtout de sucre[72] ». La différence qualitative des rations fait la différence quantitative des résistances. Elle fait aussi la différence entre les constats de Gustave Hirn, au milieu du XIXe siècle[73], limités aux « puissances respiratoires[74] », et ceux de Jules Lefèvre, quelques décennies plus tard, étendus aux puissances spécifiquement combustibles. Remarquable déplacement des observations, où s'impose désormais le calcul de la « substance » fournie au moteur.

Entre geste et énergie

La minutie des gestes étudiée par Frederick Taylor, les mesures ergographiques étudiées par Angelo Mosso peuvent alors être ré-envisagées en ajoutant les mesures énergétiques. Une telle synthèse, totalement neuve, est pensée par Jules Amar, inaugurant, en 1912, la chaire du « travail professionnel » au Conservatoire national des arts et métiers. Lui aussi juge variables les critères et les mesures selon les activités, lui aussi juge indispensable un étalonnage méticuleux des mouvements et des temps, comme une attente tout aussi méticuleuse de leur amélioration obligée. Il y adjoint, en revanche, une évaluation des dépenses caloriques, pour mieux favoriser leur économie, et une évaluation des rations alimentaires, pour mieux favoriser leur rendement. Les expériences sont délibérément variées, disparates même, chaque travail possédant ses propres particularités : « marche avec fardeaux, manœuvre de la lime, manœuvre du marteau, manœuvre de la scie, travail au sécateur, travail du bois, travail du polissage de glace, travail à la pelle, dactylographie, travail de l'orateur [...][75] ». Les chiffres en revanche se veulent aussi exploitables que suggestifs.

La « manœuvre de la lime » est un des exemples les plus approfondis, alors que l'objectif ne saurait changer : « rechercher la production maximum de travail journalier [...] à fatigue constante[76] ». Deux exigences, autrement dit, accentuées par la « pression » industrielle : la stabilité des dépenses, l'ascension des résultats. Les mesures ici encore se multiplient. Jamais les données physiques n'avaient été aussi précisées : le poids et la longueur de l'outil sont calibrés ; son « mordant » est spécifié ; la limaille produite est pesée ; chaque mouvement et son effet sont répercutés sur un scripteur semblable à l'ergographe de Mosso ; un tambour enregistre le rythme respiratoire ; un autre enregistre celui du pouls, semblables aux appareils de Marey[77] ; l'oxygène et le gaz carbonique passent par une « soupape à double valve[78] » branchée sur un masque. Plusieurs indices permettent alors de dire la fatigue : l'affaiblissement de la fréquence des mouvements, comme celui de leur pesanteur, fournis par l'ergographe, l'accélération du jeu des poumons, comme celle de la circulation sanguine, fournis par les tambours, l'accroissement sensible de la dépense énergétique, fourni par la quantification des flux, les déficits de l'attitude d'ensemble, fournis par le chiffrage des positions, le témoignage enfin du limeur lui-même, désignant ses possibles douleurs, leur intensité, leur lieu, objectivité et subjectivité associées.

Les expériences se répètent, les moyennes se dessinent. D'où cette suite d'essais, longuement poursuivis, conduisant au constat majeur, le chiffre de 70 coups à la minute effectués par le limeur, censés garantir les résultats les plus élevés et les fatigues les mieux contrôlées :

> La marche optimum à 70 coups nécessite le repos d'une minute après cinq minutes de travail. En général le rapport des durées de repos et d'activité est de un à cinq. Alors on s'assure qu'après une heure de travail l'homme est dans un état normal très voisin de celui de repos : le nombre de respirations ne s'élève que de 20 à 25 %, celui des pulsations de 20 % en moyenne. Aucune perturbation d'ailleurs dans les fonctions physiologiques de l'organisme[79].

Le travail peut se poursuivre sans changement sensible, alors que demeure identique le poids du corps, sur plusieurs jours. Ce qui n'empêche en rien des résultats modifiés selon les outils, leur forme, leur consistance, leur poids.

Le simple cas des limes plus courtes est suggestif, exigeant une moyenne de 150 mouvements[80], déplaçant d'emblée l'ensemble des données, confirmant combien chaque situation de travail impose ses propres spécificités[81].

Reste la « manœuvre » de la première lime étudiée par Jules Amar, conduisant à l'insistance sur l'énergie : les calories dépensées au repos et par heure sont au nombre de 85,911 ; les calories dépensées durant le travail et par heure sont au nombre de 218,621, indiquant une dépense due à l'effort de 218,621 - 85,911 = 132,71[82]. Les calories dépensées au repos en vingt-quatre heures sont dès lors au nombre de 85,911 x 24 = 2 061,864. Les calories dépensées en vingt-quatre heures pour un travail de huit heures trente (avec une heure trente de repos) sont ainsi de 2 061,864 + (132,71 x 7) = 2 061,864 + 928,97 = 2 990,834.

S'ajoutent les expériences tout aussi révélatrices sur un apprenti en cours de formation, homme encore malhabile dont les mouvements sont « rapides, saccadés », dont « la fatigue intervient rapidement », et dont « le travail est considérable[83] » pour un résultat toujours moindre. Sa dépense calorique peut atteindre le double de celle de l'ouvrier chevronné (autour de 2 000 au-dessus de la ration de repos pour son cas, et moins de 1 000 pour le plus habile), révélant autant de conditions contrariantes. Ce qui dès lors n'est « favorable, ni à la santé des travailleurs, ni au progrès de l'industrie qui les emploie[84] ».

Les différences entre l'apprenti et l'ouvrier confirmé se disent dans un premier temps en termes d'habileté et d'énergie. Elles se disent ensuite en termes de rations alimentaires nécessaires, devenant du coup plus neuves encore. Jules Amar recourt aux travaux les plus récents effectués sur les « combustibles », reprenant les « sept classes de régimes ouvriers au point de vue de leur valeur énergétique[85] » proposées par Tigerstedt au début du siècle :

De 2 000 à 2 500	calories
De 2 500 à 3 000	”
De 3 000 à 3 500	”
De 3 500 à 4 000	”
De 4 000 à 4 500	”
De 4 500 à 5 000	”
De 5 000 et au-delà.	

La ration de l'ouvrier confirmé correspond ainsi à la classe deux, alors que celle de l'apprenti correspond à la classe quatre, le premier devant consommer 464 grammes d'hydrate de carbone et 104 grammes de protéines, le second 556 grammes d'hydrate de carbone et 136 grammes de protéines, selon les chiffres d'Atwater[86]. Le premier, ainsi, dépense moins pour un résultat supérieur, le second dépense plus pour un résultat inférieur. Jules Amar constitue ainsi, pour la première fois, une chaîne de causes et d'effets, allant de la description la plus précise d'une tâche à la fatigue qu'elle implique, à la ration alimentaire qu'elle requiert. Il y ajoute les différences entre les « apprentis » et les « chevronnés », les voies d'amélioration, les coûts impliqués.

Aucun doute, outre d'inévitables différences selon les tâches, demeurent encore ici d'inévitables « manques » aussi, relevés déjà par Amar lui-même lorsqu'il se réfère à la « dépense nerveuse » et à son évaluation toujours mal objectivée : celle de troubles variés, appréciations ou crispations individuelles dont « la possibilité n'est pas écartée[87] ». Armand Imbert, membre de l'Académie des sciences, un des premiers promoteurs d'une « physiologie du travail », montre par ailleurs, au tout début du XXe siècle, que gestes et pratiques ne relèvent pas toujours de la mécanique, variant avec le « sentiment » d'aisance, l'impression d'économie personnelle, la subjectivité. Ce que révèlent les choix de parcours en montagne, les logiques tout intuitives chez les individus observés, chacun préférant, « à un chemin plus direct mais à une montée plus rude, une route plus longue, mais à inclinaison moins grande[88] ». La décision vient des sensations, des évaluations obscures, de la peine « ressentie ». Plus largement, le « territoire » psychologique a grandi avec la fin du XIXe siècle, la notation de malaises possibles, de symptômes intimes, de comportements inadaptés, eux-mêmes longtemps ignorés[89]. Ce que Jean-Maurice Lahy désigne au même moment en le concevant comme « terrain » d'un programme à venir, flou encore, mais appelant des recherches destinées à s'approfondir comme à se prolonger :

> Nous sommes persuadés que les conditions extrinsèques du travail, la hâte, les émotions qui l'accompagnent, l'ennui, le rythme imposé, la contrainte morale sont des causes qui échappent aux recherches de laboratoire et qui déterminent les accidents les plus graves pour le travailleur. Parmi ces accidents, il faut, à mon avis, donner une place aux maladies mentales[90].

L'insistance sur le « mental », la faiblesse nerveuse, la neurasthénie occupe, à la bascule du XXe siècle, un rôle majeur dans la culture, sans atteindre encore l'univers du travail. Une « psychologisation » est en marche, quoi qu'il en soit, dont tout montre qu'elle reste à se préciser. D'autant que s'amorce déjà la certitude de sa spécificité : Alfred Binet montrant qu'il « n'est pas possible de relier l'augmentation de l'effort fourni par les écoliers en période d'examen à la consommation de pain[91] », la fatigue mentale possédant ses particularités.

Chapitre 23

L'univers de la fatigue « mentale »

La poursuite systématique du chiffre n'est pas sans conséquences, focalisant le regard sur la mécanique et la physiologie, assimilant le corps aux dispositifs machinés. Mille constats ont fait émerger, à la fin du XIXe siècle, des objectivités absentes jusque-là : sur la gestuelle et la consommation, sur les forces et les énergies, sur les rythmes et les durées, sur le maintien du poids corporel enfin. Un mode d'évaluation s'est imposé.

Peu de psychologie en revanche, peu de sensibilité aussi. Or le versant intime s'est également révélé en versant obligé, lentement, mais indéniablement commenté depuis la modernité, vaste univers mental que le XIXe siècle tend à faire davantage exister. Angelo Mosso l'évoque d'ailleurs, soulignant combien, en échappant à la mesure, un tel « territoire » a pu se soustraire au calcul des mécaniciens et des énergéticiens, tout en demeurant présent :

> En étudiant les différentes manifestations de la fatigue, deux phénomènes surtout frappent notre attention : le premier est la diminution de la force musculaire, le second est la sensation interne de la fatigue […] Nous avons donc un fait physique que nous pouvons mesurer et comparer et un fait psychique qui échappe aux mesures[1].

C'est bien ce dernier qui est inévitablement évoqué avec la fin du siècle. Il est même approfondi, cerné, jusqu'à la définition donnée par quelques savants, débordant le champ du travail pour mieux s'en tenir aux expériences quotidiennes : « La fatigue se présente à nous de prime abord comme une manifestation de notre faculté de sentir, comme une sensation spéciale[2]. » Elle peut alors devenir « signal », alerte, défense de l'organisme contre une situation se révélant inquiétante, celle même qu'un intérêt nouveau pour les mécanismes de conscience peut expliciter, ajoutant un rôle tout aussi nouveau à la lassitude et à ses enjeux.

Un contexte accentue la nécessité d'une telle évocation, au point de provoquer une révolution mentale. Il traverse l'univers des années 1870-1880. Il révèle un monde jugé plus « épuisant », davantage « éprouvé » : mutation des transports, des vapeurs, des électricités, des télégraphes, des informations, des publicités, sensibilité mise à l'épreuve et quelquefois submergée. La vieille « agitation » des « robins » ou des négociants du monde classique[3], cumul d'affaires ou de préoccupations, prend ici un tour inédit, vise un public plus étendu, mobilise une tension plus diffuse aussi, inattendue même, toute particulière, venue des entours et du milieu.

Deux origines possibles de la fatigue sont dès lors mieux précisées, mieux commentées, celle tourmentant le muscle, celle tourmentant la pensée. Deux régimes de description surtout, évoqués depuis longtemps, mais toujours mieux abordés : la fatigue vue du « dehors » et la fatigue vue du « dedans » ; cette dernière devenant bientôt plus importante qu'il n'y paraît, confirmant un sentiment croissant d'autonomie chez un individu toujours plus alerté sur lui-même, quêtant ses failles, ses inconforts, ses « impossibilités ». D'autant que les deux terrains peuvent aussi se croiser, effort physique et effort psychologique, l'un et l'autre susceptibles de se prolonger en d'interminables dérives intérieures. Ce qui conduit à une vision toujours plus globale de la fatigue, sollicitant les parts intimes de chacun.

Alternative centrale enfin parce qu'elle peut toujours moins mobiliser les métaphores corporelles pour évoquer la fatigue, humeurs, courants nerveux, feu d'énergie. Un champ se crée, mobilisant des mécanismes intérieurs largement dérobés.

Une révolution littéraire

La littérature y trouve d'abord un espace neuf, délibérément prospecté. À la vieille fatigue « récit »[4], inventée au XVIIIe siècle, unifiant les épisodes d'affaissement centrés sur les actes et les situations, succède une autre référence, plus directement individuelle, plus personnelle aussi, fouillant moins les circonstances que les impressions, moins la dérive des sens que la dérive des imaginations, les émotions, les croyances, les illusions, celles de témoins « vivants » dont la littérature peut relayer la voix, celles que quelques ouvriers avaient déjà exprimées dans les années 1830[5].

Rien d'autre alors qu'un contrepoint tout différent, et pourtant contemporain, de ce qu'évoquent le mécanicien ou l'énergéticien. La confirmation d'une impossibilité : celle de s'en tenir à la seule physiologie. Telle la lassitude de Ramuntcho, suggérée par Pierre Loti, le « ressenti » du contrebandier, mêlant le réel et le rêve, après ses courses et ses défis contre les carabiniers espagnols, « état » global, faisant basculer le cénesthésique dans l'imaginaire, prolongeant la dérive musculaire par la dérive mentale :

> Un bien-être de tous ses sens [...] Une sorte de torpeur, bienfaisante sous les souffles du matin vierge, engourdissait son jeune corps, laissant son esprit en demi-rêve. Il connaissait bien d'ailleurs ces impressions et ces sensations-là [...] suite des courses de contrebande[6].

Tel encore l'éreintement éprouvé par Catherine, la « herscheuse » préposée aux berlines dans le *Germinal* de Zola, en 1884, imprégnée d'imaginaire, fuyant précipitamment par les échelles la mine Jean-Bart, dont les câbles de remontée sont rompus. Une sensation d'abord, le « raidissement des jambes et des bras[7] » après plusieurs échelons franchis ; une chaleur ensuite, des « picotements » à même la peau ; des perceptions confuses aussi, progressivement indistinctes, au contact répété « du fer et du bois, sous les pieds et dans les mains » ; une « douleur », surtout, toujours plus « cuisante » ; puis « l'étourdissement », la conscience fuyante, l'envahissement par des images brusques, inquiètes, le retour lancinant de vieux récits d'enfants tombant dans la fosse en ratant les barreaux ; l'effondrement irrépressible enfin, la perte de soi : « elle n'avait plus conscience de ses mouvements. Quand elle levait les yeux, les lampes tournoyaient en spirale. Son sang coulait, elle se sentait mourir, le moindre souffle allait la précipiter [...] Dans son évanouissement, elle rêvait [...] » ; et, quelques instants plus tard, enfin, l'« éblouissement du soleil », le sommet de la fosse atteint grâce aux épaules d'autres fuyards, anonymes et furieux, cette lumière qu'elle ne peut d'emblée comprendre, tant elle sentait son existence se dérober[8]. Aucun rapport, apparemment, avec les propos des mécaniciens, mais immense enrichissement de l'univers de l'effort.

Description décisive même, le texte de Zola s'aventure pour la première fois dans les replis les plus subjectifs de la fatigue, scrutant son versant immanquablement personnel, jusqu'à l'affolement, l'angoisse, les dérives de pensée, l'écroulement, opposant comme jamais l'insondable résonance intérieure à la froide quête du chiffre et du calcul.

Même approfondissement encore, sur un autre versant, avec la fatigue des *Travailleurs de la mer*, évoquée par Victor Hugo en 1866 : l'agrandissement constant de la sphère psychologique, l'émotion, la surprise, son effet sur la résistance volontaire. Ce qui conduit Gilliatt, le marin, réparant pièce à pièce son bateau injustement échoué, à inscrire, quasi malgré lui, son geste dans un univers mental qui le dépasse. Sa détermination se nourrit de revanche sur ce qui a brisé la coque, ses planches, son mât. Sa rage s'étend, son mouvement confine au cosmos, son effort promeut de l'« universel ». D'où cette manière insistante de reculer le harassement en l'ignorant, celle aussi de se grandir en déplaçant l'horizon : « Ordinairement la lassitude matérielle est un fil qui tire à terre ; mais la singularité même de la besogne entreprise par Gilliatt le maintenait dans une sorte de région idéale et crépusculaire. Il lui semblait par moment donner des coups de marteau dans les nuages[9]. » Ses gestes touchent à l'infini. Sa lassitude invente du « grandiose », cherchant des forces insoupçonnées, souterraines, mêlant une implacable volonté ouvrière à l'implacable fureur de la mer, celle même qu'il veut rejoindre en l'imitant. C'est en s'éprouvant dans ses mouvements comme jamais que Gilliatt se dépense, explorant ce que l'épuisement a d'incommunicable, et néanmoins aussi de partagé.

D'autres évocations subjectives sont largement exploitées. Celle de la course par exemple, dans un texte à vocation pourtant physiologique, sur la fatigue des cyclistes, en 1897, suggérée moment après moment, perception après perception, image après image, lors d'un parcours de douze heures. Surveillance des « impressions », déclinaison de leurs changements, de leurs dérives : à la septième heure, « il ne voit personne mais entend une voix d'enfant qui l'appelle », à la huitième heure, « idée délirante. Il croit être sur une autre planète dont la piste est l'orbite. L'entraîneur est le soleil, la pelouse, le plan de l'écliptique [...] ». Plus tard, croyance à « l'installation d'un aéromètre dans le dos[10] ». La vue du dedans juxtapose ainsi les illusions et l'effort, les évasions de conscience et l'épuisement ; nouveau terrain où les faits intérieurs dominent dans leur certitude comme dans leur approximation.

L'invention du surmenage

Une autre nouveauté « mentale », tout aussi profonde, se découvre en cette fin de siècle. Elle réside dans un sentiment de « pression » inédit, l'équivalent sur le plan intime de ce que le rendement semble être sur le plan physique : une effervescence particulière provoquée par le contexte urbain, industriel, économique de la fin du siècle ; la fatigue née d'un milieu jugé brusquement nouveau. Source inédite de « peine », liée à la manière d'occuper l'espace et le temps.

Un témoignage le montre : celui de Baptiste Sandre, dans les années 1880, dont le journal est découvert par Mona Ozouf en 1979. Instituteur d'un nouveau genre, l'homme n'évoque pas seulement la place marquante d'un tel enseignant au sein de la communauté villageoise ou urbaine de la IIIe République, sa « reconnaissance » comme autorité locale, ses responsabilités « plurielles », son rôle de secrétaire de mairie, son animation de « conférences populaires », sa contribution aux « arpentages », aux « rectifications de chemins », aux « travaux de l'académie » locale, aux « correspondances privées », etc., il recourt aussi à une expression jusque-là quasi inconnue : il avoue un « surmenage[11] », révélant le sentiment d'une surcharge croissante, l'ajout de tâches dans un délai restreint, une « surchauffe », autrement dit, d'attente, d'action, de comportement. Rien de surprenant, en première apparence, dans ce constat d'excès, fût-il, ici, lié au statut inédit de l'enseignant dans l'école publique obligatoire. Des nuances, pourtant, non négligeables. Des nouveautés aussi. L'instituteur insiste sur une perception inédite du temps, la nécessité d'agir intensément et rapidement, celle de dominer urgences et contraintes, celle de résister à des tâches émiettées. L'originalité est bien là, au-delà du mot lui-même, traduisant la liaison entre le cumul, l'absence de pause, la célérité. Sandre n'est autre alors qu'un témoin majeur d'un profond changement de culture dans la seconde moitié du XIXe siècle.

C'est avec les courses de chevaux, dans les années 1860-1870 d'abord, qu'un tel terme s'impose, s'appliquant « à un jockey qui, pendant la première partie de la course, mène son cheval à un train trop vite, relativement à la distance qu'il lui faut accomplir[12] ». Émile Littré le confirme plus banalement en 1870 : « Excéder de fatigue une bête de somme ou autre en la faisant aller trop vite ou trop longtemps[13]. » Ce qui, dans le cas des chairs, crée un surcroît de substances nocives parce que non dégradées. Le « trop vite » par ailleurs est central, directement lié à une dynamique toujours plus présente de performances et de records, exigence devenue symbole d'un monde et d'un temps. Les hippodromes en sont le premier exemple, objets de « travaux considérables[14] », comme le Longchamp parisien, créé en 1854, attirant les parieurs autant que les amateurs d'exploits. La vitesse fascine dans cette seconde moitié du siècle. Ses chiffres se comparent, se commentent. Le *Dictionnaire universel d'histoire naturelle* de Charles d'Orbigny magnifie des « pur-sang » toujours plus « étonnants », franchissant 80 pieds en une seconde, « ce qui suppose une vitesse d'environ 9 myriamètres ou 23 lieues à l'heure[15] ». Constat à coup sûr « idéalisé », 9 myriamètres correspondant à 90 kilomètres/heure[16]. L'*Almanach du magasin pittoresque* assimile le derby d'Epsom à une « fête nationale » et le galop des cavaliers à une « tempête »[17]. Le vrai coursier doit « voler[18] », aussi élancé que découplé.

Les exemples s'étendent, convergent, répondant au sentiment d'un milieu brusquement inédit. La « hâte » se « généralise »[19], englobant le raccourcissement des distances, l'enrichissement des techniques, la prolifération des moteurs, l'instantanéité du télégraphe, l'ubiquité du téléphone. Elle suggère une « nouvelle société matérielle[20] », modifiant l'espace, le temps, tout en instituant une « précipitation de la vie[21] », celle de gens brusquement et délibérément « pressés[22] ». Le *Dictionnaire encyclopédique de l'industrie* innove même en 1888, comparant 72 vitesses différentes pour mieux apprécier leur importance et leurs particularités : de la marche à la course, du trot au galop, du train au tramway, du vent à l'ouragan, de la balle au boulet, de la voile au torpilleur, de la lumière au son, du mécanique à l'électricité[23]. Interminable recensement confirmant le cœur d'une préoccupation : celle d'une accélération inéluctable touchant au quotidien.

Le « surmenage » naît de telles convictions. Il naît aussi de préoccupations plus sombres : l'inversion des bienfaits de la promptitude, ses « excès » diffus, obscurs, envahissants. Albert Mathieu, hygiéniste, spécialiste des maladies de l'estomac, pédagogue à ses heures, prétend à une fatigue particulière et nouvelle née de l'urbain, cette cité démesurément grandie du XIXe siècle, décuplant les sources d'excitations et de flux : « La vie sociale dans les grandes villes, telle que l'a faite la civilisation, accumule les causes de surmenage nerveux[24]. » Non plus l'agitation ancienne, celle des Lumières[25], l'encombrement ou le « tourbillon », le « tournis » provoqué par l'accroissement des sociabilités, non plus la simple « stimulation » à agir, la résonance des obstacles et des bruits[26], mais l'accroissement exponentiel des messages, l'exposition répétée aux illuminations, aux mouvements, aux signaux, la surabondance d'informations et de sollicitations, le sentiment de « submersion », l'embarras quasi mental : « Toute excitation sensorielle prolongée ou violente peut provoquer la fatigue[27]. » C'est bien la sensation issue d'un monde bouleversé qui commande ici cette fatigue et c'est bien la manifestation intérieure qui en fait la particularité. Le surmenage viendrait ainsi d'un tel débordement, épuisement des forces par excès d'exhortations, de réclames, de communications, d'appels. Ce que Maurice du Seigneur spécifie avec obstination, au moment de l'Exposition universelle de 1889 :

> L'étalage, la parade, l'affiche, le prospectus, la réclame sous toutes ses formes portée à dos d'homme, circulant en voiture, criée à gueule que veux-tu, allumant les gaz des ifs, transformant les kiosques en arlequins lumineux, appelant les rayons de l'électricité à son aide, voilà le grand ressort moderne faisant mouvoir cette fourmilière de gens pressés, qui se croisent, se heurtent, se coudoient, se saluent, s'injurient, marchandent, achètent, payent, et doivent surtout[28].

L'électricité entre autres, « fée et servante[29] », devient l'exemple majeur d'une telle invasion lancinante, entremêlant les cascades de signaux, d'affiches, d'invitations, d'éblouissements : le bazar d'Émile Zola, en 1883, avec « son éclat de fournaise [...] flambant comme un phare, semblant à lui seul la lumière et la vie de la cité[30] ». Ou celui d'Émile Verhaeren, en 1895, avec « ses tours de feu et de lumière », son apparence de « bête éclatante de bruit[31] ». D'autres circonstances s'y ajoutent, d'autres pratiques aussi : la presse en particulier, censée bouleverser le monde intime, propageant l'urgence, les informations quotidiennes, les effets d'alerte, accentuant surprises et émois ; le tout accumulé dans le temps le plus restreint. Pression sur l'écrivain, avec un travail « imposé à courte échéance par la société[32] ». Pression sur le lecteur, avec des textes défiant toute assimilation maîtrisée : « Les personnes qui lisent beaucoup s'habituent à une rapide succession de sentiments, d'émotions et de pensées bien différentes, et elles s'attendent ensuite à trouver la même situation dans la vie réelle[33]. » Autant de nouveautés promises, quelques décennies plus tard, à la plus plate et la plus insipide des banalisations, mais vécues, sur le coup, comme une insupportable précipitation, une étreinte nouvelle, compromettant toute sérénité. Marie de Manacéine, érudite russe s'interrogeant en 1890 sur la « civilisation moderne », s'attache à l'accroissement constant et chiffré des journaux : de 780 en 1833 en Allemagne à 2 500 en 1855, de 132 en 1827 en France à 1 637 en 1866[34]. Avec d'inévitables sanctions sensibles : « troubles de la vue, vertiges, successions rapides d'idées et leur confusion[35] ». D'où ce « surmenage intellectuel » lié au brassage répété d'« innombrables problèmes en tous genres »[36], informations massives, envahissantes, désordonnées, dénoncées également par Émile Zola : « Il serait si bon de ne pas porter dans le crâne tout le tapage du siècle, la tête d'un homme aujourd'hui est si lourde de l'amas effroyable des choses que le journalisme y dépose pêle-mêle quotidiennement[37]. »

Nombre de gestes seraient visés, nombre de professions aussi ; des activités libérales aux activités intellectuelles, des pratiques marchandes aux pratiques administratives : « Il n'y a plus de repos possible ; il faut à toute heure prendre la plume pour répondre. Dans cette vie sans trêve, il n'y a plus un moment de repos, plus une heure pour la détente [...][38]. » Les exemples américains dominent, confirmant la prépondérance croissante du Nouveau Monde, « modèle » de la « vie moderne », décrits dès lors avec insistance dans les années 1890 : « quinze personnes traitent de quinze affaires différentes[39] » à la même heure et dans le même bâtiment ; « trois ou quatre omnibus à la fois[40] » passent à chaque minute et sur le même lieu. Theodore Roosevelt en fait le titre d'un livre, *La Vie intense* [*strenuous*][41]. Une image s'impose, celle de l'industriel prétendant ne plus avoir de moment à lui, livré interminablement à une préoccupation sans répit. S'y ajoutent, plus qu'auparavant, des considérations psychologiques, l'évocation d'obsessions, de persévérances, de fixations de pensées :

> Je travaille d'une façon appliquée de 8 heures du matin à 10 heures du soir. Je n'ai presque plus le temps de manger. Le plus souvent je mange debout des mets refroidis et insipides. Le soir à 10 heures, je suis tellement fatigué que ce n'est qu'à grand'peine que je puis mettre mes livres au courant. Pendant la nuit les affaires de la journée me trottent dans la tête de telle sorte que ce n'est guère que le matin que je puis trouver quelque repos. En me levant je suis éreinté et je dois boire quelques petits verres de cognac pour pouvoir me remettre au travail[42].

Le surmenage n'est plus simple atteinte des sens, ou perte de nerfs. Il est aussi incursion psychologique, entretien incoercible d'idées inquiètes et répétées. D'où cette suite possible que peuvent connaître aussi bien la fatigue physique que la fatigue mentale : malaises personnels, sentiments en désordre, souffrances intimes ; croisement accentué par l'approfondissement de l'intériorité. Il n'est jusqu'aux acheteuses du *Bonheur des Dames*, la nouvelle « cathédrale » marchande évoquée par Émile Zola, qui ne soient confrontées à une excitation « épuisante » : choix toujours possible, mais débordant, calcul toujours obligé, mais crispant. Les promeneuses du Grand Magasin sont alors exténuées face à l'attrait croissant autant qu'à l'inévitable limite de leurs dépenses : « Leur désir satisfait jouissait de cette approche pénible, qui fouettait davantage leur curiosité[43]. » Les voilà, en fin de journée, « assises mollement[44] », effondrées, impuissantes à quitter le lieu.

La « lutte pour l'existence »

Au cœur de telles contraintes s'ajoute le rôle nouveau prêté à la « lutte pour la vie » ; celle qu'une lecture superficielle de Charles Darwin a sans doute banalisée à la fin du siècle ; celle encore que la dynamique démocratique, et sa promesse d'égalité, a elle-même confortée : « Les compétitions sont très vives, la concurrence très âpre dans toutes les carrières, libérales, commerciales, industrielles. On veut aller plus haut, toujours plus haut[45]. » Référence contestable, à coup sûr, Darwin n'a jamais affirmé qu'une « évolution par adaptation écologique » conduisait à un « perfectionnement »[46], mais référence suffisamment partagée pour s'installer durablement dans la conscience commune. L'expression revient, focalisant des tensions traversant les sphères sociales, les attentes, les comportements. Elle revient aussi pour mieux justifier un sentiment d'urgence, un empressement à faire, une vivacité inconnue jusque-là, accentuée par la généralisation d'un capitalisme concurrentiel : « Chaque retard, chaque délai peut lui faire perdre la partie dans la lutte que se livrent continuellement tous les êtres[47]. »

La *« stuggle for life*[48] *»* renforce ainsi la légitimité du mot « surmenage », cette certitude des psychiatres de la fin du XIXe siècle, ciblant la menace dans l'épuisement nerveux :

> Malheureusement, l'organisation sociale actuelle, basée sur la concurrence économique la plus effrénée, ne peut que contribuer singulièrement à maintenir l'individu dans un état de suractivité nerveuse continuelle, qui est une source intarissable de névrose et de dégénérescence[49].

Le déploiement des échelles sociales, avec la seconde moitié du siècle, la hiérarchisation des technicités, celle des compétences, des responsabilités orchestrent ce nouveau terrain d'appétence et de rivalité. Le seul exemple des qualifications et graduations professionnelles existant à la Compagnie des chemins de fer du Nord, à la fin du XIXe siècle, peut l'illustrer : 14 pour l'administration, 28 pour les travaux et voies, 43 pour le « matériel et traction », 64 pour l'exploitation[50]. Le « parcours » du métier est fait d'étapes lentes, laborieuses, obligées. Comme l'illustre la description des « catégories » séparant et mobilisant les commis dans *Au Bonheur des Dames* d'Émile Zola :

> Tous, d'ailleurs, dans le rayon, depuis le débutant rêvant de passer vendeur, jusqu'au premier convoitant la situation d'intéressé, tous n'avaient qu'une idée fixe, déloger le camarade au-dessus de soi pour monter d'un échelon, le manger s'il devenait un obstacle ; et cette lutte des appétits, cette poussée des uns sur les autres, était comme le bon fonctionnement même de la machine, ce qui enrageait la vente et allumait cette flambée du succès dont Paris s'étonnait[51].

Échelles encore, à l'image de la première démocratisation du XIXe siècle[52], mais différentes, plus complexes, moins « solidaires ». Chacun semble s'affranchir davantage du « bien commun » pour mieux imaginer des trajectoires propres, des avantages individuels. Concurrence inédite autrement dit, plus personnalisée, sinon « égoïste », signe d'affirmations croissantes avec la société démocratique, plus risquée aussi, longuement scrutée par Adrien Proust et Gilbert Ballet s'interrogeant sur la neurasthénie à la fin du siècle :

> Autrefois les classes étaient comme parquées derrière des barrières infranchissables, et bien peu parmi les forts cherchaient à sortir du milieu où le hasard les avait placés. Aujourd'hui chacun s'efforce de s'élever plus haut que ses ancêtres ; la concurrence a grandi, les conflits d'intérêts et de personnes se sont multipliés dans toutes les catégories d'état […] Une foule d'individus imposent à leur cerveau un travail au-dessus de ses forces […] Le système nerveux, sous le coup d'une excitation incessante, finit par s'épuiser[53].

Ces effets créent encore de nouveaux partages, stigmatisant les plus « faibles », privilégiant un imaginaire de force, de solidité, sinon de virilité. D'où cette tentation de minorer la résistance des femmes, jugées « plus exposées à ce genre d'épuisement nerveux[54] » ; ou décrites comme « êtres dont le système nerveux faible, instable » favorise l'effondrement « dans la lutte contre d'innombrables concurrents »[55]. Certaines « victimes » sont ainsi visées plus que d'autres. Le surmenage, autrement dit, inquiétude majeure d'un monde en voie d'accélération, mêle, non sans quelque confusion, chétifs et « insouciants », fragiles et imprudents.

Une manière enfin de retrouver des oppositions plus traditionnelles, la critique larvée de ceux qui veulent s'« élever », se distinguer, recourir au savoir pour s'affirmer. Ces soldats d'origine populaire, par exemple, étudiés par Angelo Mosso dans les années 1890, tous « robustes » mais s'effondrant aux examens et « suant de grosses gouttes tombant sur le papier »[56] ; ou ce marin, « d'instruction moins que primaire », connu de Philippe Tissié, ambitionnant « les examens de capitaine au long cours » mais « surmené », dépassé par les difficultés d'apprendre, impuissant, « maigrissant, pâlissant, dépérissant », toussant jusqu'à l'épuisement, avant de « se congestionner peu à peu » et « de mourir phtisique sur un lit d'hôpital », lui, « le Breton si bien découplé »[57] ; ou ce « valet de chambre de quarante ans » évoqué par Francisque Sarcey en 1895, obscur domestique souhaitant apprendre à lire, mais bientôt victime de ses efforts, incapable d'en maîtriser la difficulté, malgré sa « force de volonté » :

> Il m'écoutait avec une prodigieuse intensité d'attention ; je voyais sous l'effort se gonfler les veines de ses tempes et la sueur lui ruisseler au front. La leçon durait une heure par jour. Après la séance ce malheureux restait abruti, n'ayant plus de courage à rien. Il ne savait plus ce qu'il faisait. Huit jours après il eut une fièvre cérébrale[58].

Le surmenage serait bien la menace d'une société de concurrence et de perfectibilité. L'affirmation d'Émile Zola : « Nous sommes malades, cela est bien certain, malades du progrès. Il y a hypertrophie du cerveau, les nerfs se développent au détriment du muscle[59]. » Reste que les deux épuisements, physique et mental, se rapprochent, partageant inquiétudes et tourments. Certitude centrale évoquée par beaucoup, à la fin du XIXe siècle : la stigmatisation d'une « génération fatiguée[60] ».

Le surmenage scolaire

L'école, inévitablement, est censée subir un tel danger. Sa diffusion conquérante au XIXe siècle, ses savoirs croissants, sa fabrication de programmes, d'examens, de sanctions affermissent, tout autant, une telle image d'« excès » supposé. Son innovation préoccupe par son ambition, son enseignement inquiète par son expansion.

Les savoirs d'abord ; leur brusque progression, dès le début du siècle, frappe les témoins. Les textes à vocation « exhaustive » se multiplient : *Encyclopédie des gens du monde*[61], *Encyclopédie moderne*[62], *Encyclopédie des connaissances utiles*[63], *Encyclopédie domestique*[64], *Encyclopédie catholique*[65], *Petite Encyclopédie des enfants*[66], *Nouvelle Encyclopédie de la jeunesse*[67], pour les seules années 1820-1830. Leurs références gagnent en volume, leurs ajouts en variété. L'*Encyclopédie moderne*, en 1846, exalte son « augmentation de près du double[68] » par rapport à l'édition de 1823 ; Pierre Larousse, en 1866, assure que « jamais la pensée, surexcitée sans cesse par de nouvelles découvertes, n'avait abordé un ensemble plus étendu de questions et de problèmes hardis[69] ». D'où la mobilisation de l'imaginaire, la crainte d'acquisitions savantes peu dominées, la certitude de menaces sur l'étude, l'instruction « forcée » : « On veut faire entrer trop de connaissances dans la tête de nos enfants », se plaint Adolphe Thiers à la Chambre le 13 juillet 1844 ; « Nos enfants ont une journée de travail plus longue que l'ouvrier adulte », ajoute, sans grande vérification, Victor Duruy, quelques années plus tard[70].

L'urgence ensuite : leçons nombreuses, hâtives, travail précoce ou prématuré. Victor de Laprade, stigmatisant de tels « procédés », recourt le premier, en 1868, au verbe canonique nouvellement utilisé pour les chevaux : le travail scolaire conduirait à « surmener leur esprit et énerver leur corps[71] ». Jean-Marie Guyau en donne une version physiologique, quelques années plus tard, dénonçant tout empressement pédagogique :

> Le cerveau, qui pendant l'enfance est relativement volumineux, mais imparfait comme organisation, s'organisera, si on lui fait accomplir ses fonctions avec trop d'activité, d'une façon plus rapide qu'il ne convient à cet âge ; mais le résultat sera plus tard qu'il n'aura atteint ni les dimensions ni la force qu'il eût atteintes[72].

Une telle inquiétude mobilise les sociétés occidentales de la fin du XIXe siècle, symbolisée par l'expression anglaise *« overpressure in schools*[73] », suscitant un débat à la Chambre des lords le 21 juillet 1883. Enquêtes et recherches suivent. Telles celles d'Hertel au Danemark, examinant 28 114 écoliers en 1885, « trouvant que 29 % des garçons et 41 % des filles sont atteints d'anémie, scrofules ou maladies nerveuses[74] » ; celles de Rudolf Finkelnburg en Allemagne, affirmant que les jeunes hommes « ayant acquis une certaine instruction supérieure sont, pour 80 %, impropres au service militaire[75] » ; celles de Jean-Baptiste Fonssagrives en France, promettant un inévitable effondrement aux « Pic de la Mirandole qui étonnent à dix ans par leur savoir encyclopédique[76] » ; alors que l'Académie de médecine consacre au même sujet deux ans de débats en 1886 et 1887.

Les concours académiques et universitaires, plus encore, sont visés. Leur exigence impressionne. Leur sélectivité inquiète et déçoit, alors que « la nation démocratique, égalitaire[77] » les impose. *Le Parisien* leur reproche, en 1881, de créer « des intelligences surchauffées dans des corps minés et affaiblis qui ne tiennent debout que grâce à leur jeunesse[78] ». Eugène Dally critique le concours de l'école de Saint-Cyr, censé provoquer une « réduction du périmètre thoracique[79] » par excès de veilles et de privations. Georges Dujardin-Beaumetz critique le concours de l'école normale d'institutrices de la Seine, limité à vingt-cinq places pour cinq cents candidates, censé multiplier les « effets morbides » : « C'est surtout au moment de l'entrée et après les émotions et les fatigues du concours qui vient d'avoir lieu, que l'on peut observer les conséquences fâcheuses du surmenage intellectuel[80]. »

Les risques pour les jeunes filles seraient accrus, selon la vision culturelle dominante du XIXe siècle. Robertson de Manchester y voit une cause de « morts par couche[81] ». Alphonse de Candolle y voit une cause de maladies mentales, s'étonnant de « la proportion de jeunes filles destinées à la profession d'institutrices qui se trouvent dans des établissements d'aliénés[82] ». Le comte de Shaftesbury propose même un chiffre, opposant les 145 femmes aux 38 hommes « entrés dans des asiles » parmi les enseignants du comté de Galles en 1882[83]. Un correspondant du *Medical Times* décrit « nombre d'entre elles terrassées [*broken down*] dans la deuxième ou la troisième année de leurs études spéciales[84] ». Explication immuable : « le système nerveux » féminin est jugé « beaucoup plus impressionnable[85] ».

Reste, plus généralement, une pathologie diffuse, correspondant à la physiologie du temps. L'afflux de sang au cerveau d'abord, répondant aux efforts intellectuels, ses suites d'incoercibles céphalées, de maux de dents par « hyperhémie » (afflux sanguin), de saignements de nez, de goitre, de méningite, de congestion, d'ophtalmies. Maurice de Fleury, médecin parisien centré sur les « maux d'esprit », prétend à un constat alarmant : « Un gamin de huit ans, pour lequel on m'a consulté, a inventé tout seul de s'étendre sur le tapis pour décongestionner sa tête anémiée[86]. »

L'affaiblissement organique ensuite, déficit favorisant les infections, selon les aléas de l'univers microbien découvert avec la fin du siècle, fièvre typhoïde, phtisie, chronicités multiples, contaminations variées. L'épuisement nerveux enfin, fait d'impuissance et d'abandon, longuement illustré par les psychiatres de la fin du siècle :

> Un homme de cabinet prolonge sa veille fort avant dans la nuit. Pendant de longues heures il fixe son attention sur l'objet de son étude. Il se met au lit vers 3 ou 4 heures du matin. Mais il ne peut dormir. Sa volonté est impuissante à modérer l'activité déréglée des fonctions cérébrales. Non seulement il ne dort pas, mais il éprouve des sensations pénibles de froid dans les extrémités, de constriction dans la tête, de brisement dans les membres, de tiraillement à l'épigastre. Le plus souvent une nuit de sommeil répare les forces épuisées. Mais si l'accès de fatigue cérébrale se répète, ces symptômes peuvent se répéter et le patient peut être atteint de cérébrasthénie, d'épuisement nerveux à forme cérébrale […] L'exemple montre comment, sous l'influence exclusive du surmenage du cerveau, peuvent se développer des troubles de toutes les fonctions et particulièrement de la digestion et de la circulation […][87].

Tableau pessimiste, voire alarmiste, qui traduit une écoute toujours plus aiguë des symptômes physiques, de leur surprise, de leur diversité, « besoin de repos », faiblesses en tous genres, accentuation des inconforts, « paresthésies, fourmillements, engourdissements[88] » : l'amorce de l'individu contemporain, éloigné des transcendances, se jugeant davantage « borné » à lui-même, trouvant dans le corps et ses messages le premier témoignage de l'unité de soi. D'où cette tentative toujours plus systématique de cerner ce qui trouble, ce qui assaille, tourmente, fait obstacle, cette manière de viser la fatigue dans les indices les plus discrets, sinon les plus variés. Tableau pessimiste encore, qui traduit sur un versant plus collectif combien le sentiment du progrès, en cette fin du XIXe siècle, avec la profusion et l'accélération de ses engins, leur rythme, leur domination, peut porter son envers : l'émergence de fragilités, le sentiment d'accablement, celui d'une inadaptation aussi dommageable qu'incontrôlée. Le surmenage et ses suites spécifiques surgissent, dans ce cas, avec la difficulté d'épouser les métamorphoses d'un monde : celui d'un milieu où l'« extrême » rapidité deviendrait un principe aussi excessif qu'imposé. Ce qui, pour la première fois, transforme la fatigue en mode de vie, condition inévitable d'existence et de destin.

La neurasthénie

Un mal générique, un nom nouveau aussi, résume l'ensemble de ces désordres : celui de « neurasthénie », point ultime du surmenage, faiblesse portée au cœur de la résistance nerveuse, impotence frappant toute initiative, toute réaction. Les descriptions s'accumulent avec les années 1880[89]. Tel ce colonel de l'armée anglaise, décrit par Virgile Borel en 1898, victime d'un « grand affaissement physique », incapable de « fixer son attention », si exténué qu'il « conçoit des doutes sur sa propre existence », le tout après s'être livré à des « travaux intellectuels exagérés et longtemps continués », à des « fatigues matérielles considérables », ponctués par de « violents chagrins »[90]. L'image fait consensus[91], se répand, fixe des inquiétudes, des craintes, sert des dénonciations, mobilise des haines, seconde des angoisses de dégénérescence par

« déchéance du système nerveux ». Elle peut être approximative, d'ailleurs, grossière même. Charles Féré y recourt pour illustrer ses « familles névropathiques » en 1894, sur un mode délibérément sardonique et venimeux : « L'histoire pathologique de la race juive est particulièrement favorable à l'observation de ces faits [...] D'après Henry Meige la légende du Juif errant n'en serait que la traduction populaire[92]. » Une manière ici de fédérer, autour de la faiblesse, les plus noires comme les plus redoutables pensées.

L'image bascule aussi vers le littéraire, suggérant des évocations plus exigeantes, plus profondes, confirmant son enjeu central dans la culture de la fin du siècle. Joris-Karl Huysmans en donne une version méticuleuse et quasi symbolique avec des Esseintes, son héros dont la faiblesse croissante le menacerait d'un déficit définitif, celui de devoir « garder le lit » :

> Les excès de sa vie de garçon, les tensions exagérées de son cerveau, avaient singulièrement aggravé sa névrose originelle, amoindri le sang déjà usé de sa race ; à Paris, il avait dû suivre des traitements d'hydrothérapie, pour des tremblements des doigts, pour des douleurs affreuses, des névralgies qui lui coupaient en deux la face, frappaient à coups continus la tempe, aiguillaient les paupières, provoquaient des nausées qu'il ne pouvait combattre qu'en s'étendant sur le dos, dans l'ombre[93].

L'évocation s'affine, s'approfondit, joue avec le manque, la débilité, suggère une souffrance mêlant paradoxalement le vide et l'effort, la déficience et la douleur, une manière singulière de « ne plus exister » tout en se « sentant plus vivant de la vie qui se dérobe[94] ». Guy de Maupassant évoque, avec le plus de réalisme, cette vacuité faite d'impuissance et d'épuisement, d'évanescence et pourtant de lourdeur :

> Le jour me fatigue et m'ennuie. Il est brutal et bruyant. Je me lève avec peine, je m'habille avec lassitude, je sors avec regret et chaque pas, chaque mouvement, chaque geste, chaque parole, chaque pensée, me fatigue comme si je soulevais un écrasant fardeau[95].

Maladie d'un monde, maladie d'une « trépidation moderne[96] », signe d'un bouleversement des excitations, des attentions, d'un excès de sollicitations, la neurasthénie deviendrait le symptôme majeur d'une époque généralisant des symptômes et des modes d'être : « anémie et faiblesse du système nerveux, étiquette de notre temps[97] ». Signe encore d'une inquiétude inédite, celle visant la volupté, la croissance avec le siècle d'une acceptation insensiblement plus libre de la jouissance et du plaisir, et son impossibilité. Cet « accès » intense et personnel, vu par Octave Mirbeau en 1894 « comme un des plus impérieux droits de l'homme, mais surtout comme un de ses plus hauts, de ses plus sacrés devoirs[98] ». La neurasthénie peut en être la conséquence, autant que l'incapacité. D'où l'angoisse possible : frustration nouvelle, souffrance douloureuse, intime, où l'impuissance s'ajoute au sentiment d'anéantissement. D'autant que les médecins eux-mêmes, depuis le milieu du siècle, accompagnant une lente libération, dénonçant les vieux interdits, « ne cessent de répéter » des formules convaincues : « ne pas utiliser la fonction génitale, c'est outrager la nature[99] ».

Trouble majeur quoi qu'il en soit en cette fin de siècle, George Beard, un des premiers dès 1869[100], dresse le tableau de la neurasthénie. Il en a surtout proposé un mécanisme original, largement inspiré des techniques du temps :

l'organisme comparé à un condensateur électrique dont la capacité est inévitablement limitée, ou à une chaudière à vapeur dont le volume est lui-même également limité[101]. La neurasthénie intervient lorsque l'« excès » de flux provoque une rupture, annulant toute énergie, bloquant toute réaction. Une expression la résume, celle d'« épuisement nerveux[102] ». L'image même du surmenage, avec ses mobilisations surabondantes, ses seuils outrepassés, ses variations individuelles aussi, selon les résistances et les fragilités de chacun ; mal-être intimement lié à la « vie moderne », faut-il le redire, celle même que George Beard prétend spécifier en désignant la vie américaine, qualifiée ici d'*« American nervousness*[103] *»*. Les auteurs européens en conviennent, tout en étendant le contexte, comme Ludwig Hirt, professeur à l'université de Breslau, assimilant la neurasthénie, et sa « source » américaine, à une « création » de la modernité :

> La neurasthénie, en effet, a été inventée par la vie moderne, par cette hâte d'arriver le plus vite possible à la richesse ; aussi l'a-t-on trouvée dans cette partie du monde où l'on travaille, l'on vit et l'on vieillit au plus vite ; où le nervosisme aussi atteint son plus haut degré : nous avons cité l'Amérique[104].

Reste un contexte psychologique, toujours plus amplement évoqué, fait d'« irritabilité », de « sommeil troublé », d'« asthénie psychique », d'« indécision », d'« obsession », de « frayeur vive », de « soucis prolongés », d'« angoisse avec appréhension sans fondement »[105] ; univers intérieur progressivement détaillé, différencié, approfondi, mis au cœur de l'épuisement et de son accompagnement. L'exploration multiplie les figures, s'attache aux émotions, à la sensibilité, aux ébranlements personnels, faisant de la sphère intérieure un univers insensiblement majoré.

Une figure inédite de la fatigue s'est ainsi installée, plus sociale, en même temps que plus intime : « tout commence avec le ressenti corporel[106] », tout prend sens avec la tonalité personnelle, voire « morale ». La fatigue s'ouvre sur une histoire nouvelle, celle d'un immense versant intérieur, où l'impuissance à faire provoque hésitation et manque de confiance, obsession, malaise, voire affolement. La vieille « fatigue d'esprit[107] », celle des « penseurs » ou des « robins » du Grand Siècle, est largement repensée, étendant son public comme jamais, renouvelant la place du sensible tout en créant celle des angoisses et des anxiétés. Ce qu'illustre le personnage de Jules Dejerine et Emmanuel Gauckler, en 1911, brusquement « dépassé » dans son emploi de comptable, débordé par les attentes, affligé par ses « ratés », victime d'un sentiment d'impuissance ou d'inutilité, d'autant que ce même emploi a été explicitement menacé : « son sommeil est moins bon, souvent agité, traversé de cauchemars qui traduisent, la nuit, les inquiétudes de la journée » ; dérive insurmontable ensuite : « tout travail intellectuel devient une fatigue, rapidement, tout travail devient impossible »[108]. Aucun doute, au-delà du témoignage individuel, c'est bien un effondrement spécifique qui est en jeu, une « trépidation[109] » obscure, enfouie, censée, pour la première fois, qualifier la modernité : « maladie nouvelle née de circonstances nouvelles[110] ». Aucun doute aussi, elle se manifeste par une impuissance à faire, une faiblesse globale, auxquelles s'ajoutent inquiétude et désarroi. Cercle vicieux enfin : « La fatigue engendre l'anxiété, l'anxiété exagère la fatigue[111] » ; le progrès lui-même, dans son avancée comme dans sa rapidité, nourrissant l'inquiétude de son envers possible comme de sa fragilité. Le mot de Friedrich Nietzsche : « Cette époque est caractérisée par la désintégration, et donc par l'incertitude[112]. »

Reste en définitive une attention accrue envers certains symptômes psychologiques, effondrements dont la « lourdeur » n'avait jamais été décrite jusque-là. Ce que Pierre Janet, au début du XXe siècle, nomme « psychasthénies », pathologies issues de désordres intimes et d'eux seuls. Descriptions inédites, observations nouvelles, émergent ainsi des « phénomènes très curieux et assez peu connus » évoqués en « véritables crises d'épuisement »[113]. Telle cette femme de quarante-six ans avouant « un manteau de fatigue qui tombe sur moi », ou cet homme déclarant « un sentiment de courbature horrible[114] » après un simple calcul mental. Rien d'autre qu'une pathologie spécifique, nouvellement désignée, ajoutée au tableau grandissant des errances et désordres personnels ; uniformisant aussi, pour la première fois, une fatigue culturellement campée.

« Théoriser » la fatigue mentale

La conséquence de tels investissements, l'installation de la fatigue mentale au cœur des préoccupations et des comportements, est encore celle d'en faire un nouvel objet d'étude, une occasion d'expériences, un terrain où prospèrent réflexions, interprétations, appareils, instruments. Ce qui transforme l'obscur sentiment de lassitude interne en défi de savoir, à la mesure de son importance croissante dans la culture commune, à la mesure aussi des questions renouvelées sur la conscience et son intériorité. Non plus seulement l'approfondissement quasi littéraire du sensible, non plus seulement la prospection des « ressentis » mentaux, l'envahissement de la conscience, son enveloppement, ses exaspérations[115], mais l'analyse toute particulière de son rôle possible, son contenu, ses effets, la volonté plus affirmée de la comprendre et de la cerner.

Une des premières conséquences est d'accorder une place croissante à la sensation, jusqu'à repréciser, en la prospectant, son impact sur le comportement : « La sensation de fatigue a pour résultat de nous mettre en garde contre un danger[116] », insiste le physiologiste Fernand Lagrange, en 1888, un des premiers à systématiser l'étude sur de tels objets. Non plus simple prise de conscience intérieure, non plus simple résonance intime, fût-elle subtile ou nuancée, mais phénomène de défense, instance de protection, par l'avivement même des perceptions. D'où l'émergence d'un sens nouveau : l'abandon des seules valeurs « négatives », celles d'obstacle ou d'amoindrissement, pour des valeurs plus positives, celles d'alerte ou de soutien. Ce qui explique la présence de la fatigue « dans les centres nerveux autant que dans les muscles[117] ». Ce qui explique surtout combien l'approfondissement d'une interrogation sur la sensation enrichit le regard sur la lassitude, son apparition, son développement.

Une autre conséquence est de spécifier toujours davantage la « fatigue mentale », celle perçue du « dedans », jusqu'à ses possibles retentissements organiques et fonctionnels. Les ouvrages se multiplient, dès les années 1880, sur la « psychologie de l'attention[118] », la « fatigue intellectuelle[119] », l'« hygiène du cerveau et des fonctions intellectuelles[120] ». Angelo Mosso, l'inventeur de l'ergographe, sait aussi utiliser l'instrument dans une telle perspective, confrontant l'infléchissement des courbes et l'épuisement nerveux : « Personne n'ayant écrit, que je sache, d'ouvrage complet sur la fatigue cérébrale, il m'a semblé qu'il pouvait être utile de recueillir et de classer les observations[121]. » Étude, autrement dit, patiente, délibérée.

Éprouver un « épuisement » venu de la lecture, du calcul, de l'attention ou de la réflexion se théorise davantage. Les perceptions s'analysent. Les effets se chiffrent, les indices se diversifient. Les plus matériels d'abord : la température physique, le rythme cardiaque, la pression sanguine, la fréquence respiratoire, l'air rejeté ; le corps devenant objet premier, autant, sans doute, que le plus « facile » à saisir. Dynamomètres, tambours enregistreurs, curseurs variés déclinent leurs chiffres, dispositifs et vérifications déclinent leurs constats, comme si les indices physiques devaient demeurer dominants : le cœur s'accélère, la température augmente, la respiration s'amplifie lorsque se compliquent les exercices demandés. Alors que le « travail exagéré peut même amener des irrégularités cardiaques, de la tachycardie », voire « une contraction au thorax avec tendance à l'évanouissement »[122]. L'« effort » psychique mobilise l'économie physique, au point que Théodule Ribot fait de l'attention un « pouvoir moteur[123] », « silence » imposé aux mouvements, à l'image de sainte Catherine peinte à Sienne par Sodoma au XVIe siècle, longuement commentée ici dans son immobilité quasi pétrifiée. Observations et chiffres peu « exploitables » sans doute, peu généralisables aussi, parce que variant avec les individus, mais confirmant combien « le travail intellectuel ne peut être fait sans retentir sur l'organisme[124] », combien surtout « s'élargit la conception de la fatigue […] Processus toujours plus compliqué à mesure que nous l'examinons[125] ».

Le recours aux témoignages importe également davantage, plus sollicités, plus commentés. Mosso questionne ses collègues, recueille leurs impressions, leurs expériences intimes. Il « enregistre » leurs réactions avant un cours professoral, avant le passage d'un examen, avant un travail écrit. L'idée, traditionnelle encore, d'un afflux du sang au cerveau par la mobilisation de l'esprit fait imaginer des douleurs de crâne et des vertiges, « tournoiements de tête », déséquilibres, « yeux injectés[126] », « incertitudes dans les mouvements[127] », sans que soit garantie toute objectivité.

Les tensions, quoi qu'il en soit, gagnent en profondeur, les effets en diversité.

Préoccupations et émotions viennent ainsi obscurcir la seule notion d'effort ; leur trouble ajoutant à la fatigue sa note subjective, son accent personnel :

> Je me rappelle les nuits d'insomnie que déterminait l'appréhension d'avoir à faire un discours, une conférence. Je sais combien cette agitation fait éprouver de tourments. À la première ou à la dernière leçon de mon cours, j'éprouve des symptômes d'excitation, je sens la chaleur envahir mon visage, ma voix tremble ou bien je ressens des maux de tête[128].

La fatigue mentale s'est ainsi précisée, tout en se compliquant, jusqu'à donner à l'émoi une place insoupçonnée, suivie par nombre d'observations censées accentuer son enjeu. Jean-Martin Charcot, un des premiers, s'interroge sur le « trauma », ses conséquences possibles, sa suite d'ébranlements durables. Il en fait même un « système » d'explication aussi original que pionnier. Les « Leçons sur les maladies du système nerveux », qu'il professe à la Salpêtrière entre les années 1860 et les années 1880, multiplient les exemples de telles émotions vives et de leurs effets. Une peur intense, un saisissement subit « mettent les victimes dans l'impossibilité de se rendre à leur travail ou de se livrer à leurs occupations pendant des périodes de plusieurs mois ou de plusieurs années[129] ». Aucune trace physique repérable, mais une faiblesse aussi insaisissable que prolongée, fatigue sourde, aussi pénible que généralisée.

Henri Huchard, spécialiste des maladies cardiaques à l'hôpital Bichat, décrit, en 1899, le rôle des causes intimes « déprimantes » dans « les troubles profonds de la circulation sanguine », le cœur ressentant « le contre-coup de la fatigue musculaire comme de la fatigue morale »[130]. Tel ce riche banquier de cinquante-neuf ans, « maire d'une ville importante », lancé dans un combat politique sans merci avant d'essuyer « défaites et déceptions », puis de subir le « désastre de ses finances et de ses ambitions déçues », et d'être « emporté » par un symptôme « asystolique » accompagné d'une « double lésion de l'orifice aortique »[131].

Philippe Tissié décline longuement, en 1897, sur un autre registre, les rêves censés eux-mêmes produire la fatigue, la nuit agitée et ses effets : le cas de ce jeune homme rêvant qu'il affronte une course de soixante kilomètres, épreuve semée d'embûches, de chutes, d'incidents, de chicanes avec les concurrents, suivie d'un sentiment d'intense épuisement. Le réveil s'accompagne de « violentes migraines », suivies d'« une vive fatigue musculaire localisée dans toute la partie inférieure du corps »[132]. Signe supplémentaire, selon Philippe Tissié, des « effets de pensée » sur la lassitude éprouvée.

Freud encore détaille minutieusement, en 1895, des causes plus « profondes » : le cas d'Élisabeth von R., entre autres, dont il suit pas à pas les tourments, éprouvant d'abord une « fatigue et une douleur de jambes », suivies d'épuisement rapide, attribués, dans un premier temps, à « une longue promenade, une marche d'une demi-heure, faite quelques jours auparavant[133] ». Explication banale d'abord, allant s'approfondissant, en revanche, avec l'évocation de la maladie du père, des soins donnés par la fille, des souvenirs douloureux : la « jambe enflée » du père posée sur celle de sa fille « lorsqu'elle changeait les bandages », regrets, ambiguïté, sentiment de quasi-inefficacité, censés fixer une souffrance « localisée ». Nouvel approfondissement, c'est alors la « souffrance » mentale qui l'emporte, avec le lien fait entre les douleurs et le « découragement » plus global de la jeune femme, la crainte de demeurer « vieille fille solitaire », le sentiment psychologique et physique de son « impuissance », le retentissement sur sa marche et son pas, son impression de « ne pouvoir avancer »[134]. Nouvel approfondissement enfin, avec les souvenirs douloureux de promenades effectuées avec son beau-frère, dont elle se sent amoureuse, amour interdit, converti en durables crispations.

Une manière ultime de croiser fatigue physique et fatigue mentale en soulignant leurs convergences possibles. Les sources psychologiques, avec la fin du siècle, n'ont fait ainsi que s'accroître et se diversifier.

Chapitre 24

Résistances et « grandissements »

À l'image d'un univers de fatigues toujours davantage « globalisé », les modes de résistance répondent en s'étendant, en se diversifiant, en se banalisant aussi comme autant d'évidences. Les réponses se croisent, se multiplient : acteurs exerçant une pression croissante sur la limitation des heures de travail, aboutissant à quelques changements à la bascule du siècle, dont le congé du dimanche ; recherches savantes sur les robustesses, pour mieux orienter entraînements et travaux ; recherches, tout aussi savantes, sur les chimies restauratrices et leurs publicités ; psychologisation quasi « élémentaire » enfin pour mieux dessiner endurance et solidité.

Un marché s'organise même, occupant les magazines, les périodiques, proposant mille produits promettant le succès sur des épuisements ou des défaillances, tous censés traduire une nouvelle société.

Reconsidérer les durées

La certitude, tout d'abord, d'un croisement entre fatigue mentale et fatigue physique a grandi, transformant du coup la revendication manquante de la fin du siècle, la chronique des réductions d'heures : exigence physique faite tout autant d'exigence psychologique. L'attente s'est affinée, touchant à l'organique autant qu'au sentiment, les heures ne sont plus seulement celles de l'effort, tout en tendant à devenir l'affaire de tous.

D'où ce paradoxe central : l'assurance des administrateurs et des ingénieurs affirmant que la fatigue s'allège avec le siècle, affrontée à la revendication des ouvriers affirmant, à l'inverse, que c'est d'abord le poids des heures qui doit s'alléger. Le long bilan d'Alfred Picard, l'organisateur de l'Exposition universelle de 1900, prétendant traverser les décennies depuis le Premier Empire pour en évaluer les « progrès », illustre la première certitude. L'exemple des mines serait à ses yeux convaincant, révélant de « remarquables » et décisives avancées : la « descente et remontée par bennes », le « perfectionnement des appareils d'extraction », « l'extension prise par la perforation mécanique », le « transport sur rail » substitué au « portage à dos », la tendance à « remplacer les moteurs animés par les moteurs inanimés », autant de procédés censés réduire régulièrement la fatigue de l'ouvrier[1]. Ce qui n'enlève rien au sentiment chez ce dernier d'une contrainte primitive, globale, inévitablement insatisfaisante parce que l'enveloppant en totalité, celle si profonde que le progrès technique lui-même ne peut l'effacer. Exemple extrême sans doute ici, mais symbolique, en définitive, de tout labeur. Logique implacable où l'aiguisement de la conscience comme celui de l'avancée économique orientent vers une inévitable demande : l'amoindrissement des charges.

Banale devient ainsi, malgré le progrès, la vigilance sur les heures, l'insistance sur leur réduction, même si, pour longtemps encore, une telle attente ne peut changer la loi ; même si, en Angleterre, Robert Owen, un des premiers, « avait réclamé la journée de huit heures de travail dès 1833[2] ». Marche lente, à vrai dire, en Europe comme en France. Ce que montre la proposition législative de Martin

Nadeau du 26 mai 1879 pour fixer la journée de travail à dix heures, durant six jours par semaine, respectant dès lors le dimanche, repoussée par la Chambre des députés en 1881, 1886, 1896 avant d'être acceptée, sur les heures, le 30 mars 1900, « Millerand proposant onze heures, réduites en six ans à dix heures[3] ». Une dynamique sociale s'impose en revanche, très perceptible dans le cheminement des consciences : instauration de « syndicats ouvriers » en 1867, atteignant « 500 associations en 1884[4] », réunion de congrès internationaux, systématisation de revendications. Le Congrès national du Parti ouvrier français, fondé par Jules Guesde en 1880, inscrit à son programme électoral, la même année, la réduction légale de la journée de travail à huit heures pour les adultes[5]. La Conférence internationale de La Haye, le 28 février 1889, diversifie les propositions. Jules Guesde, se faisant le porte-parole de 138 syndicats, exige, outre la journée de huit heures :

> L'interdiction du travail des enfants au-dessous de quatorze ans, la réduction de la journée à six heures avant dix-huit ans, le repos obligatoire d'un jour par semaine, l'interdiction du travail de nuit, sauf certains cas à déterminer d'après les nécessités de la production mécanique moderne[6].

La conférence de Berlin, réunissant quinze États le 4 février 1890, reprend de telles propositions, sans obtenir l'adhésion de l'Angleterre ou de la France, revendiquant l'une et l'autre l'autonomie du travailleur : « l'adulte doit rester maître et stipuler le nombre d'heures qui lui convient[7] ». À quoi s'ajoute l'ambiguïté de la définition savante, avouée par les hygiénistes, et brandie comme gage de « liberté » : « Jusqu'à présent on ne saurait se baser sur des données scientifiques pour fixer une limite à la durée de travail des ouvriers[8]. » Restent d'indéniables jalons législatifs, confirmant l'infléchissement de sensibilité : la loi de 1874 interdisant l'emploi des enfants de moins de douze ans, celle de 1892 fixant l'âge minimum d'embauche à treize ans pour les garçons et à dix-huit ans pour les filles, la journée des femmes étant ramenée à onze heures[9]. Reste surtout la conviction, toujours reformulée, d'une réduction obligée. *La Réforme sociale* évoque même la préservation de la race, en 1890, selon les vieux critères biologiques du XIXe siècle : « La loi est intervenue presque dans tous les pays pour limiter la durée de travail des ouvriers. Il convient en effet, dans l'intérêt de la race, de protéger ceux-ci, et contre eux-mêmes, et contre les employeurs[10]. »

Autre jalon, l'évaluation d'un temps portant sur d'autres durées. Celle de l'année d'abord, et cette instauration, rare encore, de congés rythmant le cycle des mois : l'arrêt du travail entre juin et septembre, par exemple, pour les cantonniers du département de Seine-et-Oise en 1853, selon un règlement dûment signé par le préfet[11]. Dispositif exceptionnel, sans doute, mais notable à lui seul. Plus marquante est la prise en compte du temps portant sur l'ensemble de la « vie active », l'accumulation des années, l'insensible usure due à un « long » travail, jugée « mériter » protection. Une réglementation affinant le dispositif traditionnellement réservé, non sans aléas, aux « agents de l'État[12] » fixe avec précision depuis le 9 juin 1853 une pension étendue à tous les fonctionnaires, fasse-t-elle craindre une charge insurmontable et « illimitée » à quelques partisans de la tradition[13]. L'ensemble est chiffré : régime par répartition, 30 ans de cotisations (selon 5 % du salaire), 60 ans pour l'âge de départ, 25 ans de cotisations et 55 ans pour l'âge de départ en cas de « travaux pénibles ». Cette dernière expression est marquante, arrêtant une différence inédite entre « sédentaires » et « actifs », désignant les seconds dès la présentation de la loi : « facteurs, chargeurs de malle, gardes forestiers, agents des douanes, préposés en chef des postes d'octroi[14] », auxquels s'ajoutent les instituteurs en 1876 et les « surveillants de l'administration pénitentiaire » en 1898. Liste composite, voire bariolée, révélant à elle seule la difficulté d'objectiver l'atteinte sur le long terme. Le métier seul, selon une désignation ici « commode », dirait ainsi la fatigue, et moins le geste, sa continuité, son investissement. La pension demeure rare, quoi qu'il en soit, dans ces dernières décennies du siècle, limitée à 4,35 % des ouvriers âgés de l'industrie en 1898, hors les mines où existe une cotisation obligatoire depuis le 29 juin 1894[15]. Quelques cas en revanche se révèlent importants : celui de Saint-Gobain, attribuant le quart de leur dernier salaire aux ouvriers de 55 ans comptant 25 ans de service[16], d'autres aussi censés fidéliser une main-d'œuvre plus qualifiée (hauts-fourneaux, fours, conduites diverses…). Situation d'autant plus rare enfin que la durée de vie se situe, à la bascule du siècle, à 48,5 ans pour les hommes et 52,4 ans pour les femmes.

La situation des cheminots, réglementée le 21 juillet 1909, montre clairement la tentative de discerner des usures différentes, autant que leur approximation : droit à la pension acquise après 25 ans d'affiliation (selon 5 % du salaire), départ à 50 ans pour les mécaniciens, 55 ans pour les agents de service actif, 60 ans pour les employés de bureau[17]. Hiérarchie tout institutionnelle, mise en place par quelques compagnies déjà au XIXe siècle[18], entre engagements physiques et sédentarité.

Autre jalon, le changement dans la culture ouvrière elle-même, l'élargissement des revendications jusqu'à l'utopie, l'imaginaire, par certains, d'un monde à venir totalement transformé. L'apostrophe de Paul Lafargue, entre autres, en 1883, insistant sur un « droit à la paresse » une fois que les prolétaires pourront disposer de la « pléthore de marchandises[19] » existantes, une fois qu'ils exerceront le travail à leur propre compte, une fois qu'ils disposeront des « moyens de production modernes et de leur puissance reproductive illimitée[20] ». Les durées pourront alors basculer : le travail « sera sagement réglementé et limité à un maximum de trois heures par jour[21] ». Ou les foudres du *Père Peinard*, la revue anarchiste des années 1890, dénonçant les « tâches tuantes et écœurantes », en rêvant à d'autres temps :

> Si la société, au lieu d'être un champ de bataille où on se mange mutuellement le nez, était un véritable agencement social, où, sans patrons ni maîtres, les bons bougres tireraient des plans pour se couler une vie douce et agréable au possible[22].

Autre jalon enfin, anecdotique et pourtant révélateur, la loi du 29 décembre 1900, inspirée d'un texte anglais, prétendant régler l'« aménagement » de certains travaux féminins :

> Les magasins, boutiques et autres locaux en dépendant, dans lesquels des marchandises et objets divers sont manutentionnés ou offerts au public par un personnel féminin devront être, dans chaque salle, munis d'un nombre de sièges égal à celui des femmes qui y sont employées[23].

Il n'est jusqu'aux revendications des domestiques, dont la dépendance est moins supportée. Une gravure de Paul Guillaume, dans *L'Illustré national* du 23 novembre 1902, le confirme, soulignant les propos entre « bonne » et « maîtresse » :

> – Mais puisque vous êtes contente de vos gages, Justine, pourquoi voulez-vous nous quitter ?

– Madame ne me donne jamais une soirée de liberté. Si je restais, je finirais par perdre toutes mes relations[24].

Encore faut-il revenir sur la lenteur du changement officiel : les huit heures de travail quotidien ne sont généralisées que par la loi du 23 avril 1919, et la conquête des députés favorables ne s'effectue que pas à pas, 90 suffrages dans la discussion de 1896, 115 dans la discussion de 1900[25]. Deux sensibilités, deux intérêts s'opposent. Les critères de la fatigue travailleuse ne sont pas les mêmes pour ceux qui la subissent et pour ceux qui la gèrent.

L'obtention du repos hebdomadaire du dimanche en est l'ultime confirmation. L'« idée de la semaine anglaise, autrement dit le congé du samedi après-midi ajouté à celui du dimanche, est pratiquée outre-Manche dès le milieu du XIXe siècle[26] ». Le congrès de Reims de la Démocratie chrétienne l'inscrit à son programme en 1896[27]. Albert de Mun l'inscrit dans un projet de loi à la toute fin du siècle[28]. L'argument demeure spécifique : éviter le « Saint-Lundi » et « ses excès de boisson qui résultent de l'arrêt de l'activité le dimanche à midi[29] ». Le consensus néanmoins grandit, alors que demeurent des résistances au nom d'une paradoxale liberté : « N'est-ce pas lui enlever sa responsabilité que de le forcer, ce jour-là, à s'abstenir de tout travail[30] ? » Nouveau projet, en 1902, celui d'un député socialiste indépendant, Alexandre Zévaès, proposant de rendre obligatoire un repos hebdomadaire pour les salariés du public et du privé, tout en évitant que « le jour choisi soit fixé[31] », par crainte d'associer repos et religion, hésitation d'autant plus marquante que le « repos du dimanche » en vient à « refléter une désacralisation du temps[32] ». Syndicalisme et socialisme s'accordent en définitive sur la semaine anglaise dans les premières années du XXe siècle. L'argument se fait plus général, portant sur « le repos physique et l'intérêt de la famille[33] ». La loi intervient enfin en 1912, introduisant la semaine anglaise dans « les établissements industriels de l'État[34] », avant que le dispositif ne s'étende, orientant insensiblement le dimanche vers le loisir plus que vers la religion. D'où ces vers issus de la Marche des travailleurs chrétiens, devenus bientôt aussi laïques que largement acceptés :

> Nous voulons, par le vrai Syndicat,
> Proclamer crânement notre droit, sans envie.
> Nous voulons, par le libre Contrat,
> Un salaire établi sur le Coût de la vie.
> Appliquons les Huit Heures partout !
> La Semaine Anglaise au Commerce, à l'Industrie !
> Et pour le Repos Dominical surtout,
> Amis, luttons jusqu'au bout[35] !

Ce qui ne pouvait se concevoir sans une nouvelle prise de conscience étatique, une vision révisée de la régulation d'ensemble, perspective inédite selon laquelle une « diminution de la dépense globale d'énergie » peut favoriser « une meilleure conservation du stock énergétique national[36] », orienter ainsi vers moins de perte et plus d'efficacité.

Inventer l'entraînement

C'est au cœur d'une activité nouvelle, le sport, « dépense » physique conçue en tout premier lieu pour la détente et le plaisir, que s'inventent, paradoxalement, à la fin du XIXe siècle, les procédés les plus élaborés de résistance à la fatigue et à l'effort. Mille circonstances en ont permis l'apparition. Mille transformations économiques ou sociales en ont permis le développement : d'un modeste accès au temps libre à une « révolution » des transports, autorisant les rencontres « lointaines », l'effacement des terroirs et leurs manifestations isolées[37] ; de l'ouverture des rencontres « à tout venant », liée à la société démocratique, sans discrimination d'appartenance sociale ou de statut, aux « championnats » conçus à grande échelle, loin des vieux affrontements circonstanciels ou villageois ; le sport acquiert une présence sociale, une visibilité que jamais les jeux traditionnels n'avaient pu obtenir[38].

S'y ajoutent enfin, et plus profondément, un objectif de pratiques totalement révisé, leur liaison intime avec la culture industrielle, leur promotion du chiffre, avec ses comparaisons et ses mises en tableau : création de performances, recensement de records et d'exploits, prouesses calculées, valorisées, mémorisées. Conséquence majeure : l'« extrême » devient la règle, autant qu'une justification indiscutée. D'où ce mot inédit, celui d'« excès », légitimé par Pierre de Coubertin alors que la tradition prônait la mesure et le « juste milieu » : « Le sport est un mécanisme de force dont l'effort est le principal levier et la tendance à l'excès la première raison d'être[39]. » D'où surtout cette présentation de la fatigue comme compagne obligée des « limites » ou, tout simplement, comme compagne provoquant du plaisir parce qu'immanquablement liée au succès :

> Avez-vous admiré leur entêtement devant la fatigue et l'expression d'audace qui passe par leurs traits contractés par l'effort ? Vous avez dû comprendre qu'il y avait là une jouissance, âpre à coup sûr, dont on ne peut sans doute goûter les délices du premier coup, mais qui est bien supérieure à toutes celles qu'apportent les plaisirs mièvres, les récréations anodines, les exercices qui reposent[40].

Le vieux défi des tout premiers touristes, faisant de leur propre fatigue un objet de contentement en arpentant les sommets[41], se retrouve ici, mais réorienté, centré sur une conquête envers soi-même, justifié par un « dépassement[42] » toujours plus recherché. L'assurance de Pierre de Coubertin : « ces jeux ne mènent pas seulement à l'habitude, mais à l'amour de la fatigue[43] ». Ce que de nombreux témoignages transforment en évidence : « Ce fut un rude labeur auquel je m'adonnais avec une ardeur farouche. Quand enfin j'atteignis le but, quelle allégresse[44] ! » Ce que d'autres témoignages transforment en objet de spectacle. Tel le passage des coureurs du Tour de France vu par Colette en 1913 : « Dos noirs et jaunes, chiffrés de rouge, trois êtres qu'on dirait sans visage, l'échine en arceau, la tête dans les genoux, sous une coiffe blanche [...] Ils ont disparu très vite, eux seuls muets dans le tumulte[45]. »

La confrontation entre le sport et la fatigue joue dès lors un rôle décisif : l'investissement sur l'« ultime » et son chiffre, finalité projetée indépendamment de toute autre considération, suscite la démarche anticipatrice, installe le calcul et ses gradations. Non que toute visée de « progression » ait été jusque-là ignorée. Les écuyers anglais, depuis longtemps, savent accroître la vitesse et la résistance de leurs chevaux[46]. La comtesse de Genlis, au XVIIIe siècle, étalonne des étapes quasi chiffrées pour les exercices de ses élèves[47]. Angelo Mosso, un siècle plus tard, montre plus précisément combien la pratique de l'ergographe accentue, avec le temps, la robustesse du muscle concerné[48]. Très différente pourtant est la perspective inventée par le sport. La répétition se veut si graduelle qu'elle prétend à l'insensible pour mieux progresser. L'organisation nouvelle des jeux en est la cause : épreuves successives, institutionnalisées, programmées, suivies systématiquement, de rencontre en rencontre, dans l'espace et la durée. Un procédé peut du coup s'inventer, l'« entraînement » et sa totale originalité : « accomplir tous les jours et sans grande fatigue un effort plus grand que la veille[49] ». Ajout infime mais régulier, croissance bornée mais quotidienne, circonscrite, chiffrée, métamorphosant, au bout du compte, les résultats escomptés : « augmenter jusqu'aux dernières limites possibles la résistance à la fatigue[50] ». D'autant que la progression permet de mieux maîtriser les acides que l'effort diffuse dans les muscles. Ils sont moindres par la lente économie gestuelle. Ils sont moins perçus par la lente accoutumance. La pratique est inédite, ses effets indéfiniment prospectifs. La performance l'oriente, focalisée sur le dépassement : « permettre au corps des efforts impossibles normalement [*sic*][51] ». Philippe Tissié se réfère explicitement aux compétitions pour mieux expliquer la démarche, dans un des premiers textes sur la « physiologie de la fatigue », en 1897 : « L'entraînement n'existait pas en France il y a huit ans. L'apparition [des championnats] de bicyclette l'a provoqué[52]. »

Le sport multiplie dès lors les programmes, additionne des indices chiffrés : « leçons-types » d'entraînement[53], « chartes » de progression[54], « méthode graduelle » de renforcement[55]. Le succès de quelques champions suscite la publication de leur progrès calculé, dont celui de Jean Bouin, recordman de l'heure à la course après une préparation totalement chiffrée[56]. Fernand Lagrange, en 1888, retrace jour après jour, du lever au coucher, les exercices échelonnés d'un garçon boucher devenu rameur[57] ; Raoul Fabens détaille, en 1905, les « doses savamment graduées[58] » du travail régulier d'un coureur préparant une course de seize kilomètres. *La Vie au grand air*, premier hebdomadaire de sport à la bascule du siècle, décline pas à pas, en 1914, la semaine de footballeurs professionnels[59].

Autant de progressions précises, autant de principes cultivant suffisamment le chiffre et la nouveauté pour que Philippe Tissié y voie en 1897 un « ensemble de procédés constituant une véritable science[60] », une manière de créer un savoir inédit sur la fatigue et son contrôle. Il y ajoute le régime alimentaire, inspiré des recherches biologiques de la fin du XIXe siècle, « très important dans l'entraînement[61] », tout en maintenant une « attirance » pour la viande et les protéines : « 130 grammes d'albuminoïdes, 404 grammes d'hydrate de carbone, 84 grammes de graisse[62] ». Débat constant en revanche parmi les « entraîneurs » et les médecins, au début du XXe siècle, où revient, comme jamais, la consommation d'albumine, son ajustement, sa possible diminution de quantité : « 120 grammes, puis peu à peu, il y a vingt ans, 110, 100, 80 et même 60, et même beaucoup moins de grammes d'albumine par jour[63] ». Une vision nouvelle s'est ainsi créée, porteuse d'exercices et de « planification », de calculs et de prévisions, où la performance tendrait à l'« illimité » alors que l'épuisement serait mieux « contrôlé ».

Démarche nouvelle, faut-il le redire, marquant la promotion de l'exploit individuel, mais imposant dès lors des différences dans les réalisations comme dans les étapes promises : impossible d'unifier les rythmes de chacun, impossible de penser une équivalence pour tous. Les progrès suggèrent les comparaisons, imposent le relatif, le recours aux qualités particulières, aux singularités. Ce que reconnaissent immanquablement les fondateurs de l'entraînement : « Il faut graduer l'effort d'après l'état de résistance de chaque sujet ; cet état est variable[64]. » D'où l'inévitable empirisme, le tâtonnement obligé pour désigner calculs et progressions.

Dresser des typologies

Exigence incontournable, cette individualité devient du coup plus qu'auparavant prospectée. Les organisateurs des Jeux olympiques de 1900 prétendent l'éclairer par un geste fondateur : rigoureuse observation morphologique de l'ensemble des participants[65], avalanche de mesures, déclinaison des envergures, des tailles, des poitrines, des poids, des souffles, des grosseurs. Résultats nombreux, disparates, si variés qu'ils seront d'ailleurs peu systématisés, peu exploités. Restent en revanche une attente de catégories, une volonté de répartition, d'orientation. Félix Régnault établit, en 1910, un classement jouant avec les trois valeurs de l'espace : « longiforme », « latiforme », « crassiforme » suivant la prédominance d'un des diamètres du corps, longueur, largeur, épaisseur, la carrure, au sens le plus élémentaire, visée dans ses trois dimensions[66]. Claude Sigaud établit un tableau plus exhaustif, jouant avec les formes extérieures et les fonctions physiologiques : le « respiratoire », le « musculaire », le « digestif », le « cérébral »[67]. Spécialités et résistances seraient mieux définies. L'abdomen du « digestif » s'opposerait à la poitrine avancée du « respiratoire », comme le galbe du « musculaire » s'opposerait à la sécheresse segmentaire du « cérébral ». La normalité « visible » posséderait ainsi plusieurs versions possibles, confirmées par les chiffres, les dessins, les photographies. Préférences et possibilités se regroupent. Spécialisations et recommandations se déclinent : de la course à la force, de la pesanteur à la légèreté, de l'impuissance à la capacité ; l'enjeu étant bien de favoriser « une analyse scientifique de l'individualité[68] ». Ce que la *Morphologie médicale* de Léon Mac-Auliffe et Auguste Chaillou exemplifie comme jamais en 1912, campant une multiplicité d'individus saisis par l'objectif sur fond de papier quadrillé pour mieux concrétiser leurs types et leurs variétés[69].

L'entraînement et sa diversification jouissent alors du même succès dans l'armée :

> L'on ne doit pas imposer à tous les hommes la même fatigue à leur arrivée au régiment, puisque tous n'ont pas la même résistance physique et ne peuvent donner, sans danger, la même somme d'efforts […] c'est tout le secret d'un entraînement progressif, sagement ordonné et mesuré[70].

Un tel « secret », un tel « tact » sont laissés aux officiers instructeurs, censés reconnaître les différences exigées. Des catégorisations préalables en revanche s'affinent, des potentialités s'ordonnent, comme pour le sport. Démarche d'autant plus importante qu'à partir de 1889 « le service devient réellement universel y compris pour les séminaristes[71] ». D'où d'interminables discussions sur les échelles possibles, les comparaisons internationales, les niveaux. Âge, taille, poids, poitrine sont longuement revisités pour mieux partager adaptations et inadaptations[72]. La force elle-même est interrogée, scrutée au dynamomètre[73]. Plus important, des croisements entre données sont pensés, renforçant calculs et constats. Maurice-Charles-Joseph Pignet, aide-major au 35e régiment d'infanterie, arrête, au début du XXe siècle, une évaluation accordant trois mesures décisives : taille, poids et périmètre thoracique. Le raisonnement est statistique. Densité physique et amplitude respiratoire sont combinées. Les ressources sont ramassées. L'appréciation se décline en deux temps. Premier moment : addition du périmètre et du poids (78 par exemple pour le périmètre et 54 par exemple pour le poids = 132). Deuxième moment : « retrancher cette somme [132] du nombre de centimètres de la taille, exemple 154 centimètres […]

Résultat de la soustraction : 22[74] ». Démarche éminemment formelle, sans aucun doute, mais réaliste à l'usage, « justifiée » par le nombre de cas observés, suffisamment convaincante enfin pour être bientôt adoptée par l'armée. D'où cette suggestion d'une classification « mesurable » : « Le chiffre obtenu est d'autant plus grand que la constitution est moins bonne[75]. » D'où encore l'ordonnancement d'échelles dites de « robustesse » :

Au-dessous de 10 = constitution très forte
De 11 à 15 inclus = constitution forte
De 16 à 20 inclus = constitution bonne
De 21 à 30 inclus = constitution bonne (moyenne)
Au-dessus de 35 = constitution très médiocre[76].

Les soldats seraient ainsi classés selon un principe statistique de résistance. Leurs travaux sont répertoriés, comme leurs orientations. Un indice est créé pour la première fois, se résumant à la simplicité d'un chiffre. Au moins concrétise-t-il une tentative, étendue à l'échelle nationale, de prévoir « quantitativement » la réplique possible de chacun à la fatigue de l'armée.

Chimies « protectrices »

Tout aussi originales sont les manières de profiler un espoir ; « reconstituer » les élans perdus ; répondre à cette parole de « fatigués » toujours davantage formulée : « Docteur, je suis las ; je ne puis plus me traîner. Je viens me reposer pour me soigner[77]. » Preuve, s'il en est, d'une inexorable alerte avec le siècle, avivant le sentiment de fragilité. Des substances « classiques » d'abord sont proposées, repensées en termes d'excitants ou de stimulants :

le romarin jugé « réveiller et fortifier l'esprit[78] » ; la verveine jugée « extrêmement rafraîchissante[79] » ; la vanille jugée « exciter les fonctions intellectuelles et augmenter l'énergie du système animal[80] ».

Le recours aux synthèses chimiques ensuite se diffuse, réalisées dans la seconde moitié du siècle, pourvoyeuses de produits dont rien n'indique encore la dangerosité, la cocaïne en particulier, découverte en 1855, diffusée par le milieu médical après 1880[81]. Gustave Geley la conseille mêlée au vin « dans un verre à liqueur », « prise à chaque repas », censée :

> amener rapidement la régulation du sommeil, une augmentation de la puissance de travail et surtout la disparition presque complète de la sensation d'abattement et de prostration si pénible dans la neurasthénie[82].

Suivent d'autres synthèses, révélées bientôt tout aussi dangereuses, l'« arseniate de strychnine », l'« extrait de belladone », la poudre d'opium, la noix vomique, mêlés en pilule ou en cachet[83]. S'y ajoute l'arsenal bariolé des produits jugés régénérateurs à la fin du siècle, tous censés « re-fabriquer » la vigueur du sang ou la puissance du feu : vins en tous genres, intégrant des extraits de viande, de fer ou de quina, voire de coca, comme le vin Mariani largement diffusé par son inventeur ; dragées ou granulés dont le nom étrange, l'exotisme ou la référence sanguine font la notoriété, ceux de « Gelsemium sempervirens », ceux de « colombo », les « capsules Bruel » favorables aux « maladies nerveuses en général », le « fer pur de Quevenne », la « quassine Adrian », la « poudre de bifteck garantie pure viande de bœuf »[84]. Ou les produits censés répondre à des faiblesses aussi diffuses que diversifiées : les pilules Blancard, « approuvées par l'académie de médecine » pour combattre « les périodes critiques, le surmenage, l'anémie[85] ». Souci répété : trouver quelque « puissant régénérateur de force », inverser la « dépression des forces vitales[86] », elle-même révélatrice d'une culture et d'un temps plus que des substances proposées. L'affirmation de la pratique médicale avec la fin du XIXe siècle est aussi celle des fausses promesses comme des fausses technicités. Plusieurs essais hasardeux sont aventurés, liés à l'imaginaire des puissances et des virilités, aux vertus des nerfs, au prestige inédit des infiltrations avec leurs fines aiguilles d'acier. Constantin Paul propose en 1892 une « transfusion nerveuse » pour « combattre la neurasthénie » : une injection, tous les quatre jours, sous la peau, de trois à quatre centimètres cubes de « cervelle de mouton » préalablement macérée « dans de la glycérine et filtrée ensuite dans l'appareil d'Arsonval ». Tout tiendrait à l'ajout de substance nerveuse. Tout ferait espérer une « amélioration considérable[87] ». Autre pratique, autre versant corporel, le docteur Collongues propose à Vichy, au début du XXe siècle, un « dynamoscope » censé vibrer avec « les nerfs du cerveau et de la moelle[88] » pour mieux les renforcer. Autant d'indications chimiques ou physiques, d'allusions savantes, de procédés aventurés reformulant les promesses au tournant du siècle, jusqu'à suggérer une hiérarchie entre les eaux thermales selon leur teneur en « tension électrique » ou en « substance radio active[89] », dont l'existence vient d'être découverte en 1896. À l'inquiétude de quelque « épuisement nerveux » *(nervous exhaustion[90])*, liée à l'imaginaire brusquement effervescent des techniques et des progrès, répond un investissement toujours plus diversifié, lui-même imaginaire, sur les pratiques de défense et de protection.

Réévaluer le milieu

Plus trivialement, plus fréquemment aussi, mouvements et exercices garantiraient le renouveau. Le *Journal of Nervous and Mental Disease* recourt au « bicycle », engin d'invention récente pour les années 1890, occasion d'efforts mesurés, de déplacements variés, de « changement continuel de paysage[91] », affectant « heureusement » la sensibilité. Résultat indiscuté : « Les neurasthéniques qui ont usé du bicycle ont été bien plus tôt guéris que ceux qui n'ont pas eu recours à cet instrument[92]. » La marche encore, lente, prolongée, calculée, assurerait un engagement musculaire minimal. Celle qu'évoque Octave Mirbeau dans les descriptions de son propre « traitement », réglant pour les neurasthéniques « le manège de leur ennui[93] ». Celle qu'évoque Marcel Craponne, rétablissant « lentement chez les neurasthéniques la confiance en leurs propres moyens et en leur énergie[94] ». Celle qu'orchestrent les villes thermales et leur « cure de terrain[95] », graduant, selon les forces de chacun, « chemin plat », « chemin un peu en pente », « chemin d'une pente plus accentuée », « chemin à pic »[96].

Les thermes, précisément, se spécialisent pour certains d'entre eux, réorientés, repensés, promettant au neurasthénique un environnement conçu pour lui : l'apaisement opposé à l'excitation, l'activité opposée à l'immobilité, la régularité opposée au désordre, les horizons lointains opposés aux horizons bornés. Non plus le simple « éloignement » physique et sa rupture que suggéraient déjà, pour les « nerveux », quelques établissements au début du XIXe siècle[97], mais une réorganisation attentive de l'espace et du temps : « occuper [le patient] du matin au soir, heure par heure […] Ne pas le laisser face à son aboulie[98] ». Tel le programme donné sur un mode ironique par le personnage d'Alfred Guillon, jouant, dans une pièce de boulevard, au médecin thermal en 1886 :

> Levé chaque matin à 6 heures, douche d'eau glacée […] le plus glacé possible […] Course à pied à la Raillère, gargarisme […] ensuite source Mahoura […] Retour à l'hôtel, déjeuner ; un œuf à la coque, cresson, jamais de vin ni d'épice […] Après le déjeuner retour à pied à la Raillère […] Il faut fatiguer la bête […][99].

Le corps, plus largement, est l'objet de soins spécifiques, massages, bains, douches, compresses, lavements, boissons, inhalations, contractions, relâchements, exercices variés[100]… Au cœur de la démarche : cultiver le « ressenti » corporel. Au cœur de l'attente : transformer ce même « ressenti » en promesse de restauration. Rien d'autre ici qu'une convergence : celle épousant la naissance de la psychologie à la fin du XIXe siècle, la science nouvelle installant le corps et sa conscience en principe premier ; l'affirmation de Théodule Ribot, dans *Les Maladies de la personnalité* en 1885, désignant celui-ci comme « base physique de l'unité du moi[101] ». Celle plus limpide d'Henry Maudsley, professeur au University College de Londres : « Le moi n'est autre que l'unité de l'organisme se révélant à la personne[102]. » Une manière de faire des perceptions physiques un socle de réassurance et de « reconstitution ».

D'où la crainte de dérives venues des faiblesses quasi organiques, d'où aussi les certitudes de restaurations venues des existences vivifiées. Les cures de Sébastian Kneipp sont les plus révélatrices à la fin du XIXe siècle : l'eau, le froid, la sensation étudiée jusqu'au moindre détail, des bains aux compresses, des affusions aux maillots, des vapeurs aux humidités, « aller nu-pieds », « marcher dans l'herbe mouillée », « promenade dans la neige nouvellement tombée ». Autant de pratiques concernant des patients ayant « ruiné leur santé par un excès de travail et de fatigue », victimes d'un « délabrement complet, le corps et l'esprit [étant] dans un état pitoyable »[103]. La neurasthénie serait née d'un contexte. Un autre contexte prétendrait la renverser.

Le milieu enfin c'est tout autant l'espace intime, le cercle personnel et « retiré », l'enceinte familiale comme promesse de restauration et de repos. L'occasion aussi de faire exister l'expression toute nouvelle de « bien-être », l'opposition croissante entre le public et le privé. D'où ces descriptions apparemment banales et pourtant révélatrices, à la fin du XIXe siècle, valorisant l'« intérieur » par rapport à l'« extérieur », insistant sur un cadre particulier, caché, conçu « pour soi » :

> Après une journée de fatigue et de travail, il est si naturel et si bon de se reposer, en veston d'appartement, les pieds chaussés de chaudes pantoufles. Au diable les affaires et les importuns ! On s'appartient, on est tout à ceux que l'on aime[104].

D'où encore ce mobilier repensé, accentuant volumes rebondis, matières souples, contours offerts aux formes du corps : le fauteuil se prêtant au confort, la chaise longue se prêtant à l'abandon ; non plus seulement soutenir les membres, mais répondre à leurs exigences formelles, adapter spécifiquement l'armature du siège, décliner les angles, « mouler » la matière pour faciliter des lignes inédites de repos[105]. D'où enfin ces appels nouveaux au relâchement, alors que le mot « détendu[106] » apparaît avec les dernières décennies du XIXe siècle. La littérature s'en empare, tels les héros de Joris-Karl Huysmans dans les années 1880-1890 : « Ils s'assirent ; le poêle attisé ronflait ; Durtal éprouvait la soudaine détente d'une âme frileuse presque évanouie dans un bain de fluides tièdes[107]. » Les pratiques physiques s'en emparent aussi. C'est aux États-Unis, à la fin du siècle, que Steele MacKaye[108] parvient à faire du « relaxing » une méthode connue et diffusée. Réponse sans doute à l'*« American nervousness*[109] *»*, à un sentiment diffus de tension, à mille situations où chacun se sentirait *« probably cramped*[110] *», « anxious-minded and strained*[111] *»*. Les exercices se systématisent davantage encore avec les méthodes promues autour de 1900. Eustace Miles multiplie, en 1904, les exemples de « relaxation » à appliquer dans la vie quotidienne : ne pas froncer les sourcils, relâcher la bouche, les yeux, les doigts, les pieds, marcher, parler, écrire, manger « tranquillement » *(leisurely)*, « ne pas crisper l'ensemble du corps »[112]. À l'envahissement présumé du sensible et de l'excitant s'élabore une réponse valorisant son atténuation, voire son effacement.

Se grandir

Autre versant tout aussi incontournable, le triomphe de la persévérance, ce qui n'est pas contradictoire avec la détente, l'une et l'autre relevant de l'appartenance à soi. Tel le rôle spécifique donné au « mental », l'insistance sur la résolution, formules sommaires révélant les balbutiements d'une première psychologie, interprétation d'emblée commode de quelque possible affirmation intérieure : inverser la fatigue par le vouloir, refuser la faiblesse par le grandissement. *L'Attitude qui en impose et comment l'acquérir*[113], ouvrage tout « volontariste » de Willibald Gebhardt, introduit, à partir de 1890, une longue série de textes, quelquefois triviaux, où se déclinent les lois du succès, les vulgarisations des gymnastiques élémentaires ou, tout simplement, le recours au prestige récemment acquis de l'autosuggestion et des techniques de volonté[114]. Le « propagandiste » allemand reprend les exercices déjà connus sur la respiration, l'attitude, le mouvement, en leur donnant un sens nouveau, mêlant recherche de confiance et certitude de puissance intérieure :

> Les exercices respiratoires ont au bout de peu de temps déjà une régénération [*sic*] extraordinaire du sentiment de ses forces [*sic*] et un état de bien-être général, de force active, que ne soupçonnent pas les casaniers et ceux qui travaillent de l'esprit d'une façon exclusive. Le sentiment de supériorité qui accompagne l'adresse et l'agilité, ce sentiment s'accroît, l'assurance augmente[115].

Les exercices du « vouloir » se répandent, associant espoir de réussite et lois de l'entraînement : « L'homme peut vaincre par la volonté en s'entraînant tous les jours un peu plus que la veille et en prenant ainsi de jour en jour un peu plus de maîtrise sur lui-même[116]. » Paul-Émile Lévy parle même de « gymnastique psychique[117] ». Méticulosité et résolution seraient au cœur de l'entreprise, obstination et opiniâtreté en seraient le prolongement : transformer la « volonté » en travail[118]. Autant de références suggérant l'affirmation personnelle, cultivant l'espoir d'emprise : les grands thèmes des sociétés de concurrence et de concours, accentuant au passage, et inversement, le sentiment que « la faiblesse du vouloir » serait « la grande maladie de notre époque »[119]. Le projet croise ainsi une littérature tout aussi nouvelle, au début du XXe siècle, promettant la « confiance en soi[120] », détaillant la manière de « devenir plus fort[121] », celle de « faire son chemin dans la vie[122] ». Une « vitalité suprême » serait même profilée, évoquée par certains textes américains pour transformer

« la faiblesse en force[123] » : mieux résister aux aléas, aux hostilités, aux inattendus de la vie. La fatigue de la modernité serait vaincue par la volonté.

CINQUIÈME PARTIE

Les XXe-XXIe siècles et le défi du psychologique

Alors que le XIXe siècle a exploré comme jamais la fatigue dans ses effets organiques, de la mécanique à l'énergie, de l'oxygène à l'aliment, de l'atteinte musculaire à l'atteinte nerveuse, profilant dès lors l'horizon du psychique et du mental, inventant le surmenage, la neurasthénie, le XXe siècle, celui de l'« exploration de soi[1] », a fait de la fatigue un fait global, affaiblissement physique ou même nerveux, sans doute, mais enveloppant l'ensemble d'un être, jouant avec l'inquiétude, le malaise, l'impossible réalisation de soi, bousculant l'existence de chacun. L'attention se porte aux effets les plus multiples, scrutant l'enjeu sur le contrôle « intérieur », l'assurance personnelle, le profil psychologique. Alors que la diversification des champs scientifiques n'a fait qu'ajouter d'autres conséquences encore : la place acquise par une biochimie rénovée, les hormones, les molécules « miracles », la bascule vers des pratiques inédites, jusqu'à la croyance, toujours fragile, d'« oublier » enfin ce qui limite et contraint.

À quoi s'ajoutent des conditions matérielles transformées avec le siècle : allègement relatif des charges physiques, enjeu croissant du relationnel, les flux d'informations l'emportant sur les flux d'énergie, les métiers de la « communication » l'emportant sur les métiers de la « transformation ». D'où la rupture possible dans les manifestations de la lassitude elle-même : déplacement des modes de tension, fatigue focalisée sur les exaspérations, les impatiences, les conflits, installation d'une « anxiété moderne[2] », épuisement fait autant d'abattement que d'impuissance et d'irritabilité.

Impossible enfin d'ignorer les effets de l'accroissement de l'espace psychique lui-même dans les sociétés occidentales contemporaines, ceux d'une économie plus individualisée et d'une démocratie plus développée, avec leur versant dès lors possible de fragilisation. Tout change avec des pratiques consommatoires magnifiées et un bien-être postulé, tout change avec la multiplication des services et des objets, tout change avec la croissance de l'assurance intime, sa généralisation sociale dans les milieux occidentaux, la légitimité apparente donnée aux choix, voire au désir, de chacun. Déjà, le « monde de l'internet » a favorisé à lui seul, une horizontalité « décrétée » des conditions, comme la certitude croissante, donnée « au consommateur, de spécifier de plus en plus finement les normes de ses préférences[3] ». S'ajoute une démocratie, toujours plus certaine d'elle-même, fondant l'égalité « sur une équivalence sans limites et sans discontinuité du tissu social[4] ». S'ajoutent enfin de nouvelles logiques sociales et professionnelles : les unités de production se sont transformées, induites par le tertiaire, le numérique, les modes de fabrication. Aux grands ensembles industriels fédérant côte à côte de larges pans de travailleurs ont succédé, dans les dernières décennies du siècle, une multitude de petites cellules de travail favorisant distance et séparation autant que sentiment d'indépendance et d'autonomie :

> Chacun se sent du même coup plus isolé ou confiné dans des groupes étroits, en même temps que plus responsable de lui-même, soumis à des pressions inédites, et ce d'autant plus que les formes de gestion du contrat de travail ont de

leur côté accentué la particularisation du lien entre chaque salarié et son entreprise[5].

Les conséquences en sont plus profondes qu'il n'y paraît : désaveu de toute domination, refus de toute atteinte à l'identité, alerte constante sur le « harcèlement », mot, inventé dans les années 1980, à lui seul révélateur. Les sociétés plus égalitaires résistent davantage aux attitudes d'emprise et d'autorité, rejettent davantage dépendance et sujétion. La fatigue naît alors de menaces jugées nouvelles : le frein porté à l'intégrité personnelle, celui porté à l'appartenance à soi, souffrance provenant d'un épanouissement toujours promis comme toujours empêché ; l'exaspération se diffuse, devenue lassitude banalisée. Ce qui déborde l'exercice ou le travail envahit l'espace quotidien, pénètre les instants, bute sur nos exigences elles-mêmes transformées, phénomène aussi constant qu'obligé. Une dynamique inédite peut alors s'instaurer, non plus la physique de la situation perturbant le mental au point de le troubler, mais la psychologie de la situation perturbant le physique au point de l'épuiser.

Jamais la fatigue n'avait aussi profondément pénétré le quotidien, si bien qu'il ne peut plus, sans elle, se penser.

Chapitre 25

Révéler le psychique

La Première Guerre mondiale, ses ravages industrialisés, ses atteintes à grande échelle, ses traumas sans nombre, aussi graves que nouvellement évalués, ont fait exister des fatigues extrêmes, des formes d'épuisement jusque-là inconnues. Les interrogations sur la fatigue en ont été bouleversées : recherches diversifiant les causes, approfondissant les effets. Un champ d'expérimentations inédit s'est ouvert : les situations mêmes de travail ont été autrement étudiées. Des fatigues nouvelles sont apparues, parce que différemment considérées, visant plus que jamais les retentissements sur l'ensemble de la personnalité.

Situations tout aussi renouvelées avec des techniques révolutionnant, à partir des années 1930, les espaces et les durées : la voiture, l'avion, le fret. Suivent des prospections multipliées sur les conduites, les vigilances, les dérives provoquées par les attentions trop longtemps maintenues. Univers particulier où, de physique, la fatigue se fait toujours plus psychique, étendant comme jamais ses enjeux, où, enfin, la dynamique allant de l'organique à l'intime ne fait que croître et se complexifier jusqu'à, quelquefois, s'inverser.

Les tranchées, un « franchissement de seuil »

La Première Guerre mondiale a soumis les combattants à une expérience de fatigue jugée très vite inégalée. Évocations et évaluations suggèrent, toutes, l'ultime et son dépassement : « franchissement de seuil[1] » ; « expériences corporelles et psychiques sans précédent aucun dans l'histoire de l'activité guerrière occidentale[2] » ; « conscience bouleversante d'un cauchemar[3] ». Une « extrémité » inédite s'inscrit ici dans le temps : témoignages entrecroisés, circonstances toujours plus détaillées, références à l'intériorité aussi ; la fatigue étant plus que jamais « observée » autant que « ressentie ».

Quelques particularités l'emportent d'abord : l'environnement bouleversé du combattant, les interminables trajets imposés par la sinuosité des lignes, les espaces déchiquetés, la perte de repères lors des déplacements, leur quête « pendant des heures entières dans le dédale des tranchées[4] », joignant la peur à l'éreintement ; la nécessité de ramper, celle de « paraître invisible », réponse tactique autant que physique, loin des assauts « épaule contre épaule[5] » du combat traditionnel, et cette découverte d'usures inconnues, « mains déchirées, genoux saignants, coudes rompus[6] ». Épreuves interminablement variées de corps surtout, la durée d'efforts intenses autant que l'immobilité toujours prolongée, les vêtements non changés, l'aléatoire des repas, la station dans l'humidité, le « “pied de tranchée” [...] affection susceptible de dégénérer en gangrène, conséquence des conditions de vie abominables dans lesquelles durent vivre les combattants[7] » ; le chamboulement des temporalités encore, l'absence de repos, l'alerte répétée :

> Le manque chronique de sommeil provoque chez les combattants des phénomènes d'épuisement. La perturbation des rythmes biologiques par l'inversion des rythmes de veille – dans les tranchées les activités se déroulent la nuit – et l'impossibilité de bénéficier d'une régularité dans l'alternance des phases d'activité et de sommeil aggravent encore la fatigue[8].

S'ajoutent enfin l'ébranlement de bombardements continus, leurs effets « exténuants », régulièrement traduits par les combattants : « C'est une tension mortelle [...] Nos jambes se dérobent ; nos mains tremblent [...] Nous n'avons plus ni chair ni muscles[9]. » Leurs suites « nerveuses » aussi, mal évaluées encore, mais sobrement repérées par le *Larousse médical illustré de guerre*, en 1916 : « émotions choc » dues aux « déflagrations », susceptibles de provoquer, au-delà de la « stupeur », une « agitation accompagnée de délire hallucinatoire »[10]. Ce que notent enfin des rapports de médecins ou d'officiers, souvent incrédules face à de telles abolitions :

> En quelques instants, le témoin prend l'aspect d'un grand fatigué ; il est pâle, somnolent, et sans force. Il souffre de la tête, garde un mutisme caractéristique et paraît stupide[11].

L'originalité ici ne tient pas seulement aux faits mais à leurs analyses comme à leurs conséquences. Elle tient encore à une résonance aussi précise qu'extrême : croisement évoqué de façon inédite entre l'expérience physique et l'expérience psychologique, deux références mêlées, deux références créant une intensité inégalée jusque-là. La fatigue étend ses exemples, promue en objet majeur, renouvelant les champs d'intérêt : « il a fallu la guerre avec sa période de travail intensif et prolongé pour poser le problème [de la fatigue] d'une façon aiguë et impérieuse, avec la nécessité immédiate de le résoudre pratiquement[12] ». Influence des combats et de leurs dépenses extrêmes, influence des usines d'armement et de leur défi d'urgence intense. Impossible, dès lors, d'ignorer des références jusque-là négligées, l'accentuation du regard psychologique, l'aveu « de centres nerveux détraqués[13] », le renouvellement des expressions : « cafard », « gouffre », « dépression », ces mots neufs, recherchés pour cerner davantage la sphère intime, désigner une insurmontable apathie au cœur de l'amoindrissement. Des craintes confuses s'imposent aussi, liées à un épuisement joignant toujours davantage le physique et le « mental », l'arrachement de la sphère personnelle, la quasi-amputation de soi, régulièrement évoqués : « Nous n'avions même plus assez de lucidité pour imaginer, pour redouter quoi que ce fût [...][14]. » Telle l'affirmation d'André Pézard, dans les combats de l'Argonne : « Ceux qui souffrent en réfléchissant [...] seront éliminés[15]. » Ou la longue restitution de Gabriel Chevallier, focalisée sur un abattement particulier, annulant tout recours de pensée :

> Je vis comme une bête, une bête qui a faim, puis qui est fatiguée. Jamais je ne me suis senti si abruti, si vide de pensée, et je comprends que l'accablement physique, qui ne laisse pas aux êtres le temps de réfléchir, qui les réduit à ne plus éprouver que des besoins élémentaires, soit un sûr moyen de domination. Je comprends que les esclaves se soumettent si aisément, car il ne leur reste plus de forces disponibles pour la révolte, ni l'imagination pour la concevoir, ni l'énergie pour la concerter. Je comprends cette sagesse des oppresseurs, qui retirent à ceux qu'ils exploitent l'usage de leur cerveau, en les courbant sous des tâches qui épuisent. Je me sens parfois au bord de cet envoûtement que donnent la lassitude et la monotonie, au bord de cette passivité animale

> qui accepte tout, au bord de la soumission qui est la destruction de l'individu[16].

Témoignage d'autant plus décisif ici qu'il révèle un déplacement culturel majeur, une dynamique psychologique insensiblement croissante, amorcée avec les Lumières : la volonté insistante de s'appartenir, celle de s'affirmer. Ce qui déplace inévitablement aussi le statut de la fatigue elle-même, la plus puissante surtout, la plus pesante, celle envahissant l'individu en l'invalidant : non plus la seule douleur de l'épuisement, la limite entravant mouvement et action, mais une autre douleur, plus centrale, entravant distance et appréciation, obérant la liberté de ressentir et de penser, condamnant toute disposition de soi, obstacle qui, pour la première fois, est ainsi reconnu et identifié. La référence est bien psychologique, mais sur un mode déjà plus complexe que ne l'est la vieille lassitude mentale. L'intériorité se fait impérieuse autant qu'inaccessible : constat d'une « dépossession » particulière, radicale, loin de la neurasthénie aussi, loin de son lancinant retour sur soi, de son inquiétude, de son interminable sentiment de manque. Bien au contraire, l'indicible pression des tranchées impose ici un sentiment confus, « muré » : celui de l'impossibilité de toute analyse, comme de toute réflexion ou de tout surplomb. À partir d'elle, la psychologie ne cessera de hanter toute analyse de la fatigue, fût-ce selon des intensités ou des versants variés.

Devenue exemple de toutes les extrémités possibles, portée par des observations comme des savoirs nouveaux, la « fatigue de la guerre » ouvre sur des objets plus globaux, des réflexions plus génériques, orientant définitivement vers une vision plus anthropologique de la fatigue et de ses effets. Changement si central qu'il ne peut plus être oublié.

Les voies d'une « globalisation »

C'est bien vers un profond renouvellement des interrogations que tendent nombre de recherches de l'entre-deux-guerres : la conscience d'engendrements toujours plus nombreux, celle d'effets psychologiques toujours plus spécifiques.

L'épisode se fait global, gagnant les zones les plus dérobées de l'individu. Idée fondamentale et nouvelle selon laquelle la fatigue mobilise d'emblée l'ensemble de la personnalité. L'effort atteint des strates inédites. L'engagement se fait « tentaculaire ». Triomphe de l'attention croissante à l'individuel comme à son entité possible. Charles Myers l'évoque avec insistance, non sans un sentiment de confusion, au sein des travaux de l'Industrial Fatigue Research Board, au titre révélateur, créé par les autorités anglaises, après la guerre, en 1920 :

> La fatigue musculaire dans les ateliers ne peut être isolée, comme dans les laboratoires, d'influences actives, telles que l'habileté, l'intelligence, elles-mêmes dépendantes du fonctionnement normal des centres nerveux supérieurs […] L'augmentation de l'intérêt, l'excitation, l'influence de l'émotion ou de la suggestion peuvent – comme il est reconnu – soit empêcher les manifestations de la fatigue, soit provoquer la reviviscence de l'activité mentale et musculaire[17].

Une telle certitude légitime de nouveaux recensements. Les hygiénistes multiplient ce qu'ils appellent les « causes favorisantes », scrutant les profils, les histoires, les singularités : l'« état antérieur du sujet », l'« état du système nerveux avant ou pendant l'effort », les « conditions dans lesquelles celui-ci est effectué », l'« intensité, la vitesse, la durée », la « note dominante du système nerveux »[18]... ; donnant aussi des versants toujours plus divers aux traumas censés provoquer « faiblesse et asthénie musculaire[19] ». Autant d'indications rendant plus difficile une définition trop stable de la fatigue, tant le « phénomène prend des formes différentes, peu comparables, et surtout fort dépendantes des multiples conditions d'exercice de l'activité[20] ». Ce qui conduit à des recherches différenciant toujours davantage les situations, les circonstances, les milieux.

À cette révision des causes correspond une révision des effets. Kurt Goldstein scrute, dans les années 1930, des réactions toujours « globales » : « On a même pu établir que l'organisme, sous l'influence de telle ou telle couleur, se comporte de façon sensiblement différente jusque dans sa morphologie[21]. » Maurice Boigey le confirme en observant les sportifs : les athlètes soumis à des « épreuves physiques successives » sont atteints dans leur intégrité, loin des seules traces ou douleurs musculaires ; l'impact se « généralise » : membres moins bien localisés, attitude et tenue moins bien assurées, conscience obscurcie[22] ; amputation synthétique, autrement dit, devenue leitmotiv au milieu du siècle : « La fatigue pénètre donc jusqu'au plus profond des caractéristiques psychiques[23]. » Elle traverse la personnalité, déborde les effets reconnus jusque-là.

Même référence enfin lorsqu'Elliott Smith scrute, en 1928, le comportement des ouvriers « fatigués », tous en venant à « ne plus penser clairement », imaginant « rapidement des injustices [...] des attitudes hostiles », se livrant à la « colère » ou à la « dépression »[24], subvertis jusque dans leurs affects. Même référence lorsque Morris Viteles s'interroge, en 1932, sur les *businessmen* « fatigués », tous devenant de « déplaisants tyrans familiaux », tourmentant leur entourage, troublant le « bien-être social »[25].

Différences subtiles, sans doute, entre les dominants et les dominés, les uns versant dans la pathologie de la prépondérance, les autres dans la pathologie de la sujétion ; l'atteinte n'en est pas moins toujours plus « synthétique » dans les deux cas, déplaçant les modes de comprendre et le besoin d'enquêter. La vision du « fatigué » s'est globalisée. Assurance devenue certitude : l'impact physique toujours plus varié possède un effet toujours plus profond. Phénomène « intégral », la fatigue se décline comme « pénétrant » toujours plus intimement l'individu. Le trajet de l'organique au mental n'en finit pas de se diversifier. Efforts et excès retentissent indéfiniment sur la conscience pour l'altérer.

Désigner la « fatigue industrielle »

C'est bien sur le travail encore que s'approfondissent les interrogations avec les années 1920-1930, jusqu'à la création de dispositifs institutionnels, dont celle d'un « diplôme de médecine industrielle » délivré par l'école de médecine de Harvard en 1918[26], ou celle d'un « diplôme d'hygiène industrielle et de médecine du travail » délivré en France en 1933[27]. Renouvellements théoriques aussi, dont Charles Myers donne la version le plus marquante en distinguant deux types de situations physiques lassantes, celle mobilisant les contractions musculaires, celle mobilisant les postures et le maintien. La première est de type « clonique », la seconde de type « tonique ». La première se fait d'emblée connaître, liée à toute dépense comme à tout effort, la seconde ne se fait pas vraiment connaître, plus sourde, plus masquée et pourtant plus profonde. Elle est liée aux situations de contrôle, aux maintiens statiques, provoquant des contractions, des rectifications répétées, des « inhibitions[28] » pour mieux barrer les mouvements inutiles ou « bloquer les impulsions indésirables[29] », tout en propageant tensions et contrariétés. Elle confine alors au psychologique par ces obstructions prolongées, ce dérèglement d'un « tonus » lui-même « facteur d'ordre et d'équilibre[30] ». L'usine et ses travaux le sollicitent, et le perturbent, là même où la machine supplée la force humaine, effaçant progressivement toute manutention. D'où cette accentuation du « global » et de ses effets.

Aucun doute, le fait n'est pas nouveau en soi. Le travail des enfants en est l'exemple un siècle plus tôt, pauses longuement maintenues, gestes aussi répétés que limités, surveillance des mécaniques excluant tout effort particulier. C'est la désignation des symptômes qui est inédite, la place du psychologique, la découverte de désordres traversant le comportement. C'est l'attention à de nouveaux enchaînements : l'atteinte du tonus instillerait des défaillances de contrôle, des baisses d'intensité, des « fêlures » musculaires, et du coup l'inquiétude, la crainte qui les accompagnent. Le trajet, une fois encore, du physique au mental. Suivent « les idées obsédantes et, à la longue, des états anxieux et névrotiques[31] », accentuant eux-mêmes la lassitude, toujours plus clairement spécifiés, liaison devenue aussi insistante qu'explicite entre « fatigue et psychonévrose[32] ». Une notion inédite est ainsi circonscrite, celle de « fatigue industrielle[33] », suggérée par Charles Myers et les chercheurs de l'Industrial Fatigue Research Board : abattement mêlant physique et psychologique, engendrant l'affaiblissement autant que l'anxiété, l'inconfort autant que la morosité, alors que ni l'effort, ni la dépense musculaire ne sont *a priori* concernés. Répétitions lancinantes, durée éprouvante sont au cœur du raisonnement : érosion personnelle, dégradation insensible, peu surmontée, mal compensée. D'où cette notion tout aussi inédite de « fatigue résiduelle », désignant ce qui perdure sans être restauré :

> La réparation apportée par le repos du jour ou de la nuit, n'est pas suffisante [...] Les réserves d'énergie n'étant pas récupérées, il s'ensuit un résidu d'effets généraux du travail, organiques et psychiques ; la notion de fatigue résiduelle paraît pratiquement aujourd'hui la plus importante pour l'étude de la mécanisation[34].

Sous une forme différente, plus aiguisée, plus profonde aussi, totalement repensée, se retrouve ici le thème du « dépérissement », déjà entrevu au milieu du XIXe siècle pour le travail des enfants[35]. S'y ajoute le versant psychologique des désordres intérieurs, appréhension, peur[36], fatigue « à longue portée[37] » renouvelant dès lors les interrogations et les travaux.

Réviser les temps et les lieux

Cette attention toujours plus aiguë aux harassements, aux inconforts, aux contractions gênantes, voire aux douleurs, à leur origine situationnelle, aussi concrète que matérielle, ne fait qu'étendre le champ des investigations. La curiosité se démultiplie, se porte aux conditions, aux espaces, aux temps, aux emplacements de travail. Non que le milieu ait toujours été oublié. Ses aspérités ont occupé, depuis longtemps, l'analyse des métiers : sols dangereux, particules envahissantes, locaux humides, airs irrespirables ou viciés. Les galeries des mines, entre autres, représentaient les risques majeurs. L'enjeu tenait aux pathologies. Les entours inquiétaient par les maux qu'ils provoquaient : des pneumonies aux phtisies, des crachements de sang aux hernies, des varices aux « viscosités »[38].

C'est le milieu cette fois, dans l'entre-deux-guerres, qui est jugé lui-même producteur possible de fatigue globale et non plus seulement de maladies spécifiques, comme étaient censés le faire les miasmes, les particules, la sécheresse ou l'humidité. Changement majeur soulignant l'importance croissante acquise par la fatigue elle-même, différenciant toujours davantage ses conditions, ses origines, ses particularités. Les dispositifs matériels additionneraient leur impact : « le chauffage, l'éclairage, la ventilation ont une action certaine sur le confort physique, l'état d'esprit, la production de la fatigue du travailleur[39] ». Les enquêtes se multiplient, les constats se diversifient, au-delà du travail à la « chaîne » d'Henry Ford allant déjà, dans les années 1910, « au-devant de l'ouvrier[40] » pour accroître son aisance, mais centré sur la « vitesse » et moins sur l'épuisement. Jean-Maurice Lahy détaille en revanche, en 1927, « l'influence de l'éclairage sur le rendement[41] », efficacité tout industrielle sans doute, mais la fatigue est bien à l'horizon lorsque les diffuseurs électriques « Ilrin » sont censés procurer « une lumière douce ne fatiguant pas la vue[42] ». Donald Laird mesure, en 1934, l'effet du bruit « sur la tension artérielle et la production de fatigue[43] », affirmation confirmée par le succès des procédés d'insonorisation, supports caoutchoutés ou murs capitonnés. L'air, encore, n'est plus seulement facteur de pathologies par ses substances, mais facteur d'épuisement par sa température ou son hydrométrie : « La principale cause de fatigue paraît être la stagnation de l'air qui empêche les échanges caloriques de se faire normalement entre le corps au travail et le milieu ambiant[44]. »

Nouveauté plus marquante encore, le « milieu de travail », avec les années 1920-1930, est aussi celui de l'industrie « tertiaire », l'espace est celui du bureau, la fatigue est celle de réponses peu adaptées aux instruments et aux mobiliers. Publicités et salons de vente poursuivent le même objectif : alléger les positions, abréger les déplacements, éviter courbatures ou crispations. Les tables se déploient, multipliant plans et niveaux, les sièges s'animent, favorisant hauteurs, mobilités, positions réorientées, les objets s'ordonnent, rapprochant distance et disponibilité. L'aménagement est repensé : la table « Moderny » est dite « épargner les gestes et les nerfs[45] » ; les rayonnages « Chauvin » sont dits « économiser l'espace et le temps[46] » ; les tiroirs « Strafor » sont dits obéir « à la plus légère impulsion[47] » ; le « chariot Le Porin » et son déclenchement électrique sont censés supprimer « la cause principale de fatigue pour la dactylo[48] ». *Mon bureau*, au cœur des années 1920, s'impose en magazine privilégié de ce nouvel univers : « réaliser des appareils dont la manipulation entraîne un minimum de fatigue pour l'opérateur[49] ».

Autre changement, tout aussi important, le statut du mouvement corporel pour nombre de travaux inédits : ces gestes visant des objets plus ténus, sinon plus légers, ceux d'une industrie manufacturière diffusant à grande échelle les outils du quotidien. Ce qui transforme la notion de « poste de travail », provoquant une vigilance spécifique, associée à des « micro-mouvements[50] » : coordination des mains, ajustement des doigts, agencement « restreint » dont le développement s'accroît. À l'étude portant sur la gestion des charges pesantes succède celle portant sur la gestion des coordinations motrices. À l'étude portant sur la « quantité » d'énergie succède celle portant sur la « quantité » d'attention. Ce que confirment les situations étudiées « scientifiquement » par Ralph Mosser Barnes en 1937[51] : « contrôle des transparences de bouteilles », « emballage de cartons », « pliage d'enveloppes », « assemblage de pièces de boutons de porte », « assemblage de pièces de poste de radio », « assemblage de pièces pour seringues en caoutchouc ».

Les méthodes d'évaluation changent aussi, qui recourent au film, au traçage lumineux des membres, aux temps de réaction mesurés : caméra fixe, positionnée sur les avant-bras pour permettre de préciser, image après image, chaque infime déplacement. Démarche décisive à coup sûr : elle détache définitivement l'agilité et le tact du vieux tour de main, transformant l'invisible en visible, le mouvement intuitif en mouvement « métré », installant en « objet » ce qui était à peine deviné. D'où des interrogations inédites aussi, guidant la curiosité sur la dynamique du regard, l'ajustement entre les gestes et l'œil. Et ces conclusions transposant l'image du corps en machine nerveuse : « Il faut réduire au minimum les mouvements des yeux et les points de fixation du regard[52] » ; ou encore : « Le rythme est indispensable à l'accomplissement automatique et “en douceur” d'une opération[53]. »

Reste la notion même de fatigue, bien sûr, dont le critère peut alors se troubler, repère devenu obscur, diffus, une fois éloignés les épuisements directement musculaires ou les tensions toniques et leur chimie calculée. Telle la conclusion de Barnes dans son étude majeure des « mouvements et des temps » : « Une sensation de lassitude apparaît généralement au cours des travaux de longue durée. Elle est essentiellement subjective et par suite un observateur ne saurait la mesurer[54]. » La centration sur un corps « machine nerveuse », et moins « machine de force », a favorisé la réorganisation de ses entours[55], comme elle a favorisé l'émergence d'une psychologie. C'est toute la conclusion du monumental précis de médecine du travail de Camille Simonin en 1950 : « Il est essentiel de tenir compte de l'extrême sensibilité des phénomènes de fatigue aux changements de la situation psycho-sensorielle[56]. »

À la centration sur l'espace s'ajoute enfin, avec les investigations de l'entre-deux-guerres et les interrogations sur le milieu, une centration nouvelle sur le temps. Études expérimentales plus précises, confrontation entre les durées et les productions. Démonstration banale d'abord, celle de Charles Myers : « le rendement augmente invariablement avec l'abaissement de la journée[57] ». Huit heures demeure le choix dominant, toujours plus reconnu, même si ce directeur de l'Industrial Fatigue Research Board montre comment le travailleur sait adapter son propre rythme aux durées variées *(« adapts himself to the length[58] »)*.

Plus originale est l'étude des pauses, sur lesquelles se multiplient les enquêtes, entre Europe et États-Unis faisant triompher expériences et calculs. Ceux d'Edward David Jones, entre autres, soulignant dès 1919 les « résultats » croissants des ouvriers lors d'un ajustement progressif de leurs « arrêts ». Le chiffre révèle ici une précision inégalée jusque-là : 16 pièces produites en l'absence de pause, par homme et par heure dans une usine de métal, 18 pièces avec un repos de 5 minutes toutes les 25 minutes, 22 pièces avec un repos de 3 minutes toutes les 17 minutes, 25 pièces avec un repos de 2 minutes toutes les 10 minutes[59]. Même constat pour la production de rivets dans une usine d'acier : 600 rivets fabriqués dans une journée par travailleur, 1 600 lorsqu'une pause de 2 minutes est placée après la réalisation d'un groupe de 10 rivets[60]. Tous chiffres toujours plus précis, centrés sur l'efficacité, auxquels s'ajoute le calcul des moments choisis pour de telles interruptions. Le National Institute of Industrial Psychology de Londres, après une enquête auprès de 1 050 usines en 1939, insiste sur la nécessité de placer ces interruptions lorsque le « rendement atteint son maximum[61] », d'autres les placent lorsque s'amorce le fléchissement *(« curve begins to drop[62] »)*, d'autres encore favorisent les choix des ouvriers au sein d'un nombre de pauses limité par journée[63]. Autant d'assertions favorables au consensus, inédites par leurs statistiques, tout en demeurant limitées au seul effet productif : saisir le rendement plus que l'intégrité physique et mentale de l'ouvrier, elle-même plus difficile sans aucun doute à préciser, voire à assurer.

Plus révélatrices enfin, décisives même, sont les recherches visant d'autres durées, celles dues aux changements des techniques du deuxième tiers du siècle, les conduites motorisées, les longs transports, les vigilances prolongées, engins toujours plus fluides et rapides de l'entre-deux-guerres, orientant vers une lutte croissante contre les minutes, les heures, les jours :

> Nous voyons combien la conduite d'un autobus moderne ou d'un autorail, tout en devenant moins fatigante, est – si je puis dire – plus acrobatique et ne peut être confiée qu'à des hommes dont l'ensemble des activités psychomotrices et mentales restent constamment en alerte[64].

Jean-Maurice Lahy cite, en 1937, une situation inconnue jusque-là, un travail dépassant de loin les huit heures journalières promulguées en 1919 : le trajet aller-retour, sur plus de cinq cents kilomètres, par camion tracteur et remorque de livraison de quatorze tonnes, entre trois villes françaises, effectué régulièrement avec une entreprise de transport d'un nouveau genre[65]. Le procédé se généralise, mais focalise inquiétudes et dangers. Deux conducteurs se relaient durant des étapes d'une durée globale de trente-cinq heures, tout en participant aux manutentions de chargement et de déchargement. Ils roulent la nuit, mangent sur la route, dorment dans l'engin. L'enquête de Jean-Maurice Lahy est originale, instaurant un suivi des camions par voiture, un passage de tests toutes les trois heures, une écoute des acteurs. D'où la traque des lassitudes, celles, surtout, survenant entre « minuit et 5 heures du matin », le relevé des « illusions hypnagogiques », cette « sensation d'avoir les yeux ouverts et de voir la route » alors que, déjà, les mains « ne sentent plus le volant » et que s'efface « le ronflement du moteur »[66]. S'ajoute encore le témoignage des récits d'accidents : parcours « décrivant des zigzags », remorques « roulant d'un bord de la route à l'autre », jusqu'aux plus tragiques collisions.

Tout aussi précises, les recherches américaines s'attardent aux déficits sensoriels de camionneurs effectuant de longs parcours : allongement des temps réflexes, diminution de la précision des coordinations entre l'œil et la main, diminution de la vitesse de résolution de problèmes arithmétiques, moindre maîtrise de la station debout[67]. Ce qui oriente vers des recherches nouvelles tentant d'arrêter des qualités opérationnelles jusque-là peu étudiées : la commande sensible, le contrôle de gestes brefs, la résistance nerveuse, la discrimination des alertes et des signaux. Une manière nouvelle aussi de sélectionner les conducteurs : « psychotechnique[68] », au nom inédit permettant, à l'aide d'épreuves appropriées, de tester ceux qui affrontent de telles durées, situation spécifique, autrement dit, où la concentration et son maintien l'emportent sur d'autres qualités[69].

L'enjeu, par ailleurs, est bien de qualifier un type d'épuisement, de mettre des mots sur ce que nombre de conduites anciennes ont sans doute déjà provoqué, « hallucinations » de nuit, trajets interminables, incidents de parcours, mais qui se nomment ici pour la première fois, s'aiguisant avec les engins motorisés, les accidents mortels, les notions psychologiques, la parole inquiète des conducteurs. Aucun doute, l'univers de tels « fléchissements » est jugé nouveau, spécifiquement désigné, spécifiquement redouté. Jean-Maurice Lahy recommande avec insistance une ou deux journées de repos venant scinder de tels trajets. Prise de conscience dès lors déterminante, venant autant d'un accroissement de sensibilité que d'un accroissement de technicité.

Les faits sont identiques avec l'usage devenu plus commun de l'avion, les parcours solitaires, le pilotage en alerte continue. Henri Mignet, constructeur du *Pou-du-ciel* en 1932, évoque les durées laborieusement maîtrisées, les « hallucinations », les surprises, les résistances, dans un espace apparemment sans repère et non borné : « Vos nerfs doivent tenir. La vie dépend de votre attention [...] Pas de répit, pas de défaillance [...] » ; l'issue, elle-même, laissant le pilote « fatigué, las, glacé, presque indifférent aux choses [...] »[70]. Le témoignage de Charles Lindbergh, en 1927, avec la première traversée de l'Atlantique, symbolise ce sentiment d'une totale nouveauté. Il est même restitué, heure après heure, sur les trente-trois d'entre elles « éternisant » le trajet. Lindbergh multiplie les détails : résistances contrariées, rêves dérangeants, insupportables, « torpeur » menaçante, assimilée à une « blessure infectée »[71]. Le manque de sommeil et ses effets sont au cœur du récit : « Mes yeux sont lourds comme des pierres, et les muscles de mes paupières les tirent vers le bas avec une force quasi irrésistible[72]. » La restitution subtile de ce qui n'avait jamais été cité jusque-là : « L'effort accompli pour rester éveillé, vous rend encore plus somnolent[73] » ; ou l'émoussement progressif de la sensibilité, alors que les « sels » avidement respirés ne sont quasiment plus perçus[74] ; ou l'envahissement global de « douleurs sourdes[75] », alors que la charpente physique elle-même s'effondre à l'arrivée.

Autant de témoignages majeurs, liant des fatigues « inédites » au renouvellement des techniques, à la révolution de situations quotidiennes, à l'accentuation des sensibilités aussi, alors que l'approfondissement de l'analyse elle-même, son exigence croissante, son aiguisement avec le temps peuvent donner un accent de nouveauté à ce qui sans doute déjà existait, avec les coursiers de nuit par exemple, la résistance au sommeil entre autres, et demeurait jusque-là peu ou mal relevé.

L'invention du relationnel

Prise en compte accrue de l'espace, durant l'entre-deux-guerres, prise en compte accrue du temps, les causes nouvellement entrecroisées de la fatigue ont aussi orienté les recherches vers un nouvel approfondissement de la psychologie, l'enjeu devenant ici celui du réseau relationnel, ses formes, ses obstacles, ses soutiens. Elton Mayo conduit la plus connue de ces prospections, dans les faubourgs de Chicago, entre 1927 et 1932, aux ateliers Hawthorne, chargés d'approvisionner en matériel téléphonique la société Bell[76].

Cinq employées, travaillant à l'assemblage de relais de téléphone, y sont choisies pour être suivies dans leur rendement, le plus méticuleusement, le plus longuement. Elles sont réunies dans la même salle, la *Test Room*, et bénéficient d'attentions précises : possibilité d'échanger entre elles, recommandations de ne pas se concurrencer, pauses diverses, collation en milieu de matinée, diminution de la durée du travail. Le sentiment d'acceptation et de détente ressenti par elles joue un rôle. Leur rendement augmente, fût-ce lentement et sur plusieurs années. Plus important, ce même rendement chute lorsque se tendent les affects des jeunes femmes à l'égard l'une de l'autre, à l'égard de la surveillante, à l'égard de l'équipe elle-même ; toutes

« corrélations négatives[77] », insiste Mayo. Plus important encore, le rendement chute lorsque surgissent des ennuis familiaux ou remonte lorsque cessent ces derniers ; les problèmes du mariage, entre autres, s'invitant au cœur de l'atelier pour quelquefois le perturber[78]. Le versant intime déclencherait ainsi « objectivement » des fatigues : « les relations interpersonnelles dans le travail et les situations personnelles hors du travail[79] ». Pour la première fois, c'est bien une dynamique allant du psychique au physique qui est clairement désignée.

Les enquêteurs étendent leurs prospections, multiplient les interviews, enregistrent les « problèmes » évoqués par les personnels : les salaires, la saleté, la fatigue, la restauration, le mobilier, les outils, le commandement… Les travailleurs parlent. Les insatisfactions émergent. Paroles suivies d'effets : le sentiment d'une reconnaissance personnelle accroît aisance et performance ; l'expression plus libre favorise le rendement. Autre constat : « Les relations entre les cadres et le personnel agissent davantage pour déterminer l'attitude, le moral, la satisfaction et l'efficience du salarié que n'importe quel autre facteur isolé[80]. » D'où l'insistance sur la nécessité d'un « contrôle souple et compréhensif », celle de prendre en compte l'« attitude morale et sociale de l'ouvrier », celle, autrement dit, de rendre « l'environnement plus agréable »[81]. Constat d'ensemble enfin : les limites de la fatigue reculent sous l'influence des relations psychologiques et personnelles. Ce que confirmeraient d'autres expériences, tentées au même moment, dans les pays européens[82].

Aux critères d'une fatigue révélée par la physiologie se sont ainsi ajoutés ceux révélés par le malaise ou l'inconfort psychologique : le mental, sans doute, mais perçu ici sur le mode « clinique » et individuel, saisi par une observation spécifique, précise, circonstanciée, avec enquête et entretien, hors de la seule référence littéraire ou de la seule référence émotionnelle déjà évoquées[83]. Ce que désignent des symptômes en voie d'explicitation : insatisfactions, « rêveries pessimistes », « turnover », attitudes « non coopératives », sentiment de non-reconnaissance, inhibitions, ennui, monotonie, dépression, cette part obscure et « négative » du « climat psychologique »[84].

Encore faut-il ne pas ignorer les limites de telles attentions aux « affects » comme aux relations interpersonnelles dans l'entreprise, outre qu'elles peuvent être délibérément négligées au nom de l'efficacité. Nombre de problèmes peuvent demeurer, malgré les interventions relationnelles suggérées par Elton Mayo[85], nombre de difficultés, elles-mêmes reconnues par les témoignages du temps : « Il manque quelque chose aux expériences pourtant si intelligentes des jeunes patrons : l'adhésion totale des ouvriers qu'ils veulent associer à leurs efforts[86]. » Il manque aussi, selon le jugement averti de Georges Friedmann dans les années 1960[87], la prise en compte de ce qui déborde éminemment l'entreprise, l'« extérieur » plus large, tenant au monde et au milieu : celui de l'univers économique, de la condition sociale, du sentiment d'infériorité qui l'accompagne, de l'insatisfaction qui en résulte. Autant d'obstacles liés au statut inévitablement campé de la dépendance ouvrière, dont la conscience elle-même se diffuse, s'affine, s'accroît avec le XXe siècle. Les rôles dans l'entreprise ne sauraient *a priori* s'inverser, comme ne saurait s'effacer l'asymétrie entre « décideurs » et « travailleurs ». De même que ne saurait disparaître d'un coup la « violence » même d'un tel milieu, aussi notable qu'ait été l'émergence de cette première et claire évocation du psychique.

Une « dépression » ouvrière ?

L'univers du travail est ainsi plus étudié que jamais durant l'entre-deux-guerres. Et il l'est d'abord dans sa réalité immédiate, matérielle, voire triviale. Ce qui multiplie témoignages et constats. Ce qui montre surtout un inexorable changement de sensibilité : plus d'accablement que de révolte, plus d'atteinte morale que d'atteinte physique.

Bilan systématique d'abord : « L'âme de notre temps est mesurée par la puissance mécanique[88]. » La confirmation se veut descriptive autant que visuelle. Les innombrables photographies, commentées par plusieurs auteurs du temps, rapportées par François Kollar en 1931-1934[89] après avoir sillonné la France, en sont une incomparable illustration. Enquête massive, apparemment semblable à celle de Villermé un siècle plus tôt[90], mais largement centrée sur l'image et l'opiniâtre volonté de traquer les changements. Le labeur aurait basculé. La force aurait reculé : berlines tirées par des treuils électriques dans les mines, presses hydrauliques de plusieurs tonnes pliant le métal, « brise-béton » à air comprimé succédant au travail de la pioche, sonnettes à vapeur frappant les pieux en annulant toute intervention des bras... L'investissement directement corporel court à son effacement : « la mécanisation supprime des gestes humains et diminue la fatigue physique[91] ». Une confrontation l'emporte, dans cette *France travaille*, celle effectuée entre « Avant [...] et Maintenant », « Auparavant [...] et Aujourd'hui », imposant un leitmotiv : « Leurs mains [...] laissent tomber l'outil[92]. »

Ce qui ne saurait, à l'évidence, effacer des situations où la fatigue physique demeure dominante, elles-mêmes dûment relevées par les photos de François Kollar : ces ports où des « dockers encapuchonnés coltinent des sacs de sucre[93] » ; ces transatlantiques où les « peines des hommes descendent des vergues vers le fond », obligeant les « chauffeurs » à enfourner le charbon dans un « univers de bielles et de tôles luisantes »[94] ; ces mines où chaque puits « accélère le travail », concurrencé par « le prix de revient d'autres bassins »[95] ; ces chalutiers où se multiplient d'interminables manœuvres en imposant « l'épique du métier[96] ». Les illustrations de *Floréal, l'hebdomadaire illustré du monde du travail*[97], entre 1920 et 1923, le confirment aussi, détaillant les planches « hors-texte » de « terrassiers », « tailleurs de pierre », « couvreurs », « bûcherons » ou « charpentiers », dont certains s'essuient ostensiblement le front[98], tous manieurs de pioches, pelles ou scies, malgré la domination des moteurs et de l'électricité.

D'autres exemples montrent combien l'amélioration technique peut générer des fatigues nouvelles, fussent-elles peu citées lors de leur apparition : le marteau-piqueur succédant à la pioche tout en provoquant des trépidations longtemps peu évoquées ; le masque du peintre protégeant des émanations tout en contrariant souffle et respiration, eux-mêmes aussi peu évoqués ; le harnais suspendant dans le vide les travailleurs du bâtiment tout en provoquant de possibles malaises, également peu évoqués ; la « frappe à bras », enfin, pour affiner certaines pièces à la forge, malgré le recours au marteau-pilon. Ou tout simplement des modes toujours plus nombreux de surveillance et d'accélération mécanique qu'une psychologie en voie d'élaboration commence à relever :

> L'emploi de machines-outils demi-automatiques ou automatiques allège la tâche des gros muscles. Mais ces machines par la rapidité de leur débit, par l'attention soutenue qu'elles réclament, causent une fatigue nerveuse souvent considérable[99].

Plus importante encore, plus révélatrice aussi, est la place croissante faite, par les acteurs eux-mêmes, à l'« emprise » du travail sur le comportement, dépossession intime gagnant les consciences. L'approfondissement de l'exigence psychique semble approfondir un sentiment de désappropriation, d'absence d'horizon, de perte de soi. Strate inédite dans la souffrance liée au travail, plus spécifique sans doute que la neurasthénie, plus profonde aussi que la seule influence du relationnel et de son climat affectif. Là, sans doute, est le plus clair changement durant ces années de l'entre-deux-guerres : un éveil quasi personnel définitivement affirmé et ses conséquences sur une forme d'amputation ressentie, explicitée. Les mots de Constant Malva, mineur dans le Borinage durant les années 1930, « déprimé, fatigué, physiquement et moralement » : « Je suis gourd de sommeil, ma bouche est pâteuse, je n'ai goût à rien[100] » ; ceux de Maurice Alline, ouvrier chez Renault : « La perspective de faire ça toute notre vie était déprimante[101] » ; l'insistance d'Albert Soulillou sur les propos d'un ouvrier de Ford en 1933 : « Comme si sa substance cérébrale avait elle aussi subi le contrecoup de cet épuisement[102]. » État directement désigné par le travailleur lui-même, mêlant indistinctement le muscle et l'émotion, la mobilisation physique et l'abattement moral. Simone Weil associe le plus justement cette constance de « mouvements qui font mal » et le « profond sentiment de découragement[103] ». Georges Navel suggère du coup une désespérance côtoyant l'extrême : « Je traînais le mien [le « cafard »] longtemps. Quand je lâchais pied, j'étais à bout, je voulais mourir[104]. »

Ce qui permet de mieux mesurer la distance parcourue par le psychique en quelques décennies. L'atteinte, au XIXe siècle, suppose une multiplication d'assauts physiques avant de se transformer en phase d'effondrement ou de malheur : excès d'effort chez les mineurs évoqués par Zola décrivant le « herchage »[105], excès de dépense nerveuse chez les neurasthéniques évoqués par George Beard décrivant l'*« American nervousness »*[106]. L'ébranlement organique infiltre la conscience, installant une fatigue généralisée. Très différents sont l'effondrement ou le malheur évoqués dans ces années 1930. Ils portent sur le sens, visent la valeur, se nourrissent d'un sentiment : celui de dégradation ou d'exclusion que certains travaux peuvent procurer. Ils infiltrent la conscience, installant également une fatigue généralisée, mais avant même toute confrontation à l'effort. Ils diffusent la peine avant toute peine physique. D'où cette importance croissante du psychique, venue d'un long travail de personnalisation dans la société occidentale.

Les mots de « dépression » ou de « cafard » prolongent les propos de certains combattants de 1914[107], focalisant clairement un sentiment de perte. Aucun sens savant dans une telle occurrence, mais plutôt le parti d'évoquer un épuisement particulier : l'état où la fatigue n'est plus liée à quelque absence de stimulation, d'animation ou d'excitation, comme le suggéraient les indications antérieures[108], mais celui où domine l'absence de visée, l'annulation de perspective. L'horizon psychique s'est élargi. D'où certaines dépenses d'énergie vécues comme inacceptables, voire comme abjections : « Qu'avais-je donc fait au bon Dieu pour mériter cette punition[109] ? » Attitude ouvrière inédite, autrement dit, toujours plus aiguë, où la fatigue se lie à quelque attente intérieure exigeante, fuyante, irréalisable : le sentiment du manque d'avenir, de répétition contrainte, d'absence de changement. C'est la première fois, sans doute, que la conscience ouvrière souligne, avec une telle force, le déficit d'incarnation et de finalité. C'est la première fois aussi que, dans un tel cadre, le psychologique prime délibérément sur le physique.

Autre originalité enfin de ces années 1930, l'insistance sur les particularités culturelles du travail féminin. La « fatigue de Marie Tavernier » scrutée dans le roman de Claude Pigi[110] en 1938 : la nervosité du « bureau », les réponses au « téléphone », l'indifférence des compagnes, le cumul des tâches domestiques, les dimanches écourtés par la « matinée de ménagère » et la « promenade familiale », alors que croissent le « poids dans les jambes » et le « désintérêt » que Marie ressent à son propre égard[111]. Tâches « innombrables » dûment notées. « Épouse fatiguée », « mère surmenée », Marie n'a plus qu'un désir : « un long repos loin de tous »[112]. Tout change pourtant lorsque s'amorce la relation avec un jeune collègue, échange devenu bientôt intime, signe d'une insensible liberté de mœurs autant que de la place croissante accordée au psychologique : « Il faudrait de grandes joies pour oublier de grandes fatigues[113]. »

Encore doit-on nuancer la nouveauté : autant le roman de Claude Pigi révèle une conscience plus aiguë des tâches féminines, comme une tolérance plus grande envers ce qui était érotiquement sulfureux, autant le propos vise moins un changement du statut du féminin par le travail, sa réforme ou son allègement, qu'un changement par la reconnaissance affective, l'accès au relationnel et à l'amour. La tradition se déplace sans être réellement bousculée, la femme demeurant être d'affect et moins être d'action. Ce que confirme *Marie Claire* en 1937, illustrant la fin des lassitudes et des tourments de l'ouvrière solitaire, retrouvant un amour de jeunesse :

> Alors un jour elle vit un nouvel employé dans la maison où elle travaillait et malgré les années, la fatigue et la défaite

> que lui aussi portait sur le visage, elle le reconnut. C'était le voisin d'autrefois, le cher inconnu qu'elle pleurait[114].

Psychologie sans aucun doute, mais demeurant encore « orientée » pour la femme vers l'émotionnel plus que vers l'« opérationnel ».

Chapitre 26

Des hormones au stress

L'analyse plus spécifique des traumas après la Première Guerre mondiale comme l'affirmation croissante d'une science psychologique plus conceptualisée orientent vers des questions plus personnalisées, complexifiant malaises et mécanismes intimes, complexifiant dès lors tout autant les versants possibles de la fatigue. L'identification de nouvelles pathologies a par ailleurs été déterminante, révélées par la révolution biochimique des années 1920, enrichissant comme jamais le spectre des désordres comportementaux, celui des lassitudes massives, celui des lassitudes discrètes, celui, en particulier, d'une « organicité » des « lenteurs » physiques ou mentales ; désordres souvent discrets, proches d'une quasi-normalité. Le seul dévoilement des glandes endocrines redistribue les interprétations, suggère des régulations ignorées, favorise une vision plus unifiée de l'organisme, jouant sur le « tempérament », les modes de réaction personnalisés, conduisant, au bout du compte, à l'invention du « stress », à sa présence plus généralisée, ses effets plus globalisés. De vastes profils de fatigabilité émergent alors, loin des seuls efforts musculaires, loin des seuls surmenages ou des fatigues mentales, suggérant des modes d'être, des tensions, des états, des manières de vivre le quotidien et ses aspérités, suggérant surtout, et pour la première fois, des manières « unifiées » de réagir où le seul mot d'« organisme » prend un sens global.

Cette référence inédite aux hormones, dont tout semble entretenir une dominance du physiologique, voire une centration exclusive sur le mécanique, n'est rien d'autre ici, faut-il le redire, qu'une manière de conduire toujours plus loin l'enjeu du psychique, ses sources, ses diversités, autant que ses effets. Avec le « stress », l'individu s'affirme en unité psycho-physicalisée, transformant ses émotions en effets corporels et ces derniers en effets émotionnels, selon une réciprocité comme jamais explorée.

Autre fait majeur, les hormones et leur usage sophistiqué ont fait naître l'espoir d'échapper pour partie à la fatigue, épisode mêlant triomphe et tragédie, aventure tonitruante, sulfureuse, mouvementée qui ne saurait être ignorée.

Hormone et tempérament

Lorsque des chirurgiens innovateurs tentent de supprimer les goitres au début du XXe siècle, ils autorisent, malgré eux, une réinterprétation possible des fatigues banales. Troubles majeurs d'abord : « affaiblissement musculaire, parésie, dépression de toutes les fonctions nerveuses psychiques[1] ». Leur geste a supprimé la thyroïde dont la sécrétion hormonale révèle brusquement son impact sur le métabolisme et l'équilibre énergétique : fatigue massive, dégradante, ralentissant les mouvements et la pensée. État de part en part pathologique sans aucun doute, relevant de la médecine comme des plus laborieuses thérapies. Tels sont les « myxœdémateux », au corps amolli, au visage affaissé, à la mentalité « retardée ». Mais troubles mineurs, quelquefois encore, échappant à la pathologie : le geste de tels chirurgiens suggère l'alternative de désordres modestes, de symptômes plus ténus. Le déséquilibre des sécrétions peut ne pas être massif, tout en affectant le comportement :

« Petite pathologie, qui, par degrés insensibles, descend jusqu'aux tempéraments endocriniens dans lesquels se résolvent la plupart des tempéraments classiques[2]. »

Un tableau peut alors se dessiner, dans ces années 1920-1930, censé qualifier les personnes selon leur profil « glandulaire », répartissant des « caractères », des « traits », ceux mêmes où une fatigue plus ou moins sensible est généralement présente, ceux mêmes « où sans être malade on peut être souffrant[3] ». Une manière d'inscrire des types de lassitude dans la personnalité. Ceux dont Léopold Lévi, médecin se déclarant « endocrinologue[4] », multiplie les exemples dans un texte de 1929 : l'« amorphe », « enfant que rien n'intéresse »... mais qui, après cinq semaines de traitement surrénalien, est pourvu d'un « tel besoin d'activité qu'il jongle à table avec sa fourchette »[5] ; le « sous pression », à l'inverse, dont l'effervescence est due à une intensité surrénalienne, capable d'entrain inlassable, « premier levé, dernier couché », épuisant « son entourage qui n'en peut mais »[6] ; le « décidé », vivant sur un mode « accéléré », « entreprenant, impatient »[7], poussé par l'activité thyroïdienne. La panoplie se prolonge jusqu'aux « dominateurs », « autoritaires », « noctambules », « somnolents », « indécis », « migraineux », « cellulitiques », « angoissés », « douloureux »[8] ; profils bariolés, disparates, dont la vérité tient davantage à une certitude, celle d'un lien entre glandes endocrines et résistance à la fatigue, qu'à quelque vérification assurée. Rien d'autre, en définitive, que de discrètes « déviations du tempérament normal, subordonné lui-même au fonctionnement des endocrines[9] ». La référence chimique, son existence secrète et dérobée, prétend ainsi renouveler le discours sur la personne vigoureuse comme sur la personne fatiguée.

Hormone et vigueur

Une hormone, la testostérone, s'impose très vite alors comme une des origines possibles « de notre énergie vitale[10] ». La tentation d'en « augmenter » le taux dans des organismes affaiblis s'impose tout aussi rapidement. Naît du coup une histoire toute particulière, effervescente, emportée, où les promesses de résistances semblent bouleversées, où le cœur même de la fatigue semble pouvoir être autrement affronté, étape incontournable dans la vision de l'« allègement », aussi dominante qu'influente, avant de se révéler trompeuse et avortée. Charles-Édouard Brown-Séquard, successeur de Claude Bernard au Collège de France, réalise déjà sur lui-même, à la surprise de ses collègues, en 1889, une injection hypodermique d'extraits de testicules de chien et de cochon d'Inde. Il décrit les effets, prétendant constater, à l'âge de soixante-douze ans, ses forces métamorphosées[11]. Forte conviction sans aucun doute, mais illusion à coup sûr : l'hormone sexuelle ne pouvant demeurer présente dans les extraits aqueux.

Serge Voronoff, en revanche, chirurgien familier des greffes osseuses durant la guerre de 1914-1918, prétend à une réussite plus assurée : greffer des testicules sur les humains à partir d'organes animaux. La première opération est réalisée le 21 juin 1920, en toute ignorance des phénomènes de rejet, la notion de barrière entre espèces étant encore inconnue. Voronoff explique méticuleusement sa démarche, l'état des animaux choisis, la préférence portée aux singes pour leur proximité avec l'homme, la santé des personnes greffées, l'incision des organes, le renouvellement des résistances et du comportement. De fines sections de testicules de chimpanzé ou de babouin sont implantées dans le scrotum du receveur. Les chairs se mêlent. Une dynamique s'enclenche. L'effet est dit quasi « miraculeux » : « Action constante de la greffe sur la force musculaire et l'activité cérébrale [...] Relèvement des forces physiques et amélioration parallèle des facultés intellectuelles[12]. » Les cas sont décomptés, commentés, illustrés par nombre de photos, prises « avant » et « après ». Tel M. E. L., homme de soixante-quatorze ans, « vieillard obèse, tassé, aux traits affaissés, à l'œil atone », brusquement transformé, « perdant la moitié de son embonpoint », retrouvant prestance et vivacité : « Je suis debout toute la journée et sans fatigue [...] Je monte sans fatigue les escaliers »[13] ; ou cet architecte de soixante ans, à « la démarche lourde », au « manque d'énergie », retrouvant son ardeur, « réalisant de longues marches » auparavant impossibles[14] ; ou ce fonctionnaire « apathique » disant éprouver « une fatigue moins grande » et un surcroît de « tonicité »[15]. Des greffes ovariennes sont également réalisées en 1923-1924 sur des femmes « affaiblies », décrites comme retrouvant « leur allégresse et leur élan vital », dont Mme C. K., « greffée » en juin 1924[16].

Le procédé, à l'évidence, ne peut être opérationnel, le rejet s'imposant malgré les certitudes du praticien. D'où l'inévitable part de croyance dans les témoignages des « opérés », et la preuve indirecte des effets psychologiques sur la fatigue avouée, mécanisme précieux sur lequel l'attention ira croissant. Ce qui, durant longtemps, n'a pas empêché le succès du chirurgien. Il installe une « ferme de singes » sur les hauteurs ensoleillées de Menton. Il est décoré de la légion d'honneur. Il bénéficie de commentaires élogieux dans la presse nationale. *L'Illustration* du 22 novembre 1924 « atteste » la constance « du relèvement des forces physiques et de l'amélioration parallèle des facultés intellectuelles après la greffe[17] ». Il est sollicité par des « clients » prestigieux, Willy (l'époux de Colette),

Marcel Achard, Jean Richepin, William Butler Yeats[18]. Il est reconnu par ses pairs : sept cents chirurgiens applaudissent sa prestation au Congrès international de chirurgie en 1923[19].

La croyance en revanche ne peut se prolonger face à la « chimère » du renouveau. Nombre de chirurgiens stigmatisent la méthode, constatent son inutilité, infirment les effets espérés. Kenneth Walker, du Royal Northern Hospital, assimile les opérations françaises à des procédés « de sorcières ou de magiciens[20] ». La critique s'étend au public. *Time Magazine* moque la démarche[21]. Blaise Cendrars ridiculise, dans sa nouvelle de 1935 *L'Amiral*, un « vieillard quinteux », « s'étant fait voronoffiser pour pouvoir coucher au moins une fois avec Felicia », sa nouvelle épouse, laquelle demeure inexorablement « insatisfaite »[22]. Les greffes s'interrompent avec les années 1930. La résonnance du projet a d'ailleurs porté davantage sur la visée du rajeunissement que sur celle des résistances à la fatigue. Serge Voronoff meurt le 3 septembre 1951 dans un anonymat quasi complet.

La découverte des hormones a pu sans doute contribuer dans les années 1920 à distinguer des tempéraments, différencier des faiblesses, aider à les surmonter[23] ; elle a pu donner l'espoir de restaurer des vigueurs ; leur manipulation hasardeuse, en revanche, a pu aussi, quelquefois, trahir ce même espoir. Restent, quoi qu'il en soit, la référence à des principes chimiques d'une puissance inédite et, plus encore, une manière d'instaurer une biopsychologie inconnue jusque-là. Reste surtout une représentation nouvelle du corps, majorant comme jamais l'impulsion des centres nerveux, renouvelant l'imaginaire des résistances et des solidités. L'histoire se poursuit alors en variant les produits.

Des hormones aux amphétamines

C'est en recherchant un effet hormonal particulier que s'ouvre, dans les années 1920, une voie vers d'autres substances organiques, d'autres molécules, d'autres chimies et, au bout du compte, d'autres rêves d'infatigabilité. Mirage certes, leurre en grande partie, réveillant les plus anciennes espérances, mais d'autant plus important qu'il a mobilisé les masses et a eu les effets les plus inquiétants comme les plus concrets.

Tout est venu d'une impossibilité : celle d'administrer par voie orale l'adrénaline, l'hormone extraite de la glande médullosurrénale, censée aider au soulagement de difficultés respiratoires. Suivent nombre de recherches effectuées à partir de plantes, de principes actifs, de synthèses diverses, et la découverte, en 1927, d'une structure moléculaire non dégradée par la digestion équivalant à l'adrénaline par ses effets. Le nom d'« amphétamine » est donné à la substance ainsi trouvée par l'équipe de Los Angeles initiatrice de la prospection décisive[24].

Plus important, la molécule se révèle très vite « stimulante ». Elle agit, au-delà de la respiration, sur les centres nerveux, annule le sentiment de fatigue, éloigne le sommeil, barre l'anxiété. Des tests révèlent même la possibilité de demeurer quarante-huit heures sans dormir, de prolonger les tâches sans perte de vigilance, d'entretenir la confiance, l'euphorie. L'intérêt pour la particule est alors décuplé, séduisant tous ceux que la fatigue peut concerner, parvenant même à suggérer un espoir inédit : celui de modifier par le psychotrope les résistances intrinsèques de l'homme moderne.

Une firme américaine acquiert le brevet, commercialise le produit, le met en vente libre, dès les années 1930, sous le nom de « benzédrine », amorçant une histoire totalement renouvelée. L'usage se diffuse. Les sportifs y recourent. Les militaires l'étudient. Les intellectuels le banalisent. Les psychiatres l'emploient sur leurs malades léthargiques[25]. Les témoignages se croisent : le poète Wystan Hugh Auden dit avoir longtemps commencé ses journées par la prise de la molécule[26]. Norbert Wiener, l'inventeur de la cybernétique, dit y avoir régulièrement recouru[27]. Innovation encore, les usines allemandes Temmler prétendent améliorer la découverte initiale, créant une méthamphétamine, baptisée pervitine, censée « stimuler la psyché et le cœur[28] », propagée à grande échelle, avec force publicité. Les comprimés seraient ressource tonique autant que « remède universel[29] », outils inédits d'énergie mis à la disposition des foyers allemands.

Reste le « réel » et son possible versant noir : l'amphétamine masque la fatigue, elle ne l'évacue pas ; elle « n'améliore aucunement le rendement à l'effort mais la perception de sa difficulté[30] ». Des accidents sont recensés. Ceux de défaillances cardiaques en particulier : tel cet alpiniste, en 1939, effectuant une ascension soutenue par la pervitine avant de mourir à l'arrivée[31], tels ces officiers saisis de syncopes gravissimes[32], tels ces étudiants de l'université de Munich testés en surdose, conduits à l'isolement, devenant un temps « cadavres à pervitine[33] ». S'ajoutent, chez les consommateurs persistants, les troubles du langage, les défauts de concentration, les maux divers et, plus encore, l'addiction. Dangers mesurés par Leonardo Conti, chef de la santé publique du Reich, qui alerte sur les risques de « forces physiques et mentales déclinant insidieusement, et ce jusqu'à l'effondrement inévitable[34] ». La « drogue du peuple » est « officiellement déclarée produit stupéfiant » dans l'Allemagne de 1941[35]. Norbert Wiener dira également plus tard « avoir trop négligé les effets de la drogue sur [son] organisme[36] ».

Le succès de la molécule n'en atteint pas moins un point culminant durant les combats des années 1940 : « L'adversaire [...] se nomme fatigue. Un ennemi étrange, insaisissable, qui met régulièrement les soldats au tapis, les terrasse, les force au repos[37]. » La pervitine serait la nouvelle protection. Elle fait l'assurance de Heinrich Böll, futur prix Nobel, durant les premières semaines du conflit : « Je suis bien entendu très fatigué [...] Mais il faut que je parvienne à rester éveillé. La pervitine fera bientôt son effet et m'aidera à surmonter la fatigue[38]. » Ce que promettent les usines Temmler, produisant près d'un million de comprimés par jour, « inondant » la Wehrmacht et la Luftwaffe au terme de « commandes gigantesques[39] ». Ce que confirme aussi Heinz Guderian, invectivant ses soldats, durant la traversée des Ardennes : « J'exige de vous que vous ne dormiez pas pendant trois jours et trois nuits si cela est nécessaire[40]. » La « guerre éclair » est ainsi soutenue, pour la première fois, par une drogue généralisée : « Le Blitzkrieg a été mené grâce à la méthamphétamine, pour ne pas dire qu'il était fondé sur l'usage de la méthamphétamine[41]. »

D'autres phases des combats révèlent une consommation tout aussi massive chez les Alliés : l'offensive d'El Alamein, en 1942, où les tankistes de la 24ᵉ brigade bénéficient de « doses énormes de benzédrine, distribuées à la veille de l'attaque », effectuent la percée, mais perdent 80 % de leurs effectifs[42] ; la bataille d'Angleterre en 1940-1941, où le ministère de l'Approvisionnement britannique distribue aux pilotes alliés 72 millions de tablettes de benzédrine, favorisant la vigilance, la visée la nuit, la supériorité sur les bombardiers plus lourds de la Luftwaffe, suggérant ainsi les expressions nouvelles données aux comprimés : « *co-pilot* », « *wake-up* », « *eyes-openers* »[43]. La vieille image de la potentialité énergétique est bien largement dépassée ici par celle de la potentialité chimique. Un univers de stimulations inédit est né, relayant en partie la référence à la lourde machine à feu, pour faire place à une autre référence : celle de substances toujours plus subtiles, venues de l'affinement de la science biologique, censées révolutionner les centres nerveux, avant d'échouer.

Des hormones au « stress »

C'est sur un autre versant encore de la biochimie que la découverte des hormones enrichit la vision de la fatigue durant l'entre-deux-guerres. Elle conduit même à une révolution de pensée, déplaçant le regard, orientant vers de nouvelles formes d'attentes, de sources, d'objets, ramassant ce que le psychique avait déjà révélé pour suggérer une vision plus large, sinon renouvelée.

Hans Selye, biologiste explorant dans les années 1920 le fonctionnement des glandes endocrines à l'université de Montréal, constate une brutale intensification des sécrétions hormonales et des désordres internes en cas de choc, d'agression ou de situation « éprouvante ». Événements dont il faut d'abord mesurer la diversité : blessures physiques, afflictions, émotions intimes, troubles de tous ordres, atteintes variées. Une effervescence dégradante s'instaure, parce que violente et désordonnée, voire une possible « infection » par excès de mélanges réactifs et hormonaux. L'article fondateur, paru dans la revue *Nature* en 1936, qualifie d'« agents nocifs » *(nocuous agents*[44]*)* de telles sources d'inconfort. Les « cobayes » étudiés sont des rats. Les situations évoquées, dans ce cas précis, sont multiples : « exposition au froid, exercice excessif, intoxication, blessure, atteinte chirurgicale...[45] ». Les réactions obtenues sont toujours identiques : « accroissement du thymus, modification des surrénales, perte de tonus musculaire, abaissement de la température... ». La commotion elle-même crée rupture et dérive, perte d'adaptation ; alors que naît bientôt une réaction salvatrice, parade qui, dans un second temps, favorise l'endurance, restitue l'équilibre : ordre rétabli, normalité restaurée. L'organisme se protège. Les troubles, en revanche, deviennent insurmontables une fois les agressions systématiquement prolongées. La parade s'efface. La « résistance cède », l'« épuisement » s'instaure, l'animal succombe, repris par des symptômes irrésistiblement renforcés. L'abattement irrémédiable est au bout du chemin, symbolisant une « fatigue » définitivement installée.

Le mot « stress » est proposé ici pour la première fois, désignant les perturbations de tous ordres provoquées par l'« agression » ou le « choc » trop longtemps continués. Un contexte a favorisé l'invention du terme : celui des ingénieurs spécifiant les contraintes exercées sur les matériaux du début du XXe siècle, bétons, fibres, métaux composés, aciers étirés, telles les étreintes, torsions, extensions subies par des substances se prêtant à de très infimes déplacements avant de retrouver leur ajustement, ou cédant définitivement sous d'invincibles poussées[46]. Le mot fait image, au point de changer de terrain, de se spécifier, de s'internationaliser pour une définition s'étendant à l'« organisme », désignant les substances et tensions « nocives », atteintes de tous ordres, pénétrant l'individu sous pression, pouvant conduire à son épuisement.

La correspondance avec l'humain peut alors se banaliser. Originalité décisive envisageant l'être « affecté » comme un « tout » : ensemble « générique » aussi bien dans la manière de subir l'agression que dans celle d'y réagir. La source de fatigue se généralise, approfondissant la vision « globale » que certaines analyses avaient déjà amorcée[47]. Image centrale où l'organique et le mental sont conjugués, où, pour la première fois, Walter Cannon utilise l'expression de « sagesse du corps » en visant une totalité comportementale[48]. La diversité des « stresseurs » possibles, perçus en termes de « chocs », est délibérément démultipliée, mêlant l'atteinte physique et l'atteinte psychologique, la blessure corporelle et l'émotion intime, la fatigue musculaire et la fatigue morale, ou, plus largement, le champ tentaculaire des traumas… L'épuisement étend son territoire et sa portée, centré sur des résistances brisées, non restaurées. Les registres des comportements concernés se multiplient comme jamais : les métiers devenus trop exigeants et censés « rendre fou[49] », le « vieillissement prématuré » provoqué par le « stress constant et finalement épuisant de la vie »[50], l'aménorrhée venue d'émotions répétées[51], les « troubles nerveux » en cascade liés au manque d'adaptation face à des situations aussi nouvelles qu'inattendues, toute perturbation enfin bousculant le comportement et ses équilibres établis.

Figure inédite, avec ce deuxième tiers du XXe siècle, le terme de « stress » se veut totalisant, plus global que les expressions l'ayant précédé, démultipliant dès lors les sources possibles d'épuisement, installant davantage l'individu au cœur du procès, unifiant ce qui atteint son intégrité, ce qui le perturbe, ce qui le menace ou le détruit.

Chapitre 27

De l'« homme nouveau » au tragique

Autant la notion de stress introduit aux troubles quasi contemporains, spécifiant et diversifiant déficits ou traumas, privilégiant l'intégrité individuelle, éclairant ses fragilités jusqu'aux troubles émotionnels d'aujourd'hui ; autant, en revanche, la même période des années 1920-1930 a pu orienter vers des voies différentes, raidissant les résistances, redoutant les failles de l'individualité, enflammant la puissance collective, redessinant le « viril » sur l'exclusion tragique du « non-viril ». Ce que montrent les États totalitaires, fanatisant les croyances, déniant toute défaillance, promouvant un « homme nouveau » toujours plus endurci, conduisant, en définitive, la fatigue vers des horizons inconnus.

Un contexte explique sans doute l'émergence de telles politiques « globales » : l'ascension de l'individu et les craintes qu'elle peut provoquer, celles de nouvelles dispersions ou conflits démocratiques menaçant la vison utopique d'une « nation » rêvée compacte, son unité fusionnelle, sa protection quasi religieuse ; la tolérance inédite à l'égard de brutalités possibles envers les « indésirables », favorisée par le déchaînement de la Première Guerre mondiale ; la disponibilité de « moyens colossaux de mobilisation collective[1] » et d'organisation, promis par les révolutions techniques mises à disposition du pouvoir ; les planifications à grande échelle, révélées par le premier conflit mondial, leurs maîtrises inédites ; ou, mieux, selon le mot de Marcel Gauchet, cet « outil neuf : l'"État total" », entretenant une « guerre totale » rendant « possible un État totalitaire »[2].

Une référence, moins marginale qu'il n'y paraît, demeure ainsi constante : la fatigue, son nécessaire dépassement ou sa nécessaire exploitation, le mépris des « déficients », l'opposition répétée entre « grandeur » et « débilité ». Force et faiblesse changent dès lors de registre, non plus objets du savant et de ses techniciens, mais objets du politique et de ses suppôts, à une échelle ignorée jusque-là : certitude de grandeur faite d'impunité, domination faite d'atrocité. D'où la double polarité, incontournable et mortifère : exceptionnelle résistance promise aux forts, exceptionnelle dégradation promise aux faibles. La violence, dans ce second cas, est si extrême qu'elle crée un nouveau martyrologue de la fatigue : affreuse férocité dont la mémoire ne saurait être oubliée.

Quel « homme nouveau » ?

Nombre de circonstances, différentes encore, ont favorisé, dans ces années 1930, le ressentiment collectif et son ferment mobilisateur :

> La masse des hommes généralement déçus et désespérés augmenta rapidement en Allemagne et en Autriche après la Première Guerre mondiale, lorsque l'inflation et le chômage aggravèrent la dislocation consécutive à la défaite militaire ; il s'en trouva une grande proportion dans tous les États successeurs, et ils ont soutenu les mouvements extrémistes, en France et en Italie, depuis la Seconde Guerre mondiale[3].

Revanche, violence, volonté de puissance hantent l'imaginaire de ces sociétés en dérive. Ascendance, force, exclusion nourrissent leurs convictions. D'où l'image rêvée d'un « homme nouveau », un être métamorphosé, « dynamique, viril, décidé, efficace, endurci par une éducation spartiate et par l'impact sublimé de la rigueur autarcique[4] » ; telle la couverture du premier numéro (1er mai 1919) de la revue bolchévique *Internationale communiste*[5], présentant « un homme à la musculature puissante, brisant, à la force de son marteau, les chaînes qui enserrent le monde[6] » ; telles les mises en scène d'un Mussolini exhibant « un corps à demi dénudé, puissant, rompu à toutes les tâches et à tous les exercices physiques[7] » ; vision plus « endurante » encore avec le modèle allemand, centré sur la jeunesse, glorifiée par la propagande nazie jouant avec les métaphores du fer et de la dureté :

> À nos yeux, le garçon allemand de l'avenir doit être vif et habile, rapide comme le lévrier, résistant comme le cuir et dur comme l'acier de Krupp. Pour que notre peuple ne disparaisse pas sous les symptômes de dégénérescence de notre temps, nous devons élever un homme nouveau[8].

Plus largement, c'est bien la faiblesse que stigmatisent de telles frénésies, à l'image de l'opposition entre êtres « forts » et êtres « friables », campés dans la terminologie allemande *(das Schwache)*[9]. Jacques Doriot résume mieux encore, à travers la seule Collaboration, la revendication affrontant l'infatigable et le fatigué :

> L'homme d'un mouvement doit présenter des qualités exceptionnelles de compréhension intellectuelle, de résistance morale, de ténacité et même de résistance physique. La vérité est que la moindre défaillance intellectuelle, la

> plus petite fatigue, la plus légère incompréhension du sens profond et véritable du mouvement affaiblit le respect de la discipline et celui des rites qui la caractérisent. Si l'incompréhension profonde du mouvement s'aggrave, la discipline et le respect du mouvement deviennent insupportables aux hommes fatigués[10].

Termes flous sans doute, convenus aussi, mais il n'est jusqu'aux tactiques de domination qui ne transforment le recours à l'épuisement en programme précis. Ce dont les décisions du pouvoir soviétique sont un exemple, stipulant, selon les cas, des rythmes de production irréalisables ou exténuants. Seule visée : mieux condamner, à l'occasion, les responsables ou les ouvriers, « de sorte qu'une nouvelle purge peut commencer[11] ». Arme idéologique, la fatigue se révèle, dès lors également, arme politique.

Propagande « totalitaire » et infatigabilité

Une telle arme prend toute son ampleur dans l'univers bolchévique des années 1930 : création de records, liaison entre la performance et le salaire, mythe de la résistance à l'effort. La mise en évidence d'un exploit, en 1935, transforme à elle seule les normes de production et les dépenses physiques attendues. La presse révèle qu'un mineur « de choc », Alekseï Stakhanov, dans la nuit du 30 au 31 août, aurait extrait 102 tonnes de charbon en cinq heures quarante-cinq minutes, soit environ quatorze fois le quota demandé et quotidiennement réalisé. L'homme s'est lancé « avec son marteau-piqueur à l'assaut de 85 mètres de couche[12] », observant scrupuleusement les recommandations techniques, décloisonnant toute limite admise jusque-là, confirmant l'apparition de l'« homme nouveau » promu par les soviets. Un silence, sans aucun doute, pèse sur les conditions réelles d'une production ainsi « démultipliée » : la présence d'une équipe importante entourant le mineur, celle de boiseurs avançant avec lui, celle d'aides évacuant le charbon. Le résultat n'en provoque pas moins une propagande immédiate, grandissant le travailleur soviétique, campant un modèle diffusable, généralisant la compétition à l'échelle du pays. Les propos de Stakhanov sont dûment relevés : insistance sur le recours aux outils adéquats ; « travail tendu mais alerte et joyeux[13] » ; réalisation fluide, obtenue sans épuisement : « Je ne sentais aucune fatigue et j'étais prêt à abattre la taille encore une fois, s'il y avait eu encore du bois[14]. » Renouveau majeur par rapport au totalitarisme, parce que totalement politique.

Exemple de perfection et d'infatigabilité, l'acte de Stakhanov engage un « culte de la personnalité en miniature[15] », celle de l'« homme transformé » : son visage s'impose, occupant affiches et photos, son nom est donné aux places et aux rues, une ville d'Ukraine parvient même à le porter. La campagne conquiert l'opinion internationale, installant plus fortement l'URSS dans la compétition Est-Ouest, valorisant la production soviétique, jouant sur l'adhésion des travailleurs au régime staliniste, convainquant au passage *Time Magazine* de consacrer sa couverture du 16 décembre 1935 au mineur du Donbass. Le « stakhanovisme » se donne en mode de vie, cultivant le « plus » dans la Russie des années 1930, conduisant même à d'interminables surenchères : les *dvukhsotnik* (200 % des quotas journaliers) ou les *tysyachniki* (1 000 % des quotas journaliers)[16]. Pure idéologie, faut-il le redire, niant toute analyse précise ou vérification instrumentée :

> En refusant de laisser poser en termes scientifiques, la question de la fatigue industrielle, les théoriciens marxistes de

l'ère stalinienne prétendaient (et croyaient peut-être ?) supprimer la fatigue elle-même[17].

Alors que se diffuse une réalité plus sombre : détérioration de la situation des ouvriers, baisse de leur niveau de vie, stratification des inégalités[18]. Alors aussi que le procédé peut provoquer « la détérioration rapide des équipements à cause des cadences forcées[19] ». Plus largement, l'intense accélération du rendement, le mépris du travail en équipe, la circulation de chiffres inaccessibles ont « pour résultat une désastreuse rupture d'équilibre de la jeune industrie[20] ».

Un tel dispositif permet enfin, et peut-être surtout, d'obscures sanctions envers ceux dont l'adhésion ne semble pas acquise, menaçant une solidarité postulée, à l'exemple de l'enquête sur l'industrie du bâtiment dans la Hongrie de 1950 : un secteur entier, celui de plusieurs centaines d'ouvriers, « est nettoyé des "éléments ennemis" » après « l'effondrement d'un barrage »[21]. Le stakhanovisme permet ici de donner le change, image sciemment construite, magnifiant « l'homme nouveau », créature d'un parti, pour mieux effacer « l'homme dégénéré », toujours plus écrasé.

Avec cette différence enfin, opposant socialisme et nazisme, le premier postulant son ascension et sa légitimité sur l'infatigabilité prêtée au travail, le second sur l'infatigabilité prêtée à la race et au sang.

Épuisement et anéantissement

Dans les deux cas en revanche, la logique du régime « totalitaire » est d'écarter tout individu censé menacer une « unité fusionnelle », celle fantasmée par un pouvoir investi de tous les droits. L'enjeu est même d'« éliminer, lentement ou rapidement, les éléments jugés nuisibles, racialement ou socialement[22] ». L'homme nouveau possède ici son « envers » : l'homme rétif, l'être dégénéré ou « dangereux », celui promis aux misères des faibles. Deux univers inconciliables. Ce qui légitime l'épuisement possible comme arme politique. D'où la création de camps, la mise à l'écart, cette enceinte où seraient séparés, voire anéantis, ceux qu'un tel régime juge « étrangers » à lui-même.

Le mot de « camp » peut d'ailleurs ne pas être toujours adéquat : l'extermination des Juifs par le gaz, dès leur arrivée, ne relève pas du régime concentrationnaire. À Belzec, Chelmno, Sobibor et Treblinka[23], rien n'est prévu pour les recevoir, les nourrir ou les abriter. Seule fonction : l'anéantissement subit d'êtres estimés inassimilables et racialement inférieurs.

La « concentration », en revanche, l'établissement de camps ont une première fonction : « isoler à titre préventif une partie du corps social, c'est-à-dire des individus ou groupes d'individus jugés suspects, sinon nuisibles[24] ». Aucune vision économique dans ce cas, aucune attente d'un quelconque travail des « réprouvés ». La finalité est ailleurs : l'humiliation, l'affaiblissement, la souffrance aussi, la lente disparition ou, dans le cas soviétique en particulier, la vague perspective de transformer le « coupable », de le régénérer. Le cœur du système est de stigmatiser autant que d'épurer. D'où l'exigence d'un labeur possible, mais inutile et punitif. L'évocation d'Hermann Langbein : « Des pierres sont portées au pas de course d'un endroit à un autre, soigneusement empilées, puis ramenées, toujours en courant, à l'endroit où elles se trouvaient à l'origine[25]. » Épuisement constamment « disponible », intuitif, aveugle, massif.

La perspective se réoriente pourtant, à la fin des années 1930, avec la durée de l'enfermement, l'état de guerre, la perte de main-d'œuvre. Le travail peut alors changer d'objet, la fatigue de destination. Himmler et le ministre de la Justice du Reich décident de livrer aux camps, « en vue d'une extermination [*Vernichtung*] par le travail », les « détenus préventifs » : Juifs, Tziganes, Russes, Ukrainiens, Polonais[26]. Les « internés » promis à anéantissement le sont par la tâche. Encore faut-il complexifier ici la notion d'épuisement. La dépense physique est « associée » à nombre d'autres atteintes décuplant la fatigue : mauvaise hygiène, violences, faim, froid, maladies[27]. L'autorité soviétique invente même un dispositif accélérant la dégradation : « ceux qui travaillaient mal mangeaient moins. Ce procédé condamna des centaines de milliers de personnes à la mort et à l'invalidité, poussant le Goulag à expérimenter de nouveaux moyens de "motiver" la main-d'œuvre[28] ». Autre pratique, l'autorité SS accélère spécifiquement les rythmes, dans un défi de productivité, de contrôle et de domination : les déchargements se font au pas de course, les pentes avec brouettes doivent être escaladées au trot, la faim accentuant bientôt le versant insurmontable des tâches exigées[29]. L'espérance de vie aux usines d'Auschwitz se compte alors en quelques mois[30]. Main-d'œuvre « transitoire », d'emblée condamnée par le jugement sur « la nocivité juive[31] ».

Le poids de la fatigue est enfin si présent qu'il est même quelquefois spécifiquement expérimenté : l'« interné » devenant cobaye du supportable et de l'insupportable. Un « commando piéton » est créé au camp de Sachsenhausen, dès 1936, au nord de Berlin, où les prisonniers sont soumis à un régime précis : « marcher durant des heures et sans s'arrêter pour éprouver la résistance des semelles de l'industrie de la chaussure allemande[32] ». Un raffinement implacable prétend même différencier les résultats selon l'état des sols arpentés (sables, glaise, gravillons ou pierrailles), la taille des chaussures adoptées ou la pesanteur des charges portées. Expérimentation plus implacable encore, une « patrouille des pilules » est créée en 1944, réclamée par la marine allemande, pour évaluer les effets d'un composé « énergisant » récemment inventé. Le rapport final prétend exclure toute hésitation :

> Garder des hommes éveillés et aptes au service en ne leur donnant pas ou peu la possibilité de dormir pendant quatre jours et quatre nuits, relève du domaine du possible avec les substances A et D. Les substances B et C doivent être privilégiées[33].

Dans la société totalitaire, la fatigue est définitivement devenue arme politique autant qu'objet de calcul tragique et d'exploration ultime sur les suspects et les exclus, une manière de tenter tous les essais possibles sur ceux dont le corps demeure le dernier vestige à exploiter.

Le « loisir » entre totalitarisme et démocratie

La menace de cette même fatigue, en revanche, est prise en compte de manière apparemment positive dans le cas des travailleurs « nationaux », l'univers productif, soutenu et « honoré ». Un « loisir » est même organisé dans l'Allemagne nazie avec les années 1930, prétendant atténuer les effets d'un effort prolongé, pour mieux accroître l'efficacité travailleuse : « La fonction du temps libre et des congés est l'élimination complète de la fatigue naturelle, inévitable. De la réalisation complète de cette tâche dépend la stabilité de la capacité productive[34]. » Le raisonnement s'applique à l'« homme nouveau », alors qu'il s'inverse totalement, on l'a vu, pour l'être condamné : une brève « interruption » annuelle du travail aurait un effet préservateur, accentuant la « solidité des nerfs[35] » pour les ouvriers allemands. Ce qui rejoint, au même moment, une dynamique plus largement européenne : la notion de « vacance », l'attente d'un temps libre inédit, renforcée après la Première Guerre mondiale, revendication surgie au cœur des sociétés industrielles, visant à en réduire l'impact. La délégation suédoise demande l'inscription d'une telle question à l'ordre du jour de la première conférence internationale du travail, en 1919 : « Une période de repos absolu chaque année est essentielle au maintien de la santé physique et morale des travailleurs[36]. » Un projet de loi est déposé, le 11 juillet 1925, à la Chambre des députés en France : « La généralisation du congé devient nécessaire pour conserver la capacité de travail et la santé des travailleurs [...] les rendre plus productifs au travail[37]. » Projet ambitieux, non abouti encore à cette date, mais bientôt plus vaste, plus complexe, dépassant la seule notion de « pause » étudiée jusque-là.

La promesse se glisse aisément dans une société totalitaire, toujours prompte à orienter et diriger toute activité, comme dans l'Italie fasciste ou l'Allemagne nazie. Les croisières annuelles réservées aux ouvriers allemands par le mouvement *Kraft durch Freude* (La force par la joie), institution substituée aux syndicats dès 1933, en sont l'exemple caricatural : destinations non choisies par les bénéficiaires, « horaires fixés à la minute près[38] », recommandations stipulant le vêtement à porter, l'attitude à respecter, les fleurs autorisées à cueillir, l'heure du coucher[39], spectacles, enfin, intégrés de part en part à l'idéologie, « le folklore étant mis en avant par rapport à l'"art dégénéré"[40] ». D'où la vision quasi contradictoire d'un tel « repos », la saturation obligée des consciences tendant à effacer tout relâchement.

Rien de comparable dans les sociétés démocratiques, l'individualité n'ayant pas ici la même place et le mot « loisir » le même sens. La nouveauté est d'emblée celle d'un temps « pour soi », vacuité inédite, particulière, qui, à l'origine, n'est d'ailleurs pas toujours saisie de tous. Tel l'ouvrier métallurgiste toulousain répondant aux enquêtes rétrospectives de Janine Larrue dans les années 1950 : « Des loisirs ? Moi, je n'y avais jamais pensé[41]. » Tout change pourtant en France lorsque le Front populaire fait voter pour la première fois, le 12 juin 1936, la semaine de quarante heures et les deux semaines de congés payés. L'enjeu devient « symbole[42] ». Certains y voient « l'An I du bonheur[43] », d'autres une « ascension vers une vie supérieure, plus humaine », outrepassant les seules « compensations de la fatigue »[44], d'autres encore une forme inédite de liberté :

> Ne pas aller à l'usine, pouvoir rester chez soi, ne pas être obligé de se lever aux aurores, de courir pour arriver à l'heure, échapper aux exigences du contremaître et de la production, à la menace de sanctions distribuées au moindre accroc au règlement de l'atelier ou à la baisse du rendement [...] Or cette situation de liberté, de liberté légalement reconnue (car en cas de grève aussi l'on est libre), c'était la première fois qu'elle existait. Cette vacuité qui n'entraîne pas de sanction salariale était donc inédite, insolite même. Elle fut ressentie intensément par tous, quelle que soit la manière dont ils ont peuplé leur temps libre[45].

C'est encore le constat de la philosophe Simone Weil accompagnant de « longues caravanes de travailleurs » allant à la gare de Lyon : « ils pleuraient de joie, ils chantaient et disaient des choses aussi naïves que “Vive la vie”[46] ». C'est tout autant le témoignage de la peinture,

L'Aube de Krsto Hegedusic, en 1936[47], avec ces cyclo-touristes aventurés dans un horizon sans limites, ou *Les Loisirs* de Fernand Léger, mêlant plages et maillots, vélos et coureurs, colombes et fleurs, confirmant la pénétration culturelle de telles instaurations sociales[48]. Autant d'illustrations ou de moments, dans un processus de longue durée.

Chapitre 28

Les promesses du bien-être ?

Totalitarisme et démocratie ont exploité, selon des usages radicalement inverses, la référence politique à la fatigue. Reste que la reconnaissance « heureuse » du loisir, celle du « temps libre », l'accroissement de l'individualisation, l'avènement d'une société de consommation dans les pays démocratiques ont privilégié cette question de la fatigue, en avivant son importance. Ils ont promis l'allègement de celle-ci, son aménagement, sa protection. Les initiatives de l'État-providence prétendent aller dans ce sens. Vacances, sécurité sociale, retraites, durée de travail sont jugées y avoir contribué. Au point que l'expression inédite de « bien-être » a pu surgir dans ces mêmes pays à la fin des années 1950 ; formule censée révolutionner le quotidien, assouplir les contraintes, simplifier les modes de vie. Première reconnaissance institutionnelle de ce qu'une grandissante prise en compte du psychique avait fait entrevoir. Indiscutable « idéologie moderne[1] », autrement dit, dont il faut, avec attention, mesurer la portée historique autant que les effets.

Concrétiser l'usure

Impossible d'abord d'ignorer les nouvelles réponses administratives et sociales, voire politiques, celles répliquant, après la Seconde Guerre mondiale, aux épreuves de l'usure et du labeur. La Sécurité sociale installe à cet égard, en 1945, un système d'assistance voulu « universel ». Changement majeur, « jours heureux » même promettent les textes fondateurs, garantissant, à partir de la contribution de chacun, la généralisation d'un système assurantiel :

> Envisagée sous cet angle, la sécurité sociale appelle l'aménagement d'une vaste organisation nationale d'entraide obligatoire qui ne peut atteindre sa pleine efficacité que si elle présente un caractère de très grande généralité à la fois quant aux personnes qu'elle englobe et quant aux risques qu'elle couvre. Le but final à atteindre est la réalisation d'un plan qui couvre l'ensemble de la population du pays contre l'ensemble des facteurs d'insécurité ; un tel résultat ne s'obtiendra qu'au prix de longues années d'efforts persévérants, mais ce qu'il est possible de faire aujourd'hui, c'est d'organiser le cadre dans lequel se réalisera progressivement ce plan[2].

L'« après-époque travailleuse », pour chacun, fait l'objet d'un dispositif minutieux. L'âge de « départ » demeure 60 ans, « au taux de 20 % du salaire annuel de base », auquel s'ajoutent des avantages progressifs en cas de prolongation jusqu'à 65 ans, le but étant de « maintenir le maximum de travailleurs en activité pour gagner la bataille de la production[3] ». Mesure « limite », à vrai dire, alors que l'espérance de vie, au même moment, est de 69,2 années pour les femmes et de 63,4 pour les hommes[4].

Une première originalité en revanche porte sur l'évocation des « activités particulièrement pénibles de nature à provoquer l'usure prématurée de l'organisme[5] », et l'attribution d'avantages financiers à ceux et celles qui en ont été l'objet. Double visée : reconnaître explicitement l'existence d'une fatigue au long cours, désigner celle-ci selon une liste dressée après consultation du Conseil supérieur de la sécurité sociale[6]. Nuance, en revanche, le gain concerne ici, exclusivement, le taux de pension et non l'atténuation du dommage par l'avancée du départ. Preuve, s'il en est, de la difficulté de moduler des âges et des seuils.

Nuance encore, importante cette fois, l'« usure prématurée » peut être liée à la fatigue autant qu'à bien d'autres influences, comme la dangerosité des produits manipulés ou les risques du milieu affronté. Rien d'autre alors qu'une manière de ramasser sous une même notion ce qui, dans le travail, peut abréger ou compromettre la vie ; d'orienter l'atteinte vers une vision dépassant définitivement la vieille vision de Ramazzini limitée aux pathologies ; de faire converger la fatigue avec d'autres affaiblissements ; d'unifier ce qui compromet la « vitalité ».

Originalité tout aussi marquante dans ce texte de 1945, « l'existence d'un certain nombre de régimes spéciaux par rapport au droit commun[7] » ; le maintien, autrement dit, d'une « précocité » de l'âge de départ pour des métiers plus précis, censés accentuer la « fatigue » ou l'« infirmité », bénéficiant, surtout, depuis longtemps, d'une telle réglementation : ceux des « établissements industriels de l'État », des « entreprises minières », de la SNCF, des « services actifs de l'État », des « entreprises d'exploitation de transport et de distribution de gaz et d'électricité »[8], etc. Le dispositif conforte le principe d'« équité » par rapport à celui d'« égalité » : réserver des droits à ceux qui sont censés les « mériter », tout en « complexifiant le système[9] » autour de critères interminablement discutés et de financements interminablement ravivés. Reste que l'« usure » est définie ici par le métier plus que par l'activité elle-même, révélant toute la difficulté de saisir la spécificité de l'« atteinte » sur le long terme et ses effets.

La progressive disparité du nombre de cotisants par rapport à celui des retraités conduit par ailleurs à une décision gouvernementale à visée clairement restrictive en 1953. L'usure y est nommée autant que discutée, sinon réévaluée :

> À compter du 1e septembre 1953, les personnels [...] tributaires de régimes particuliers ou spéciaux qui occupent des emplois dont la nature n'est pas susceptible d'entraîner une usure prématurée de l'organisme ou n'est pas subordonnée à des qualités physiques déterminées [...] ne pourront solliciter leur mise à la retraite avant l'âge auquel les agents de l'État peuvent prétendre à pension d'ancienneté, ni être mis d'office à la retraite avant d'avoir atteint la limite d'âge applicable aux fonctionnaires civils de l'État[10].

D'où, pour la plupart des cas, ceux des services dits « actifs[11] » en particulier, le départ à 60 ans au lieu de 55 ans. D'où aussi la forte résistance des agents concernés : mouvements sociaux, grève des fonctionnaires, grève de trois semaines à la SNCF, refus divers, déterminés. D'où, enfin, le recul du gouvernement, quelques semaines plus tard : « Il est acquis qu'il ne sera pas touché » aux services spéciaux de retraite[12]. L'épisode est sensible, symptomatique, révélant combien « l'état d'esprit est important en la matière[13] », rebelle aux constats possibles ou aux démonstrations chiffrées ; révélant surtout combien les « régimes spéciaux sont perçus comme un véritable élément du statut social[14] », mieux, comme un facteur majeur d'identité.

Des ajustements, dès lors, se succèdent. Ce que montre la création de la vignette automobile, le 27 juin 1956, censée pour la première fois alimenter un fonds national de solidarité compensant de possibles déficits[15]. Reste, faut-il y insister, avec les ordonnances de 1945 en France, l'invention d'une « protection » de grande ampleur, où la retraite est dite répondre à une usure clairement nommée et quelquefois quantifiée, fût-elle l'objet d'inévitables révisions, aménagements ou conflits.

Inventer l'ergonomie

De telles institutionnalisations en appellent d'autres, censées accroître leurs garanties. La nécessité d'expertise grandit, comme grandit la nécessité de désigner les atteintes, les épuisements, celle de les apprécier, voire de les légaliser. Une médecine du travail, longtemps aléatoire, irrégulière, ponctuelle, prend, après la Seconde Guerre mondiale, une forme jusque-là inconnue. Spécialité médicale mieux affirmée, elle installe, au sein de l'« usure », deux axes d'investigation : la fatigue et la pathologie du labeur. D'où l'attention plus savante aux « lésions » venues des « attitudes et mouvements professionnels, crampes, déformations du squelette, synovites tendineuses, exostoses…[16] » ; désordres pathologiques dus à une fatigue mieux singularisée, au-delà des accidents, intoxications ou maladies.

Une loi du 28 juillet 1942 rendait déjà obligatoires les services médicaux et sociaux dans les entreprises[17]. Avec des limites importantes : la reconnaissance d'une autorité médicale aidant à mieux évaluer les risques, les contagions, les installations s'accompagnait d'un accent discriminant, orienté prioritairement vers l'appréciation des aptitudes des chômeurs, pour mieux contraindre et recourir aux réserves de main-d'œuvre[18]. Très différente est la loi du 11 octobre 1946, suivie par le décret du 26 novembre 1946, généralisant les services médicaux tout en assurant

« l'indépendance en même temps que l'autorité des médecins chargés de ces services[19] ». Les formes d'une telle présence varient, bien évidemment, selon la taille de l'entreprise ou selon les « travaux dangereux » qu'elle peut abriter (égouts, abattoirs, équarrissages, chambres frigorifiques, émanations diverses…). Son rôle, en revanche, est clairement préventif :

> – Améliorer les conditions hygiéniques et sanitaires du travail.
> – Éviter la fatigue et l'usure prématurée en faisant concorder les exigences du travail avec les aptitudes psychosensorielles du travail (orientation biologique de la main-d'œuvre).
> – Introduire dans l'usine les ressources de l'hygiène mentale[20].

Rôle notable, d'autant que les références savantes ici mobilisées sont nettement croissantes : « médicales, psycho-affectives, physiologiques, sanitaires, techniques, sociales[21] ».

La première d'entre elles porte sur une préoccupation nouvellement définie, apparue après la Seconde Guerre mondiale : l'« ergonomie[22] », confirmée par la création à Londres, en 1949, de l'Ergnomics Research Society[23] ; terme inédit dont l'étymologie renvoie à la « loi de la force » *(ergon nomos)*. Non que cette « loi » fût ignorée : bien au contraire, les mécaniciens du XVIIe siècle l'avaient inventée[24], les « mécaniciens industriels » du XIXe siècle l'avaient approfondie[25], les ingénieurs des années 1920 l'avaient systématisée[26]. L'originalité est de privilégier moins le résultat pratique que l'aisance et le bien-être de l'« ouvrier », la manière de faire en se protégeant, la prévention avant l'action. Ce qu'explicite le projet :

> Ensemble des connaissances scientifiques relatives à l'homme et nécessaires pour concevoir des outils, des machines, des dispositifs qui puissent être utilisés avec le maximum de confort, de sécurité, d'efficacité[27].

La vieille dynamique censée ménager le mouvement s'accentue sur un mode neuf. L'enjeu est bien d'inventer une utilité « commode », un « avantage » centré sur l'acteur lui-même, soutenant son agrément, favorisant ses sensations, jusqu'aux dispositifs les plus banals. Gestes et positions sont les premiers visés, la « défense de soi » l'emportant sur l'« efficacité de soi » : les porters en particulier, où tout levage exécuté « dos arrondi » exerce un effet d'écrasement sur les « disques intervertébraux[28] », obligeant dès lors au « dos droit » ; les attitudes « fortement fléchies[29] », entretenant des efforts souvent inutiles, obligeant dès lors au redressement ; le « maintien des bras en extension frontale ou latérale[30] », multipliant les crispations excessives, obligeant dès lors au rapprochement des objets. Ou encore le placement des leviers, « à la hauteur des épaules lorsqu'on travaille debout […] À la hauteur du coude lorsqu'on travaille assis[31] ». L'exécution se veut « aisée », sinon agréable. D'où l'exploration de douleurs jusque-là peu relevées, l'appel à corriger des postures jusque-là peu interrogées ; une prétention à réviser l'espace corporel comme l'espace environnant ; l'exploration renouvelée des bruits et humidités, lumières et chaleurs, vibrations et sols ; l'insistance sur la nécessité de « prendre en considération des caractéristiques humaines multiples, sensorielles, intellectuelles, motrices, adaptatives, dimensionnelles, et aussi celle des effets de l'ambiance du travail sur les performances[32] ». Diversité déjà rencontrée, mais plus systématiquement affrontée et délibérément orientée vers la prévention.

Les positions assises, en particulier, sont aussi plus qu'auparavant explorées, révélant, dans ces années 1950, la présence croissante de métiers excluant la force. D'où l'inépuisable invention de mobiliers censés dynamiser un plan de travail placé à portée de main : « siège tournant », « siège suspendu », « siège à levier mobile », « siège à glissière », « siège escamotable »[33]. Ou ces panneaux de commande étudiés dans leur plus grand dépouillement possible pour mieux simplifier et clarifier l'usage des ordres et des signaux donnés[34].

Croiser les modèles physiques

Impossible encore, au-delà de l'ergonomie, d'ignorer les avancées savantes, le croisement des modèles physiques, références renouvelant, après la Seconde Guerre mondiale, l'ensemble des repères organiques. Les uns et les autres s'approfondissent, se hiérarchisent, convergent, redéfinissant comme jamais l'image d'une « unité » biologique, avec d'immédiates conséquences sur la vision des défenses charnelles, fournissant autant de repères représentatifs donnant sens au fonctionnement du corps.

La dépense énergétique vient en premier lieu, image familière du feu, dynamique tirant sa force de « l'oxydation et de la déshydrogénation[35] ». Nouveautés en revanche, celle de la précision croissante des chiffres conditionnant cette même énergie, celle de leur croissante catégorisation, jusqu'à l'établissement de normes quasi internationales. L'Organisation pour l'alimentation et l'agriculture des Nations unies[36] établit statistiquement, en 1945, la ration d'un « travailleur moyen » à 3 200 calories, évaluation quasi semblable à celles du début du XXe siècle[37], tout en accentuant les détails : un tel chiffrage est fondé sur le maintien du poids comme critère de santé ; il concerne un homme de vingt-cinq ans pesant 65 kilos ; il varie s'il s'agit d'une femme (baisse de 500 calories), si le poids du corps est plus grand (ajout de 350 calories par tranche de 10 kilos supplémentaires), si le sujet fait du sport (ajout de 500 à 1 000 calories). Ce qui entretient, au passage, une discrimination homme-femme, tout en intégrant la présence des nouveaux loisirs. Précision supplémentaire : les individus à jeun depuis vingt-quatre heures sont contraints d'accentuer la vitesse de leur pouls comme celle de leur respiration. La nourriture, autrement dit, assure et stabilise le « rendement ». Aucune surprise : le muscle ne peut fonctionner sans recevoir, « par unité de temps, une certaine énergie[38] ».

Centré sur les rapport entre les entrées et les sorties, un tel modèle s'associe encore à un autre, celui du réseau chimique, figure princeps grandissant avec le XXe siècle : la régulation corporelle et son ajustement constant, les messages internes et leur pouvoir médiateur, tous participant à l'« énergétisation » de l'ensemble. Telles les hormones toujours plus différenciées, leur coordination « des fonctions organiques[39] », leur « équilibre » ou leur « déséquilibre » affectant inévitablement la fatigue. Les exemples se conjuguent jusqu'au système : l'insuline favorisant l'entrée du sucre dans les cellules, la thyroxine « renforçant les fonctions respiratoire et circulatoire[40] », la pituitrine contribuant à « la contraction des muscles lisses[41] », toutes sécrétions interminablement explorées par la physiologie. Les minéraux, ensuite, le fer, favorisant l'oxydation et l'action du « brûleur », le calcium, favorisant l'édification du squelette et la coagulation du sang[42]. Les vitamines, enfin, substances nouvellement désignées, ajoutant à la régulation par leurs doses infimes mais vitales : la vitamine C aidant aux oxydations[43], la vitamine B aidant à l'élimination des déchets musculaires[44], la vitamine E aidant au renforcement nerveux, sans, en l'occurrence, que « l'on sache guère encore à quoi la rapporter[45] ». Les régimes sont métamorphosés.

Jamais le tableau des rations n'avait pris une forme aussi quadrillée, multipliant les entrées, ajoutant une note quasi qualitative aux seules références quantitatives. Le National Research Council formule, sous cette forme, à l'issue de la Seconde Guerre mondiale, ses recommandations de doses en vitamines et en minéraux, complétant les chiffres inchangés des calories, 3 000 pour « l'activité normale », 4 500 pour « le travail de force »[46]. Les sources de fatigue oscillent ici autour des compositions et des carences alimentaires. Les évaluations se complexifient, les surveillances s'accroissent. Impossible de s'en tenir aux seules indications, depuis longtemps précises pourtant, sur les glucides, les protéines et les lipides, comme le suggéraient les régimes des collectivités[47]. Il faut y ajouter vitamines et minéraux. D'où les critiques nouvelles stigmatisant « certaines cantines » d'usine, jugées négliger un tel dosage « qualitatif », provoquant ainsi des « états de fatigue méconnus »[48].

Reste un dernier modèle, le réseau nerveux, censé dominer l'ensemble, privilégiant commande et contrôle, surplombant organes et fonctions. Pierre Bugard, étudiant une course d'aviron au début des années 1960, constate une augmentation de « l'excrétion urinaire des 17-cétostéroïdes[49] », hormone dont la dégradation favorise le travail musculaire, résultat identique en revanche pour le barreur et pour les rameurs, alors que le premier ne saurait produire le même effort. D'où l'inévitable conclusion : les « facteurs psychologiques[50] », ceux des investissements volontaires et des décisions, mobilisent des disponibilités, des « forces », fussent-elles inutiles, répondant aux « stresseurs » en réagissant et en se raidissant. Bernard Metz étudie des sportifs et des travailleurs recourant à des « quantités de protéines très supérieures[51] » à celles de leur utilisation possible et qui améliorent pourtant leurs performances, révélant, dès lors, un effet « psychophysiologique[52] » plus que physiologique. Le « système nerveux central » demeure « l'organe prioritaire[53] », son modèle enveloppant ou commandant celui de l'énergie comme celui de la chimie.

Reste enfin qu'un tel rôle majeur se révèle tout aussi important dans les dérèglements, multipliant désordres et dérives lorsque les résistances nerveuses sont surpassées ou les puissances réactives débordées, ce que nombre de fatigues sont censées du coup démontrer.

Penser un objet « total »

Un tel croisement des modèles physiologiques se prolonge par un autre croisement : celui des déterminants extérieurs, leur pluralité, leur représentation en système. Diversité extrême pour une réaction organique elle-même toujours plus unifiée. Ce que l'idée d'« organisme » avait déjà révélé dans les décennies précédentes : volonté d'un regard global, illustrée par le « stress » ou le principe d'homéostasie[54]. D'où le recours croissant et délibéré aux approches les plus variées, la volonté d'en accroître le programme comme jamais.

La nouveauté est bien de multiplier toujours davantage les « influences » possibles, tout en enregistrant les résonances les plus diverses, les plus profondes, autant que convergentes, jusqu'aux plus obscures, de recourir aux sciences humaines, aux sciences biologiques, de cerner les complicités de l'organique au social, de faire de la fatigue un objet « total » :

> Cette étude de l'usure humaine dans le monde moderne est conçue dans un esprit psychosomatique : elle ne vise pas tant à exposer séparément des mécanismes physiologiques, biologiques ou psychologiques, qu'à montrer comment ils fonctionnent ensemble à travers la personnalité globale[55].

Le seul terme de « psychosomatique » se veut programmatique dans ces années 1950, privilégiant le « retentissement du psychisme et du fonctionnement viscéral l'un sur l'autre[56] », étendant l'étiologie tout en l'unifiant. Ce qui renvoie inévitablement à l'histoire de chacun, étude de l'individuel voulue toujours mieux approchée : les expériences premières, les manques, les déficits inattendus ou répétés ; la manière tout originelle de se ressentir « défaillant ». Tel ce rappel décisif, formulé pour la première fois avec clarté : « La fatigue est un processus archaïque qui limite l'emprise de l'homme sur le monde ; très tôt dans son enfance, l'être a senti que la fatigue est une barrière qui le sépare de ce qu'il ne peut saisir[57]. » Épreuve située au cœur de l'humain, familière sans doute, mais toujours intime et toujours liée à un passé. Première définition, quasi anthropologique, faisant définitivement de la fatigue la compagne obligée, sinon provocatrice, de toute existence comme de toute expérience. D'où le renvoi, de manière plus explicite, au sentiment quasi « originel » de l'impuissance :

> C'est donc en profondeur qu'il est intéressant d'approcher la fatigue de l'adulte, phénomène de régression, retour à la dépendance, réminiscence d'expériences infantiles douloureuses[58].

D'où surtout la prudence nouvelle, comme la richesse possible d'interprétation : « l'organisme forme un tout, c'est pour cela que la fatigue est à la fois une et complexe[59] ». Ou plus directement : « Il s'agit d'une notion globale, mettant en cause l'individu tout entier dans sa situation existentielle[60]. » Les études multiplient ainsi les interrogations, poussant toujours plus loin ce que le terme de stress avait suggéré[61], entrecroisant les « charges », les « pressions », créant des listes, quasi inachevées, de déterminants possibles : antécédents familiaux, antécédents personnels, conditions psychosociales, hygiène de vie, ancienneté de la fatigue, conditions de survenue, intensité, signes directs, signes d'accompagnement, etc.[62]. Telle la fatigue de l'aviateur, non plus liée aux seules modifications hormonales ou aux sensations éprouvées, ce qu'illustrait le long témoignage de Lindbergh[63], mais liée encore aux « chocs émotifs », à leur multiplicité possiblement indéfinie, à la « peur de l'accident », à la volonté de prestige, ses obstacles ou ses succès, aux « conditions sociales défavorables », aux « difficultés dans le ménage »[64]. Références identiques pour l'automobiliste ou le camionneur. Tel cet accident interrogé par Jacques Fessard et Christian David, celui d'un conducteur dont le dérapage provoque une gravissime blessure, après un parcours de six cents kilomètres effectué en continu. L'interprétation est hésitante : durée de l'effort ? Contrainte de l'heure d'arrivée ? Tension accrue par les rendez-vous à venir, prévus, quasi au même moment, avec la maîtresse et l'épouse légitime ? La pluralité de possibles demeure, et la conclusion n'ose trancher : « Accidentéisme, psychosomatique, ergonomie sont des termes qui se confondent et s'intriquent en permanence[65]. » Ou « la fatigue du dirigeant » encore, dont sont brusquement pris en compte les conflits privés, la relation avec sa propre réussite, le possible excès d'assurance, le possible

« sentiment de culpabilité[66] ». L'enjeu, assure Claude Veil explorant l'« épuisement » en 1958, tient à « la rencontre d'un individu et d'une situation[67] » ou, mieux, à l'épreuve affrontée autant qu'à la personnalité concernée. D'où l'analyse obligée du présent jointe à celle du passé, le profil du poste joint à celui du préposé.

Les études multiplient les objets, quêtent les accents personnels, les curiosités, les inattendus. Telle question, réitérante, entre autres : pourquoi le même travailleur éprouve-t-il, d'un jour sur l'autre, une fatigue différente pour un travail inchangé[68] ? Les sensations, entre autres, en seraient le signe, jambes plus lourdes, gestes plus lents, inertie accrue *(« inertia in the body[69] »)*, révélant l'intérêt croissant pour l'intériorité. Les causes surtout sont interminablement diversifiées : changement de situation d'ensemble, bruit, chaleur, odeur ou humidité ; changement d'appréciation du travail, encouragements ou désapprobation ; occurrences indésirables, rapport à faire, compte à rendre, interaction gênante ; changement encore dans la disposition de soi, affectation de l'« auto-assurance » *(« attempts self-reassurance[70] »)* par les raisons les plus variées. L'analyse du travail se complique inévitablement, visant une approche « holistique[71] » : aucun versant de toute implication ne devant être négligé.

Inédite autant qu'exemplaire devient dans ce cas la longue étude menée sur la fatigue dans le cadre inaccoutumé, mais très révélateur, des expéditions polaires françaises à la fin des années 1950[72]. Les données retenues visent l'exhaustivité, imposant le poids du travail physique, celui de l'altitude et du froid, celui des conditions psychologiques ou affectives, celui des motivations, celui du passé ou de la sensibilité de chacun. Le séjour de six mois laisse d'abord ses traces physiques : perte de poids, désordre hormonal, tachycardie, faiblesse d'excitabilité.

Tous symptômes aggravés lorsque s'ajoutent le sentiment d'éloignement, les conditions perturbatrices de la promiscuité, ou lorsqu'un profil psychologique fait d'inquiétude ou d'anxiété accroît la sensation d'inconfort ou de morosité. L'expédition polaire devient ainsi un laboratoire quasi symbolique avec son extrême croisement de causes pouvant conduire à l'épuisement.

Dénoncer le « travail en miettes »

Les approches se sont ainsi faites plurielles, plus variées au milieu du XXe siècle. Ce que montre encore l'étude du travail lui-même, la prise en compte d'effets toujours plus intriqués.

Non que la tradition disparaisse d'emblée. Manutentions lourdes, charges physiques, portages divers ne sauraient céder dans nombre de professions après la Seconde Guerre mondiale. Très présentes demeurent les pratiques « dominées par la mobilisation de la force physique[73] ». Un premier changement pourtant est ailleurs : un déplacement de sensibilité, une répulsion accrue et largement partagée envers certains travaux jugés trop « durs », favorisant, à tort ou à raison, la distance à leur égard. Tous bouleversements clairement repérables, techniques, intimes, ayant encouragé une immigration étrangère, celle du Sud en particulier, dans les pays industriels européens des années 1960. La « peine » se déplace, culturellement, socialement. Les acteurs se renouvellent. Les fatigues s'intervertissent. Illustration parmi d'autres, le long périple de Félix Mora, sillonnant durant ces mêmes années les régions du Souss marocain, sélectionnant, « avec l'aide des autorités politiques locales, des jeunes hommes destinés à travailler à l'abattage du charbon[74] ». Les origines géographiques d'un tel apport sont depuis longtemps étudiées, reflétées par les chiffres : les Espagnols sur le sol français sont 289 000 en 1954 et 607 000 en 1968 ; les Portugais, 20 000 en 1954 et 759 000 en 1975. Ces derniers représentent à cette date 22 % de la population étrangère en France, soit la première minorité. Après eux viennent les Algériens qui sont 711 000 en 1975[75]. Main-d'œuvre plus silencieuse, plus corvéable, plus discrète aussi sur les fatigues éprouvées. Rien d'autre que « des relations d'emplois précaires au cœur du salariat stable et statutaire[76] ». S'ajoutent alors des « fatigues générales » trop rarement explorées, mêlant « usure physique », « instabilité émotionnelle » et « processus d'acculturation »[77]. Telles ces « asthénies au long cours » d'ouvriers étrangers, repérées dès les années 1950, correspondant à « une pauvreté de l'intégration dynamique de leur personnalité[78] ». Défaillances nombreuses, complexes, où se multiplient « les éléments réactionnels aux événements vécus[79] ».

Une mutation tout aussi importante, avec ces mêmes années, tient au développement à grande échelle du travail à la chaîne : « éclatement des tâches dans les branches les plus diverses de la production[80] ». La vieille invention d'Henry Ford se généralise, la volonté de « réduire au minimum l'habileté[81] », au milieu du siècle, devient priorité. Les descriptions s'accumulent : soixante-cinq postes de travail différenciés dans telle entreprise des Midlands pour fabriquer un seul gilet ; deux gestes simplissimes effectués par deux personnes différentes sur une chaîne de bouteilles, placement du papier indiquant la marque d'abord, collage du même papier ensuite par l'opératrice suivante ; ou la vision « fantastique » du visiteur d'un atelier de boîtes de conserve en 1948, « flux des boîtes entraînées en un mouvement continu et bruyant, sur des rails qui forment un entrelacs, nous côtoyant ou se développant au-dessus de nos têtes[82] ».

Les critiques s'accumulent aussi. Le déploiement de gestes partiels, le sentiment de leur quasi-universalisation renouvellent inévitablement les analyses sur les lassitudes concernées. Non plus seulement l'attention portée à quelque fatigue « tonique » évoquée par Charles Myers dans les années 1930[83], non plus la seule insistance sur l'« ennui », la « monotonie », mais une attention plus globale portée au sens du geste, à son rôle dans la conscience individuelle, à son effet sur l'image du travail lui-même. D'où ces premières mises en relation entre l'« atomisation du mouvement » et la fatigue éprouvée : la place donnée à la frustration, celle donnée à l'insatisfaction, au manque. Explication révisée associant plus qu'auparavant l'impossible réalisation personnelle et ses enjeux, approfondissant la signification même de l'activité : le « travail en miettes » devient « fatigant » parce qu'effaçant tout engagement et toute intention de l'acteur. Il « désincarne », au-delà de la dépression ouvrière évoquée quelques décennies auparavant[84]. Il concerne l'individu en tant que tel, tout en le niant. Il épuise par absence d'initiative, brisant jusqu'à la compréhension des faits. Georges Friedmann en donne un long recensement au début des années 1960, renouvelant largement les effets étudiés jusque-là : sentiment de dépersonnalisation, sentiment d'interchangeabilité des acteurs, sentiment d'inachèvement de l'action[85]. Camille Simonin, vice-président du Conseil supérieur de la médecine du travail et de la main-d'œuvre en 1950, y voit même le retour d'un « esclavage prétendument aboli[86] ». D'où une pathologie nouvellement relevée : « dommages physiologiques et nerveux », renforcés par l'impossibilité de « travailler à son rythme personnel », installant « l'irritabilité, les à-coups, la nervosité »[87]. Témoignages inédits aussi, décrivant la lassitude en termes d'exaspération, de crise, voire de fébrilité, associant l'« affect » autant que les « nerfs », la contrariété autant que la tension. Climat de brusquerie, de réactions soudaines sinon violentes, confirmant, une fois encore, combien « la fatigue nerveuse doit être opposée à la fatigue physique[88] ». Telle la « rage », la brutale explosion d'une camarade de Marie-France Bied-Charreton : « Excédée par la fatigue, la peur de ne pouvoir faire son rendement et les réflexions humiliantes du chef [...] Mise à bout, elle se met à hurler et jette avec violence fer, platine, composants[89]. » Commotion encore, celle du tourneur dépassé par le rythme imposé : « En l'espace de quelques jours deux tourneurs ont eu une crise de nerfs. Ils ont pâli et ont senti qu'ils perdaient leur souffle[90]. » Ou, bien plus marquant, le passage à l'hôpital psychiatrique de Belleville pour un compagnon de Nicolas Dubost, ouvrier à Flins dans les années 1970, et la conclusion désabusée : « Le travail à la chaîne a souvent plus d'effet sur les nerfs que sur la fatigue musculaire[91]. » Il trahit l'appartenance à soi.

Affirmer la « prospérité »

Paradoxe indiscutable pourtant : au moment où nombre de situations de travail basculent dans l'émiettement, suggérant quelque perte de sens, la société occidentale jure à la découverte d'un nouvel « art de vivre », plus heureux, plus « prospère », celui du « bien-être[92] » ; expression majeure, liée autant à la lente montée des exigences individuelles qu'à l'accroissement de l'offre économique après la Seconde Guerre mondiale. Ce « bien-être » se donne en « valeur fondamentale des temps modernes[93] », selon les mots de Bernard Cazes et Edgar Morin introduisant en mars 1961 le numéro de la revue *Arguments* consacré, pour la première fois, à un tel sujet. Les révolutions techniques, la domestication des flux, ceux du gaz, de l'eau, de l'électricité, le recours au crédit, l'abaissement des coûts ont transformé l'univers des gestes, celui de l'espace proche ou de l'espace lointain : « Les objets quotidiens prolifèrent, les besoins se multiplient[94]. » Les publicités américaines des années 1950-1960, dont s'inspire très vite l'Europe, insistent sur une « automaticité » des outils domestiques inconnue jusque-là : les cuissons programmées dans les fours, les linges lavés dans les machines, les pains grillés dans les « grilloirs », les fruits pressés dans les broyeurs. La « maison moderne » promeut une disponibilité « magique[95] », assure la marque Reynolds Aluminium en 1956, un monde de « charme et d'efficacité[96] », insiste, au même moment, la marque Republic Steel Kitchens. Les « ménagères » sont transformées, téléphonant, lisant, s'apprêtant, voire surveillant leurs instruments pendant que s'effectuent des tâches sans elles. Dispositifs nouveaux, loin de la seule simplification des gestes, comme l'avaient permis depuis longtemps une succession d'inventions[97], mais se substituant à eux, les effaçant, métamorphosant l'univers domestique comme ils ne l'avaient jamais fait jusque-là. Alors que la représentation de la femme demeure inchangée, gardienne exclusive du foyer, livrée, selon de tels messages, à des activités interdisant encore sa propre autonomie, même si le travail féminin s'est déjà affirmé au milieu du siècle[98].

Le « bien-être » promu dans ces années 1950-1960 est censé, de surcroît, déborder le foyer, infléchissant l'espace, le temps, modifiant l'effort quotidien par les transports, la détente régulière par les loisirs. Une manière encore d'alléger une fatigue diffuse, voire quotidienne, par une interminable mécanisation des entours, une diminution des peines, une culture de l'évasion. L'éditorial de *Paris Match* le 12 janvier 1963 insiste sur une « nouvelle prospérité » : « Une sorte de bien-être doux et profond s'empare peu à peu du pays et fait reculer – lentement mais inexorablement – les zones d'ombre et de malheur[99]. » Les formes matérielles elles-mêmes font rêver à quelque effacement de l'effort : l'aérodynamisme des engins et des moteurs promet l'imaginaire de l'envol, le briquet, censé « épouser la main[100] », promet l'annulation du geste, l'épaisseur des sols intérieurs promet l'amortissement du pas. Réclames et slogans promeuvent un bouleversement des « choses » : leur flexibilité alliée à leur beauté, leur potentialité alliée à leur maniabilité. Un « style de vie » totalement inédit, socialement partagé se répand, s'uniformise, tout en maintenant des différences selon les cultures sociales, les « niveaux », les milieux : de la marque des véhicules à la taille des appartements, du choix des spectacles aux types de congés. Tout en ménageant, quoi qu'il en soit, l'imaginaire de l'égalité. Ce que suggère l'interprétation judicieuse de Philippe Perrot :

> Témoignant du passage de la société traditionnelle à la société moderne, individualiste, la revendication égalitaire, religieuse d'abord, puis politique, s'est ainsi accompagnée d'une obsession comparative, d'une compulsion mimétique – génératrice de rêves, d'ambitions, de frustrations – absolument nouvelle dans sa nature, son intensité, son étendue[101].

Les constats s'accumulent néanmoins, suggérés comme autant de conquêtes, allant du réfrigérateur à l'aspirateur, de l'électrophone à la télévision, du mécanisme du confort au mécanisme des transports, tous signes d'un abandon à soi largement révisé. La présence d'une « liberté nouvelle » est même évoquée, fût-elle « un fardeau terrible à supporter et l'homme a du mal à s'y accoutumer[102] ». Fatigue à décider sans doute, à choisir, à s'orienter, fatigue à se réaliser dans une nouvelle « liberté », ce qu'Alain Ehrenberg a su clairement désigner par une « fatigue d'être soi[103] ». Ce que Georges Perec a également décrit dans *Les Choses*, avec ces personnages que le « mieux vivre épuisait[104] », victimes d'un interminable et crispant « toujours plus ».

Impossible d'ignorer ici combien « le propre du développement technique et industriel est de créer constamment de nouveaux besoins : c'est-à-dire de transformer et d'étendre la notion de bien-être[105] » ; impossible d'ignorer surtout combien, selon les niveaux de vie, une fatigue continue de s'exprimer, différente d'une échelle à l'autre sans doute, mais toujours repérable, infiltrée dans le quotidien, fût-ce sous des formes transformées et nuancées : sentiment d'un manque inexorable, pour certains, venu de l'investissement constant vers un mieux, sentiment d'accablement, pour d'autres, venu de tâches non maîtrisées. La « prospérité », ainsi décrétée, ne saurait du coup être plénitude, renforçant même le sentiment d'incomplétude et dès lors de fatigue. Une telle conviction toujours plus assurée du progrès, au milieu du XXe siècle, fait même apparaître la lassitude sous une forme toujours nouvelle, toujours recommencée.

Caractéristiques sont les réponses de jeunes femmes bourgeoises dans une enquête de la revue *Réalités* en décembre 1961 : « Leur grand sujet de conversation, la fatigue, tenir le coup, la santé de leurs époux, les soucis domestiques[106]. » Non plus la vieille ascension de la concurrence balzacienne[107], non plus la vieille *« struggle for life »* des dernières décennies du XIXe siècle[108], et leurs références collectives, mais une forme inédite d'individualisme, la recherche d'une promesse, celle d'un « indéfini », celle que la consommation promeut en nécessité, faire toujours plus et toujours mieux : « Elle n'a pas une minute à elle », conclut la grand-mère d'une des enquêtées.

Caractéristique est encore le propos, à un niveau plus modeste, du « vendeur de confection » dans le film de Chris Marker, *Le Joli Mai*, en 1963, avouant chercher à vendre toujours davantage pour vivre toujours davantage, jusqu'aux vacances où il dit délibérément s'épuiser : « Je suis toujours en train de bosser, en train de bosser, en train de bosser » ; reconnaissant, tout autant, combien le sentiment de son épouse va dans le même sens : « Et quand j'arrive le soir : "Qu'est-ce que je suis fatiguée." Je lui dis : "T'as raison, t'es fatiguée" »[109].

Caractéristique enfin, sur un autre plan, est le propos de l'ouvrier d'usine en 1963 Pierre Doublot, l'« ajusteur modeleur » de Renault. *L'Express* l'évoque et le décrit sous l'expression d'« ouvrier de la prospérité[110] », possédant, avec son épouse, le confort dit moderne : la « mécanisation » ménagère, la voiture, le garage, la télévision. Quelques détentes se déclinent : les vacances à la mer prises tous les deux ans ; l'endettement surmonté ; la voiture agrémentant les « sorties ». Aucune plainte précise sur le travail. Des failles pourtant : les trajets jugés trop longs, du logement de Bondy à l'usine de Boulogne, départ à 5 h 30, retour à 19 heures, la circulation trop dense le dimanche, la lassitude globale liée à la durée des journées : « Vers 21 heures il est déjà si fatigué qu'il a hâte de se coucher », à quoi s'ajoute une impression plus amère : « La lassitude pousse Pierre Doublot à rester couché le samedi et le dimanche après-midi »[111].

Plus parlante, sans aucun doute, est l'enquête menée au début des années 1960 dans le cadre du IIIe Congrès international de médecine psychosomatique : rechercher les différences ou les ressemblances entre la fatigue de l'étudiant, celle du cadre, celle de l'ouvrier. Références plus physiques dans certains cas, références plus nerveuses dans d'autres, plus intimes aussi dans d'autres encore, chacun semblant confronté à une lassitude prolongeant sa propre activité. Convergence en revanche, de l'un à l'autre, fondamentale, pour la première fois soulignée en toute clarté : la fatigue s'impose plus fortement lorsque « la situation est vécue comme subie[112] ». Ce qui recoupe les trois cas. Ce qui correspond surtout à « une atteinte profonde du Moi, avec un sentiment d'annihilation[113] » face à ce qui est vécu comme « imposé », « obligé ». Remarque décisive parce qu'elle relève, parmi toutes les causes possibles de fatigue, celle qui semble devenue progressivement dominante : l'attention croissante à l'individu, son affirmation, sa volonté d'autonomie, sensibilité toujours plus aiguisée au XXe siècle, avec ses conséquences directes sur la manière d'« endurer » et d'exister. Aucun doute, une telle perception et son ascension se perçoivent avec la traversée du siècle : phases successives et clairement distinguées d'une exigence, espace intérieur souffrant de toute incursion étrangère, malheur à éprouver pressions et injonctions. La fatigue, plus que jamais, est mise en rapport avec cette idée d'être « enchaîné », accentuant la différence entre ce qui est « contraint » et ce qui ne l'est pas, accordant un accent magnifié à ce qui est « choisi » : « L'effort sportif, la réussite d'un bricolage, amènent une bonne fatigue qui défatigue parce que vécue comme une satisfaction de pulsions intriquées[114]. »

L'individu doit triompher en ce milieu du XXe siècle, alors que se multiplient les défiances envers ce qui l'oblige et le contient. Non plus l'impuissance du neurasthénique, mais la désespérance de celui qui s'éprouve injustement « obligé ». D'où sa force réactive et son sentiment de légitimité. Indiscutable introduction à ce que notre temps se targue, avec force, de promouvoir.

Chapitre 29

Du burn out à l'identité

La distance tend alors à s'accroître entre l'attente d'autonomie et son effet. Question réitérante, posée par nombre de textes visant l'« épuisement contemporain » : « Pourquoi tant de nos concitoyens parmi les plus brillants et les meilleurs se sentent-ils si insatisfaits, si vidés[1] ? » Réponse tout aussi réitérante, évoquant la promesse de « buts irréalisables[2] », suggérés par une aspiration d'indépendance toujours plus affirmée. L'effondrement serait d'abord psychologique, avant de se globaliser.

Impossible pourtant de s'en tenir à ces seules considérations génériques. Impossible d'ignorer nombre de conditions de travail actuelles interdisant de manière inédite tout idéal personnel : délocalisations d'entreprises, croissance des métiers précaires, croissance des surveillances numériques, croissance des directives anonymes et distanciées. L'affrontement redouble dès lors entre une volonté grandissante d'identité et le développement grandissant de démarches toujours plus subtiles tendant à la nier. Extension croisée, porteuse de souffrance autant que de contradiction. Rien d'autre, du coup, qu'une fatigue « globale » toujours plus soulignée, devenue un des versants obligés de l'existence d'aujourd'hui, toujours plus loin, aussi, des seuls indices physiques et de leurs métaphores de machines et de matérialités[3].

Rien d'autre enfin qu'une « conquête » étendant la portée du terme de fatigue lui-même, son usage diffus, son existence tous azimuts, confirmant le sentiment d'une lassitude plus prolixe que jamais. Le mot pénètre ainsi les secteurs les plus variés, évidence quotidienne aussi immédiate qu'indiscutée : « fatigue démocratique[4] », « fatigue politique[5] », « fatigue parlementaire[6] », « fatigue administrative[7] », « fatigue institutionnelle[8] »... Phénomène tentaculaire que nos modes actuels d'exister imposent en incontournable « vérité ».

La nouveauté des « troubles musculo-squelettiques » ?

Alors que croît aujourd'hui la présence de l'économie « tertiaire », société de services occupant jusqu'à 79 % des personnes actives en France et plus de 60 % dans les pays industriels avancés[9], privilégiant le commerce, l'administration, la finance, les soins, l'éducation ; alors que s'éloignent les « tâches lourdes », relayées par la mécanisation ou l'automation ; nombre de maux inédits émergent, tous jugés en symptômes de fatigue ou d'effort « excessif ». Leurs traits sont aussi caractéristiques que repérables : douleurs, « blocages », inflammations, crispations, gênes fâcheuses ressenties dans les muscles, les articulations, les zones les plus diffuses des membres. Leur nom est nouveau : « troubles musculo-squelettiques » (TMS), présents depuis la fin des années 1980[10], avec leur équivalent anglo-saxon, *« occupational overuse syndromes »* (OOS)[11]. Comme sont nouvelles leurs déclinaisons savantes : « lombalgies, dorsalgies, cervicalgies, scapulalgies, tendinites, bursites...[12] ». Ou leur récente augmentation : 15 000 en 2000, 39 000 en 2010[13], conduisant ces TMS à représenter aujourd'hui plus de 70 % des maladies professionnelles déclarées, devenant « de nos jours un enjeu majeur en santé au travail[14] ». Ou leurs stades encore, allant des « douleurs et fatigues » s'effaçant le soir aux « douleurs et fatigues » se prolongeant au repos ou troublant le sommeil[15]. Alors que l'attribution de leurs causes, enfin, demeure largement diversifiée :

> Mouvements à répétition, par exemple le travail à la chaîne ; efforts intenses et continus, par exemple soulever et déplacer des objets trop lourds ; travaux accomplis dans un mauvais environnement (p. ex., des tâches soumettant les articulations à des tensions trop grandes ; travail de longue durée en position immobile) ; tâche très difficile (p. ex., utilisation d'un marteau-piqueur) ; stress[16].

Rien, dès lors, de totalement neuf : répétitions ou efforts traversent l'histoire du travail, vibrations ou stress traversent celle de ces dernières décennies. L'existence de ces TMS, fût-elle attribuée à l'exigence du « productivisme[17] », serait plutôt « continuité », révélant un affinement dans la perception des désordres éprouvés comme un affinement dans le repérage des lésions observées. Les « troubles musculo-squelettiques », atteintes nouvellement ressenties, répondent ainsi, selon toute apparence, à une exigence accrue d'auto-observation personnelle autant que d'objectivation clinique : inexorable et progressive précision, inexorable et progressif approfondissement des perceptions du corps, dans leur intensité comme dans leur diversité.

Une limitation croissante des mouvements dans l'espace de travail, positions assises, gestes contraints, confinement des postures, portages incommodes, intensité des rythmes, a sans doute accéléré leur prise en compte. Une exigence psychologique ciblant plus que jamais les situations sociales perturbatrices ou les inconforts personnels l'a plus encore accélérée. Intensification de sensibilité surtout jusqu'à quelque sentiment de possible exaspération. Ce que montrent les enquêtes révélant le doublement de réponses positives entre 1984 et 2016 aux questions portant sur les difficultés physiques : « rester longtemps dans une autre posture [que debout] pénible ou fatigante », « porter ou déplacer des charges lourdes », « effectuer des déplacements à pied longs ou fréquents ». Les chiffres moyens passent de 14 % à 38 %[18], alors que les engagements physiques, au sens strict, se seraient plutôt allégés. D'autres enquêtes évoquent d'ailleurs le rôle notable d'une « absence de reconnaissance professionnelle » comme d'une « dégradation des relations collectives »[19]. D'autres enquêtes enfin évoquent surtout la croissance de « contrôles suivis ou informatisés » sur les lieux de travail, accentuant les pressions psychologiques, jusqu'à leur quasi-doublement entre 1984 et 2016, de 17 % à plus de 30 %[20]. Les souffrances diffuses grandissent avec les « insatisfactions » diffuses.

D'où ces cas suivis dans leur lente évolution. Celui de Nacéra, caissière de vingt-quatre ans en supermarché, évoqué par Marie Grenier-Pezé. Tout commence par une « terrible douleur » surgie en déplaçant « un pack de six litres d'eau », épisode aux conséquences persistantes, ne cessant de handicaper la jeune femme. Un contexte est rapidement suggéré : « Dès qu'on s'entend avec la caissière d'à côté, on vous change de place, pour que vous ne perdiez pas de temps à papoter[21] ». Ou encore :

> Quand vous déchargez une palette, il est là montre en main « Je te donne cinq minutes pour finir », alors qu'il sait que cinq minutes ce n'est pas faisable. Et comme vous avez besoin de travailler, vous finissez par tout accepter. Le superviseur est toujours sur votre dos[22].

Ce qui confirme, en l'occurrence, un accroissement possible du raccourcissement des délais temporels et des rythmes exigés. Ou ces cas d'insupportables douleurs de poignet, liées au maniement d'un scanner censé enregistrer les objets. Seul le climat psychologique, sa tension, sa durée expliqueraient un tel fait : « pour léser un plexus jeune, il faut travailler dans un climat de violence subie retournée contre soi[23] ».

Yves Clot approfondit de telles analyses en réorientant le regard sur certains mouvements : non plus la seule attention à leur répétition, leur « émiettement », leur défaut d'incarnation, comme le suggéraient les analyses des années 1960[24], mais l'attention à leur limitation mentale, leur absence de déploiement, leur manque de complicité avec l'intention ou la volonté ; mouvements barrés, arrêtés, plus que dérisoires ou dispersés. Rien d'autre, alors, qu'une nouvelle bascule vers le versant décisionnel et personnel. Ce que la langue de l'expert affirme avec ses mots spécifiques : « Selon nous les TMS sont une pathologie de mouvement et plus précisément un développement pathologique du geste en ceci qu'il est sous-développé. Hypo-sollicitation des activités d'appropriation du milieu de travail par les sujets[25]. » Forme nouvelle d'insistance sur ce qui contraint l'individu[26], plus spécifique, plus focalisée. Le regard se porte clairement à l'acteur, au blocage gestuel, au sentiment d'interdit, soulignant l'impossibilité d'habiter l'espace et de s'y réaliser, le « corsetage du corps et du temps[27] ». Distance majeure autrement dit, et dès lors souffrante, entre le « faire » et l'« idée » :

> L'analyse de l'écart entre la réalité biomécanique (les gestes qui sont réellement faits) et la réalité psychologique (les gestes dont on a conscience qu'ils pourraient être faits

autrement, mais qu'on ne peut pas faire) constitue une manière de comprendre et de décrire le processus d'altération du geste et ses effets sur la santé[28].

Non qu'un tel fait soit en lui-même une nouveauté, faut-il le redire, celle-ci tient plutôt à l'observation « extérieure » comme au ressenti « intérieur ». Déplacement majeur : ce qui était auparavant passivité souffrante, parce que contrainte, devient plus souffrante encore, parce que sourdement répulsive ou déniée.

Désigner la pénibilité

Il est une autre notion encore, celle de « pénibilité », qui, avec les années 2000, prétend appréhender plus largement en France ce que les ordonnances de 1945 appelaient « l'usure prématurée de l'organisme[29] », déficiences majeures qu'un labeur au long cours peut provoquer. La nouveauté du mot a son importance, gagnant en profondeur, suggérant plus directement la souffrance, s'ancrant davantage dans le comportement. Au point que la personne même du travailleur semble d'emblée concernée, désignée dans sa « peine », sa « douleur », référées elles-mêmes au physique comme au psychologique, à la fatigue comme à la pathologie. Le mot prétend d'ailleurs fédérer les atteintes, croisant un ensemble de déficits à partir d'une vision globale : non plus la simple usure organique mais l'affaiblissement personnel, l'altération des potentialités. Autant de connotations révélant combien s'est imposée une référence générique, horizon de fatigue et d'astreinte, allusion sourde, aussi souterraine qu'élargie, elle-même confirmée par les dictionnaires déclinant le « pénible » en « fatigant, éprouvant, harassant, exténuant » ou le désignant par « ce qui donne de la peine, de la fatigue[30] ». Le dommage se fait plus profondément personnel, se référant au perçu, commandant ce qui devient diminution d'ensemble, impuissance, amoindrissement.

Le mot est utilisé dès 2003, « à l'occasion des travaux préliminaires à la réforme des retraites, travaux réalisés à l'initiative du Conseil d'orientation des retraites[31] » : évoquer ce qui peut donner droit à un départ anticipé ou à des avantages variés. Sa définition se précise encore avec le projet d'accord, le 31 janvier 2006, entre chercheurs, médecins du travail, partenaires sociaux et acteurs publics, conduits, pour la première fois, à en discuter, désignant la « pénibilité » comme le résultat « de sollicitations physiques et psychiques de certaines formes d'activités professionnelles, qui laissent des traces durables, identifiables et irréversibles sur la santé des salariés et susceptibles d'influer sur leur espérance de vie[32] ». Les rapports ou débats conduisent alors à identifier « trois facteurs de pénibilité[33] » : 1) des contraintes physiques et/ou psychiques marquées (efforts, postures, gestes, etc.) ; 2) un environnement agressif (milieu hostile, produits dangereux ou risqués) ; 3) certains rythmes de travail (horaires de nuit ou décalés)[34]. Aucun doute, il faut insister sur une indéniable nouveauté : alors que Bernardino Ramazzini, dans son traité inaugural sur les « maux » du travail, ignorait la fatigue en s'en tenant aux maladies[35], les approches actuelles, dans leur volonté d'attention au mal-être, inversent le regard, donnant une telle place à la fatigue et à sa sensibilité qu'elles finissent par tout recouvrir et intégrer les maladies.

Gérard Lasfargues développe et commente, un des premiers, ces facteurs de pénibilité dans un rapport circonstancié, en 2005 : 1) les cadences, les manutentions, les charges, leurs effets possibles selon les lieux du corps, du cou aux épaules, du coude au poignet[36] ;

2) l'« exposition aux produits toxiques », leurs effets possibles sur la santé, aussi multiples que variés, cancérigènes, respiratoires, dermatologiques, digestifs, nerveux…[37] ; 3) les horaires de nuit ou décalés, leurs effets possibles sur « la récupération de la fatigue physique et le maintien du bien-être psychique[38] ». Un décret du 30 mars 2011 installe alors une décision majeure, réunissant de tels facteurs autour de dix rubriques censées définir les « risques professionnels pris en compte dans le cadre de la prévention de la pénibilité ainsi que du droit à une retraite anticipée pour pénibilité », elles-mêmes regroupées sous trois sous-ensembles :

1) Au titre des contraintes physiques marquées :
a) Les manutentions manuelles de charges (on entend par manutention manuelle, toute opération de transport ou de soutien d'une charge, dont le levage, la pose, la poussée, la traction, le port ou le déplacement, qui exige l'effort physique d'un ou de plusieurs travailleurs) ;
b) Les postures pénibles définies comme positions forcées des articulations ;
c) Les vibrations mécaniques ;

2) Au titre de l'environnement physique agressif :
a) Les agents chimiques dangereux y compris les poussières et les fumées ;
b) Les activités exercées en milieu hyperbare ;
c) Les températures extrêmes ;
d) Le bruit ;

3) Au titre de certains rythmes de travail :
a) Le travail de nuit ;
b) Le travail en équipes successives alternantes ;
c) Le travail répétitif caractérisé par la répétition d'un même geste, à une cadence contrainte, imposée ou non par le

déplacement automatique d'une pièce ou par la rémunération à la pièce, avec un temps de cycle défini[39].

Les rubriques sont ainsi précises, nombreuses, catégorisées. Leur rôle est neuf : désigner des « facteurs de risques », eux-mêmes définis, dans d'autres textes encore, par des seuils d'intensité, le tout conduisant à l'attribution de points. S'ensuit l'ouverture possible d'« un compte professionnel de prévention » sur lequel le salarié dépose « des points tout au long de sa carrière pour financer des formations professionnelles, un passage à temps partiel sans diminution de salaire, ou encore un départ anticipé à la retraite[40] ». Le procédé inaugure ainsi l'obtention d'avantages divers, fussent-ils restreints, à partir d'une évaluation de la pénibilité. Catégories et modalités d'action se sont multipliées. Gestes et situations se sont subdivisés. Ce qui confirme la volonté croissante d'attention et de désignation.

Rubriques incomplètes pourtant, étonnamment incomplètes même, malgré les subdivisions additionnées. Elles laissent dans l'ombre les troubles largement soulignés par la culture récente, évoqués déjà dans les textes de 2006 : ceux de la subjectivité, l'existence d'une « pénibilité vécue[41] », celle d'une souffrance « intérieure » possible, « mal-être global[42] » susceptible de provoquer des « incapacités durant la vie active[43] » tout autant que des désordres au long cours ; celle enfin qu'une analyse plus fine des troubles musculo-squelettiques avait aussi relevée[44]. D'où l'inévitable constat : les « contraintes physiques et psychiques[45] » évoquées dans les premières investigations sur la pénibilité se réduisent aux seules contraintes physiques une fois l'évaluation institutionnelle engagée. Rien d'autre qu'une résistance à prendre en compte ce que la mesure, quasi chiffrée, parvient mal ou peu à objectiver. D'où encore ce paradoxe : l'originalité du mot « pénibilité » se perd, après s'être affirmée, révélant ainsi l'ambiguïté, sinon la complexité, du phénomène de la fatigue lui-même. Exigence première pourtant, fût-elle récente : « On ne peut faire l'économie d'évaluer tant l'usure physique que la fatigue psychologique[46]. »

D'autant que nombre d'analyses récentes soulignent l'apparition d'autres pénibilités, celles, sourdes, mais largement installées, venues du recours aux réseaux sociaux, celles qu'un simple « clic » peut entretenir ou déclencher. Rien de plus psychologique à l'évidence. Antonio Casilli insiste sur leur envahissement progressif, non pas simplement par le temps qu'elles occupent, mais par les préoccupations, les malaises, les inconforts intérieurs qu'elles provoquent : insatisfactions récurrentes, occupations de conscience, présence continue une fois les écrans interrompus. Le télétravail peut en être un exemple, comme les investissements « bénévoles » sur le net, orchestrant, en définitive, une nouvelle « pénibilité » : la « “corvée” d'être présent en ligne[47] ». Que l'évaluation en soit difficile ne fait aucun doute, au moins conduit-elle à complexifier la notion de pénibilité elle-même.

Ce qui fait regretter, davantage encore, une autre restriction, survenue avec la réforme du code du travail en 2018. Quatre facteurs disparaissent au sein des dix jusque-là retenus : « l'exposition aux postures pénibles, aux vibrations mécaniques, aux risques chimiques ainsi que le port de charges lourdes[48] ». Difficile objectivation, prétendent les organismes patronaux en charge de « prévenir l'ensemble des risques professionnels[49] » et de constituer le dossier des employés pour une reconnaissance de leur pénibilité ; « prise en compte impraticable[50] », prétend également le ministère du Travail : autant de facteurs qui, des postures aux vibrations, des risques chimiques aux charges portées, sont jugés trop dispersés dans le quotidien, trop variés pour être « valablement » mesurés, trop circonstanciels enfin. Autant de facteurs susceptibles d'un « traitement spécifique[51] », néanmoins, en cas de pathologie clairement avérée. Ce qui est inévitablement objet de discussion. Ce qui ouvre inévitablement aussi sur des négociations à venir, toujours pressantes, toujours recommencées.

Restent les témoignages individuels, plus nombreux, plus insistants, alertés par cette réflexion inédite sur la pénibilité. Les exemples abondent, comme leur complexité. Tel l'ouvrier agricole soumis aux vibrations des engins :

> Après une journée en tracteur, *« c'est au niveau des cervicales, du cou, des épaules que cela fait mal ». « C'est comme un torticolis quand je fais des journées de dix ou douze heures d'engin. »* Sans compter les jambes lourdes. *« Si ce n'était pas de la pénibilité, nous n'aurions pas de douleurs »*, commente le cadre d'exploitation[52].

Ou la « charpentière couvreuse », métier d'accès récemment féminin, Anaïs Dallier, employée chez Boisbluche Frères, dans l'Orne, se plaignant de souffrances variées :

> La jeune salariée n'a que trente ans, mais travaille dans le bâtiment depuis près de douze ans. Concernée par le compte pénibilité, elle ressent des douleurs régulières liées à des postures pénibles, et ne s'imagine pas rester encore plus de deux ans sur ce poste[53].

Ou l'aide-soignante chargée de soins à domicile, victime de blessures articulaires, insistant sur le fait que les femmes sont, souvent ici, les plus concernées sans être les plus reconnues : « Je me suis occupée de beaucoup de cas lourds, c'est là que je me suis foutu l'épaule en l'air[54]. »

Ou le conducteur de métro enfin, dont l'effort de conduite n'est en rien jugé, ou éprouvé, comme auparavant :

> On roule sept heures dans un tunnel. Quand vous roulez six heures en voiture sur l'autoroute vous arrivez en quel état ? Ici, il n'y a pas de lumière du jour, le bruit rend sourdingue et il faut être vigilant à chaque station. Ce n'est pas un métier pénible, ça[55] ?

Pénibilité diverse, hétérogène, complexe sans aucun doute, toujours plus « avouée », mais dont tout montre qu'elle doit être toujours mieux définie et toujours mieux objectivée, d'autant qu'elle est sous-tendue par une sensibilité elle-même approfondie, creusée, aiguisée comme jamais.

Impossible enfin d'ignorer les changements affectant, de manière croissante, les formes du travail lui-même. Celles du milieu proche en particulier : non plus l'ajustement des mouvements mais celui des signaux, non plus la précision des gestes mais celle des informations. Un bouleversement majeur a infléchi une part grandissante du travail industriel dans les toutes dernières décennies du XXe siècle : « L'automatisation appuyée sur l'informatique et les commandes numériques [...] l'emporte dans les années 1980[56]. » L'interface homme-machine est irrémédiablement subvertie : le geste d'accompagnement ou de labeur, « classiquement » associé à la machine, la dynamique physique, la précision musculaire ont largement fait place à un geste digital, avec ses déplacements amorcés, ses actes esquissés, ses pressions légères, ses prises ou tensions furtives, tous cantonnés à la commande ou au contrôle. Le « travail industriel », autrement dit, s'est orienté « dans le sens d'une démanualisation[57] », la saisie de l'information l'emportant sur l'engagement du corps, la commande quasi mentale l'emportant sur la motricité. Rien d'autre qu'une « abstractisation[58] », selon l'expression de Thierry Pillon et François Vatin dans leur récent *Traité de sociologie du travail*. Les mots eux-mêmes ont changé : les termes de « mouvement », « geste », « énergie », « coordination motrice » tendent à disparaître du vocabulaire de l'ergonomie[59] alors que se développent ceux de « cognition », « chronobiologie », « code », « signal », « communication », « interface homme-ordinateur »[60].

La charge n'est plus directement physique mais mentale. La difficulté de la tâche s'exprime en quantité d'informations à traiter : « Le cerveau humain ne peut effectuer qu'une quantité très limitée de choix conscients par minute qui est de l'ordre de 60 à 80[61]. » Les problèmes posés sont alors toujours moins physiologiques et toujours plus psychologiques. D'autant que les systèmes automatisés peuvent comprendre de larges zones où s'ajoute aux réponses de routine le registre prévisible mais confus, sinon chaotique, des réactions de catastrophe, mêlant l'inattendu et l'alerte, le risque et le danger (pilotages, transports, réseaux de machines intégrées, industrie chimique, industrie énergétique...). L'enjeu de la « riposte » quasi personnelle de l'opérateur devient du coup une priorité. Son étude, sa prévision, son assistance deviennent une nécessité. Ce que montrait la recherche déjà ancienne de Johan Wilhelm Hendrik Kalsbeek sur les pilotes d'avion à commande numérique : « Apprécier le rôle de la distraction, de l'émulation, des drogues, de la fatigue, des soucis sur la disponibilité du pilote[62]. » Les obstacles interposés entre l'information et la réaction s'étendent. Les seuils de fatigue s'émiettent. La conscience de l'aléa s'accroît. La mécanique jugée transparente du « corps informationnel » s'est aujourd'hui creusée, intériorisée, psychologisée, diversifiée comme jamais. La charge, en se mentalisant, a fait apparaître, plus qu'auparavant, le problème posé par les ressources ou les failles les plus variées de chaque individu.

Du stress au burn out

Problème d'autant plus complexe enfin que la part du psychique elle-même, dans la culture quotidienne comme dans celle du milieu, n'a fait que grandir, phase après phase, depuis quelques décennies. Un livre « inaugural » portant le titre de *Stress au travail*[63], paru en 1983, a été suivi depuis par près de soixante-dix autres, tous portant un titre ou un sous-titre quasiment identique ; chiffre doublant dans la langue anglo-saxonne avec le titre de *Stress at Work*[64]. Changement patent : les ouvrages, longtemps dominants, sur le « moteur humain », censés jeter « les bases scientifiques du travail professionnel[65] », débordant de repères « objectifs », allant du geste à l'alimentation, du métabolisme à la temporalité, de l'instrument à l'organisation, sont largement effacés par ceux censés dresser une « psychopathologie du travail[66] » ou, plus récemment encore, par ceux censés « vaincre l'épuisement professionnel[67] », entendu lui-même selon son versant « personnel », « mental » ou « affectif », plus que selon son versant « organique ». Ce que confirment des enquêtes toujours plus nombreuses, toujours plus précises : « La pénibilité au travail n'est pas nouvelle, mais a changé : le stress psychologique devient plus insupportable que la fatigue et l'usure physiques[68]. »

Des récits d'un nouveau genre s'imposent : « la souffrance de ceux dont la peur est de ne pas donner satisfaction », celle de ceux dont la douleur est d'éprouver « des contraintes de temps, de cadence, de formation, d'information, d'apprentissage, de niveau de connaissance et de diplôme »[69]. Tous promis à une fatigue devenue épuisement. Le refus des situations subies[70] s'est étendu, comme s'est étendue la vision « psychosomatique » affirmée dans les années 1960, prenant davantage en compte les manques, les frustrations, les risques, s'étendant davantage aux problèmes plus circonstanciés de désespoir, suggérant davantage des explications. Le mot de « souffrance » lui-même est révélateur, suggérant des épisodes « intérieurs », des résonnances sur l'intégrité personnelle, sur l'identité, provoquant aussi des initiatives institutionnelles, la création d'unités de consultations ou de soins, centrées très spécifiquement sur la « souffrance au travail[71] ». Les cas se commentent, se diversifient après les années 1980-1990. Ils s'étendent aussi, des ouvriers aux cadres, des secrétaires aux « apprentis », des dirigeants aux exécutants. Les mots d'« employé » ou de « salarié » eux-mêmes, devenus d'ailleurs largement dominants par rapport à ceux de « travailleur » ou d'« ouvrier », soulignent indirectement combien la référence physique n'est plus la première désignée[72]. C'est Monsieur B., assis pour un entretien d'aide, « lourd, trapu, prostré », titulaire d'un CAP de tourneur-ajusteur, conduit, après diverses difficultés d'embauche, à être « agent technique dans une mairie », puis employé au cimetière municipal, victime ensuite de plusieurs épisodes de dévalorisation, parce que « mal adapté » pour les tâches proposées, critiqué pour sa lenteur, stigmatisé pour sa « dénonciation », apparemment justifiée, de dysfonctionnements d'organisation. Monsieur B. perd confiance, éprouve une faiblesse constante, devient l'objet d'une « hypertension sévère et non traitée »[73]. C'est Monique, « chargée de gestion dans une entreprise fabriquant des produits pour la préparation de médicaments », confrontée à la « fusion-rachat » de cette même entreprise et à un alourdissement de ses tâches, inventaires inattendus, informatisation des données, visites de sites « toxiques » et éloignés, commandes plus nombreuses et complexifiées, auxquels s'ajoutent la non-reconnaissance de cet « alourdissement » par sa hiérarchie et la nécessité d'assurer une charge de mère célibataire : « peu à peu Monique s'est réveillée toutes les nuits du week-end [...] remâchant ses priorités avant la reprise du lundi » ; peu à peu, « l'épuisement est tel » qu'une hospitalisation est envisagée[74].

Plusieurs « mécanismes » psychologiques se croisent, dans chacun de ces cas, suggérant des références nouvelles encore ; toutes montrant combien le débordement, l'excès, jusqu'aux failles personnelles possibles, ne sont en rien les seuls objets en cause. S'ajoute la non-reconnaissance de la tâche effectuée. S'ajoute, surtout, et plus encore, l'attente de cette reconnaissance de la part de l'« exécutant », son exigence même, la frustration majeure lorsque celle-ci lui fait défaut, orientant vers une fatigue toujours plus pressante, toujours plus ressentie. Tout tient à une négation, celle de l'investissement individuel et de son initiative possible. Situation d'autant moins acceptée qu'elle s'oppose à un sentiment d'évidence grandi avec le XXe siècle, graduellement accentué : l'autonomie, l'individualisation, la possession de soi aiguisée dans ses frontières et ses garanties. Tout déni d'une telle autonomie se vit aujourd'hui comme une blessure, toute résistance envers ce même déni, son refus obscur, délibéré, se vivent comme une priorité. L'affirmation de Christophe Dejours : « Ce livre est en rébellion contre toutes les formes, quelles qu'elles soient, de condescendance et de dédain vis-à-vis de la subjectivité[75]. »

Telle est bien la différence entre ces formes de « rupture » et la référence à l'excès ou au débordement théorisés depuis la fin du XIXe siècle : non plus le seul cumul des tâches, leur brusque amoncellement, leur possible vertige, mais la menace pesant sur leur gestion, l'obstacle opposé aux décisions personnelles, le blocage du « faire », toutes limites dont l'accentuation renforce l'éventualité d'épuisement. Déplacement central : des « dépendances » auparavant acceptées ou tolérées ne le sont plus, des « freins » à l'autonomie auparavant consentis, ou convenus, ne le sont plus. Le premier versant d'une telle menace tient à une figure relationnelle longtemps négligée, sinon dédaignée, dénommée seulement dans les années 1990, devenue objet de droit seulement dans les années 2000, le « harcèlement moral » : « conduite abusive qui, par des gestes, paroles, comportements, attitudes répétées ou systématiques vise à dégrader les conditions de vie et/ou conditions de travail d'une personne (la victime du harceleur)[76] ». Domination traditionnelle, sans aucun doute, longtemps tue, voire ignorée, nouvellement explicitée et fortement stigmatisée. Ce qui accroît, faut-il le dire, la nette reconsidération du psychologique lui-même. Phase supplémentaire dans l'affirmation de l'identité, souffrance supplémentaire liée à son déni. Plus profondément, ce n'est plus la simple référence à un « vouloir » qui est mise en scène, mais bien le constat préalable et insistant d'un « vouloir » contrarié.

Les dénonciations de tels cas, leur « gravité », s'accentuent fortement dans les années récentes, comme les allusions aux fatigues correspondantes : « jeunes vendeuses bataillant contre leur situation » en juillet 2019, disant « avoir vécu l'enfer dans des boutiques d'habillement ou de chaussures du Maine-et-Loire, subissant insultes, remarques à caractère sexuel, humiliations diverses et variées de leur patron, ainsi qu'une intense charge de travail pendant de longues années »[77] ; employés dans une petite entreprise subissant un « harcèlement individuel » dans le seul but de « valoriser un pouvoir » directorial[78] ; maîtres de conférence universitaires conduits à des « congés de longue durée », contestant la « placardisation » dont ils sont l'objet[79]. La notion de harcèlement et son application juridique confirment combien s'est métamorphosé « le regard que portent les salariés sur certaines situations vécues au travail[80] ».

Un tel sentiment peut d'ailleurs s'étendre, regrouper des faits différents, ne pas se limiter aux seuls enjeux de domination, désigner l'impossibilité de se « réaliser », les obstacles à l'épanouissement, l'absence de « récompenses attendues[81] », l'effacement des buts et des visées : l'individu, autrement dit, confronté à quelque impossible réassurance de soi. Les enquêtes se diversifient, soulignant la multiplicité des atteintes, confirmant leur extension. Ce qui affermit une dynamique majeure avec le XXe siècle : non plus la fatigue physique venant envahir le mental au point de le hanter, mais la fatigue psychologique venant envahir le physique au point de le briser ; figure la plus fréquente, sans doute, de la fatigue contemporaine.

La nouveauté tient encore à une qualification totalement repensée, celle désignant un point ultime : effondrement physique autant que psychologique, insurmontable prostration, abolition extrême parce que centrale. Herbert Freudenberger, le premier en 1980, suggère une description autant qu'une dénomination : « épuisement professionnel » ou « burn out ». Il ajoute une image : individu « brûlé », comme « une ampoule qui saute »[82]. Il multiplie les cas, tous livrés à une contradiction : l'insurmontable distance entre les « idéaux sans fin qu'ils ont en tête[83] » et leur impossible réalisation, l'« empêchement » tenace d'un projet de vie, jusqu'au surgissement de l'effondrement. Celui de « Georges », entre autres, « directeur d'une grosse entreprise internationale », confronté à des « contrats difficiles », visitant près de vingt pays, partagé entre une « énergie sans limites » et un sentiment d'irréalisable, brusquement perdu dans un pub anglais, sans repère, sans horizon : « Il s'apercevait qu'il lui était arrivé quelque chose de terrible et ses pensées oscillaient entre trouble coronarien et folie[84]. » Ou ces bénévoles œuvrant dans des services de soins, engagés « corps et âme », multipliant détermination et opiniâtreté, mais débordés par les tâches autant que par leur impuissance, submergés par l'émotion autant que par leur inefficacité[85]. La description se révèle bientôt suffisamment reconnue pour que « 36 % des salariés déclarent, en 2017, avoir déjà fait un burn out[86] », suffisamment précise aussi pour que soit affinée la sensation spécifique d'un « impouvoir » personnel :

> L'estime de soi est anéantie, la personne est dans l'incapacité de se concentrer, de travailler, le cerveau et parfois le corps patinent, la machine ne répond plus. Les symptômes sont émotionnels, physiques, cognitifs, comportementaux et motivationnels[87].

L'Académie de médecine revient, en 2016, sur les causes possibles ; ciblant les brèches dans l'intégrité individuelle : « exigences du travail, exigences émotionnelles, manque d'autonomie, manque de soutien social et de reconnaissance, conflits de valeur, insécurité de l'emploi et du travail[88] ». Aucune « pression » intrinsèquement nouvelle bien sûr, mais un symptôme autrement analysé comme autrement interprété[89].

Les cas évoqués augmentent avec le temps, révélant, sans aucun doute, une alerte croissante des médecins comme des salariés, « ils en parleraient davantage[90] »… Le territoire du burn out, avec ses ruptures de vie, tendrait ainsi à se répandre, voire à se banaliser, le mot de « stress » lui-même (qui y conduit) étant par ailleurs le premier mot choisi par 78 % des actifs pour qualifier le travail[91].

L'enjeu du management

Aucun doute pourtant, au-delà de cette sensibilité individuelle et de son avivement, au-delà de la présence traditionnelle d'une domination nouvellement interprétée, d'autres infléchissements se sont produits : révision de l'aménagement du travail lui-même, de son organisation, de ses conditions, aggravant encore la distance entre les attentes et les faits. À commencer par une extension de la numérisation, ses effets de surveillance, sinon d'oppression, imposant une dominance toujours moins supportée. Le « cariste » charriant les marchandises dans les hangars de la société Amazon insiste sur une constante impression de « filature », une « traque » de ses propres activités, un piège provoquant lassitude et anxiété :

> À chaque instant les algorithmes permettent de savoir où chacun est, calculent le temps mis par chaque salarié pour accomplir chacune des tâches élémentaires et repérer ainsi les éventuels temps morts[92].

L'effet concerne l'initiative des gestes, leur source, leur agencement. Il s'étend surtout, pénètre les consciences, installe le panoptique dans l'esprit de chacun, promeut le sentiment d'un invisible contrôle, celui d'une comparaison constante avec d'autres, avec soi, poursuite indéfinie d'une norme aussi améliorable qu'imposée : « Les responsables peuvent noter leurs subordonnés, et la plateforme facilite l'émergence de dynamiques d'émulation et de contrôle mutuel entre collaborateurs[93]. »

Le « conducteur de train » se dit pour sa part livré à une vigilance de tous les instants, assailli par l'accumulation des signaux, menacé par le moindre manquement, perturbé par des horaires irréguliers et, au bout du compte, fatigué comme si les charges s'étaient ajoutées autant que renouvelées :

> Ta vie personnelle, celle de toute ta famille s'organisent à partir de ce tableau de roulement et de ses aléas. Cela durant toute ta carrière. Nos prétendus privilèges, régime de retraite compris, ne sont que la contrepartie de ces sujétions[94].

Constat répété : une telle numérisation « se traduit souvent par une augmentation de l'intensité et de la pénibilité[95] ». Jusqu'aux « nouveaux esclaves du numérique[96] », autoentrepreneurs engagés au service de quelques « plateformes » dont ils ne connaissent des dirigeants ni le visage ni la voix. Tous travaillant pour leur compte, portés par l'aspiration d'une nouvelle autonomie, dépendant pourtant de conditions de travail et de prix fixés en dehors d'eux, dépendant aussi de « décideurs » dont ils ignorent tout. Ce qui conduit les coursiers de Deliveroo, société distributrice de repas, à travailler plus de soixante heures par semaine tout en se sentant « prisonniers »[97], ou les « juicers[98] » des nouvelles trottinettes de villes, lancés dans la recharge de leurs batteries, à travailler de 19 heures du soir à 8 heures du matin[99], ou les traducteurs « à la demande » à dépendre d'appels téléphoniques venus aux heures les plus inopinées, sans garantie de ressources[100], alors que manquent de surcroît toute protection sociale et assurance d'avenir[101]. Situations limitées sans doute, mais susceptibles de dessiner des activités futures, celles où le numérique et sa flexibilité masquent une implacable dépendance sous une apparente liberté.

La réorganisation de l'activité elle-même peut encore concourir à quelque possible aggravation. Exemple majeur :

le management de l'hôpital confronté à une attente croissante de rentabilité, souffrant d'une rigide obsession, celle de l'alourdissement de la dette publique, et la nécessité de son allégement. Un « médecin sur deux[102] », en décembre 2019, s'y dit épuisé, mettant en cause l'administration, rejetant sa rigueur, contestant ses choix, dont ceux d'une réduction des effectifs et du comptage sourcilleux des lits : « Mon service a perdu des postes, les infirmières ont craqué les unes après les autres[103]. » Ou encore : « le médecin parle soins et patients, l'administration parle déficit et budget[104] ». Le pouvoir, longtemps réservé au premier, est passé aux mains des seuls « managers », selon le « tournant gestionnaire[105] » dénommé par l'économie d'aujourd'hui. Au point que le nombre de lieux d'accueil a baissé pour mieux faire baisser la masse salariale : « Au fond le haut fonctionnaire raisonne en flux[106] » alors que le soignant raisonne en besoins, eux-mêmes variables et quelquefois intenses. Restent, pour le praticien hospitalier, la poursuite astreignante des résultats, la frustration, l'identité ébréchée.

Impossible encore d'ignorer ici le mode de pilotage des entreprises multinationales, en vue d'une étroite et exclusive rentabilité, leurs fusions, leurs suppressions éventuelles, leurs « délocalisations », leurs rachats, tous susceptibles d'entraîner alarmes, dépressions, chômage ou précarité[107]. Angoisse fréquente, réitérante, nouvellement et clairement désignée : celle de Laetitia, l'électricienne confrontée au projet d'achat de Bombardier par Alstom, toutes deux entreprises ferroviaires, toutes deux appelées à « supprimer » des postes dès lors « doublés » : « Je suis en stress, je suis intérimaire depuis 2004, avec sept contrats chez Bombardier et deux chez Alstom. Que va-t-il se passer pour nous[108] ? » Angoisse plus large, à vrai dire, celle de « risquer le chômage et la misère pour 40 % des

Français[109] ». D'où le constat d'Alain Supiot : « Toutes ces innovations ont plongé les entreprises dans un court-termisme mortifère et précipité la souffrance au travail, avec son cortège de dépressions et de fraudes[110]. »

Impossible enfin d'ignorer les situations où le harcèlement s'ajoute aux réorganisations. Le procès intenté aux dirigeants de l'entreprise France Télécom en est l'illustration majeure en 2019 : poursuite pénale portant sur l'application controversée du plan « Next » et de son volet social, censé assurer la survie de la firme devenue Orange ; supprimer, autrement dit, « 22 000 postes sur 120 000, soit environ un salarié sur six ; faire changer de poste, ou de lieu de travail, 10 000 autres salariés[111] ». Démarche d'autant plus « contestée » qu'il s'agit de fonctionnaires dont le statut est « protégé ». Fermeté, en revanche, d'autant plus délibérée que le projet semble « obligé » : « Les cadres étaient obsédés par la tenue des objectifs[112]. » D'où le choix de la brutalité psychologique et du harcèlement. D'où aussi la phrase emblématique du principal dirigeant, prononcée le 20 octobre 2006 : « En 2007, je ferai les départs d'une façon ou d'une autre, par la fenêtre ou par la porte[113]. » Suivent des décisions non discutées : changements d'affectations, reproches divers, suppression de responsabilité ; suivent des atteintes intimement ressenties, sentiments d'échec, d'impuissance, de dignité bafouée : « Ce qui me tue le plus c'est de ne pas avoir achevé ma carrière[114] », avoue l'une des victimes.

La médecin de l'entreprise, Monique Fraysse-Guiglini, constate les traumas : hausse des « syndromes anxio-dépressifs, des troubles du sommeil ou de l'appétit, des addictions » ; hausse de 45 % du passage à l'infirmerie entre 2008 et 2009[115]. Une enquête conduite en 2009 désigne une perte d'estime de soi : « La fierté d'appartenir à France Télécom, élevée jusque-là à 95 %, chute à 39 %[116]. » « Ils ont joué avec nos vies[117] », insistent les employés, ciblant un des cœurs de l'atteinte, l'identité : « on vous fait perdre confiance et en plus vous vous sentez responsables[118] ». Surviennent aussi nombre de suicides ; « un toutes les semaines », insistent les témoins. La condamnation des dirigeants à de la prison ferme renforce dès lors le statut du harcèlement moral[119]. La reconnaissance du dommage, ciblant le « stress et la pression[120] », concrétise le changement décisif : la bascule de la souffrance physique à la souffrance psychique. Les modes d'appréciation du « dommage » se sont profondément déplacés, les exigences personnelles aussi.

Pourquoi la fatigue quotidienne ?

Une lente prise de conscience s'impose en revanche, aujourd'hui appelant à l'abandon de tels dispositifs. Les formules se multiplient, profilant de nouveaux « managements », voire de nouvelles directions d'entreprises : « Encourager une certaine liberté d'action[121] » ; « Prendre en compte les aspirations individuelles[122] » ; « Développer l'autonomie de ses collaborateurs[123] » ; « Faire preuve de reconnaissance[124] ». Nombre de « chefs » se disent même « repentis », s'avouant anciens tourmenteurs : « J'étais un mauvais chef » ; « J'étais oppressant » ; « J'étais devenue inhumaine » ; « J'empruntais souvent le canal colère »[125]. Confessions suggestives, toutes centrées sur une domination devenue « coupable », décisives même, fussent-elles peu suivies d'effets, confirmant l'exigence croissante d'une affirmation individuelle venue des « subordonnés » et leur souffrance résultant d'initiatives qu'ils jugent entravées. Preuve, s'il en est, du poids majeur que représentent aujourd'hui le déni d'indépendance et ses effets.

C'est bien la domination qui est ici dénoncée, renforçant le rejet du harcèlement comme, à l'inverse, magnifiant la réassurance d'un pouvoir sur soi ; convictions devenues leitmotivs dans les blogs d'aujourd'hui : « Il n'y a pas de maître pour vous, cela est une illusion grotesque et enfantine. Seule votre propre réflexion et votre propre expérience ont une valeur[126]. » La fatigue naît ainsi d'une situation précise : ascendance désavouée, identité malmenée. Inquiétude tout aussi présente dans les magazines d'aujourd'hui :

> Parce que votre nature est généreuse, vous passez votre temps à donner, mais ça peut vous laisser épuisée et dépassée si vous ne gardez rien pour la précieuse personne que vous êtes[127].

Impossible à vrai dire d'ignorer un contexte, seul en mesure d'éclairer le changement. L'affirmation est bien plus profonde aujourd'hui qu'il n'y paraît. Triomphe d'une « mystique de la libération et de l'accomplissement[128] », promue par l'expansion consommatrice. Triomphe, tout autant, de l'individu « hyper-moderne » décrit par nombre d'analyses contemporaines centrées sur l'affirmation psychique, « l'individu hypertrophié[129] », celui pour lequel « il n'y a plus de sens à se placer du point de vue de l'ensemble[130] », celui que notre société a installé brusquement en nouveau centre de « cohérence », accentuant son sentiment de primer sur toute référence sociale. Souci quotidien, comme souci romanesque, depuis peu indéfiniment prospecté : « Revenons à mon sujet qui est moi, ce n'est pas qu'il soit spécialement intéressant, mais c'est mon sujet[131]. » Ce qu'une démarche publicitaire récente illustre plus encore, jusqu'au symbole, celle de L'Oréal et ses mots censés donner sens aux produits proposés : « Parce que je le vaux bien ! », ou captant le regard par un clinquant : « Parce que vous le valez bien[132] ! » Interpellation décisive, inédite, déplaçant la promotion des « choses », déportant la valeur de l'objet vers celle de la personne, soumettant les qualités du produit aux qualités du moi, généralisant une certitude centrale, fût-elle implicite : si l'acquisition de l'objet est légitime, c'est bien que ma « valeur » le permet, rendant les attributs individuels d'emblée premiers, surplombant les attributs de l'objet.

Alors que s'opposent à ces affirmations toujours plus fortes des modes managériales non dénuées de contraintes. Naît du coup une opposition frontale, celle même que le harcèlement ne fait qu'exaspérer, conduisant aux insatisfactions, aux attentes épuisantes et aux impuissances avérées :

> D'un côté un consommateur sacralisé encouragé à s'exprimer dans ses choix, sa singularité, sa spécificité. D'un autre côté un employé banalisé encouragé à ne pas s'exprimer, [individu] dont on réduit la valeur psychologique pour ne demander qu'une soumission. Il en résulte une collision frontale entre la nouvelle culture du Moi-ego chez le cyberconsommateur et la culture anonyme du lambdaman[133].

Mais naît aussi une généralisation possible et plus quotidienne d'une telle opposition, elle-même souvent banale autant qu'habituelle, illustrant un idéal du moi inévitablement confronté à son impossible aboutissement : identité bornée, empêchée ou rêvée. Les « victimes » se multiplient. Phénomène traversant les âges et les conditions. Au burn out de l'employé « déconsidéré » s'ajoutent aujourd'hui ceux « de l'enfant », « de l'adolescent », « de l'étudiant », « du chercheur », « des membres de la famille », « de l'entrepreneur », « de l'amoureux », « du sportif » aussi, ce « mal silencieux qui ronge les athlètes[134] », nombre d'entre eux se plaignant d'être « préparés comme des robots[135] ». Les uns et les autres vivant régulièrement une défaillance, distance douloureuse entre les attentes et les faits, rupture entre ce qu'ils « sont » et ce qu'ils « croyaient ». « Vous nourrissez un sentiment de frustration : les choses ne sont pas comme vous souhaiteriez qu'elles soient[136] », disent les commentateurs du « burn out amoureux ». « C'est la confrontation entre ce que les parents avaient idéalisé de leur vie de famille et la réalité[137] », disent les commentateurs du « burn out familial ».

Ce qui donne aussi tout son sens à des combats décisifs en faveur de l'affranchissement : la dénonciation des « charges mentales », entre autres, dont les femmes sont victimes dans le cadre de l'univers domestique. Dominance confirmée par les chiffres : elles effectuaient 71 % des tâches ménagères en 2010 et 65 % des tâches parentales[138]. La dénonciation vise très précisément la fatigue, lassitude psychique conquérante, envahissant l'ensemble du comportement : « C'est pernicieux parce que cela occupe l'esprit en permanence. Cela a un impact sur le sommeil. Au travail on a plus de mal à se concentrer[139]. » Prise de conscience majeure enfin, où Emma, la dessinatrice ayant mis en image une telle « charge mentale » sur son blog et sous le titre ironique « Fallait demander[140] », a provoqué plusieurs centaines de milliers de réponses positives.

Restent des nuances sur les symptômes. Non, à tout coup, le burn out avéré, ses drames, son effondrement global, son absence à soi, mais la fatigue « à bas bruit », lancinante, anxiogène, avec ses ralentissements à faire et ses souffrances variées. Telle cette écoute douloureuse et nouvelle, insistante même, portée sur chaque manière d'être, sur chaque état intime, des impressions les plus physiques aux impressions les plus mentales ; alerte constante sur ce qui interminablement peut « résister » ou, tout simplement, révéler les inévitables limites à exister. Nombre de héros littéraires actuels en sont le symbole. Celui de Michael Delisle, dans son *Palais de la fatigue*, au titre heuristique, dont les expériences apparemment anodines, mais toujours contrariantes et recommencées, sont centrées sur un manque, une distance à être, une dépendance, celle envers un « prof » inaccessible, celle envers des amis trop décidés. Et le constat réitéré : « Pourquoi étais-je incapable de suivre ma voie[141] ? » Ou celui de Michel Houellebecq, personnage impuissant à retrouver ses forces, « écrasé » par l'insurmontable distance entre projets et réalité, condamné à une « sérotonine » vouée, elle-même, à n'entretenir que faiblement la vie :

> Les amitiés de jeunesse, celles qu'on noue pendant ses années d'étudiant et qui sont au fond les seules amitiés véritables, ne survivent jamais à l'entrée dans la vie adulte, on évite de revoir ses amis de jeunesse pour éviter d'être confronté aux témoins de ses espérances déçues, à l'évidence de son propre écrasement[142].

Ou le témoignage d'un Jean Clair, plus prosaïque, plus quotidien, évoquant les heurts les plus banals de chaque jour, et leur suite, tout aussi banale, faite d'une fatigue interminablement répétée :

> Étrange langueur qui nous saisit chaque soir, nous terrasse et qui nous laisse anéantis pour de longues heures. Quelle faute originelle nous condamne chaque jour à quitter la vie ? Quelle dette ancienne, jamais éteinte, nous prive par intervalles de la conscience, comme piqués par la mauvaise fée[143] ?

Rien d'autre, à vrai dire, que le prolongement, sinon l'achèvement, de ce que les Lumières avaient amorcé, la découverte d'un « moi » plus autonome et dès lors constamment alerté par ses propres limites[144], interrogation d'autant plus systématique aujourd'hui que ce même « moi » s'est indéfiniment approfondi, creusé, complexifié, au point que son existence toujours plus affirmée s'accompagne d'une insuffisance elle-même toujours plus ressentie. D'où la question tout actuelle de *Philosophie Magazine*, si directe, si « urgente » même qu'elle occupe la page de couverture du numéro de novembre 2019 : « Pourquoi sommes-nous si fatigués[145] ? » Les réponses se bousculent. Une première d'entre elles serait de réactualiser le poids du surmenage, l'ubiquité des milieux techniques, la sur-accélération, la pression d'engins toujours renouvelés, l'informatisation du monde, la mode généralisée de l'instantané et de l'« hyperconnexion[146] », le tout diffusant une « effervescence[147] » au cœur des sociétés contemporaines. Mais, outre que ces sociétés savent s'adapter aux exigences de leurs machines, créer aménagement et fluidité, une deuxième réponse semble plus centrale : celle d'une intime confrontation à un moi hypertrophié, cet être que son importance nouvelle condamne à l'épreuve constante de ses limites, comme à celle, tout aussi constante, de se réinventer[148]. La fatigue devient alors aussi continue que naturelle, aussi actuelle que banale, aussi familière que malcommode, accompagnatrice sourde, obscure et toujours obligée de la vie ; présence lancinante et inédite, un « *fatigo ergo sum*[149] » tenant à une existence ressentie autrement exigeante et dès lors autrement éprouvée : difficulté d'accepter toute domination, difficulté de vivre toute limitation. Constat encore, aussi discret qu'évident : « Et puis il y a la fatigue. Comme on parle peu d'elle, qui domine la vie de la plupart d'entre nous, qui nous fait prendre telle décision, abandonner telle tentative, voir tel événement d'une certaine façon[150] ! » S'impose ainsi un rapport à l'intime largement majoré, sentiment persistant de résistance, affrontement intérieur plus important que jamais, celui même qu'Emmanuel Levinas avait déjà désigné : « la paresse, la fatigue, avant d'être des contenus de conscience, sont des reculs devant l'existence en général [...] La lassitude est un impossible refus de la nécessité dernière d'exister[151]. » Constat majeur où l'intense psychologisation contemporaine a transformé plus qu'auparavant ce sentiment de l'existence en « épreuve » constante et toujours recommencée.

Échapper aux limites ou en prendre conscience ?

D'où la présence tout aussi croissante d'oppositions, de réactions ; tentatives elles-mêmes démultipliées pour surmonter le manque, restaurer l'intégrité. À la question, tout actuelle, sur la page de couverture de *Philosophie Magazine* déjà évoquée, « Pourquoi sommes-nous si fatigués ? »[152], répond l'injonction, tout aussi actuelle, sur la page de couverture de *Ça m'intéresse. Santé*, en décembre 2019, « En finir avec la fatigue[153] », résolution délibérée pour s'affranchir face à un vécu « insupportable » apparemment nouveau. Interrogation et réplique révèlent ainsi une certitude, celle d'une découverte autant que celle d'une urgence : sensation de tensions plus fortes, détermination d'allègement plus forte aussi. Seule preuve, quoi qu'il en soit, d'un aiguisement continu dans la perception comme dans la dénonciation.

L'obsession médicamenteuse demeure et ne saurait être oubliée. Le marché pharmaceutique a été multiplié par trois en France entre 1990 et 2017[154]. Il concerne autant les antibiotiques que les anxiolytiques, autant les thérapies que le confort, autant les fatigues que les malaises intimes. L'imaginaire de l'excitant ne saurait s'effacer, porté par une chimie elle-même toujours plus « technicisée » et « marchandisée ». D'où le succès encore présent de formules promettant résistance organique et « surpassement » :

> Les conditions de la vie moderne, la concurrence et la compétition effrénée des candidats pour obtenir un diplôme, un poste, un succès, une reconnaissance professionnelle ou des gratifications affectives rendent souvent indispensable le recours à des produits tonifiants et stimulants[155].

D'où aussi l'interminable histoire du dopage dans les milieux sportifs : recherches clandestines et effrénées pour limiter chimiquement la fatigue des champions, réplique officielle et laborieuse de contrôles difficultueux pour limiter les risques sanitaires de tels procédés[156].

Reste que la riposte quotidienne, celle des lassitudes monotones et journalières elles-mêmes, s'est insensiblement déplacée ces dernières décennies. Elle se dit autrement, vise d'autres objets. Non que la pénibilité physique se soit effacée, mais le versant psychologique, une fois encore, s'est largement imposé et il s'est, surtout, reformulé. C'est lui que ciblent plus que jamais les innombrables démarches quêtant l'« atténuation », y compris celles impliquant la pénibilité. De nouveaux magazines, généralisant les conseils, ont proliféré, mêlant mental et sensibilité, décisions et sentiments, centrés, depuis les années 2010, sur la « détente », l'« équilibre intérieur », l'« attention à soi ». Titres et sous-titres le confirment : *Respire. Créer du temps pour soi*[157], *In the moment. Parce qu'être soi n'attend pas*[158], *ADN. Les essentiels : le guide du bien-être au quotidien*[159], *Sens et santé. Le corps, l'esprit, le monde*[160]. Le stress est au cœur des résistances attendues, l'identité restaurée au cœur du projet. Comme le refus de toute « charge mentale[161] », celle compromettant l'égalité homme-femme, est au cœur de l'affirmation féminine.

L'éloignement des astreintes s'impose en tout premier lieu. Tel le « vide » répété, suggéré par Cédric Villani, pour interrompre momentanément toute recherche jugée trop fastidieuse : « Je mets mon cerveau en roue libre. Par exemple avec des breaks de dix minutes où je me relaxe en oubliant tout. Mon corps y participe et cela me ressource jusqu'au fond des cellules[162] » ; ou l'« évasion » suggérée par Anaïs Vanel, abandonnant quasi définitivement son bureau d'éditrice parisienne pour surfer sur les océans, prétendant y « comprendre l'origine de [sa] fatigue[163] ». Tout tiendrait, au-delà de l'« abandon » ou de la « déconnexion », à un travail de conscience : favoriser l'espace intérieur, détecter les signes, localiser les contractures, identifier les douleurs.

Évaluation régulière où « vaincre la fatigue c'est d'abord savoir écouter les signaux du corps[164] ». Avec une vision nouvelle, d'ailleurs, où le modèle informatique pénètre définitivement l'organique : valorisation des « connexions », des « codages », des « interrelations », mise en continuité entre la conscience et les messages possibles, la sensibilité et son contrôle obligé ; interminable réseau où la « chair » est elle-même quasi psychologisée par une systématique de coordinations, de convergences, d'alertes sensibles, toutes censées faire unité. Ce qui n'est pas sans s'accommoder de quelques suggestions tout simplement triviales, proposant d'affiner la « perception du stress » en « quatorze questions »[165], de « libérer l'esprit » en « dix étapes »[166], de choisir cinq options possibles pour « écouter des émotions[167] » ; ou, non sans recourir à quelque formule incantatoire, tels les rituels respiratoires suggérés par *Sens et santé* : « Dès maintenant offrez-vous une minute de calme. J'inspire le calme, j'expire le stress. J'inspire la vitalité, j'expire la fatigue[168]. » Réponses dérisoires bien évidemment, affirmations quasi gratuites, procédés d'une superficialité sans portée. Mais au moins confirment-ils l'envahissement d'une préoccupation. Confirmation d'une volonté précise même : retrouver une unité personnelle en l'éprouvant d'abord dans l'avivement du sensible, dans son appropriation, sa singularité. Restauration d'une intériorité, autrement dit, face à une fatigue généralement pensée en extériorité : « Quand le monde qui nous entoure devient oppressant et frénétique, nous pouvons trouver tranquillité et calme en entrant dans notre espace intérieur[169]. » Toute la différence avec les injonctions du XIXe siècle, visant déjà la restauration, mais dans l'action, l'exercice, l'affrontement au milieu[170]. L'enjeu s'est définitivement déplacé et approfondi, visant plutôt l'affrontement à soi, jusque dans la manière dont cette extériorité est elle-même abordée, le moi primant définitivement sur l'espace, au point de s'en servir pour mieux s'éprouver :

> Se retrouver avec soi-même au cœur de la nature. Assise en tailleur, je laisse l'endroit, le lointain et le silence agir en moi. Ralentir grâce à mère nature – loin du stress, du trafic et des listes de tâches. Je suis heureuse[171] !

Toute la différence aussi avec des pratiques largement nouvelles, situées à l'opposé du repos, mais faites précisément pour mieux ressentir une intériorité, jouer avec les limites, exister plus intensément, se réapproprier, fût-ce dans la douleur, ce qui est d'abord identité. Une récente *Anthropologie de l'effort* insiste : « Toute confrontation aux limites représente une transformation de l'individu[172]. » Nombre d'expériences d'aujourd'hui le montrent, paradoxales face à un monde réputé « fatigué » mais centrées sur l'affirmation personnelle, l'écoute, l'attention à soi :

« sport extrême », « descente extrême », « raid extrême », « traversée extrême », toutes tentatives « inouïes », jouant avec les défis, les dépassements, les assauts, allant des montagnes aux océans, des gouffres vertigineux aux escalades surplombantes, des circuits les plus prévisibles aux trajets les plus incertains… Ce que nombre de sociologues ont su désigner en évoquant des loisirs révolutionnés : « l'affrontement des dangers et les risques mortels qui nécessitent la mise en épreuve de l'autonomie, de l'intelligence, de l'audace et de la persévérance […][173] ». Les exemples récents s'accumulent : « Diagonale des fous » à La Réunion, « Marathon des sables » au Maroc, « Ultra Trail du mont Blanc », « Athènes-Spartes en trente-cinq heures non-stop »[174]. Ou encore, l'« exploit » dont Mike Horn tire un livre à succès : « réussir ce que personne n'a jamais osé tenter : faire un tour du monde en suivant la ligne de l'Équateur[175] ». Ou enfin cette entreprise quasi « hallucinante », le « Double Deca Iron Ultra-Triathlon », expérimenté au Mexique en 1998 : 76 kilomètres de natation, 3 600 kilomètres de cyclisme, 844 kilomètres de course à pied[176].

Une manière de prolonger, faut-il le redire, ce que les Lumières avaient inventé[177], mais poussé au plus loin, promouvant, comme jamais, l'appartenance à soi, jusqu'à l'illimité. La fatigue s'inverse ici, une fois encore, dans le plaisir et la sensibilité maîtrisée. Réactions nombreuses, au bout du compte, largement différentes, mais projet en définitive identique : de l'expérience du vide à celle de la plénitude, de l'expérience de la détente à celle de la « frénésie », la visée demeure celle d'une autonomie accrue ou restaurée.

Encore faut-il revenir à la fatigue dominante, celle de la banalité des jours, celle du quotidien, plus triviale, plus intensément ressentie aujourd'hui, plus immédiatement pressante aussi, parce que menaçant, plus qu'auparavant, une exigence nouvelle de disposition de soi. D'où ces injonctions, tout aussi inédites, favorisant des formes inattendues d'acceptation, voire de connivence, tant la fatigue serait généralisée, tant son évidence se serait imposée : moins la raideur, pour y répondre, que la complicité, moins la fermeté que la fluidité, à condition de préserver l'identité ou, plus encore, de la renforcer. Éric Fiat suggère à cet égard une défense toute particulière, faite de prise de conscience autant que d'attention, vigilance constante, apaisante, « détendue » :

> De toute façon la fatigue est si protéiforme que l'on n'a aucune chance de l'emporter contre cet ennemi qui vient de partout [...] Je propose d'abandonner les métaphores du combat et d'être le roseau de la fable de La Fontaine. Certains hommes se veulent chênes infatigables. Problème lorsque le vent arrive, le chêne résiste, puis est finalement déraciné. Être le roseau, c'est accepter la fatigue[178].

Immense renversement accentuant la place de l'intime, son travail, son approfondissement, dynamique toujours plus présente aussi au cœur de nos sociétés occidentales contemporaines, loin d'une longue tradition limitant la fatigue à la chair et sa matérialité. Immense renversement enfin où, au plus profond de la conscience, et précisément parce que cette profondeur s'est accrue, la fatigue devient un mode d'être aussi constant que banalisé obligèrent, en définitive, de faire alliance avec elle pour mieux coïncider avec soi.

La fatigue, faiblesse diffuse, insatisfaction obscure, insuffisance obstinée, est devenue une des manières d'être de notre temps.

POSTFACE

Chapitre 30

Surprises et menaces « virales »

La pandémie de Covid-19, surgie à la fin de l'année 2019, brusquement avivée, brusquement diffusée, a bouleversé les comportements quotidiens, métamorphosé les habitudes à grande échelle : confinement durable des populations, mise en suspens d'activités innombrables, limitation des échanges, investissements majeurs dans la protection de chacun. La sortie de crise prolonge hésitations et difficultés. La reprise d'activité n'efface ni le doute ni l'anxiété. Une sourde impuissance demeure. Alors que les conséquences sur la fatigue semblent massives : surgissement d'épuisements nouveaux, croisement constant entre lassitude et appréhension, voire peur, effacement de gestes longtemps évidents, apparition d'autres plus contraints, dont la nette distance physique à respecter pour chacun, appelée « geste barrière ». L'univers d'« hier » tout proche apparaît dès lors lointain, perdu, les repères familiers se déplacent, espace et temps se transforment, l'inédit s'impose, largement imprévu. S'ajoute un sentiment de vulnérabilité physique que le déploiement constant des techniques avait fait oublier.

Quels changements pourtant concernant l'objet de ce livre ? La vision contemporaine de la fatigue en est-elle ébranlée ? La manière de la penser, de la représenter en est-elle invalidée ? Autant d'interrogations inévitables pour mieux comprendre l'originalité de notre présent.

Nouveaux sans aucun doute sont nombre d'acteurs pris en considération, tous mieux suivis, mieux observés, les soignants entre autres, occupant dans les pandémies d'aujourd'hui une place privilégiée, comme pouvaient l'occuper, dans les défenses médiévales, combattants ou guerriers[1]. Nouveaux encore sont les outils de protection collective, générant des fatigues imprévues, comme pouvaient le faire, dans des périodes oubliées, des pratiques ou tenues obligées[2]. Nouveaux toujours sont des moyens de communication brusquement déployés, sophistiquant les procédés, surmontant les distances, multipliant réseaux et écrans, tout en rendant les échanges plus laborieux, plus pesants, alors que notre modernité les avait faits plus fluides ou plus aisés. Infinis sont ainsi les renouvellements de gestes, de dispositifs, de réactivités ; infinies les occasions d'éprouver obstacles ou difficultés.

Force pourtant est de constater d'évidentes continuités. La référence devenue « constante » à la fatigue d'abord, exactement comme « hier », liée à la culture d'individus toujours plus alertés sur ce qu'ils éprouvent, ce qu'ils vivent, ce qu'ils font. La reconnaissance de la diversification de cette même fatigue ensuite, suggérant, au-delà de faits directement physiques, des faits plus obscurs, multipliant les indices « intérieurs », les affects, les questions sur soi, liée à cette même culture donnant au psychique en enjeu toujours plus central, sinon insoupçonné. L'ouverture délibérée à des situations inconnues enfin, rompant avec des traditions trop figées, intégrant dans la fatigue ce qui ne l'était pas, tout en confirmant la vision de sa profondeur comme de sa pluralité. Autant de perceptions et de sensibilités que la pandémie n'a fait sans doute qu'accentuer, sans que changent en profondeur les récents critères attribués à la lassitude ou à l'épuisement.

Le Covid-19 révolutionne ainsi nombre de nos habitudes, banalise des menaces, nous fait vivre autrement l'espace et le temps, fabrique des pénibilités, alors même que l'imaginaire d'une fatigue accompagnant ce mal n'est pas vraiment bouleversé.

Les soignants et l'épuisement

Les soignants viennent en tout premier lieu dans les préoccupations d'aujourd'hui. Émergence d'autant plus marquante qu'une forte défiance économique a multiplié, en France, tout récemment encore, les restrictions sur les dépenses publiques de santé. Rigueur implacable aux effets clairement dénoncés en son temps : un « médecin sur deux[3] », avant même l'apparition du Covid-19, dans l'hôpital de décembre 2019, se disait épuisé, mettant en cause la faiblesse des équipements, l'insuffisance des services, le déclin des effectifs. Conséquence inévitable sur la stratégie face à la pandémie, les témoignages convergent, rappelant « la colère d'avoir si longtemps alerté, en vain, du manque de moyens et de n'avoir jamais été entendu. Alors que l'épidémie de Covid-19 étend son emprise sur le territoire national[4] ». Les carences vont jusqu'au détail des protections et des tenues, leurs conséquences sur la crispation des gestes, la hantise des actions, le sentiment de précarité : « Dans l'ensemble, les soignants ne se plaignent pas. Sauf du matériel. Le manque de masques, de sur-blouses à usage unique génère chez eux beaucoup d'angoisse. Et de colère [...] Dès que les équipes peuvent correctement se protéger, la tension redescend[5]. » Restent la réorganisation rapide des services face à l'urgence, l'accélération des réinvestissements, l'accroissement des présences soignantes, les échanges de malades entre régions « saturées » et moins

« saturées » ; le « grand nombre d'heures supplémentaires et le manque de sommeil[6] ». L'hôpital a tenté une rationalisation et un « refinancement ». Une solidarité « médicale », surtout, s'est développée, saluée comme jamais par l'opinion, au point d'engendrer un rituel inconnu jusque-là : l'applaudissement aux fenêtres, tous les jours à 20 heures, en reconnaissance de l'engagement du personnel sanitaire face à la pandémie.

C'est sur la notion de fatigue elle-même, celle de dépense, d'usure, que l'expérience se révèle éclairante, confirmant les changements récents : l'évaluation et les ressentis se sont déplacés, la manière d'éprouver s'est transformée. L'appréciation n'est plus la même, les registres des « souffrances » se sont multipliés, comme se sont multipliés les références ou les objets. La dépense physique, sans doute, toujours citée, avec ses investissements, ses agitations variées :

> À 20 heures, un wagon de patients arrive. Impossible de s'arrêter avant 2 heures du matin. Gestes automatiques d'habillage et de déshabillage, interrogatoire, examens physiques et para-cliniques. On court dans tous les sens, box après box, pas moins de quinze en tout dans cette unité […] on lit la fatigue sur tous les visages[7].

Les descriptions restituent les allures, les mouvements, les profils : « les automates assurent les gestes du quotidien mais, dans les couloirs, ils semblent marcher en apesanteur. Sonnés, en errance, comme un peu perdus[8] ».

Impossible pourtant de s'en tenir à ces constats. S'ajoute un réseau de tensions plus intimes où la fatigue est autrement concernée ; influences « morales » ou relationnelles, négligées dans la tradition, mais devenues toujours plus sensibles, plus conscientes, au point d'infléchir directement le sentiment de pénibilité : poids de l'exigence de réussite systématique sur la maladie, accumulation de décisions rapides, émotion face au mal, peur pour les autres, peur pour soi, vie quotidienne progressivement absorbée par l'exercice du métier, tous constats dûment explicités. Le « malaise » participe ici de l'épuisement. L'incertitude, le revers toujours possible spécifient la dureté. Innovation enfin, révélant combien s'impose la place prise par l'individualisation, la parole des acteurs devient toujours plus présente. Elle restitue les faits, incarne le « vécu ». Les difficultés se disent. Les troubles s'expriment. Les périodiques publient eux-mêmes les témoignages de chacun : « Le journal de crise des blouses blanches » *(Le Monde)*, « Le journal de bord de la crise sanitaire tenu par les soignants » *(Libération)*. La pandémie, plus que jamais, met en évidence ce que les décennies précédentes avaient suggéré sur la fatigue, sa personnalisation, sa complexité.

Le sentiment de contrainte liée à l'activité ne peut que s'alourdir, et la lassitude multiplier ses versants, comme ses objets. À commencer par la confrontation à un mal inconnu : « C'était une angoisse extrême qui imprégnait tout et que chacun devait gérer dans sa tête[9]. » S'y associent le sentiment d'un « raté » toujours possible, la surprise d'aggravations imprévues, la compassion provoquée. D'où ce mot de « stress » toujours répété :

> Nous sommes frappés par la vitesse à laquelle l'état de santé des patients se dégrade. C'est très stressant parce que nous pouvons vraiment perdre des malades dès ce moment-là. Cette pression, nous la paierons après. Il y a un vrai risque de stress post-traumatique chez les soignants, quelle que soit leur fonction[10].

L'acte de soin confirme alors jusqu'au symbole à quel point ses enjeux psychologiques, sa complexité, les intenses attentes humaines qu'il provoque lui ont donné valeur d'exemple, dès les années 1980 : modèle des toutes premières désignations du burn out, modèle des risques de « rupture » personnelle auxquels certains acteurs peuvent être clairement exposés. C'est bien sur les soignants qu'ont porté les indentifications initiales de tels symptômes : « L'étude de ces catégories professionnelles a conduit à considérer les confrontations répétées à la douleur ou à l'échec comme des causes déterminantes de ce syndrome d'épuisement professionnel[11]. » Les propos des soignants du Covid-19 le confirment, révélant cette fatigue aux cent visages, aujourd'hui mieux mesurée : associée dans ce cas à une peur diffuse, une évaluation imprécise, une impuissance, un envahissement de l'espace mental. D'où ces descriptions d'un temps devenu saturé, infiltrant le quotidien, absorbant les instants : « Indirectement l'épidémie contamine tout [...] Il n'existe plus de jour *off*[12] », constate un urgentiste parisien ; « Pas de temps de me reposer, même si je suis en repos de sécurité [...] le vrai repos d'existe pas[13] », ajoute un interne de Besançon. Le sommeil lui-même est traversé, rebelle à tout abandon : « La nuit de mercredi 18 mars, je ne suis pas arrivé à dormir. Pourtant, d'habitude, j'encaisse bien les émotions[14]. »

C'est une existence jugée contrainte, l'impossible résistance face aux faits, la brèche dans l'identité et sa solidité, et non plus la seule lourdeur des actes qui s'installent au cœur de la pénibilité. L'enjeu social et humain est ici fondamental, au point qu'avec le répit possible de la crise, et face aux promesses d'une gestion nouvelle de l'hôpital, les acteurs demeurent clairement sceptiques : « Des soignants “fatigués et écœurés” », peut titrer *Le Monde* du 18 juin 2020[15].

Les travaux et les jours

La pandémie porte encore au premier plan les professions indispensables au fonctionnement collectif : « dix millions de policiers, caissières, éboueurs ou encore métiers de bouche travaillent malgré la crise[16] », auxquels s'ajoutent les métiers des transports, de l'énergie, des aides à domicile, des communications, etc. Un regard de survol pourrait, à nouveau, se limiter à une liaison simple, associer l'accroissement de fatigue aux seules dépenses physiques : besoins accrus, urgences plus pressantes, charges plus soutenues. Ce que confirmerait le prolongement des heures de travail, jusqu'à leur officialisation. Une ordonnance de mars 2020 modifie la « durée maximale de travail durant la crise » dans les secteurs jugés « en surchauffe[17] » (télécoms, agroalimentaire, énergie, transports) : douze heures pour la journée, soixante heures pour la semaine[18]. Chiffres notables, révélant l'inquiétude de l'autorité politique comme celle de l'autorité économique, tout en provoquant une évidente contestation syndicale. Insurmontable contradiction entre l'exigence de production et l'exigence de protection : « On risque d'ajouter au risque d'épidémie un risque de fatigue, d'épuisement par des temps de travail plus importants et des temps de repos réduits[19]. »

Au-delà de ces surcharges, la fatigue se révèle pourtant, à nouveau, plus complexe, plus fréquemment évoquée, plus diversement éprouvée. Les effets de la peur d'abord, sa résonance physique, jusqu'à la demande d'atténuer une présence au travail jugée « abusive » : « Toutes ces mesures, annoncées ou confirmées ce lundi, ne les immunisent pas contre un sentiment de plus en plus partagé par ceux qui doivent se rendre à leur travail en ces temps d'épidémie : la peur [...] On doit assurer un service avec la “boule au ventre”[20]. » Ou cet aveu d’un « agent de nettoyage » : « Quand j’arrive j’ai mal au ventre[21]. » Les effets de tensions interpersonnelles ensuite, liées aux relations avec une clientèle elle-même plus inquiète, sinon tourmentée : « La fatigue commence à s’installer, physique, et surtout psychologique. Les premiers jours ont été très difficiles, avec beaucoup d’incivilités[22]. » Ou cette distinction faite par un chauffeur de taxi, spécifiant l’inquiétude et son atteinte diffuse : « La nuit, la fatigue est physique, mais, dans l’équipe de jour, les collègues sont à fleur de peau à cause de la promiscuité avec les clients[23]. » Les effets de statut enfin : nombre de travailleurs ont le sentiment d’accumuler dépenses et efforts, risques et dangers, sans qu’aucune reconnaissance allège leur impression d’épuisement. Ce que confirment les aides à domicile : « On est la basse classe, celle dont on ne parle pas[24]. » « Travail d’esclave[25] », suggère un témoin, où le manque de formation spécialisée accroît les lourdeurs, où le manque de protection accroît l’anxiété, où le défaut de toute gratitude, enfin, achève le malaise : « c’est un métier très difficile, très humain, et il n’y a aucune reconnaissance, en particulier de la part du corps médical[26] ». D’autant que s’ajoute une domination liée au genre ; métiers féminins, métiers dévalorisés : les femmes « représentant au total 87 % des infirmiers et 91 % des aides-soignants en France[27] ». Domination plus générique enfin, mais aux conséquences identiques, avec les « employés logistiques » sur les plateformes de services : « Pour nous, Amazon outrepasse ses droits. C’est le pot de terre contre le pot de fer[28] » ; alors même que la procureure générale de l’État de New York, Letitia James, estime, dans une lettre du 22 avril 2020, que « les conditions de sécurité dans les entrepôts sont inadéquates[29] ». Reste cette parole revenant régulièrement, tout en traversant des situations pourtant différentes : « Nous avons besoin de considération[30]. » Rien d'autre qu'une impuissance, une humiliation, renforçant lassitude et abattement.

L'accroissement du télétravail en revanche, lorsqu'il est réalisable, semble plus adéquat. Les enquêtes révèlent 58 % de sondés favorables : effacement des trajets, autonomie promise, souplesse plus grande « entre vie personnelle et vie professionnelle », sentiment, dès lors central, d'une « confiance » inédite et d'une « délégation » possible « de responsabilité »[31]. Nombre de causes de fatigue seraient levées, nombre de relations interpersonnelles aplanies, ouvrant sur des potentialités jusque-là impensées : « improviser de nouvelles manières de coopérer avec les collègues et de cohabiter avec les conjoint et enfants[32] ». S'ajoute une protection supplémentaire face à la pandémie.

Restent, pourtant, des résistances tout aussi inédites. La fatigue ne cède pas d'emblée aux réinventions du milieu. Des insatisfactions le disent. Des obstacles le montrent. Le télétravail, comme le Covid-19, sur un registre plus large, ébranle aussi nos espaces et nos temps habituels. Les enquêtes révèlent une « perméabilité » toute problématique entre des versants différents du quotidien, les préoccupations professionnelles infiltrant des heures et des moments jusque-là épargnés : « Pour les salariés qui ne peuvent pas remplir leurs objectifs, il faudra travailler le soir, le week-end[33]. » Ou l'espace privé encore, gagné par des gestes et des objets jusque-là séparés : « Je travaille sur la table de cuisine donc on mange sur la table basse du salon et la préparation des repas est compliquée[34]. » Danièle Linhart insiste sur un « climat anxiogène[35] », bouleversant le cadre intime, autorisant, par l'envahissement technique, une « surveillance numérique » de la direction, jusqu'à trahir la finalité du travail lui-même, « son sens, son utilité[36] ». La fatigue se glisse là même où elle semblait ignorée.

Des maux surgissent là même où ils semblaient oubliés : « 40 % des enquêtés disent ressentir des douleurs physiques inhabituelles », maux de dos, crispations, oppressions ; « 29 %, une anxiété inhabituelle », avec une dominance chez les femmes assurant davantage de responsabilités domestiques[37].

Le travail, malgré ses transformations, demeure l'exemple d'un entrecroisement de tensions autant physiques que sociales et psychologiques. L'accroissement de la sensibilité individuelle, à la pointe de notre présent, en fait toute l'alerte et l'originalité.

Temps et espaces contraints

Au-delà de la réplique médicale par l'investissement hospitalier, au-delà de la réplique « ouvrière » par l'entretien minimum de l'économie, reste la réplique protectrice, celle censée défendre la population. Deux pratiques l'ont emporté : la vigilance sur les contacts, la vigilance sur les déplacements. Le confinement prolongé dans les lieux privés, développé à grande échelle, partagé par de très nombreux pays, a renoué avec des dispositifs largement oubliés. Décision quasi inédite même, politiquement « courageuse », parce que limitant échanges et productions, totalement ignorée lors des pandémies déjà anciennes du XIXe et du XXe siècle. Au moins révèle-t-elle une sensibilité collective plus affirmée, refusant d'accepter toute brusque et forte accélération de la mortalité virale.

Encore faut-il en montrer les implications, au regard de ce livre : l'émergence de la fatigue dans l'intimité domestique, alors que n'existent *a priori* ni dépense, ni effort nouveaux, l'« exténuation » du comportement, alors que n'existent *a priori* ni surplus, ni excès également nouveaux.

Une inquiétude sourde, propagée par le virus, en est une première manifestation : l'oppression ressentie, son effet sur l'aisance physique, la sérénité, la disponibilité. Ce que répercutent la plupart des « appels "psy" » auprès de nouveaux centres d'écoute : « Il y a beaucoup de crises d'angoisse, d'attaques de panique en lien avec la situation actuelle[38]. » Ou cet épisode, lui-même paroxystique, vécu sur le *Zaandam*, bateau de croisière navigant entre Pacifique et Atlantique, fin mars 2020, interdit d'accostage à cause de la présence du Covid-19 à bord, événement transfigurant le voyage, au point de le faire basculer « du rêve au cauchemar[39] ». Ou ces histoires répétitives d'anxiété, évoquées par nombre de magazines comme autant de « facettes d'un monde qui s'est dérobé sous nos pieds, où les repères que l'on croyait éternels se sont effondrés[40] ». Tous symptômes favorisant l'impression d'obstruction, de résistance, d'inachèvement : difficultés à faire, à réaliser, métamorphosées en inexorable « pénibilité ».

L'ébranlement des grandes catégories anthropologiques de l'espace et du temps, faut-il le redire, fabriquent aussi une telle inadéquation : résidences contraintes ou cantonnées, moments fuyants ou incertains, accès inabordables ou interdits. Tels les constats répétés : « L'obligation de rester chez soi est vécue comme une atteinte à la liberté individuelle. En plus, il y a une notion de danger à l'extérieur, donc cela crée un climat ambiant d'insécurité sanitaire[41]. » Espace « fermé » d'un côté, « menaçant » de l'autre. D'où ces enquêtes montrant la réaction des « nouveaux » inactifs : 21 % éprouvent des problèmes d'estime de soi, 30 % des problèmes de concentration[42] ; ou cette insistance sur une réitérante disparité : « L'une des premières inégalités est celle qui oppose les mal-logés et les autres[43]. » Le constat de David Le Breton rappelant les effets sur la disponibilité de chacun : « Pour d'autres, qui sont dans la promiscuité et vivent jusqu'à cinq ou six dans des surfaces très petites, il est compliqué de retrouver du temps à soi et cette "chambre à soi" dont parle Virginia Woolf[44]. »

Le temps précisément, cette durée où tendent à s'évanouir nombre d'initiatives et de potentialités, est plus largement celui d'un « ennui », d'une « lassitude » particulière, celle dont cherchent à sortir, par les réponses les plus variées, ceux qui ne peuvent la supporter : échappatoires, transgressions multiples, rencontres inopinées, « sensation de claustrophobie alors que le soleil ne cesse de briller [...] Certains choisissent de contourner la loi[45] ». Opposer l'agitation à l'alanguissement, la fébrilité à l'amollissement. Plus subtilement, ce temps est aussi analysé par d'autres comme un obstacle à soi, symbole de limite autant que de fatigue inattendue. L'écrivain Christophe Honoré y voit même un moment « empoisonné » :

> Là, je me sens enfermé, empêché. Je n'arrive pas à faire quelque chose de ce temps imposé, qui est un temps empoisonné. Et j'irai plus loin : je n'ai pas envie de créer à partir de cet événement. C'est juste une sale période, à laquelle je n'ai pas envie d'associer l'art[46].

Sans surprise encore, ce temps est plus globalement celui de l'incertitude, horizon toujours vague où disparaîtrait la menace : « Quelles leçons faut-il retenir ? Qu'entre douze et dix-huit mois, en l'absence de vaccin, selon les estimations, le virus sera susceptible de faire des allers et retours sur la planète[47]. » Alors que les prévisionnistes eux-mêmes demeurent délibérément imprécis, prudents jusqu'au demi-silence : « la modélisation d'une épidémie est un art difficile car ses pratiquants espèrent toujours un peu qu'ils se tromperont[48] ». Ce qui ne fait qu'accroître malaise et abattement.

Reste enfin l'ensemble du comportement infléchi par cette présence du « virus », envahissement traversant le psychologique, le social, le physique, le culturel ; sentiment de débordement venu du croisement continu des mêmes personnes sur un même lieu, au point que certains ont pu titrer : « L'enfer à la maison[49] » ! Entre-soi incessant, mal maîtrisé, conduisant tout simplement au mot de « stress », ici encore, systématiquement évoqué :

> La vie de famille au temps du Covid-19 montre des signes de fatigue, comme en atteste un sondage IFOP : un Français sur deux déclare se disputer plus qu'auparavant au sujet des tâches ménagères, 34 % plus que d'ordinaire à propos du temps passé par leurs enfants devant les écrans, mais également sur l'éducation (29 %) et… les réserves de nourriture. Le tout étant pimenté par une bonne montée d'adrénaline : 41 % affirment vivre plus qu'auparavant des périodes intenses de stress, sans compter les difficultés à travailler en présence du reste de la famille. Chaud[50] ?

Cohabitation quelquefois non désirée d'ailleurs, comme pour ces étudiants obligés de séjourner dans une famille dont ils croyaient s'être éloignés : « Comment pourrais-je supporter ce rapprochement forcé avec ces personnes que j'ai cherché à fuir ces trois dernières années[51] ? »

Impossible enfin d'ignorer l'effet renforcé de la « charge mentale[52] » féminine. Les témoignages affluent d'une inégalité de responsabilité au sein du couple, l'asymétrie quelquefois accentuée malgré le partage du télétravail, l'exaspération face aux tâches non réparties. Le constat, autrement dit, de Virginie Ballet et la fatigue clairement désignée :

> Ni le télétravail, ni le chômage partiel, ni l'école à la maison ne semblent avoir bouleversé un ordre sclérosé, bien au contraire : ce sont toujours les femmes qui tiennent

> la baraque, songent à planifier repas, courses, vaisselle, devoirs et autres délices de la vie quotidienne, parfois jusqu'à l'épuisement[53].

Avec le Covid-19, les terrains de la fatigue ont sans doute changé, les représentations et visions qu'en avaient dessinées ces dernières décennies, en revanche, ne sont autres que confirmées. Accès majeur, mais transitoire au regard du temps long, la brusque émergence de la pandémie de Covid-19 dans notre univers quotidien a réveillé des peurs oubliées, tout en confirmant la manière récente et nouvelle dont la fatigue est devenue aujourd'hui compagne familière, résistance intérieure et constante éprouvée par chacun d'entre nous.

Remerciements

Je tiens ici à remercier particulièrement celles et ceux dont les avis ou les relectures m'ont été précieux :

Jean-Jacques Courtine, Yan Descamps, Claudine Haroche, Jean-Noël Jeanneney, Corine Maitte, Séverine Nikel, Thierry Pillon, Monique Quesne, André Rauch, Cécile Rey, Sylvie Roques, Marc Saraceno, Didier Terrier, François Vatin, Jocelyne Vaysse.

Notes

1. Voir Cercle Sésame, *2012-2017 : ce que veulent les Français*, Paris, Eyrolles-Éditions d'Organisation, 2011, p. 209.

2. Voir « Syndrome de burn out : c'est quoi ? », burnout-info.ch, https://www.burnout-info.ch/fr/burnout_c_est_quoi.htm.

3. Guy de Maupassant, *Un coq chanta, Contes de la bécasse* (1883), *in* Brigitte Monglond (éd.), *Contes et nouvelles*, Paris, Robert Laffont, « Bouquins », 1988, t. I, p. 499 ; ou encore, « Je suis si fatiguée que je vais me coucher, mon ami », *ibid.*

4. Voir Roger Sue, *La Richesse des hommes : vers l'économie quaternaire*, Paris, Odile Jacob, 1997.

5. Cercle Sésame, *2012-2017 : ce que veulent les Français*, *op. cit.*, p. 200.

PREMIÈRE PARTIE
L'univers médiéval et le défi des repères

1. Aldebrandin de Sienne, *Le Régime du corps* (XIIIe siècle), Paris, Honoré Champion, 1911, p. 68.

Chapitre 1. Image claire, repères incertains

1. *Tristan et Iseult* (XIIe siècle), Paris, Le Livre de Poche, 1988, p. 88.

2. *Commentaire en vers français sur l'école de Salerne* (X^e^-XIe siècle), Paris, 1671, p. 461.

3. Bernard de Gordon, *Fleur de lys en médecine* (XIIIe siècle), Lyon, 1495, f° c IV.

4. *Ibid.*, f° a IV.

5. Voir les *Commentaires de Pierre André Matthiole sur les six livres de Dioscoride*, Paris, 1579, p. 720.

6. Barthélémy l'Anglais, *Le Grand Propriétaire de toutes choses* (XIIIe siècle), Paris, 1556, p. 62.

7. Aldebrandin de Sienne, *Le Régime du corps*, *op. cit.*, p. 23.

8. Voir Alexandre Koyré, « Du monde de l'"à peu près" à l'univers de la précision », *Critique*, n° 28, 1948, p. 806-823, repris dans *Études d'histoire de la pensée philosophique*, Paris, Armand Colin, 1961.

9. Voir Nicolas de La Mare, *Traité de la police où l'on trouvera l'histoire de son établissement, les fonctions et les prérogatives de ses magistrats, toutes les lois et tous les règlements qui la concernent* (1705), Paris, 1719, t. III, p. 68.

10. *Ibid.*, p. 71.

11. Voir ci-dessus, p. 20.

12. *La Quête du Graal* (XIIIe siècle), Albert Béguin et Yves Bonnefoy (éd.), Paris, Seuil, « Points Sagesse », 1982, p. 94.

13. *Fierabras* (XIIIe siècle), trad. Mary Lafon, Paris, 1857, p. 48.

14. *Durmart le Gallois* (XIIIe siècle), *in* Danielle Régnier-Bohler (éd.), *Récits d'amour et de chevalerie, XIIe-XVe siècle*, Paris, Robert Laffont, « Bouquins », 2000, p. 620.

15. Aldebrandin de Sienne, *Le Régime du corps*, *op. cit.*, p. 24.

16. Arnaud de Villeneuve (XIIIe siècle), *Regimen sanitatis en français*, Paris, 1514, s. p.

17. Aldebrandin de Sienne, *Le Régime du corps*, *op. cit.*, p. 31.

18. Barthélémy l'Anglais, *Le Grand Propriétaire de toutes choses*, *op. cit.*, p. 64.

19. *La Quête du Graal*, *op. cit.*, p. 94.

20. *Perlesvaus, le haut livre du Graal* (XIIIe siècle), *in* Danielle Régnier-Bohler (éd.), *La Légende arthurienne. Le Graal et la Table ronde*, Paris, Robert Laffont, « Bouquins », 1989, p. 193.

21. Barthélémy l'Anglais, *Le Grand Propriétaire de toutes choses*, *op. cit.*, p. 62.

22. *Commentaire en vers français sur l'école de Salerne*, *op. cit.*, p. 461.

23. Voir Alexandre Koyré, « Du monde de l'"à peu près" à l'univers de la précision », *Études d'histoire de la pensée philosophique*, *op. cit.*, p. 319.

24. *Ibid.*

25. Aldebrandin de Sienne, *Le Régime du corps*, *op. cit.*, p. 24.

26. *Ibid.*

27. Voir Catherine König-Pralong, « Aspects de la fatigue dans l'anthropologie médiévale », *Revue de synthèse*, vol. 129, n° 4, 2008, p. 539.

28. Arnaud de Villeneuve, *Regimen sanitatis en français*, *op. cit.*, s. p.

29. *Ibid.*

30. *Ibid.*

31. Barthélémy l'Anglais, *Le Grand Propriétaire de toutes choses*, *op. cit.*, p. 64.

Chapitre 2. La fatigue célébrée du combattant

1. Voir Georges Duby, *Guillaume le Maréchal ou le meilleur chevalier du monde*, Paris, Fayard, 1984.

2. *Fierabras*, *op. cit.*, p. 48.

3. Richard le Pèlerin et Graindor de Douai, *La Conquête de Jérusalem* (XIIe siècle), *in* Danielle Régnier-Bohler (éd.), *Croisades et pèlerinages : récits, chroniques et voyages en Terre sainte, XIIe-XVIe siècle*, Paris, Robert Laffont, « Bouquins », 2009, p. 188.

4. Voir ci-dessus, p. 21.

5. Richard le Pèlerin et Graindor de Douai, *La Conquête de Jérusalem*, *op. cit.*, p. 188 : « Plusieurs ont déjà de l'écume qui leur sort de la bouche. »

6. *Ibid.*, p. 261.

7. *Ibid.*, p. 193.

8. Richard le Pèlerin et Graindor de Douai, *La Chanson d'Antioche*, in *Croisades et pèlerinages*, *op. cit.*, p. 42-43.

9. *L'Âtre périlleux* (XIIIe siècle), in *La Légende arthurienne*, *op. cit.*, p. 642.

10. *Relation de Marchiennes* (XIIIe siècle), citée par Georges Duby, *Le Dimanche de Bouvines, 27 juillet 1214*, Paris, Gallimard, « Folio Histoire », 1985, p. 79.

11. *Jéhan et Blonde* (XIIIe siècle), Paris, Union latine d'édition, 1971, p. 92.

12. Georges Duby, « Réflexions sur la douleur physique au Moyen Âge », *Mâle Moyen Âge : de l'amour et autres essais*, Paris, Flammarion, 1990, p. 205.

13. *Le Livre des faits du bon chevalier, messire Jacques de Lalaing* (XVe siècle), *in* Danielle Régnier-Bohler (éd.), *Splendeurs de la cour de Bourgogne : récits et chroniques*, Paris, Robert Laffont, « Bouquins », 1995, p. 1311.

14. *La Quête du Graal*, *op. cit.*, p. 94.

15. Richard le Pèlerin et Graindor de Douai, *La Conquête de Jérusalem*, *op. cit.*, p. 251.

16. *Ibid.*, p. 67.

17. *Le Livre des faits du bon chevalier, messire Jacques de Lalaing*, *op. cit.*, p. 1255.

18. *Ibid.*, p. 1334.

19. *Ibid.*, p. 1343.

20. Jean de Bueil, *Le Jouvencel* (XVe siècle), Paris, 1887, p. 21.

21. *Le Livre des faits du bon messire Jean le Meingre, dit Boucicaut* (XIVe siècle), *in* Joseph-François Michaud et Jean-Joseph-François Poujoulat (dir.), *Nouvelle Collection des mémoires pour servir à l'histoire de France*, Paris, 1836, 1re série, t. II, p. 219.

22. Voir Henri Stein, *Archers d'autrefois, archers d'aujourd'hui*, Paris, Longuet, 1925, p. 66.

23. Voir *ibid.*, p. 82.

24. Philippe Contamine, « La segmentation féodale, début Xe-milieu XIIe siècle », *in* André Corvisier (éd.), *Histoire militaire de la France*, t. I, Philippe Contamine (dir.), *Des origines à 1715,* Paris, PUF, 1992, p. 71.

25. Franco Cardini, « Le guerrier et le chevalier », Jacques Le Goff (dir.), *L'Homme médiéval* (1re éd. italienne 1986), Paris, Seuil, 1989, p. 122.

Chapitre 3. La souffrance « obligée » du voyageur

1. Michel de Certeau, *L'Invention du quotidien*, t. I, *Arts de faire* (1990), Paris, Gallimard, « Folio Essais », 2007, p. 177.

2. Voir Bernard Chevalier, « Introduction », *Espace vécu, mesuré, imaginé. Textes réunis en l'honneur de Christiane Deluz*, *Cahiers de recherches médiévales et humanistes (XIIIe-XVe siècle)*, n° 3, 1997, p. 8.

3. Alain Roger, *Court Traité de paysage* (1997), Paris, Gallimard, « Folio Essais », 2017, p. 68.

4. Jean Plan de Carpin, *Voyage en Tartarie* (XIIIe siècle), *in* Édouard Charton (dir.), *Voyageurs anciens et modernes*, Paris, 1861, t. II, p. 240.

5. Jacques de Vérone, *Liber peregrinationis*, 1335, s. p.

6. Voir Emmanuel Le Roy Ladurie, *Montaillou, village occitan de 1294 à 1324*, Paris, Gallimard, « Bibliothèque des histoires », 1975, p. 176.

7. Voir Pierre Bouet, *Le Fantastique dans la littérature latine du Moyen Âge : la navigation de saint Brendan*, Caen, Centre de publications de l'université de Caen, 1986.

8. Nompar de Caumont de Castelnau, *Voyage d'outremer en Jérusalem* (XVe siècle), in *Croisades et pèlerinages*, *op. cit.*, p. 1082.

9. Voir Micheline de Combarieu, « Le nom du monde est forêt », *Espace vécu, mesuré, imaginé*, *op. cit.*, p. 79-90.

10. Roland Bechmann, *Des arbres et des hommes : la forêt au Moyen Âge*, Paris, Flammarion, 1984, p. 340.

11. *Le Livre du Graal* (XIIe siècle), Philippe Walter (éd.), Paris, Gallimard, « Bibliothèque de la Pléiade », 2001, t. I, p. 1386.

12. *Ibid.*, p. 1411.

13. *Ibid.*, p. 1140.

14. *La Dame invisible* (XIIe siècle), Paris, Union latine d'édition, 1971, p. 118.

15. *Rôles d'Oléron. Coutumier maritime du Moyen Âge*, publié par Auguste Pawlowski de Lannoy, Niort, A. Chiron, 1900, art. 7.

16. *La Dame invisible*, *op. cit.*, p. 106. Voir aussi *Voyager au Moyen Âge*, catalogue d'exposition, Musée de Cluny, Paris, Réunion des musées nationaux, 2014.

17. *Ibid.*, p. 107.

18. *Ibid.*

19. Gilles Li Muisis, *Poésies* (XIIIe-XIVe siècles), Louvain, Kervyn de Lettenhove, 1882, t. I, p. 57.

20. Henri Dubois, « Un voyage princier au XIVe siècle (1344) », *Voyages et voyageurs au Moyen Âge*, actes des congrès de la SHMESP, Paris, Publications de la Sorbonne, 1996, p. 88.

21. « Guillaume de Naillac et Gaucher de Passac, chevaliers, chambellans du roi, s'engagent, moyennant une somme de cent mille francs, de mener deux mille hommes d'armes que le roi envoie au secours du roi de Castille, contre le duc de Lorraine », Paris, 5 février 1387, *Choix de pièces inédites relatives au règne de Charles VI*, publiées par Louis Douët d'Arcq, Paris, 1863, t. 1, p. 77.

22. Voir « Une "invitation" au voyage en forme de balade par Eustache Deschamps » (XIVe siècle), https://www.moyenagepassion.com/index.php/2017/08/08/une-invitation-au-voyage-en-forme-de-ballade-par-eustache-deschamps/.

23. Florian Mazel, *L'Évêque et le territoire : l'invention médiévale de l'espace (Ve-XIIIe siècle)*, Paris, Seuil, 2016, p. 113.

24. *Ibid.*

25. Voir Bernard Chevalier, « Introduction », *Espace vécu, mesuré, imaginé*, *op. cit.*, p. 15.

26. Herbert L. Kessler, « Marcher dans les pas du Christ », *Voyager au Moyen Âge*, *op. cit.*, p. 16.

27. *Ibid.*

28. Cyrille Vogel, « Le pèlerinage pénitentiel », *Revue des sciences religieuses*, vol. 38, n° 2, 1964, p. 113.

29. Alphonse Dupront, *Du sacré. Croisades et pèlerinages : images et langages*, Paris, Gallimard, « Bibliothèque des histoires », 1987, p. 374.

30. Voir Nicolas de Martoni et Ogier d'Anglure, *Vers Jérusalem : itinéraires croisés au XIVe siècle*, préface de Jean Meyers, Paris, Les Belles Lettres, 2008, p. 104.

31. Voir Victor Derode, *Histoire de Lille*, Paris, 1848, t. I, p. 259.

32. *Ibid.*, p. 277.

33. Voir Pierre-Toussaint Durand de Maillane, *Dictionnaire de droit canonique et de pratique bénéficiale*, Paris, 1761, art. « Indulgences ».

34. Voir *Voyager au Moyen Âge*, *op. cit.*, p. 51.

35. Voir *ibid.* Voir aussi Jérôme Doucet, *Chaussures d'antan*, Paris, Devambez, 1913, p. 12.

36. Marcel et Pierre-Gilles Girault, *Visages de pèlerins au Moyen Âge*, Paris, Zodiaque, 2001, p. 261.

37. *Ibid.*, p. 24.

38. Karin Ueltschi, *Le Pied qui cloche ou le lignage des boiteux*, Paris, Honoré Champion, 2011, p. 71.

39. *Les Grandes Chroniques de France, selon qu'elles sont conservées en l'église de Saint-Denis en France*, publiées par M. Paulin Paris, Paris, 1836, t. IV, p. 311-312.

40. *Ibid.*, p. 354.

41. *Ibid.*, p. 247.

Chapitre 4. La fatigue « rédemptrice »

1. *Ibid.* Voir Benoît Lambert, « Les pratiques de la pénitence dans l'Église d'Occident », *Garrigues et sentiers*, 11 octobre 2010.

2. Voir Jean Verdon, *Voyager au Moyen Âge* (1998), Paris, Perrin, « Tempus », 2003, p. 260.

3. *Ibid.*, p. 260-261.

4. Victor Derode, *Histoire de Lille*, *op. cit.*

5. *Ibid.*

6. Cyrille Vogel, « Le pèlerinage pénitentiel », *op. cit.*, p. 121.

7. Siegfried Wenzel, *The Sin of Sloth : Acedia in Medieval Though and Literature*, Chapel Hill, University of North Carolina Press, 1967, p. 36.

8. Voir Anson Rabinbach, *Le Moteur humain : l'énergie, la fatigue et les origines de la modernité* (1992), trad. Michel Luxembourg, Paris, La Fabrique, 2004, p. 58. Voir aussi Marc Loriol, *Le Temps de la fatigue : la gestion sociale du mal-être au travail*, Paris, Anthropos, 2000, « Les moines et l'acédie : naissance de l'individu », p. 22.

9. Jehan Henry, *Livre de vie active de l'Hôtel-Dieu de Paris* (1483), Marcel Candille (éd.), Archives de France, 1964, p. 29.

10. *Vie de sainte Douceline* (récit en prose, anonyme, fin du XIIIe siècle), *in* Danielle Régnier-Bohler (éd.), *Voix de femmes au Moyen Âge : savoir, mystique, poésie, amour, sorcellerie, XIIe-XVe siècle*, Paris, Robert Laffont, « Bouquins », 2006, p. 301, 315, 317.

11. Voir Jacques de Voragine, « Saint Julien », *La Légende dorée* (XIIIe siècle), Alain Boureau (éd.), Paris, Gallimard, « Bibliothèque de la Pléiade », 2004, p. 174.

12. Jehan Henry, *Livre de vie active de l'Hôtel-Dieu de Paris*, *op. cit.*, p. 34.

13. *Ibid.*

14. *Vie de sainte Douceline*, *op. cit.*, p. 302.

15. Voir Jacques Le Goff sur ces ermites, « mal connus, foisonnant par toute la chrétienté, défricheurs, tapis dans les forêts où ils sont assaillis de visiteurs, placés aux bons endroits pour aider les voyageurs à trouver leur chemin, à franchir un gué ou un pont, modèles non corrompus par la politique du clergé organisé… » *La Civilisation de l'Occident médiéval*, Paris, Arthaud, 1964, p. 118.

16. « Saint Jérôme », Jacques de Voragine, *La Légende dorée*, *op. cit.*, p. 813.

17. *Vie de sainte Douceline*, *op. cit.*, p. 319.

18. *Ibid.*, p. 322-323.

19. François-Xavier Putallaz, « Thomas d'Aquin, Pierre Olivi, figures enseignantes de la vie contemplative », *in* Christian Trottmann (dir.), *Vie active et vie contemplative au Moyen Âge et au seuil de la Renaissance*, Rome, École française de Rome, 2009, p. 372.

20. Jacques Le Goff, *La Civilisation de l'Occident médiéval*, *op. cit.*, p. 118.

21. Voir Christian Trottmann (dir.), *Vie active et vie contemplative au Moyen Âge*, *op. cit.*

22. Marc Vial, « La vie mixte, selon Jean Gerson », in *ibid.*, p. 392.

23. François-Xavier Putallaz, « Thomas d'Aquin, Pierre Olivi, figures enseignantes de la vie contemplative », *op. cit.*, p. 372.

24. *Vie de sainte Douceline*, *op. cit.*, p. 324.

25. Guillaume de Tyr, *Chronique* (XIIe siècle), in *Croisades et pèlerinages*, *op. cit.*, p. 556.

Chapitre 5. Le travail quotidien, un « silence » relatif ?

1. Guy Fourquin, « Le temps de la croissance », *in* Georges Duby et Armand Wallon (dir.), *Histoire de la France rurale*, Paris, Seuil, 1975, t. I, p. 545.

2. Georges Duby, *Guerriers et paysans* (1973), *Féodalités*, Paris, Gallimard, « Quarto », 1996, p. 31 et 34.

3. S. P. Mayaud, *Le Servage dans la Marche*, Paris, 1878, p. 6.

4. Voir Youri Bessmertny, « Le paysan vu par le seigneur. La France des XIe et XIIe siècles », *in* Élisabeth Mornet (dir.), *Campagnes médiévales : l'homme et son espace. Mélanges offerts à Robert Fossier*, Paris, Publications de la Sorbonne, 1995, p. 609.

5. Auteur anonyme du XIIIe siècle. Voir Anselme Dimier, *Les Moines bâtisseurs*, Paris, Fayard, 1964, p. 177.

6. *Roman de Rou* (1160), 3e partie, cité par Hélène Vérin, *La Gloire des ingénieurs : l'intelligence technique du XVIe au XVIIIe siècle*, Paris, Albin Michel, 1993, p. 25.

7. Serge Moscovici, *Essai sur l'histoire humaine de la nature*, Paris, Flammarion, 1968, p. 212.

8. Robert Fossier, « Le temps de la faim », *in* Jean Delumeau et Yves Lequin (dir.), *Les Malheurs du temps : histoire des fléaux et des calamités en France*, Paris, Larousse, 1987, p. 143.

9. Robert Fossier et Hugues Neveux, « La fin d'une embellie », in *Les Malheurs du temps*, *op. cit.*, p. 167.

10. Pietro de' Crescenzi, *Trattato della agricoltura* (XIIIe siècle), Milan, 1805, p. 50.

11. *Ibid.*, p. 53.

12. *Traité inédit d'économie rurale composé en Angleterre au XIIIe siècle*, publié avec un glossaire par Louis Lacour, Paris, 1856, p. 16.

13. *Ibid.*, p. 11.

14. *Ibid.*

15. *Ibid.*, cité par Georges Duby, *L'Économie rurale et la vie des campagnes dans l'Occident médiéval* (1962), Paris, Aubier-Flammarion, 1977, t. I, p. 312.

16. *Ibid.*

17. *Ibid.*

18. Voir Léopold Delisle, *Études sur la condition de la classe agricole et l'état de l'agriculture en Normandie*, Paris, Honoré Champion, 1903, p. 623.

19. Voir Marie-Thérèse Lorcin et Danièle Alexandre-Bidon, *Le Quotidien du temps des fabliaux,* Paris, Picard, 2003, p. 173.

20. Voir Perrine Mane, *Travail à la campagne au Moyen Âge*, Paris, Picard, 2006.

21. *Vieil Rentier d'Audenarde* (XIIe siècle), Bruxelles, Bibliothèque royale, ms. 1175, f° 156 v.

22. *Psautier de Saint Louis* (XIIIe siècle), Paris, Bibliothèque nationale de France, ms. latin 10525, f° 23 v.

23. Léopold Delisle, *Études sur la condition de la classe agricole et l'état de l'agriculture en Normandie*, *op. cit.*, p. 454.

24. *Ibid.*

25. Gérard Sivery, *Structures agraires et vie rurale dans le Hainaut à la fin du Moyen Âge*, Lille, Presses universitaires de Lille, 1977, t. I, p. 397.

26. Robert Fossier, *Paysans d'Occident, XIe-XIVe siècle*, Paris, PUF, 1984, p. 115.

27. David S. Landes, *L'Heure qu'il est : les horloges, la mesure du temps et la formation du monde moderne* (1983), trad. Pierre-Emmanuel Dauzat et Louis Évrard, Paris, Gallimard, 1987, p. 114.

28. Étienne Boileau, *Règlements sur les arts et métiers de Paris* (XIIIe siècle), voir Georges-Bernard Depping, *Le Livre des métiers d'Étienne Boileau*, Paris, 1837, p. 399.

29. *Ibid.,* p. 63.

30. « Baudraiers, faiseurs de courroies », Étienne Boileau, *Le Livre des métiers* (XIIIe siècle), René de Lespinasse et François Bonnardot (éd.) (1879), Paris, Jean-Cyrille Godefroy, 2005, p. 181.

31. Georges-Bernard Depping, *Le Livre des métiers d'Étienne Boileau*, *op. cit.*, p. 112.

32. *Ibid.*, p. 130.

33. Jean-Louis Roch, *Les Métiers au Moyen Âge*, Paris, Jean-Paul Gisserot, 2014, p. 113.

34. *Id.*, *Un autre monde du travail : la draperie en Normandie au Moyen Âge*, Rouen, Presses universitaires de Rouen et du Havre, 2013, p. 154.

35. *Ibid.*

36. *Ibid.*, p. 156.

37. Ordonnance du prévôt des marchands, 1395, voir Henri Hauser, *Ouvriers du temps passé, XVe-XVIe siècle*, Paris, 1927, p. 78.

38. Gerhard Dohrn-van Rossum, *L'Histoire de l'heure : l'horlogerie et l'organisation moderne du temps* (2001), trad. Olivier Mannoni, Paris, Éditions de la Maison des sciences de l'homme, 1997, p. 315.

39. Voir *ibid.*, p. 310-311.

40. *Ibid.*, p. 310.

41. David S. Landes, *L'Heure qu'il est*, *op. cit.*, p. 117.

42. Voir Corine Maitte et Didier Terrier, « Conflits et résistances autour du temps de travail avant l'industrialisation », *Temporalités. Revue de sciences sociales et humaines,* n° 16, 2012, http://temporalites.revues.org/2203, en particulier, « Conflits autour des pauses ».

43. Laure Leroux, *Cloches et société médiévale : les sonneries de Tournai au Moyen Âge*, Tournai, Art et Histoire, 2011, p. 82.

44. Gerhard Dohrn-van Rossum, *L'Histoire de l'heure*, *op. cit.*, p. 332.

45. Giuliano Pinto, « La rémunération des salariés du bâtiment (XIIIe-XVe siècle) : les critères d'évaluation », *in* Patrice Beck, Philippe Bernardi et Laurent Feller (dir.), *Rémunérer le travail au Moyen Âge*, Paris, Picard, 2014, p. 320.

46. Voir Mathieu Arnoux, « Relation salariale et temps de travail », *Le Moyen Âge, revue d'histoire et de philologie*, vol. 115, n° 3-4, 2009, p. 574.

47. *Ibid.,* p. 576.

48. Voir ci-dessus, p. 41-42.

49. Giuliano Pinto, « La rémunération des salariés du bâtiment », *op. cit.*, p. 316.

50. *Ibid.*, p. 317.

51. Voir Philippe Mantellier, *Mémoire sur la valeur des principales denrées et marchandises qui se vendaient et se consommaient en la ville d'Orléans*, Mémoires de la société archéologique de l'Orléanais, t. V, 1862, p. 440.

52. Giuliano Pinto, « La rémunération des salariés du bâtiment », *op. cit.*, p. 316.

53. Philippe Braunstein, *Travail et entreprise au Moyen Âge*, Bruxelles, de Boeck, 2003, p. 412.

Chapitre 6. Entre force occulte et vertu du rafraîchissement

1. Aldebrandin de Sienne, « Comment on se doit garder qui cheminer veut », *Le Régime du corps*, *op. cit.*, p. 68-70.

2. Richard le Pèlerin et Graindor de Douai, *La Chanson d'Antioche*, *op. cit.*, p. 48.

3. *Durmart le Gallois*, *op. cit.*, p. 589.

4. Richard le Pèlerin et Graindor de Douai, *La Conquête de Jérusalem*, *op. cit.*, p. 97.

5. Robert de Clari, *La Conquête de Constantinople* (1215), *in* Albert Pauphilet (éd.), *Historiens et chroniqueurs du Moyen Âge*, Paris, Gallimard, « Bibliothèque de la Pléiade », 1952, p. 15.

6. Jean Froissart, *Chroniques* (XIVe siècle), in *Historiens et chroniqueurs du Moyen Âge*, *op. cit.*, p. 511.

7. *Ibid.*, p. 708.

8. Richard le Pèlerin et Graindor de Douai, *La Conquête de Jérusalem*, *op. cit.*, p. 263.

9. *Le Chevalier nu : contes de l'Allemagne médiévale*, Danielle Buschinger, Jean-Marc Pastré et Wolfgang Spiewok (éd.), Paris, Stock, 1988, p. 103.

10. *Ibid.*

11. *L'Âtre périlleux*, *op. cit.*, p. 628-630.

12. *Ibid.*, p. 633.

13. Références présentes dans nombre de textes médiévaux, présentes encore dans le livre majeur de Léonardo Vairo en 1583, *Trois Livres de charmes, sorcelages ou enchantements*, voir p. 55-57.

14. Hildegarde de Bingen, *Le Livre des subtilités des créatures divines : les plantes, les éléments, les pierres, les métaux* (XIIe siècle), Grenoble, Jérôme Millon, 1988, t. I, p. 268.

15. *Ibid.*, p. 241.

16. *Ibid.*, p. 257.

17. Cité par Camille-Louis Husson, *Histoire des pharmaciens de Lorraine*, Nancy, 1882, p. 5.

18. Léon Gautier, *La Chevalerie*, Paris, 1884, p. 634.

19. « Journal de la dépense du roi Jean le Bon en Angleterre (1er février 1359-8 février 1360), Louis Douët d'Arcq, *Comptes de l'argenterie des rois de France au XIVe siècle*, Paris, 1851, p. 195 *sqq.*

20. Nicolas de La Chesnaye, *La Nef de santé, avec gouvernail du corps humain et la condamnation des banquets* (XVe siècle), Paris, 1507, s. p.

21. Baptiste Platine, *De l'honnête volupté* (XVe siècle), *Le Platine en français*, Paris, 1871, p. 176.

22. Cité par Étienne Barbazan, *Fabliaux et contes des poètes français des XIIe, XIIIe, XIVe et XVe siècles* (1756), Paris, 1808, t. IV, p. 182.

23. Cité par Anatole de Montaiglon, *Recueil général et complet des fabliaux des XIIIe et XIVe siècles*, Paris, 1872-1890, t. V, p. 222.

24. Georges d'Avenel, *Histoire économique de la propriété, des salaires, des denrées et de tous les prix en général, depuis l'an 1200 jusqu'en l'an 1800*, Paris, 1898, t. IV, p. 500.

25. *Ibid.*, p. 503.

26. Charles de Beaurepaire, *Notes et documents concernant l'état des campagnes de la Haute-Normandie dans les derniers temps du Moyen Âge*, Paris, 1865, p. 353.

27. *Ibid.*, p. 385.

28. *Ibid.*, p. 386.

29. Baptiste Platine, *De l'honnête volupté*, *op. cit.*, p. 181.

30. *Ibid.*

31. Voir Jean-Jacques Hémardinquer, « Sur les galères de Toscane au XVIe siècle », in *id.* (dir.), *Pour une histoire de l'alimentation*, Paris, Armand Colin, « Cahiers des Annales », 1970, p. 88.

32. Voir ci-dessus, p. 61.

DEUXIÈME PARTIE
L'univers moderne et le défi des catégories

1. Cesare Ripa, *Iconologie, ou Explication nouvelle de plusieurs images, emblèmes et autres figures hiéroglyphiques des vertus, des vices, des arts, des sciences* […] *et des passions humaines* (1613), Paris, 1698, t. I, p. 123.

2. *Ibid.*

3. « Lettre d'un religieux envoyée au prince de Condé », 18 janvier 1649, *Choix de mazarinades publié pour la Société de l'histoire de France par C. Moreau*, Paris, 1853, t. I, p. 94.

Chapitre 7. Inventer des degrés

1. Voir Alain Rey, *Dictionnaire historique de la langue française*, Paris, Robert, 1994, art. « Épuisement ». Alors que ce même mot n'apparaît pas dans le *Dictionnaire universel* d'Antoine Furetière en 1690.

2. Valentin Conrart, *Mémoires* (1652), in *Nouvelle Collection des mémoires pour servir à l'histoire de France, op. cit.*, 3e série, t. IV, p. 602.

3. François de Scépeaux Vieilleville, *Mémoires* (XVIe siècle), in *Nouvelle Collection des mémoires pour servir à l'histoire de France, op. cit.*, 1re série, t. IX, p. 36.

4. *Ibid.*

5. Scipion Dupleix, *La Curiosité naturelle rédigée en questions selon l'ordre alphabétique*, Paris, 1623, p. 94.

6. Antoine Furetière, *Dictionnaire universel*, Paris, 1690, art. « Langueur ».

7. Mme de Maintenon, lettre du 23 octobre 1713, *Lettres inédites de Mme de Maintenon et de Mme la princesse des Ursins*, Paris, 1826, t. III, p. 4.

8. Esprit Fléchier, *Oraison funèbre de Marie-Anne-Christine de Bavière, dauphine de France*, Paris, 1690, p. 28.

9. Jean-Louis Guez de Balzac, *Lettres familières à M. Chapelain*, 30 août 1639, Paris, 1659, p. 177.

10. Mme de Maintenon, lettre à Mme la comtesse de Caylus, 15 mai 1705, *in* Théophile Lavallée (éd.), *Correspondance générale de Mme de Maintenon*, Paris, 1867, t. V, p. 339.

11. Mlle de Montpensier, *Mémoires* (XVIIIe siècle), in *Nouvelle Collection des mémoires pour servir à l'histoire de France, op. cit.*, 3e série, t. IV, p. 322.

12. Jean-Louis Guez de Balzac, *Lettres familières à M. Chapelain, op. cit.*, 6 juillet 1650, p. 25.

13. Antoine Furetière, *Dictionnaire universel, op. cit.*, art. « Incommodité ».

14. Raymond de Rouer Fourquevaux, *Discipline militaire de messire Guillaume du Bellay, seigneur de Langey*, Lyon, 1592, p. 18.

15. Olivier de Serres, *Le Théâtre d'agriculture et mésnage des champs*, Paris, 1600, p. 59.

16. Voir règle de saint Benoît (VIe siècle), *in* Jean-Pie Lapierre (éd.), *Règles des moines*, Paris, Seuil, « Points Sagesse », 1982, p. 113 :

« Quant aux frères infirmes ou délicats, on leur donnera une occupation ou un métier qui soit de nature à leur faire éviter l'oisiveté, sans les accabler sous l'excès du travail. »

17. Olivier de Serres, *Le Théâtre d'agriculture et mésnage des champs*, *op. cit.*, p. 77.

18. Voir Philippe Braunstein, « Le travail minier au Moyen Âge d'après les sources réglementaires », *in* Jacqueline Hamesse et Colette Muraille-Samaran (dir.), *Le Travail au Moyen Âge, une approche interdisciplinaire*, Louvain-la-Neuve, Institut d'études médiévales, 1990, p. 333.

19. Jean Torrilhon de Prades, « Un petit capitaine au Grand Siècle » *Revue historique des armées*, n° 2, 1980, p. 5-31, voir Michèle Virol (dir.), *Les Oisivetés de Monsieur de Vauban*, Seyssel, Champ Vallon, 2007, p. 1040, note 1.

20. Sébastien Le Prestre de Vauban, « Moyens d'améliorer nos troupes et de faire une infanterie perpétuelle et très excellente » (1703), in *Les Oisivetés de Monsieur de Vauban*, *op. cit.*, p. 1040.

21. *Ibid.*

22. Camille Rousset, *Histoire de Louvois et de son administration politique et militaire*, Paris, 1863, t. III, p. 296-297.

23. *Ibid.*

24. Jean Marteilhe, *Mémoires d'un galérien du Roi-Soleil* (1757), Paris, Mercure de France, 1982, p. 102.

25. Jean-Baptiste Antoine Colbert Seignelay, lettre du 18 avril 1688, voir Gaston Tournier, *Les Galères de France et les galériens protestants des XVIIe et XVIIIe siècles*, Montpellier, Les Presses du Languedoc, 1984, t. I, p. 116.

26. Charles Loyseau, *Traité des ordres et simples dignités* (1610), *Œuvres*, Paris, 1666, p. 52.

27. Pierre Goubert et Daniel Roche, *Les Français et l'Ancien Régime*, t. I, *La Société et l'État* (1984), Paris, Armand Colin, 1991, p. 84.

28. « La mort et le bûcheron », Jean de La Fontaine, *Fables*, Paris, 1668-1694.

29. « Le savetier et le financier », *ibid.*

30. « Le chartier embourbé », *ibid.*

31. Claude Fleury, *Les Devoirs des maîtres et des domestiques*, Paris, 1688, p. 104.

32. Antoine Furetière, *Le Roman bourgeois* (1666), *in* Antoine Adam (éd.), *Romanciers du XVIIe siècle*, Paris, Gallimard, « Bibliothèque de la Pléiade », 1958, p. 1 047.

33. Voir Jean de La Bruyère, *Les Caractères* (1668), Paris, Garnier, 1954, p. 295 : « L'on voit certains animaux farouches, des mâles et des femelles, répandus par la campagne, noirs, livides et tout brûlés de soleil, attachés à la terre qu'ils fouillent et qu'ils remuent avec une opiniâtreté invincible [...] Ils épargnent aux autres la peine de semer, de labourer et de recueillir pour vivre, et méritent ainsi de pas manquer de ce pain qu'ils ont semé. »

34. Joseph du Chesne, *Le Pourtraict de la santé*, Paris, 1618, p. 237.

35. Léon Godefroy, *Voyages en Gascogne, Bigorre et Béarn* (1644-1646), *in* Jean-Marie Goulemot, Paul Lidsky et Didier Masseau (éd.), *Le Voyage en France*, Paris, Robert Laffont, « Bouquins », 1995, p. 369.

36. Voir Yves-Marie Bercé, *La Vie quotidienne dans l'Aquitaine du XVIIe siècle*, Paris, Hachette, 1978, p. 25.

37. Francis Bacon, *Histoire de la vie et de la mort* (1627), Paris, 1637, p. 184-185.

Chapitre 8. Inventer des catégories

1. Jean Kerhervé, « Aux origines du bagne. Galères et galériens à Brest, au temps de Louis XII », *in* Jean-Pierre Leguay (dir.), *La Ville médiévale en deçà et au-delà de ses murs*, Rouen, Presses de l'université de Rouen, 2000, p. 243.

2. Voir ci-dessus, p. 43-44.

3. Jean-Antoine de Barras de La Penne, *Les Galères en campagne* (début XVIIIe siècle), cité par Paul Masson, *Les Galères de France (1481-1781) : Marseille port de guerre*, Paris, Hachette, 1938, p. 72-73.

4. Jean Marteilhe, *Mémoires d'un protestant condamné aux galères de France pour cause de religion* (1757), cité par Paul Masson, *ibid.*, p. 73-74.

5. *Ibid.*, p. 74. Voir aussi Gaston Tournier, *Les Galères de France et les galériens protestants des XVIIe et XVIIIe siècles*, *op. cit.*, p. 139-149.

6. Jean Antoine de Barras de La Penne, *Les Galères en campagne*, *op. cit.*, p. 75.

7. Bernardino Ramazzini, *Traité des maladies des artisans* (1700), Paris, 1840, p. 157.

8. Ordonnance du 20 avril 1648, voir Nicolas de La Mare, *Traité de la police*, *op. cit.*, 1722, t. I, p. 528.

9. Claude Gaier, *Armes et combats dans l'univers médiéval*, Bruxelles, De Boeck-Wesmael, 1995, p. 309.

10. Jean Chagniot, *Guerre et société à l'époque moderne*, Paris, PUF, 2001, p. 116.

11. *Ibid.*

12. André Corvisier, « Louis XIV, la guerre et la naissance de l'armée moderne », in *Histoire militaire de la France*, t. I, *op. cit.*, p. 407.

13. Joseph Sevin de Quincy, *Mémoires du chevalier de Quincy* (fin XVIIe-début XVIIIe siècle), Paris, 1898-1901, t. I, p. 99.

14. Louis de Rouvroy de Saint-Simon, *Mémoires complètes et authentiques* (fin XVIIe-début XVIIIe siècle), Paris, 1829, t. II, p. 201.

15. De Lamont, *Les Fonctions de tous les officiers d'infanterie, depuis celle de sergent jusqu'à celle de colonel*, La Haye, 1693, p. 105.

16. *Ibid.*, p. 7 *sqq.*

17. *Ibid.*, p. 65 *sqq.*

18. *Ibid.*, p. 142.

19. *Ibid.*, p. 120.

20. Jean de Gangnières Souvigny, *Mémoires, 1613-1638*, Paris, H. Laurens, 1906-1909, t. I, p. 11.

21. « Fille soldat », *Mercure galant*, 1672, p. 140-141.

22. Francis Bacon, *Histoire de la vie et de la mort*, *op. cit.*, p. 185.

23. François de Scépeaux Vieilleville, *Mémoires*, *op. cit.*, p. 143.

24. William Shakespeare, *Othello, ou le Maure de Venise*, 1604, acte 1, scène III.

25. Duc du Maine, lettre à Mme de Maintenon, mai 1689, *Correspondance générale de Mme de Maintenon*, *op. cit.*, t. III, p. 176.

26. Louis de Rouvroy de Saint-Simon, *Mémoires complètes et authentiques*, *op. cit.*, t. VI, p. 359.

27. Benjamin Deruelle, « Le temps des expériences, 1450-1650 », *in* Hervé Drévillon et Olivier Wieviorka (dir.), *Histoire militaire de la France*, Paris, Perrin-Ministère des Armées, 2018, t. I, p. 256.

28. Thierry Tauran, « Les prémisses », in *id.* (dir.), *La Sécurité sociale, son histoire à travers les textes*, t. VII, *Les Régimes spéciaux de sécurité sociale*, Paris, Association pour l'étude de la Sécurité sociale, 2015, p. 29.

29. Élisabeth Belmas, « L'infirmerie royale de l'hôtel des Invalides », *in* Giorgio Cosmacini et Georges Vigarello (dir.), *Il medico di fronte alla morte (secoli XVI-XXI)*, Turin, Fondazione Ariodante Fabretti, 2008, p. 54.

30. Roger Chartier et Hugues Neveux, « La ville dominante et soumise », *in* Georges Duby (dir.), *Histoire de la France urbaine*, Paris, Seuil, 1981, t. III, p. 34.

31. Lettre de Sixte-Quint (1587), citée par Philippe Erlanger, *Les Idées et les mœurs au temps des rois, 1558-1715,* Paris, Flammarion, 1969, p. 63.

32. Roger Chartier et Hugues Neveux, « La ville dominante et soumise », *op. cit.*, p. 34

33. Pierre Goubert et Daniel Roche, *Les Français et l'Ancien Régime*, *op. cit.*, p. 152.

34. Giovanni Paolo Marana, *L'Espion dans les cours des princes chrétiens* (1684), Paris, 1710, t. V, p. 168.

35. Nicolas Boileau, *Satire VI* (1666), *in* Françoise Escale (éd.), *Œuvres complètes*, Paris, Gallimard, « Bibliothèque de la Pléiade », 1966, p. 34-36.

36. Charles de Marguetel de Saint-Denis Saint-Évremond (1613-1703), cité par F. Marcevaux, *Du char antique à l'automobile, les siècles de la locomotion et du transport par voie de terre*, Paris, 1897, p. 229.

37. Nicolas Guérard, *Le Pont-Neuf ou l'embarras de Paris*, vers 1715, Paris, Bibliothèque nationale de France, département des estampes.

38. Maximilien de Béthune Sully, *Mémoires* (1591), Paris, 1778, t. II, p. 31.

39. Louis de Rouvroy de Saint-Simon, *Mémoires complètes et authentiques*, *op. cit.*, t. V, p. 279-280.

40. Ézéchiel Spanheim, *Relation de la cour de France en 1690* (ms. XVIIe siècle), Paris, 1882, p. 1.

41. Gilles Ménage, *Menagiana, ou bons mots, rencontres agréables, pensées judicieuses, et observations curieuses*, Amsterdam, 1713, t. II, p. 45-46.

42. Jean de La Bruyère, *Les Caractères*, *op. cit.*, p. 183.

43. Édit d'Henri III en 1585 sur « l'ordre que le roi veut être tenu en sa cour tant au département des heures que de la façon dont il veut être honoré et servi ».

44. Mme de Maintenon, lettre à M. d'Aubigné, Coignac, 8 mai 1681, *Correspondance générale de Mme de Maintenon*, *op. cit.*, t. II, p. 168.

45. *Id.*, lettre à M. d'Aubigné, Coignac, 2 mars 1681, *ibid.*, p. 156.

46. *Id.*, lettre à M. d'Aubigné, Coignac, 19 mai 1681, *ibid.*, p. 173.

47. *Id.*, lettre à Mme de Brinon, 17 septembre 1682, *ibid.*, p. 251.

48. *Id.*, lettre à M. l'archevêque de Paris, 28 juillet 1698, *ibid.*, t. IV, p. 241.

49. *Id.*, lettre à M. le duc de Noailles, 16 septembre 1704, *ibid.*, t. V, p. 264.

50. Jacques Levron, *Les Courtisans*, Paris, Seuil, 1961, p. 57.

51. Jean-François Solnon, *La Cour de France* (1987), Paris, Perrin, « Tempus », 2014, p. 427.

52. Louis de Rouvroy de Saint-Simon, *Mémoires complètes et authentiques*, *op. cit.*, t. V, p. 21.

53. Eustache de Refuge, *Traité de la cour ou instruction des courtisans*, Paris, 1649, p. 189.

54. Baltasar Gracian, *L'Homme de cour* (1647), Paris, Champ libre, 1972, p. 8.

55. Charles de Marguetel de Saint-Denis Saint-Évremond, lettre du 2 mai 1701, *Œuvres*, Paris, 1715, t. V, p. 383.

56. Louis de Rouvroy de Saint-Simon, *Mémoires complètes et authentiques*, *op. cit.*, t. V, p. 414-416.

57. Jean-François Solnon, *La Cour de France*, *op. cit.*, p. 428.

58. *Ibid.*, p. 427.

59. Voir Emmanuel Le Roy Ladurie, avec Jean-François Fitou, *Saint-Simon ou le système de la cour*, Paris, Fayard, 1997, p. 49.

60. Mme de Sévigné, lettre à Mme de Grignan, 1er avril 1771, *in* Roger Duchêne (éd.), *Correspondance*, Paris, Gallimard, « Bibliothèque de la Pléiade », 1973, t. I, p. 205.

61. Louis de Rouvroy de Saint-Simon, *Mémoires complètes et authentiques*, *op. cit.*, t. II, p. 168-169.

62. René Descartes, lettre à Élisabeth, juin 1645, *in* André Bridoux (éd.), *Œuvres et lettres*, Paris, Gallimard, « Bibliothèque de la Pléiade », 1953, p. 1190.

63. Christine de Pisan, *Le Livre des trois vertus* (XVe siècle), in *Voix de femmes au Moyen Âge*, *op. cit.*, p. 560.

64. René Descartes, lettre à Élisabeth, 15 septembre 1645, in *Œuvres et lettres*, *op. cit.*, p. 1 208.

65. *Ibid.*

66. *Id.*, lettre à Élisabeth, juin 1645, *ibid.*, p. 1190.

67. *Id.*, lettre à Élisabeth, 28 juin 1643, *ibid.*, p. 1160.

68. Antoine Furetière, *Dictionnaire universel*, *op. cit.*, art. « Fatiguer ».

69. Jean-Baptiste Thiers, *Traité des jeux et des divertissements*, Paris, 1686, p. 353.

70. *Règlements des religieuses des Ursulines de la congrégation de Paris*, Paris, 1705, t. II, p. 31.

71. *Institution des religieuses de l'hôpital de Notre-Dame de la Charité, fondé en la ville de Lille*, Tournai, 1696, p. 76.

72. William Shakespeare, *Le Marchand de Venise* (1596-1597), acte 1, scène I.

73. Louis de Rouvroy de Saint-Simon, *Mémoires complètes et authentiques*, *op. cit.*, t. IV, p. 322.

74. *Ibid.*, t. VI, p. 84.

75. *Ibid.*, p. 86.

76. Joseph Sevin de Quincy, *Mémoires*, *op. cit.*, t. II, p. 107.

77. *Les Caquets de l'accouchée* (1622), Paris, 1855, p. 242.

78. Voir Pierre Richelet, *Dictionnaire français*, Paris, 1680, art. « Fatiguer ».

79. Roger de Bussy Rabutin, *Lettres*, cité par Pierre Richelet, *ibid.*

80. Lettre de la princesse Palatine à sa demi-sœur (fin XVIIe siècle), citée par Alexandre Maral, *Louis XIV tel qu'ils l'ont vu*, Paris, Omnibus, 2015, p. 561-562.

Chapitre 9. L'amorce du chiffre

1. François-Savinien d'Alquié, *Les Délices de la France, avec une description des provinces et des villes du royaume*, Amsterdam, 1670, p. 5.

2. Voir Éric Alonzo, *L'Architecture de la voie : histoire et théories*, Marseille, Parenthèses, 2018, p. 89.

3. Voir « De l'établissement des postes en France », Nicolas de La Mare, *Traité de la police*, *op. cit.*, t. IV, p. 556.

4. Voir André Corvisier, *Louvois*, Paris, Fayard, 1983, p. 223.

5. Ordonnance de janvier 1629, voir Nicolas de La Mare, *Traité de la police*, *op. cit.*, t. IV, p. 564.

6. Yves-Marie de La Bourdonnaye, « Mémoire de la généralité de Rouen en 1697 », *in* Henri de Boulainvilliers, *État de la France* (1727), Paris, 1752, t. V, p. 10.

7. « Arrêt pour la modification des chemins de la Normandie », 18 juillet 1670, voir Nicolas de La Mare, *Traité de la police*, *op. cit.*, t. IV, p. 499.

8. *Ibid.*

9. *Ibid.*

10. Voir Alain Roger, *Court Traité du paysage*, *op. cit.*, « L'invention de la fenêtre », p. 83.

11. Sylvie Requemora-Gros, *Voguer vers la modernité : le voyage à travers les genres au XVIIe siècle*, Paris, Presses de l'Université Paris-Sorbonne, 2012, p. 59.

12. Claude Vacant, *Du cantonnier à l'ingénieur : les métiers de la route au fil des siècles*, Paris, Presses de l'École nationale des ponts et chaussées, 2001, p. 36.

13. Mme de Maintenon, lettre à Mme des Ursins, 1er septembre 1714, *Lettres inédites de Mme de Maintenon et de Mme la princesse des Ursins*, *op. cit.*, t. III, p. 108.

14. Marie Mancini, *Mémoires* (1676), Paris, Mercure de France, 1965, p. 101.

15. Henri Gautier, *Traité de la construction des chemins*, Toulouse, 1693. Voir aussi Éric Alonzo, *L'Architecture de la voie*, *op. cit.*, p. 65.

16. Michel de Montaigne, *Journal de voyage en Italie* (ms. XVIe siècle), Paris, Le Livre de Poche, 1974, p. 136.

17. Joseph Sevin de Quincy, *Mémoires*, *op. cit.*, t. II, p. 140-141.

18. Jean Hérault de Gourville, *Mémoires concernant les affaires auxquelles il a été employé par la cour, depuis 1642 jusqu'en 1698*, Paris, 1724, t. I, p. 56.

19. *Ibid.*, p. 71-72.

20. François-Timoléon de Choisy, « Est-ce que nous ne ferons pas rendre gorge à tous ces gens-là ? », *in* Alexandre Maral, *Louis XIV tel qu'ils l'ont vu*, *op. cit.*, p. 255.

21. Nicole de Blomac, *La Gloire et le jeu, des hommes et des chevaux, 1766-1866*, Paris, Fayard, 1991, p. 19. La remarque porte sur le XVIIe siècle.

22. Gaspard de Chavagnac, *Mémoires*, Paris, 1699, p. 235.

23. Jacques de Solleysel, *Le Parfait Maréchal* (1654), 1675, p. 141.

24. Voir ci-dessus, p. 31.

25. « De l'établissement des relais de louage à la journée », règlement de mars 1699, voir Nicolas de La Mare, *Traité de la police*, *op. cit.*, t. IV, p. 599.

26. *Id.*, arrêt du 3 juillet 1680, *ibid.*, p. 605.

27. *Id.*, arrêt du 15 janvier 1698, *ibid.*, p. 599.

28. « Des maîtres de poste, leur établissement », *ibid.*, p. 571.

29. Voir ci-dessus, p. 51-52.

30. Voir Jean Nicolas, *La Rébellion française : mouvements populaires et conscience sociale, 1661-1789*, Paris, Seuil, 2002.

31. Joseph du Chesne, *Le Pourtraict de la santé*, *op. cit.*, p. 335.

32. Charles Estienne et Jean Liebault, *L'Agriculture et maison rustique* (1564), Paris, 1582, p. 12.

33. *Ibid.*, p. 19.

34. *Ibid.*, p. 23.

35. *Ibid.*

36. Voir Claude Henrys, *Œuvres*, Paris, 1708, t. I, p. 303, « Des corvées, charrois et manœuvres ».

37. Voir Edme de La Poix de Fréminville, *La Pratique universelle pour la rénovation des terriers et des droits seigneuriaux*, Paris, 1748, t. II, p. 512.

38. *Ibid.*, p. 517.

39. *Ibid.*, p. 513.

40. *Ibid.*

41. Voir Jean-Marc Moriceau, *La Mémoire des croquants : chroniques de la France des campagnes, 1435-1652*, Paris, Tallandier, 2018, p. 288.

42. Guy Patin, lettre du 8 juin 1660, voir Georges Mongrédien, *La Vie quotidienne sous Louis XIV*, Paris, Hachette, 1948, p. 136.

43. *Ibid.*

44. Corine Maitte et Didier Terrier, « Conflits et résistances autour du temps de travail avant l'industrialisation », *Temporalités*, *op. cit.*

45. Voir Jean Nicolas, cité par Corine Maitte et Didier Terrier, *ibid.*

46. Antoine Furetière, *Dictionnaire universel*, *op. cit.*, art. « Manufacture ».

47. Voir Michel Vergé-Franceschi, *Colbert, la politique du bon sens*, Paris, Payot, « Petite Bibliothèque », 2003, p. 347.

48. « Règlements et statuts généraux pour les longueurs, largeurs et qualités des draps, serges et autres étoffes de laine et de fil », Paris, août 1668, *Recueil des règlements généraux et particuliers concernant les manufactures du royaume*, Paris, 1730.

49. Germain Martin, *La Grande Industrie sous le règne de Louis XIV*, Paris, Arthur Rousseau, 1899, p. 164.

50. *Ibid.*

51. Pierre Goubert, *Cent Mille Provinciaux au* XVII*e* *siècle : Beauvais et le Beauvaisis de 1600 à 1730*, Paris, Flammarion, 1968, p. 334.

52. « Statuts et règlements sayeteurs, hauelissiers, houpiers, foulons et autres ouvriers faisant partie de la manufacture d'Amiens », Paris, 23 août 1666, art. 132, *Recueil des règlements généraux et particuliers concernant les manufactures du royaume*, *op. cit.*, p. 247.

53. Voir « Attribution aux maires et échevins des villes [...] concernant les manufactures », août 1669, art. 1, *Recueil des règlements généraux et particuliers concernant les manufactures du royaume*, *op. cit.*, p. 1.

54. Scipion Dupleix, *La Curiosité naturelle rédigée en questions selon l'ordre alphabétique*, *op. cit.*, p. 52.

55. Jérôme Cardan, *De la subtilité et subtiles inventions* (1re éd. latine 1550), Paris, 1566, p. 428.

56. *Ibid.*

57. Léonard de Vinci, *Traité de la peinture* (1651), Paris, 1796, « Du mouvement de l'homme », p. 152.

58. André Félibien, *Entretiens sur les vies et sur les ouvrages des plus excellents peintres anciens et modernes* (1666), Paris, 1725, t. II, p. 540.

59. Voir ci-dessus, p. 23.

60. Galileo Galilei, *Le Opere* (XVIIe siècle), Milan, 1811, t. 11, p. 564.

61. Giovanni Alfonso Borelli, *De motu animalium*, Rome, 1680, p. 293.

62. Daniel Tauvry, *Nouvelle Anatomie raisonnée où l'on explique les usages de la structure du corps de l'homme* (1680), Paris, 1698, p. 395.

63. Philippe de La Hire, *Traité de mécanique* (1695), Paris, 1729, p. 142.

64. Voir Hélène Daffos-Diogo, « Philippe de La Hire (1640-1718), précurseur de l'ergonomie », communication présentée à la séance du 28 mars 1987 de la Société française d'histoire de la médecine.

65. *Ibid.*

66. Michèle Virol, « La recherche d'une norme de productivité », in *Les Oisivetés de Monsieur de Vauban*, *op. cit.*, p. 1634.

67. Louvois, lettre à Vauban, 7 février 1685, citée par Camille Rousset, *Histoire de Louvois et de son administration politique et militaire*, Paris, 1863, t. III, p. 389.

68. Richelieu, lettre au cardinal de La Valette (1638), *Lettres du cardinal duc de Richelieu*, Paris, 1696, t. I, p. 178.

69. Michèle Virol, « La recherche d'une norme de productivité », *op. cit.*

70. *Ibid.*

71. Louis de Rouvroy de Saint-Simon, *Mémoires complètes et authentiques*, *op. cit.*, t. XIII, p. 88.

72. Michèle Virol, « La recherche d'une norme de productivité », *op. cit.*, p. 1633.

73. *Ibid.*

74. *Ibid.*, p. 1634.

75. Sébastien Le Prestre de Vauban, « Règlement fait en Alsace pour le prix que les entrepreneurs doivent payer aux soldats employés aux transports et remuement des terres de la fortification des places de Sa Majesté » (1690), in *Les Oisivetés de Monsieur de Vauban*, *op. cit.*, p. 1 642.

76. Sébastien Le Prestre de Vauban, « Instruction pour servir au règlement du transport et remuement des terres » (1697), in *Les Oisivetés de Monsieur de Vauban*, *op. cit.*, p. 1656.

77. *Ibid.*

78. *Ibid.*

Chapitre 10. Une diversification des effets

1. Philippe de Villers, *Journal de voyage de deux jeunes Hollandais à Paris en 1656-1658*, publié par Armand-Prospère Faugère, Paris, Honoré Champion, 1899, p. 84.

2. François de Rabutin, *Commentaires des dernières guerres en la Gaule Belgique* (1551-1559), in *Nouvelle Collection des mémoires pour servir à l'histoire de France*, *op. cit.*, 2e série, t. VII, p. 412.

3. Pierre de L'Estoile, *Journal* (1574-1611), in *Nouvelle Collection des mémoires pour servir à l'histoire de France*, *op. cit.*, 2e série, t. I, p. 24.

4. *Ibid.*, p. 119.

5. Joseph Sevin de Quincy, *Mémoires*, *op. cit.*, t. I, p. 83.

6. Giorgio Baglivi, *Opera omnia, medico practica et anatomica*, Lugduni, 1710, p. 116. Voir aussi la citation d'Étienne Tourtelle, *Éléments de médecine théorique et pratique*, Strasbourg, an VII, t. II, p. 306.

7. Michael Ernst Ettmüller, *Pratique générale de médecine et de tout le corps humain* (1685), Paris, 1691, p. 292.

8. Lazare Rivière, *Observationes medicae et curationes insignes*, Paris, 1646, trad. François Deboze, Lyon, 1688, obs. 34, centurie IV, p. 448.

9. Jean Fernel, *La Pathologie* (1544), Paris, 1661, p. 389.

10. *Ibid.*, p. 378.

11. *Ibid.*, p. 320.

12. Georgius Agricola, *De re metallica,* 1541, cité par Michel Angel, *Mines et fonderies au XVIe siècle*, Paris, Les Belles Lettres, 1989, p. 50.

13. François Ranchin, *Traité des maladies et accidents qui arrivent à ceux qui courent la poste*, Lyon, 1640, p. 656-658.

14. Voir Bernardino Ramazzini, *Traité des maladies des artisans*, *op. cit.*

15. *Ibid.*, p. 112.

16. *Ibid.*, p. 132.

17. *Un libertin dans l'Inde moghole : les voyages de François Bernier, 1656-1669*, Paris, Chandeigne, 2008, p. 400.

18. Robert Challe, *Journal d'un voyage fait aux Indes orientales, 1690-1691*, Paris, Mercure de France, 1979, p. 165.

19. *Ibid.*, p. 192.

20. Mme de Sévigné, lettre du 18 juin 1677, *Correspondance*, *op. cit.*, t. II, p. 470.

21. *Id.*, lettre du 23 avril 1690, *ibid.*, t. III, p. 869.

22. *Id.*, lettre du 5 novembre 1684, *ibid.*, p. 152.

23. *Id.*, lettre du 13 juillet 1689, *ibid.*, p. 640.

24. *Id.*, lettre du 19 avril 1689, *ibid.*, p. 580.

25. *Id.*, lettre du 30 octobre 1689, *ibid.*, p. 740.

26. *Id.*, lettre du 6 octobre 1680, *ibid.*, p. 33.

27. Théodore Agrippa d'Aubigné, *Sa vie à ses enfants* (ms. XVIe siècle), *in* Henri Weber (éd.), *Œuvres*, Paris, Gallimard, « Bibliothèque de la Pléiade », 1969, p. 396.

28. Gédéon Tallemant des Réaux, *Historiettes*, Antoine Adam (éd.), Paris, Gallimard, « Bibliothèque de la Pléiade », 1960, t. I, p. 215.

29. Marguerite de Navarre, *L'Heptaméron* (1559), *in* Pierre Jourda (éd.), *Conteurs français du XVIe siècle*, Paris, Gallimard, « Bibliothèque de la Pléiade », 1965, p. 961.

30. Gédéon Tallemant des Réaux, *Historiettes*, *op. cit.*, t. 1, p. 273.

31. Robert de La Marck Fleuranges, *Mémoires,* in *Nouvelle Collection des mémoires pour servir à l'histoire de France*, *op. cit.*, 1re série, t. V, p. 45.

32. Antoine du Verdier, *Diverses Leçons*, Lyon, 1592, p. 340.

33. *Ibid.*

34. Scipion Dupleix, *La Curiosité naturelle rédigée en questions selon l'ordre alphabétique*, *op. cit.*, p. 186.

35. *Ibid.*

36. Jacques-Auguste de Thou, *Mémoires* (XVIe siècle), in *Nouvelle Collection des mémoires pour servir à l'histoire de France*, *op. cit.*, 1re série, t. XI, p. 346.

Chapitre 11. Une diversification des « recours »

1. Mme de Sévigné, lettre du 9 juillet 1677, *Correspondance*, *op. cit.*, t. II, p. 485.

2. *Id.*, lettre du 14 juillet 1677, *ibid.*, p. 485.

3. Robert Challe, *Journal d'un voyage fait aux Indes orientales*, *op. cit.*, p. 192.

4. Joseph Sevin de Quincy, *Mémoires*, *op. cit.*, t. II, p. 56.

5. Jean de Combe, *Hydrologie ou discours des eaux*, Aix, 1645, p. 50-51.

6. Jean de Combe écrit plus particulièrement sur les « eaux de Greaux », son texte portant prioritairement sur les thermes.

7. Voir, sur ce point, Georges Vigarello, *Le Propre et le sale : l'hygiène du corps depuis le Moyen Âge*, Paris, Seuil, « Points Histoire », 1987.

8. Les joueurs de paume de Rabelais ne recourent pas à l'eau après leur jeu mais à la chaleur du feu de cheminée pour assécher leurs chemises et leurs humeurs. Voir François Rabelais, *Gargantua* (1540), *in* Jacques Boulenger (éd.), *Œuvres complètes*, Paris, Gallimard, « Bibliothèque de la Pléiade », 1955, p. 55.

9. Françoise Lehoux, *Le Cadre de vie des médecins parisiens aux XVIe et XVIIe siècles*, Paris, Picard, 1976.

10. Charles Perrault, *La Querelle des anciens et des modernes en ce qui regarde les arts et les sciences*, Paris, 1688, t. I, p. 80.

11. Laurent Joubert, *La Première et Seconde Partie des erreurs populaires touchant la médecine et le régime de santé*, Paris, 1587, partie 2, p. 18.

12. Benvenuto Cellini, *Mémoires* (XVIe siècle), Paris, Garnier, 1908, t. II, p. 48.

13. Harlequin, *Nouveau Jardin des vertus et propriétés des herbes communes qui croissent aux jardins et se vendent ordinairement à la place*, Aix, 1624, p. 12.

14. Voir Ambroise Paré, *Œuvres complètes* (1585), Joseph-François Malgaigne (éd.), Paris, 1840, t. I, p. 41.

15. Jacques-Auguste de Thou, *Mémoires*, *op. cit.*, p. 341.

16. Louis de Rouvroy de Saint-Simon, *Mémoires complètes et authentiques*, *op. cit.*, t. XXVII, p. 183.

17. Martin Lister, *Voyage à Paris en M DC XCVIII. On y a joint des extraits des ouvrages d'Evelyn relatifs à ses voyages en France de 1648 à 1661*, Paris, 1873, p. 151.

18. Robert Challe, *Journal d'un voyage fait aux Indes orientales*, *op. cit.*, p. 82.

19. Nicolás Monardes, *Histoire des simples médicaments apportés de l'Amérique, desquels on se sert en médecine* (1588), Lyon, 1619, p. 41.

20. Jean Le Royer de Prade, *Histoire du tabac, où il est traité particulièrement du tabac en poudre*, Paris, 1677, p. 127.

21. Pierre Pomet, *Histoire générale des drogues* (1694), Paris, 1724, t. I, p. 178.

22. Les effets contre la dartre et la galle, ou contre la faim et la soif, cités dans la première édition de 1694, s'étendent à plusieurs dizaines dans l'édition de 1724, démultipliant l'aspect « céphalique », outre la distinction entre plusieurs espèces de la même plante.

23. Humbert de Guillot de Goulat de La Garenne, *Les Bacchanales ou Lois de Bacchus*, Paris, 1667, p. 58.

24. Corneille Bontekoe, *Suite des nouveaux éléments de médecine* (1685), Paris, 1698, p. 112.

25. Henri-Auguste de Loménie Brienne, *Mémoires* (1719), t. II, p. 104.

26. Voir ci-dessus, p. 96.

27. Jean Thévenot, *Voyages en Europe, Asie et Afrique* (1689), Paris, 1727, t. I, p. 103.

28. Nicolas de Blégny, *Secrets concernant la beauté et la santé*, Paris, 1688, t. I, p. 685.

29. Louis de Rouvroy de Saint-Simon, *Mémoires complètes et authentiques*, *op. cit.*, t. XV, p. 242.

30. Louis de Mailly, *Les Entretiens des cafés de Paris et les différends qui y surviennent*, Paris, 1702, p. 2.

31. Voir Lucette Chabouis, *Le Livre du café*, Paris, Bordas, 1988, p. 31.

32. Voir Georges d'Avenel, *Histoire économique de la propriété, des salaires, des denrées, de tous les prix en général*, *op. cit.*, t. III, p. 522.

33. Voir Wolfgang Schivelbusch, *Histoire des stimulants* (1980), trad. Éric Blondel, Ole Hanse-Love, Théo Leydenbach et Pierre Pénisson, Paris, Gallimard, « Le Promeneur », 1991, p. 28.

34. Poème anonyme de 1674, cité par Wolfgang Schivelbusch, *ibid.*, p. 28.

35. François Lebrun, « Le mariage et la famille », *in* Jacques Dupâquier (dir.), *Histoire de la population française*, Paris, PUF, 1988, t. II, p. 305.

36. *Ibid.*

37. Jean-Marc Moriceau, *La Population du sud de Paris aux* XVIe *et* XVIIe *siècles*, mémoire de maîtrise, Université Paris-I, 1978.

38. Denise Turrel, *Bourg-en-Bresse au* XVIe *siècle*, Société de démographie historique, 1986, p. 203.

39. François Lebrun, « Le mariage et la famille », *op. cit.*, p. 305.

40. Pierre Chaunu, *La Civilisation de l'Europe classique*, Paris, Arthaud, 1966, p. 190.

41. *Ibid.*

Chapitre 12. La misère et l'« abattement »

1. Voir ci-dessus, p. 109.

2. Jean de La Bruyère, *Les Caractères*, *op. cit.*, p. 295.

3. Michel-André Jubert de Bouville, intendant de Limoges, lettre au contrôleur général, 12 janvier 1692, *Correspondance des contrôleurs généraux des finances avec les intendants des provinces*, Paris, Imprimerie nationale, 1874, t. I, 1683-1699, n° 1038.

4. « Les lieutenants, gens du conseil et échevins de Reims, au contrôleur général », 13 janvier 1694, *Correspondance des contrôleurs généraux des finances avec les intendants des provinces*, *op. cit.*, t. I, n° 1272.

5. René Pillorget, « L'âge classique, 1661-1715 », *in* Georges Duby (dir.), *Histoire de la France*, Paris, Larousse, 1971, t. II, p. 200.

6. Voir Jean Delumeau et Yves Lequin (dir.), *Les Malheurs du temps*, *op. cit.*

7. Théodore Agrippa d'Aubigné, *Les Tragiques* (1615), in *Œuvres*, *op. cit.*, p. 28, vers 313.

8. Robert Castel, *Les Métamorphoses de la question sociale : une chronique du salariat*, Paris, Fayard, 1995, p. 166.

9. M. Marcillac, intendant de Rouen, lettre au contrôleur général, 29 mai 1685, *Correspondance des contrôleurs généraux des finances avec les intendants des provinces*, *op. cit.*, t. I, n° 182.

10. Hyacinthe Serroni, évêque de Mende, lettre au contrôleur général, 4 mai 1699, *Correspondance des contrôleurs généraux des finances avec les intendants des provinces*, *op. cit.*, t. I, n° 1859.

11. Louis de Bernage, intendant de Limoges, lettre au contrôleur général, 15 juin 1700, *Correspondance des contrôleurs généraux des finances avec les intendants des provinces*, *op. cit.*, t. II, n° 146.

12. Sébastien Le Prestre de Vauban, « Description géographique de l'élection de Vézelay » (1696), in *Les Oisivetés de Monsieur de Vauban*, *op. cit.*, p. 435.

13. *Ibid.*, p. 442.

14. *Ibid.*

15. *Ibid.*, p. 443.

16. Sébastien Le Prestre de Vauban, « Projet de dîme royale » (1694), in *Les Oisivetés de Monsieur de Vauban*, *op. cit.*, p. 752.

17. *Ibid.*, p. 795.

18. *Ibid.*, p. 762.

19. « Mémoire sur la misère des peuples et les moyens d'y remédier » (1687), *Mémoires des intendants sur l'état de la généralité dressés pour l'instruction du duc de Bourgogne,* t. I, *Mémoire de la généralité de Paris*, Michel de Boislisle (éd.), Paris, 1881, appendice, p. 782.

TROISIÈME PARTIE
Les lumières et le défi du sensible

Chapitre 13. L'enjeu du sensible

1. Voir François-Marie Arouet de Voltaire, *Lettres philosophiques*, 25e lettre, Amsterdam, 1734, p. 339-340 : « l'homme est né pour l'action comme le feu tend en haut et la pierre en bas ».

2. Jean Starobinski, *L'Invention de la liberté, 1700-1789*, Genève, Skira, 1964, p. 12.

3. Voir ci-dessus, p. 50.

4. Voir John S. Spink, « Les avatars du "sentiment de l'existence" de Locke à Rousseau », *Dix-Huitième Siècle*, n° 10, 1978, p. 269-298.

5. Victor de Sèze, *Recherches physiologiques et philosophiques sur la sensibilité ou la vie animale*, Paris, 1786, p. 156.

6. Jean Le Rond d'Alembert et Denis Diderot, *Encyclopédie, ou Dictionnaire raisonné des sciences, des arts et des métiers*, Paris, 1751-1780, art. « Existence ».

7. René Descartes, « *cogito ergo sum* », voir *Discours de la méthode*, Leyde, 1637, partie 4.

8. Jacques-Henri Bernardin de Saint-Pierre, *Études de la nature*, Paris, 1784, cité par Simone Goyard-Fabre, *La Philosophie des Lumières en France*, Paris, Klincksieck, 1972, p. 217.

9. Charlotte Burel, « Le corps sensible dans le roman du XVIIIe siècle », *in* Michel Delon et Jean-Christophe Abramovici (dir.), *Le Corps des Lumières, de la médecine au roman*, Paris, Centre des sciences de la littérature, Université Paris-X, 1997, p. 105.

10. *Ibid.,* p. 110.

11. Simone Goyard-Fabre, *La Philosophie des Lumières en France*, *op. cit.*, p. 205.

12. Mme du Deffand, lettre à Horace Walpole, 13 mars 1771, *Lettres (1742-1780)*, Paris, Mercure de France, 2002, p. 421.

13. Julie de Lespinasse, lettre à Jacques-Antoine de Guibert, 20 juin 1773, *Lettres de Mlle de Lespinasse, suivies de ses autres œuvres et des lettres de Mme du Deffand, de Turgot, de Bernardin de Saint-Pierre*, Paris, Charpentier, 1903, p. 14.

14. Mme d'Épinay, *Les Contre-Confessions. Histoire de Mme de Montbrillant* (1818), Paris, Mercure de France, préface d'Elisabeth Badinter, 1989, p. 1207.

15. Marguerite Staal de Launay, *Mémoires*, Paris, 1845, p. 127.

16. Henriette-Louise de Waldner de Freundstein baronne d'Oberkirch, *Mémoires sur la cour de Louis XVI et la société française avant 1789* (1782-1786), Paris, Mercure de France, 1982, p. 158.

17. Voir ci-dessus, p. 72.

18. Henriette-Louise de Waldner de Freundstein, *Mémoires sur la cour de Louis XVI et la société française avant 1789*, *op. cit.*, p. 89.

19. *Ibid.*, p. 151.

20. *Ibid.*, p. 339.

21. *Ibid.*, p. 246.

22. *Ibid.*, p. 336.

23. *Ibid.*, p. 155.

24. *Ibid.*, p. 199.

25. *Ibid.*, p. 206.

26. *Ibid.*, p. 215.

27. *Ibid.*, p. 272.

28. *Ibid.*, p. 199.

29. *Ibid.*

30. André-Ernest-Modeste Grétry, *Mémoires, ou Essais sur la musique* (1789), Bruxelles, 1829, t. I, p. 39.

31. *Ibid.*, p. 41.

32. George Anson, *Voyage autour du monde fait dans les années 1740, 1741, 1742, 1743 et 1744*, Paris, 1750, t. IV, p. 104.

33. *Ibid.*

34. *Ibid.*, p. 107.

35. *Ibid.*, p. 108.

36. *Ibid.*, p. 111.

37. *Ibid.*

38. James Beresford, *Les Misères de la vie humaine, ou Les Gémissements et soupirs* (1806), Paris, 1809, t. II, p. 254.

39. *Ibid.*, p. 163.

40. *Ibid.*, p. 180.

41. *Ibid.*, p. 105.

42. *Ibid.*, p. 258.

43. *Ibid.*, t. I, p. 66.

44. *Ibid.*, t. II, p. 232.

45. *Lettres inédites de Napoléon Ier à Marie-Louise, écrites de 1810 à 1814*, notes de Louis Madelin, Paris, Bibliothèques nationales de France, 1935, lettre du 14 septembre 1811.

46. *Ibid.*, lettre du 30 mai 1812.

47. *Ibid.*, lettre du 6 septembre 1812.

48. *Ibid.*, lettre du 2 mai 1813.

49. *Ibid.*, lettre du 10 mai 1813.

50. *Dictionnaire universel, français et latin, vulgairement appelé Dictionnaire de Trévoux*, Paris, 1743, art. « Commodité ».

51. Jacques-François Blondel, *Architecture française, ou Recueil des plans*, Paris, 1752-1756, t. I, p. 239.

52. Voir Guillaume Janneau, *Le Mobilier français : le meuble d'ébénisterie*, Paris, Jacques Fréal, 1974.

53. Nicolas Gauger, *La Mécanique du feu, ou L'Art d'en augmenter les effets et d'en diminuer la dépense*, Paris, 1713.

54. William Ritchey Newton, *Derrière la façade : vivre au château de Versailles au XVIIIe siècle*, Paris, Perrin, 2008, p. 108.

55. Guillaume Janneau, *Le Mobilier français : le meuble d'ébénisterie*, *op. cit.*, p. 74.

56. *Ibid.*, p. 136.

57. *Ibid.*, p. 173.

58. Jacques Cambry, *Promenades d'automne en Angleterre*, Paris, 1791, p. 44.

59. Voir ci-dessus, « inventer des catégories », p. 83.

60. Voir Saint-Hilaire, *L'Anatomie du corps humain avec les maladies et les remèdes pour les guérir*, Paris, 1680.

61. François Boissier de Sauvages, *Nosologie méthodique* (1763), Paris, 1770, t. I, p. VII.

62. William Buchan, *Médecine domestique* (1775), Paris, 1792, t. IV, p. 487-489.

63. Voir ci-dessus, p. 118.

64. François Boissier de Sauvages, *Nosologie méthodique*, *op. cit.*, t. II, p. 418.

65. William Buchan, *Médecine domestique*, *op. cit.*, t. IV, p. 487.

66. Joseph Lieutaud, *Précis de la médecine pratique*, Paris, 1761, p. 67.

67. Voir Georges Vigarello, *Le Sentiment de soi : histoire de la perception du corps, XVIe-XXe siècles*, Paris, Seuil, 2014, « La sensation inédite d'un dedans », p. 22.

68. Charles-Auguste Vandermonde, *Dictionnaire portatif de santé* (1770), Paris, 1777, t. I, p. 368.

69. *Ibid.*, p. 300.

70. *Ibid.*, p. 216.

71. *Ibid.*, t. II, p. 495.

72. *Dictionnaire de Trévoux*, *op. cit.*, art. « Épuisable », « Épuisement », « Épuiser ».

73. François Boissier de Sauvages, *Nosologie méthodique*, *op. cit.*, t. II, p. 290-364.

74. *Ibid.*, p. 391.

75. *Ibid.*

76. Georges-Louis Leclerc Buffon, lettre du 21 novembre 1759, *Correspondance*, Paris, 1869, t. I, p. 75.

77. Pierre-Augustin Caron de Beaumarchais, *Œuvres complètes*, Paris, 1865, p. 206.

78. Charles-Joseph de Ligne, « De moi pendant le jour, de moi pendant la nuit » (1783), *in* Jeroom Vercruysse (éd.), *Écrits sur la société*, Paris, Honoré Champion, 2010, p. 393.

Chapitre 14. Le nerf, de l'agitation au « tourbillon »

1. François-Thomas-Marie de Baculard d'Arnaud, *Épreuves du sentiment, Sidney et Volsan* (1772), *in* Henri Coulet (éd.), *Nouvelles du XVIIIe siècle*, Paris, Gallimard, « Bibliothèque de la Pléiade », 2002, p. 859.

2. Antoine-François Prévost, *Histoire du chevalier des Grieux et de Manon Lescaut* (1733), *in* René Étiemble (éd.), *Romanciers du XVIIIe siècle*, Paris, Gallimard, « Bibliothèque de la Pléiade », 1966, t. I, p. 1276.

3. Voir Nahema Hanafi, *Le Frisson et le Baume. Expériences féminines du corps au siècle des Lumières*, Rennes, Presses universitaires de Rennes, 2017, p. 57.

4. Denis Diderot, *Éléments de physiologie* (ms. 1769), Paris, Didier, 1964, p. 63-66.

5. George Cheyne, *Règles sur la santé et sur les moyens de prolonger la vie* (1724), Castanet, Michel d'Orions, 2002, p. 131-132.

6. Daniel Delaroche, *Analyse des fonctions du système nerveux*, Genève, 1778, t. II, p. 180.

7. *Ibid.*

8. Joseph Priestley, *Histoire de l'électricité*, Paris, 1770, t. I, p. XVIII.

9. *Ibid.*, p. XX.

10. Voir Pierre Bertholon, *De l'électricité du corps humain dans l'état de santé et de maladie*, Lyon, 1780, p. 263.

11. Joseph Priestley, *Histoire de l'électricité*, *op. cit.*, p. 253.

12. Voir Pierre Brunet, *Les Physiciens hollandais et la méthode expérimentale en France au* XVIII*e* *siècle*, Paris, Blanchard, 1926 ; voir p. 113 sur les expérimentations de l'abbé Nollet.

13. Pierre-Jean-Claude Mauduyt, « Sur l'électricité considérée relativement à l'économie animale et à l'utilité dont elle peut être en médecine », *Histoire de la société royale de médecine*, *Mémoires de médecine et de physique médicale*, 1776, p. 509.

14. « Recherche sur les causes des affections hypocondriaques », *Journal de médecine*, mars 1780, p. 196.

15. « L'électricité augmente-t-elle la vitesse du pouls ? », *Journal de médecine*, mars 1782, p. 263.

16. Voir Pierre Bertholon, *De l'électricité du corps humain dans l'état de santé et de maladie*, *op. cit.*, p. 303.

17. Samuel Richardson, *Lettres anglaises, ou Histoire de Miss Clarisse Harlove* (1756), trad. abbé Prévost, Paris, Desjonquères, 1999, t. I, p. 553.

18. Antoine-François Prévost, *Histoire du chevalier des Grieux et de Manon Lescaut*, *op. cit.*, t. I, p. 1353 et 1365.

19. Julie de Lespinasse, *Lettres de Mlle de Lespinasse*, *op. cit.*, p. 75.

20. Louis-Sébastien Mercier, « Les vapeurs », *Tableau de Paris* (1780), Paris, Mercure de France, 1994, t. I, p. 633.

21. *Ibid.*

22. Georges-Louis Leclerc Buffon, lettre du 12 août 1781, *Correspondance*, *op. cit.*, t. II, p. 104.

23. *Journal d'un provincial à Paris 25 juin-1er août 1784, dédié à ma charmante amie*, Paris, 1784, p. 133.

24. Louis-Sébastien Mercier, « Les heures du jour », *Tableau de Paris*, *op. cit.*, p. 873.

25. Jean-François Marmontel, *Mémoires* (1786), *Œuvres complètes*, Genève, Slatkine, 1968, t. I, p. 85.

26. Jean-Jacques Rousseau, *Émile, ou De l'éducation* (1761), Paris, Garnier, 1951, p. 37.

27. Louis-Sébastien Mercier, *Songe d'un hermite*, Paris, 1770, p. 4.

28. Nicolas-Edme Rétif de La Bretonne, *Tableaux de la bonne compagnie*, Paris, 1787, p. 27.

29. *Ibid.*, p. 55.

30. Ulrich Bräker, *Le Pauvre Homme du Toggenbourg* (ms. XVIIIe siècle), trad. Caty Dentan, Lausanne, Éditions de l'Aire, 1978, p. 156.

31. Frédéric Hoffman, *Consultations de médecine*, Paris, 1754, t. I, p. 165.

32. Samuel-Auguste Tissot, *L'Onanisme* (1760), Paris, Éditions de la Différence, 1991, p. 48.

33. *Ibid.*, p. 50-51.

34. *Ibid.*, p. 45.

35. *Ibid.*, p. 47.

36. Frédéric Hoffman, *Consultations de médecine*, *op. cit.*, t. VII, p. 328-330.

37. « Prix », *Journal de médecine, chirurgie, pharmacie*, juillet 1777, p. 92.

38. Samuel-Auguste Tissot, *Traité des nerfs et de leurs maladies* (1770-1779), *Œuvres*, Paris, 1861, p. 60.

39. Voir John Brewer, *The Pleasures of the Imagination : English Culture in the Eighteenth Century*, Chicago, The University of Chicago Press, 1997, « The Pleasures of the Imagination », p. 56.

40. Jean-Baptiste Louvet de Couvray, *La Fin des amours du chevalier de Faublas* (1790), in *Romanciers du XVIIIe siècle*, *op. cit.*, t. II, p. 907.

41. Jacques-Antoine-Hippolyte de Guibert, *Essai général de tactique* (1772), Londres, 1773, p. 15.

42. Jean Verdier, *Cours d'éducation à l'usage des élèves destinés aux premières professions et aux grands emplois de l'État*, Paris, 1772, p. 9-10.

43. Samuel-Auguste Tissot, *Traité des nerfs et de leurs maladies*, *op. cit.*, p. 159.

44. *Ibid.*

45. Jean-Baptiste Moheau, *Recherches et considérations sur la population de la France*, Paris, 1778, p. 122.

46. Ferdinando Galiani, lettre à Diderot, 5 septembre 1772, voir Denis Diderot, *Œuvres complètes*, Paris, Le Club français du livre, 1971, t. 10, p. 951.

47. Jacques Ballexserd, *Dissertation sur l'éducation physique des enfants, depuis leur naissance jusqu'à l'âge de la puberté*, Paris, 1762, p. 25.

48. Jean Le Rond d'Alembert et Denis Diderot, *Encyclopédie*, *op. cit.*, t. XXV, art. « Proportions », p. 604.

49. Laurence Sterne, *Voyage sentimental à travers la France et l'Italie* (1768), in *Voyages imaginaires, songes, visions et romans cabalistiques*, Amsterdam, 1789, t. 28, p. 104.

50. *Ibid.*, p. 105.

51. Voir Patrice Bourdelais, *Les Épidémies terrassées : une histoire de pays riches*, Paris, La Martinière, 2003, sur le « recul de la mort », p. 59.

52. Voir Isabelle Queval, *S'accomplir ou se dépasser : essai sur le sport contemporain*, Paris, Gallimard, 2004, sur « la lisibilité du progrès » au XVIIIe siècle, p. 125.

53. Jean-Charles Desessartz, *Traité de l'éducation corporelle des enfants en bas âge*, Paris, 1760, p. VI.

54. Charles-Augustin Vandermonde, *Essai sur la manière de perfectionner l'espèce humaine*, Paris, 1756, t. II, p. 31.

55. *Ibid.*, p. VII.

56. Patrice Bourdelais (dir.), *Les Hygiénistes, enjeux, modèles pratiques, XVIIIe-XXe siècles*, Paris, Belin, 2001 ; voir Patrice Bourdelais, « Les logiques de développement de l'hygiène publique ».

57. Léopold de Genneté, *Purification de l'air croupissant dans les hôpitaux, les prisons et les vaisseaux de mer*, Nancy, 1767, p. 3.

Chapitre 15. Dire les forces

1. Pierre Rosanvallon, *L'État en France, de 1789 à nos jours*, Paris, Seuil, 1990, p. 45.

2. Georges-Louis Leclerc Buffon, *De l'homme* (1749), *Œuvres complètes*, Paris, 1836, t. IV, p. 100.

3. Voir ci-dessus, p. 112-114.

4. Jean-Jacques Rousseau, *Discours sur l'origine de l'inégalité* (1755), Paris, Flammarion, 1931, p. 93.

5. Isabelle Queval, *S'accomplir ou se dépasser*, *op. cit.*, p. 125.

6. Voir les premières enquêtes de type anthropologique, Jean-Nicolas Démeunier, *L'Esprit des usages et des coutumes des différents peuples*, Londres, 1776, 3 vol., « Le genre humain offrira désormais un spectacle monotone », t. I, p. V.

7. Georges-Louis Leclerc Buffon, *De l'homme*, *op. cit.*, p. 100.

8. *Ibid.*

9. Jean-Nicolas Démeunier, *L'Esprit des usages et des coutumes des différents peuples*, *op. cit.*, t. III, p. 66.

10. Jean-Théophile Désaguliers, *Cours de physique expérimentale* (1717), Paris, 1751, t. I, p. 259.

11. Voir ci-dessus, p. 112-114.

12. Voir Daniel Roche, « L'Encyclopédie et les pratiques du savoir au XVIIIe siècle », *in* Roland Schaer (dir.), *Tous les savoirs du monde. Encyclopédies et bibliothèques, de Sumer au XXIe siècle*, Bibliothèque nationale de France-Flammarion, 1996, p. 370.

13. Michel Delon, *L'Idée d'énergie au tournant des Lumières, 1770-1820*, Paris, PUF, 1988.

14. *Ibid.*, p. 237.

15. Dominique Méda, *Travail : la révolution nécessaire*, La Tour-d'Aigues, Éditions de l'Aube, 2013, p. 49.

16. Philippe Minard, *La Fortune du colbertisme : État et industrie dans la France des Lumières*, Paris, Fayard, 1998, p. 188.

17. Voir ci-dessus, p. 120-121.

18. Voir ci-dessus, p. 147-148.

19. Voir Hélène Vérin, *La Gloire des ingénieurs : l'intelligence technique du XVIe au XVIIIe siècle*, Paris, Albin Michel, 1993.

20. Voir ci-dessus, p. 113-114.

21. Jacques Proust, *Le Recueil des planches de l'Encyclopédie, L'Encyclopédie Diderot et d'Alembert : planches et commentaires présentés par Jacques Proust*, Paris, EDDL, 2001, p. 14.

22. Jean Le Rond d'Alembert, « Discours préliminaire », *in* Jean Le Rond d'Alembert et Denis Diderot, *Encyclopédie*, *op. cit.*, t. I, p. XIII. Voir aussi le texte envoyé aux souscripteurs (1751) : « Il y a beaucoup de choses que l'on n'apprend que dans les ateliers », p. 2.

23. Voir les 113 volumes publiés sur un tel objet par l'Académie royale des sciences entre 1761 et 1788.

24. Abbé Jaubert, *Dictionnaire raisonné universel des arts et métiers*, Paris, 1773, t. I, p. XIV.

25. Henri-Louis Duhamel Du Monceau, *Éléments d'agriculture*, Paris, 1763, t. I, p. 376.

26. *Id.*, *L'Art du couvreur* (1766), *Descriptions des arts et métiers faites et approuvées par Messieurs de l'Académie royale des sciences*, p. 34.

27. Hulot père, *L'Art du tourneur mécanicien* (1775), *Descriptions des arts et métiers faites et approuvées par Messieurs de l'Académie royale des sciences*, p. 271.

28. Jean Le Rond d'Alembert et Denis Diderot, *Encyclopédie*, *op. cit.*, art. « Rame ».

29. Charles Coulomb, « Résultats de plusieurs expériences destinées à déterminer la quantité d'action que les hommes peuvent fournir par leur travail journalier », *Mémoires de mathématiques*, 6 ventôse an 6, p. 423.

30. « Règlement concernant l'exercice et les manœuvres de l'infanterie », Lille, 1791, p. 28-29.

31. Jacques-Antoine-Hippolyte de Guibert, *Essai général de tactique*, *op. cit.*, p. 30.

32. *Ibid.*, p. 31.

33. AD Calvados, C 3372, *Mémoire concernant la manutention des corvées dans la généralité de Caen*, 1762, art. 4, cité par Anne Conchon, *La Corvée des grands chemins au XVIIIe siècle : économie d'une institution*, Rennes, Presses universitaires de Rennes, 2016, p. 61.

34. Voir ci-dessus, p. 167-168.

35. Yannick Fonteneau, « "Les ouvriers [...] sont des espèces d'automates montés pour une certaine suite de mouvements" : fondations d'une représentation mécanique du temps laborieux (1700-1750) », *in* Corine Maitte et Didier Terrier (dir.), *Le Temps du travail : normes, pratiques, évolutions, XIVe-XIXe siècle*, Rennes, Presses universitaires de Rennes, 2014, p. 321.

36. Daniel Bernoulli, *Recherches sur la manière la plus avantageuse de suppléer à l'action du vent sur les grands vaisseaux, soit en y appliquant les rames, soit en y employant quelqu'autre moyen que ce puisse être, Recueil des pièces qui ont emporté le prix de l'Académie royale des sciences*, t. 7, 1769, p. 10.

37. Voir Barthélemy Durrive, « Deux ouvriers-machine, avant et après Taylor », *L'Homme et la société*, vol. 3, n° 205, 2017, p. 57.

38. François Vatin, « Le "travail physique" comme valeur mécanique (XVIIIe-XIXe siècle) », *Cahiers d'histoire. Revue d'histoire critique*, n° 110, 2009, p. 9.

39. Voir ci-dessus, p. 113-114.

40. Daniel Bernoulli, « Recherches sur la manière la plus avantageuse de suppléer à l'action du vent sur les grands vaisseaux », *op. cit.*, p. 4.

41. *Ibid.*, p. 7.

42. Yannick Fonteneau, « "Les ouvriers [...] sont des espèces d'automates montés pour une certaine suite de mouvements" », *op. cit.*, p. 321.

43. Charles Coulomb, « Résultats de plusieurs expériences destinées à déterminer la quantité d'action que les hommes peuvent fournir par leur travail journalier », *op. cit.*, p. 382.

44. Voir ci-dessus.

45. Charles Coulomb, « Résultats de plusieurs expériences destinées à déterminer la quantité d'action que les hommes peuvent fournir par leur travail journalier », *op. cit.*, p. 382.

46. *Ibid.*, p. 381.

47. *Ibid.*, p. 388.

48. *Ibid.*, p. 390.

49. Voir l'exposé de l'entreprise de Coulomb au début du XXe siècle, Jules Amar, *Le Moteur humain et les bases scientifiques du travail professionnel*, Paris, Dunod, 1914, p. 236.

50. Charles Coulomb, « Résultats de plusieurs expériences destinées à déterminer la quantité d'action que les hommes peuvent fournir par leur travail journalier », *op. cit.*, p. 417.

51. *Ibid.*

52. Voir Jules Amar, *Le Moteur humain et les bases scientifiques du travail professionnel*, *op. cit.* Les expériences « de Coulomb, toujours tirées d'une observation unique, et parfois empruntées à des observateurs peu sûrs, n'ont pas assez de poids, malgré l'autorité hors de pair du célèbre physicien », p. 237.

53. Voir ci-dessus, p. 174.

54. Yannick Fonteneau, « "Les ouvriers [...] sont des espèces d'automates montés pour une certaine suite de mouvements" », *op. cit.*, p. 312.

55. Voir François Dagognet, *Écriture et iconographie*, Paris, Vrin, 1973, p. 87 et 89.

56. Antoine-Laurent de Lavoisier, « Expériences sur la respiration des animaux et sur les changements qui arrivent à l'air en passant dans les poumons » (1777), cité par François Vatin, « Le "travail physique" comme valeur mécanique », *op. cit.*, p. 45.

57. Joseph Priestley, *Expériences et observations sur différentes espèces d'air* (1774), Paris, 1777-1780, t. I, p. 126.

Chapitre 16. La fatigue « subie », amorce de compassion

1. Voir ci-dessus, p. 135.

2. Louis-Sébastien Mercier, *Tableau de Paris*, *op. cit.*, t. I, « Portefaix », p. 789.

3. *Ibid.*, « Chaises à porteurs », p. 1312.

4. *Ibid.*, « Portefaix » (Femmes), p. 791.

5. Antoine-René de Voyer d'Argenson de Paulmy, lettre d'octobre 1749, citée dans François Cadilhon (dir.), *La France d'Ancien*

Régime : textes et documents, 1484-1789, Bordeaux, Presses universitaires de Bordeaux, 2002, p. 396.

6. Claude-François Berthelot, *La Mécanique appliquée aux arts, aux manufactures, à l'agriculture et à la guerre*, Paris, 1782, t. I, p. 19.

7. Jean-Jacques Rousseau, *Émile*, *op. cit.* ; voir « Que faut-il penser de cette éducation barbare qui charge un enfant de chaînes de toutes espèces ? », p. 61.

8. Cesare Beccaria, *Des délits et des peines* (1764), Paris, 1766 ; voir « Qui ne frémirait d'horreur en voyant dans l'histoire les supplices barbares et inutiles inventés et appliqués froidement par des hommes qui se prétendent sages », p. 125.

9. Guillaume-Thomas Raynal, *Histoire philosophique et politique des établissements des entreprises et du commerce des Européens dans les deux Indes* (1770), Paris, 1775, t. IV, p. 150.

10. Antoine-Gabriel Jars, *Voyages métallurgiques*, Paris, 1774, t. I, p. 268.

11. Claude Henrys, *Œuvres, contenant son recueil d'arrêts, ses plaidoyers et harangues*, Paris, 1708, t. I, p. 303.

12. Voir Jean-Baptiste Denisart, *Collection de décisions nouvelles et de notions relatives à la jurisprudence* (1754), Paris, 1775, art. « Corvées ».

13. Louis-Philippe de Ségur, *Mémoires, ou Souvenirs et anecdotes* (1824), Paris, 1827, t. I, p. 230.

14. Pierre Goubert et Daniel Roche, *Les Français et l'Ancien Régime*, t. II, *Culture et société*, Paris, Armand Colin, 1991, p. 338.

15. Paul Mantoux, *La Révolution industrielle au* XVIII*e siècle : essai sur les commencements de la grande industrie en Angleterre*, Paris, Georges Bellais, 1906, p. 57.

16. Pierre Goubert et Daniel Roche, *Les Français et l'Ancien Régime*, *op. cit.*, p. 338.

17. Voir *ibid.*

18. Denis Diderot, « La réfutation d'Helvétius » (ms. 1783), *Œuvres complètes*, *op. cit.*, t. 11, p. 458.

19. François Raymond, « Topographie médicale de Marseille », *Histoire de la société royale de médecine*, Paris, 1777-1778, p. 127.

20. Georges-Louis Leclerc Buffon, *De l'homme*, *op. cit.*, p. 353.

21. *Ibid.*, p. 293 *sqq*.

22. Voir ci-dessus, p. 183.

23. Jean-François d'Aubuisson, *Rapport* XVIII*e siècle*, AN F14 7822.

24. Vincent-Marie Viénot Vaublanc, *Mémoires*, Paris, 1857, p. 353.

25. Voir Corine Maitte et Denis Woronoff, « Les mondes ouvriers », *in* Corine Maitte, Philippe Minard et Matthieu de Oliveira (dir.), *La Gloire de l'industrie, XVIIe-XIXe siècle : faire de l'histoire avec Gérard Gayot*, Rennes, Presses universitaires de Rennes, 2012, p. 253.

26. Henri-Louis Duhamel Du Monceau, « Art de la draperie », *Descriptions des arts et métiers faites ou approuvées par Messieurs de l'Académie royale des sciences*, t. XXIII, Paris, 1761, p. 111.

27. Gérard Gayot, « Les "ouvriers les plus nécessaires" sur le marché du travail des manufactures de draps aux XVIIe-XVIIIe siècles », *in* Philippe Minard et Gérard Gayot (dir.), *Les Ouvriers qualifiés de l'industrie (XVIe-XXe siècle) : formation, emploi, migrations*, Villeneuve-d'Ascq, *Revue du Nord*, hors série, n° 15, 2001.

28. Adam Smith, *Recherches sur la nature et les causes de la richesse des nations* (1776), Paris, 1888, p. 8-9.

29. *Ibid.*, livre 1, chapitre 1.

30. Voir Jean-Pierre Séris, *Qu'est-ce que la division du travail ?*, Paris, Vrin, 1994, p. 55.

31. *Ibid.*, p. 91.

32. Paul Mantoux, *La Révolution industrielle au XVIIIe siècle*, *op. cit.*, p. 392.

33. Samuel Smiles, *Lives of Boulton and Watt*, London, 1865, p. 482.

34. Paul Mantoux, *La Révolution industrielle au XVIIIe siècle*, *op. cit.*, p. 426.

35. Voir néanmoins Jean-Rodolphe Perronet, *Recueil de planches sur les sciences, les arts* […], vol. IV, 1765, qui s'inquiète de « la fatigue consécutive à la répétition des mêmes gestes à un rythme soutenu », p. 52.

36. Samuel Smiles, *Josiah Wedgwood, F.R.S. : His Personal History*, Londres, 1894 ; scène de 1779, citée par Paul Mantoux, *La Révolution industrielle au XVIIIe siècle*, *op. cit.*, p. 418.

37. Michel Beaud, *Histoire du capitalisme, 1500-2010* (1980), Paris, Seuil, « Points Économie », 2010, nouvelle édition mise à jour, p. 105.

38. Jules Michelet, *Le Peuple*, Paris, 1846, p. 45.

39. Paul Mantoux, *La Révolution industrielle au XVIIIe siècle*, *op. cit.*, p. 398.

Chapitre 17. La fatigue « recherchée », amorce de défi

1. Voir ci-dessus, p. 45.
2. Mme du Deffand, lettre du 26 juin 1771, *Lettres*, *op. cit.*, p. 441.

3. Denis Diderot, lettre à Mme Diderot, 8 octobre 1773, *Œuvres complètes*, *op. cit.*, t. 10, p. 1079.

4. Voir ci-dessus, p. 102-103.

5. Voir ci-dessus, p. 45.

6. Denis Diderot, lettre du 15 octobre 1773, *Œuvres complètes*, *op. cit.*, p. 1085.

7. Voir Jean-Baptiste Pressavin, *L'Art de prolonger la vie et de conserver la santé*, Paris, 1784, p. 154.

8. Voir « Tabouret d'équitation », *Affiches, annonces et avis divers*, 1761, p. 185.

9. Jean Le Rond d'Alembert et Denis Diderot, *Encyclopédie*, *op. cit.*, art. « Équitation ».

10. Voir ci-dessus, p. 103-104.

11. Henry Lee, *Historique des courses de chevaux, de l'Antiquité à ce jour*, Paris, Fasquelle, 1914, p. 89.

12. Louis-Sébastien Mercier, « Jockeys », *Tableau de Paris*, *op. cit.*, t. II, p. 272.

13. Jean-Nicolas Dufort de Cheverny, *Mémoires* (ms. XVIIIe siècle), Paris, Perrin, 1990, p. 165.

14. *Ibid.*

15. Voir Edmond-Jean-François Barbier, *Chronique de la Régence et du règne de Louis XV*, Paris, 1858, t. I, p. 230.

16. *Ibid.*

17. Emmanuel de Croÿ-Solre, *Journal inédit du duc de Croÿ (1718-1784)*, Paris, Flammarion, 1906-1921, t. I, p. 154.

18. *Ibid.*, t. II, p. 212.

19. Voir ci-dessus, p. 23.

20. Voir ci-dessus, p. 192-193.

21. Jeanne Beausoleil (dir.), *Jean Brunhes autour du monde : regards d'un géographe, regards de la géographie*, Boulogne, musée Albert-Kahn, 1993 ; voir « Introduction », Michel Lesourd, « Appropriation du monde », p. 17.

22. James Cook, *Voyage dans l'hémisphère austral et autour du monde, fait sur les vaisseaux du roi,* L'Aventure *et* La Résolution, *en 1772, 1773, 1774 et 1775*, Paris, 1778, Paris, « Introduction », p. VI.

23. Louis-Antoine de Bougainville, *Voyage autour du monde par la frégate du roi* La Boudeuse *et la flûte* L'Étoile *en 1766, 1767, 1768 et 1769*, Paris, 1771. Voir l'envoi de Bougainville au roi : « Sous votre hospice, Sire, nous sommes entrés dans la carrière ; des épreuves en

tous genres nous attendaient à chaque pas, la patience et le zèle ne nous ont pas manqué. »

24. Édouard Charton, « La Pérouse, navigateur français », in *Voyageurs anciens et modernes*, *op. cit.*, t. IV, p. 440.

25. Yves-Joseph de Kerguelen de Trémarec, *Relation d'un voyage dans les mers de Nord, aux côtes d'Islande, du Groenland, de Ferro, de Schettland, des Orcades et de Norvège, fait entre 1767 et 1768*, Paris, 1771, p. V.

26. Henri Wilson, *Relation des îles Pelew* (1788), Paris, 1793, p. 2.

27. Anders Sparrman, *Voyage au cap de Bonne-Espérance et autour du monde avec le capitaine Cook*, Paris, 1787, t. I, p. XXXV.

28. Marc Loriol, *Le Temps de la fatigue*, *op. cit.*, p. 60.

29. Lettre de William Windham, 1741, *in* Henri Ferrand, *Premiers Voyages à Chamouni : lettres de Windham et de Martel,* Lyon, 1912, p. 17.

30. Marc-Théodore Bourrit, *Nouvelle Description des glacières et glaciers de Savoie, particulièrement de la vallée de Chamouni et du Mont-Blanc*, Genève, 1785, p. 158.

31. Lettre de William Windham, in *Premiers Voyages à Chamouni*, *op. cit.*, p. 41-42.

32. Horace-Bénédict de Saussure, *Voyages dans les Alpes*, Paris, 1787, t. III, p. 147.

33. Marc-Théodore Bourrit, *Nouvelle Description des glacières et glaciers de Savoie*, *op. cit.*, p. 154.

34. Horace-Bénédict de Saussure, *Voyages dans les Alpes*, *op. cit.*, t. III, p. 144.

35. *Ibid.*, p. 147.

36. *Ibid.*, p. 146.

Chapitre 18. L'amorce de l'entraînement, la révision du temps

1. Voir ci-dessus, p. 156-157.

2. Louis Desbois de Rochefort, *Cours élémentaire de matière médicale*, Paris, 1789, t. II, p. 27.

3. Antoine Baumé, *Éléments de pharmacie théorique et pratique* (1762), Paris, 1770, p. 812.

4. Louis Desbois de Rochefort, *Cours élémentaire de matière médicale*, *op. cit.*, p. 35.

5. Joseph Lieutaud, *Précis de la matière médicale*, Paris, 1766, p. 173.

6. *L'Avant-Coureur*, 18 février 1760.

7. Voir Jean Le Rond d'Alembert et Denis Diderot, *Encyclopédie, op. cit.*, à chacun des articles concernés, « Orange », « Menthe », « Tartre », « Eau de carme », « Eau de Balaruc », etc.

8. *Dictionnaire portatif de santé*, Paris, 1760, art. « Épuisement ».

9. Charles-Philippe d'Albert de Luynes, *Mémoires sur la cour de Louis XV (1735-1758),* Paris, 1860-1865, t. I, p. 137.

10. James Boswell, *Journal intime d'un mélancolique, 1762-1769* (ms. XVIIIe siècle), Paris, Hachette, 1986, p. 116.

11. Emmanuel de Croÿ-Solre, *Journal inédit du duc de Croÿ*, *op. cit.*, t. II, p. 369.

12. Giacomo Casanova de Seingalt, *Mémoires* (1825), Bruxelles, 1860, t. VI, p. 10.

13. *Ibid.,* t. V, p. 60 ou *ibid.*, p. 84.

14. Voir Eugen Duehren, « La prostitution et la vie sexuelle au XVIIIe siècle », *in* Michel Camus (dir.), *Sade*, *Obliques*, n° 12-13, 1977, p. 270-271.

15. Donatien Alphonse François de Sade, *L'Histoire de Juliette* (1797), *Œuvres complètes*, Paris, Tête de Feuilles, 1973, t. 7, p. 512-513.

16. *Ibid.*, t. 9, p. 508.

17. Eugen Duehren, « La prostitution et la vie sexuelle au XVIIIe siècle », *op. cit.*, p. 270-271.

18. Voir John Davenport, *Aphrodisiacs and Ant-Aphrodisiacs : Three Essays on the Powers of Reproduction*, Londres, 1869, p. 94.

19. Mme d'Épinay, *Les Contre-Confessions*, *op. cit.*, p. 1282.

20. Dominique-Jean Larrey, *Relation historique et chirurgicale de l'expédition de l'armée d'Orient en Égypte et en Syrie*, Paris, 1803, p. 11.

21. Voir ci-dessus, p. 126.

22. Pierre Pomme, *Traité des affections vaporeuses des deux sexes*, Lyon, 1763, p. 18.

23. Charles-Augustin Vandermonde, *Essai sur la manière de perfectionner l'espèce humaine*, *op. cit.*, t. I, p. 189.

24. Georges-Louis Leclerc Buffon, lettre du 14 juillet 1783, *Correspondance*, *op. cit.*, p. 167.

25. Louis-Sébastien Mercier, « Les vapeurs », *Tableau de Paris*, *op. cit.*, t. I., p. 634.

26. Jean-Louis de Fourcroy, *Les Enfants élevés dans l'ordre de la nature* (1775), Paris 1783, p. 96.

27. Voir *Une Femme d'affaires au XVIIIe siècle : la correspondance de Mme de Maraise, collaboratrice d'Oberkampf*, présenté par Serge Chassagne, Toulouse, Privat, 1981, p. 74.

28. William Buchan, *Le Conservateur de la santé des mères et des enfants* (1803), Paris, 1805, p. 109.

29. Jean Pontas, *Dictionnaire des cas de conscience, ou Décisions des plus considérables difficultés touchant la morale et la discipline ecclésiastique* (1715), Paris, 1743, édition revue et corrigée, art. « Danse ».

30. Voir ci-dessus, p. 31.

31. François-Alexandre-Pierre de Garsault, *Le Nouveau Parfait Maréchal, ou La Connaissance générale et universelle du cheval* (1741), Paris, 1755, p. 114.

32. « The Art of Manual Defence, or System of Boxing », Londres, 1789, *in* John Sinclair, *The Code of Health and Longevity,* Édimbourg, 1807, t. II, appendice IV, p. 163. Voir aussi André Rauch, « La notion de *training* à la fin du siècle des Lumières », *Travaux et recherches en EPS de l'Insep*, n° 6, 1980, p. 61-67.

33. Jean-Augustin Amar Du Rivier et Louis-François Jauffret, *La Gymnastique de la jeunesse*, Paris, 1803, p. 72.

34. Stéphanie-Félicité Du Crest de Genlis, *Journal des princes* (mas. fin XVIIIe siècle), Chantilly, musée Condé.

35. *Ibid.*

36. John Pringle, *Observations sur les maladies des armées, dans les camps et dans les garnisons* (1753), Paris, 1771, t. I, p. 212-213.

37. Jourdan Lecointe, *La Santé de Mars*, Paris, 1793, p. 339.

38. Jacques-Antoine-Hippolyte de Guibert, *Essai général de tactique*, *op. cit.*, p. 39.

39. Jules-César Boissat, *Des causes physiques du perfectionnement de l'espèce humaine*, Paris, 1800, p. 5.

QUATRIÈME PARTIE
Le XIXe siècle et le défi du chiffre

1. Honoré de Balzac, *La Comédie humaine* (1845-1855), Marcel Bouteron (éd.), Paris, Gallimard, « Bibliothèque de la Pléiade », 1969, « Avant-propos », p. 12.

2. Voir ci-dessus, p. 135-136.

Chapitre 19. Le citoyen et la tenacité

1. Giovanna Procacci, *Gouverner la misère : la question sociale en France (1789-1848)*, Paris, Seuil, 1993, p. 233.

2. *Les Français peints par eux-mêmes : encyclopédie morale du XIXe siècle*, Paris, 1840, 9 vol.

3. « L'avocat », *ibid.*, t. II, p. 67-68.

4. « La journée d'un médecin », *ibid.*, t. IX, *Prisme*, p. 179.

5. « Le pharmacien », *ibid.*, t. III, p. 319.

6. « Le commissaire de police », *ibid.*, t. III, p. 349.

7. « Le gendarme », *ibid.*, t. II, p. 50.

8. « Le garde du commerce », *ibid.*, t. III, p. 262.

9. « L'herboriste », *ibid.*, t. II, p. 232.

10. « Les maraîchers », *ibid.*, t. V, p. 325.

11. « L'épicier », *ibid.*, t. I, p. 3.

12. « Le chiffonnier », *ibid.*, t. III, p. 335.

13. « L'homme à tout faire », *ibid.*, t. II, p. 257.

14. « La dévote », *ibid.*, t. IV, p. 133.

15. « Le compositeur typographe », *ibid.*, t. II, p. 272.

16. Alexandre de Saillet, *Les Enfants peints par eux-mêmes, sujets de composition donnés à ses élèves*, Paris, Desesserts, 1841, p. 69.

17. Victor Hugo, *Les Châtiments*, Paris, 1853, p. 82.

18. Voir ci-dessus, p. 147 *sqq*.

19. Sergent Bourgogne, *Mémoires, 1812-1813*, publiées d'après le manuscrit original par Paul Cottin, Paris, Hachette, 1909, p. 206.

20. *Ibid.*, p. 205.

21. *Ibid.*, p. 213.

22. Voir ci-dessus, p. 143.

23. Voir ci-dessus, p. 93-94.

24. Voir ci-dessus, p. 191 *sqq*.

25. Gustave des Essards, *Vertu et travail*, Paris, Louis Janet, 1840.

26. *Ibid.*, p. 116.

27. *Ibid.*

28. *Ibid.*, p. 117.

29. *Ibid.*, p. 229.

30. Voir *Le Fabricant, journal du maître et de l'ouvrier*, 19 mars 1842 et 11 juin 1842.

31. « Antoine-Jean Beauvisage », *Portraits et histoire des hommes utiles*, Paris, 1837-1838, p. 369.

32. *Ibid.*, p. 370.
33. *Ibid.*, p. 368.
34. *Ibid.*, p. 370.
35. *Ibid.*
36. Honoré de Balzac, *Le Médecin de campagne* (1833), *La Comédie humaine*, *op. cit.*, t. VIII, p. 352.
37. *Ibid.*, p. 359.
38. Honoré de Balzac, *La Maison Nucingen* (1837), *La Comédie humaine*, *op. cit.*, t. V, p. 618.
39. Honoré de Balzac, *Albert Savarus* (1842), *La Comédie humaine*, *op. cit.*, t. I, p. 766.
40. *Ibid.*, p. 814.
41. *Ibid.*
42. *Ibid.*, p. 819.
43. Voir ci-dessus, p. 181.
44. Honoré de Balzac, *La Fille aux yeux d'or* (1835), *La Comédie humaine*, *op. cit.*, t. V, p. 257.
45. Voir ci-dessus, p. 80.
46. Claude-Ignace Busson, *Instructions et conseils aux filles de service et à tous les domestiques en général*, Paris, 1842, p. 168.
47. Pierre Guiral et Guy Thuillier, *La Vie quotidienne des domestiques au XIXe siècle*, Paris, Hachette, 1978, p. 27.
48. Voir ci-dessus, p. 213-215.
49. Gustave Planche, « La journée d'un journaliste », *Paris, ou Le Livre des cent et un*, Paris, 1832, t. 6, p. 145.
50. Émile de La Bédollière, *Les Industriels : métiers et professions en France*, Paris, 1842, « Le maraîcher », p. 19-20.
51. Étienne de Jouy, *L'Hermite de la Chaussée-d'Antin, ou Observations sur les mœurs et les usages parisiens au commencement du XIXe siècle* (1812), Paris, 1816, t. 5, « Les nouvellistes », p. 156 *sqq*.
52. « L'employé », *Les Français peints par eux-mêmes*, *op. cit.*, t. I, p. 306.
53. « Philosophie du peuple », *Le Fabricant, journal du maître et de l'ouvrier*, 18 juin 1842.
54. Marc-Antoine Jullien, *Essai sur une méthode qui a pour objet de bien régler l'emploi du temps, premier moyen d'être heureux*, Paris, 1808, p. 28.
55. Julien-Joseph Virey, *De la Puissance vitale considérée dans ses fonctions physiologiques chez l'homme et tous les êtres organisés*, Paris, 1823, p. 423.

56. Constant Le Tellier, *Manuel mythologique de la jeunesse ou instruction sur la mythologie par demandes et réponses*, 1812, p. 392.

57. Honoré de Balzac, *Illusions perdues*, Paris, 1837-1843.

58. Voir Eugénie de Keyser, *L'Occident romantique, 1789-1750*, Genève, Skira, 1965, « La souveraineté de l'argent alourdit la marche des hommes », p. 9.

59. *Ibid.*

60. Alfred de Musset, « La nuit de mai » (1835), *Les Nuits*, Paris, Meynial, 1911, p. 31.

61. Honoré de Balzac, *La Peau de chagrin* (1831), *La Comédie humaine*, *op. cit.*, t. IX, p. 243.

62. *Ibid.*, p. 91.

63. Honoré de Balzac, « Les souffrances de l'inventeur » (1843), *Illusions perdues*, *La Comédie humaine*, *op. cit.*, t. IV, p. 883.

64. Alfred de Vigny, *Journal*, *in* Fernand Baldensperger (éd.), *Œuvres,* Paris, Gallimard, « Bibliothèque de la Pléiade », 1955, t. II, p. 990.

65. Ouvrage qui soutenait aussi le « nouveau citoyen » et ses dépenses infatigables mises au service de tous (voir ci-dessus, p. 167).

66. Pierre-François Tissot, « La jeunesse depuis cinquante ans », *Les Français peints par eux-mêmes*, *op. cit.,* t. II, p. XVII.

67. Maurice Alhoy, Louis Huart et Charles Philipon, *Les Cent et un Robert-Macaire, composés et dessinés par M. Henri Daumier sur les idées et les légendes de M. Charles Philipon*, Paris, 1839, « Robert Macaire et ses élèves », Livraison 75, p. 3.

68. Louis Reybaud, *Jérôme Paturot à la recherche d'une position sociale* (1842), Paris, 1846.

69. *Ibid.*, p. 453.

70. Voir Jean-Auguste Boyer-Nioche, *Coup d'œil médico-philosophique sur l'influence de la civilisation dans la production des maladies nerveuses*, Paris, 1818, p. 8.

71. J. Paul-R. Cuisin, *Les Bains de Paris et des principales villes des quatre parties du monde*, Paris, 1822, p. 94.

72. P. J. Marie de Saint-Ursin, *L'Ami des femmes, ou Lettres d'un médecin concernant l'influence de l'habillement des femmes sur leurs mœurs et leur santé, et la nécessité de l'usage habituel des bains en conservant leur costume actuel, suivi d'un appendice contenant les recettes cosmétiques*, Paris, 1804, p. 136.

73. *Ibid.*, t. I, p. 95.

74. *Ibid.*, p. 49.

75. *Ibid.*, p. 50-51.

76. Joseph-Henri Réveillé-Parise, *Une saison aux eaux minérales d'Enghien*, Paris, 1842, p. 99.

77. F. Damien, *Aperçu topographique et médical sur les eaux minérales sulfureuses d'Enghien*, Paris, 1821, p. 55.

78. Jean-Charles Chenu, *Essai sur l'action thérapeutique des eaux ferrugineuses de Passy*, Paris, 1841, p. 2.

79. Michel Bertrand, *Recherches sur les propriétés physiques, chimiques et médicinales des eaux du Mont-d'Or*, Clermont-Ferrand (1810), Paris, 1823, p. XXIV.

80. Stendhal, *Voyages en Italie* (1817-1826), Victor Del Litto (éd.), Paris, Gallimard, « Bibliothèque de la Pléiade », 1973 ; voir « Je suis de plus en plus content des voyages », p. XXXV.

81. Jules Janin, *Les Catacombes*, Paris, 1839, « Mon voyage à Brindes », t. II, p. 90.

82. *Ibid.*, p. 91.

83. *Ibid.*

Chapitre 20. Un univers chiffré : de la mécanique à l'énergie

1. Voir ci-dessus, p. 169-170 et 182-183.

2. *Journal de l'École polytechnique*, Premier cahier, 1794, p. III.

3. Françoise Mayeur, « De la Révolution à l'école républicaine, 1789-1930 », *in* Louis-Henri Parias (dir.), *Histoire générale de l'enseignement et de l'éducation en France*, Paris, Nouvelle Librairie de France, 1981, t. III, p. 442.

4. René Taton, « Les conditions du progrès en Europe occidentale », in *id.* (dir.), *Histoire générale des sciences*, Paris, PUF, 1961, t. III, vol. I, *Le XIXe Siècle*, p. 617.

5. Voir *ibid.*, p. 618.

6. Edme Regnier, « Description et usage du dynamomètre », *Journal de l'École polytechnique*, an VI, p. 163.

7. *Ibid.*, p. 166.

8. Voir « Les banquistes », *Les Français peints par eux-mêmes*, *op. cit.*, t. V, p. 133.

9. Adolphe Quetelet, *Sur l'homme et le développement de ses facultés, ou Essai de physique sociale*, Paris, 1835, p. 72.

10. *Ibid.*, p. 79.

11. Voir ci-dessus, p. 207.

12. Peter Heinrich Clias, *Gymnastique élémentaire, ou Cours analytique et gradué d'exercices propres à développer et à fortifier l'organisation humaine*, Berne, 1819, cité par Philippe-Joseph-Benjamin Buchez et Ulysse Trélat, *Précis élémentaire d'hygiène*, Paris, 1825, p. 306.

13. Francisco Amoros, *Manuel d'éducation physique, gymnastique et morale*, Paris, 1834, t. I, p. 67.

14. Gérard-Joseph Christian, *Traité de mécanique industrielle*, Paris, 1822, t. I, p. 1.

15. Charles Dupin, *Géométrie et mécanique des arts et métiers et des beaux-arts*, *Cours normal professé au conservatoire royal des arts*, Paris, 1826, t. I, p. V : « J'ai vu que les savants et les puissants y réunissaient leurs efforts pour procurer aux ouvriers anglais, écossais, irlandais, une instruction nouvelle qui rend les hommes plus habiles, plus à l'aise et plus sages. »

16. L'ordonnance de création du Conservatoire national des arts et métiers, en 1819, lui donne pour mission de promouvoir « un enseignement public et gratuit pour l'application des sciences aux arts industriels ». Voir Eugène-Oscar Lami (dir.), *Dictionnaire encyclopédique et biographique de l'industrie et des arts industriels*, Paris, 1881-1883, art. « Conservatoire national des arts et métiers ».

17. Voir Charles Dupin, *Géométrie et mécanique des arts et métiers et des beaux-arts*, *op. cit.*

18. Claude-Lucien Bergery, *Économie industrielle*, Metz, 1829-1831, 3 vol.

19. *Ibid.*, t. I, p. 2.

20. *Ibid.*, t. I, p. 4.

21. Gérard-Joseph Christian, *Traité de mécanique industrielle*, *op. cit.*, p. 112-113.

22. *Ibid.*

23. Voir Raymond Queneau, *Aux confins des ténèbres : les fous littéraires français du XIXe siècle*, Paris, Gallimard, « Les Cahiers de la NRF », 2002.

24. Voir P. dit F. Lutterbach, *Révolution dans la marche, ou Cinq Cents Moyens naturels et utiles pour trouver le confortable dans les différentes manières de marcher*, Paris, 1850, p. 520 *sqq.*

25. Voir en particulier les fines illustrations de Charles Delaunay, *Cours élémentaire de mécanique théorique et pratique*, Paris, 1851.

26. Jean Duplessi-Bertaux, *Recueil de cent sujets de divers genres composés et gravés à l'eau-forte*, Paris, 1820.

27. Gérard-Joseph Christian, *Traité de mécanique industrielle*, *op. cit.*, p. 111.

28. Voir ci-dessus, p. 174-177.

29. Jean-Victor Poncelet, *Introduction à la mécanique industrielle, physique ou expérimentale* (1828), Paris, 1841, p. 239.

30. Joseph Laisné, *Aide-mémoire portatif des officiers du génie*, Paris, 1837, p. 42.

31. *Ibid.*

32. Charles Dupin, *Géométrie et mécanique des arts et métiers et des beaux-arts*, *op. cit.*, p. 75.

33. Voir Charles-François Bailly de Merlieux (dir.), *Maison rustique du* XIXe *siècle*, Paris, 1834, t. IV, p. 510-512.

34. André Guenyveau, *Essai sur la science des machines*, Paris, 1810, p. 256.

35. Voir ci-dessus, p. 168-170 et p. 173-174.

36. Gérard-Joseph Christian, *Traité de mécanique industrielle*, *op. cit.*, p. 67.

37. *Ibid.*, p. 64.

38. André Guenyveau, *Essai sur la science des machines*, *op. cit.*, p. 254.

39. Voir ci-dessus, p. 174-177.

40. Charles-François Bailly de Merlieux (dir.), *Maison rustique du* XIXe *siècle*, *op. cit.*, p. 389.

41. Gabriel Andral et Jules Gavarret, « Recherches sur la quantité d'acide carbonique exhalé par le poumon dans l'espèce humaine », *Comptes rendus hebdomadaires de l'Académie des sciences*, 1843, p. 119.

42. Jules Gavarret, *Physique médicale. De la chaleur produite par les êtres vivants*, Paris, 1855, p. 349.

43. Henri-Victor Regnault et Jules Reiset, « Recherches chimiques sur la respiration des animaux de diverses classes », *Annales de chimie et physique*, t. 26, 1849, p. 514.

44. Gustave-Adolphe Hirn, *Théorie mécanique de la chaleur*, *Conséquences philosophiques et métaphysiques de la thermodynamique*, Paris, 1868, p. 30.

45. *Ibid.*, p. 35.

46. *Ibid.*, p. 41.

47. Edgar Savenay, « De l'équivalence de la chaleur et du travail mécanique », *Revue des deux mondes*, t. 45, 1863, p. 40.

48. Gustave-Adolphe Hirn, *Recherches sur l'équivalent mécanique de la chaleur*, Colmar, 1858, p. 67.

49. *Id.*, *Théorie mécanique de la chaleur*, *op. cit.*, p. 42.

50. Voir ci-dessus, p. 155-157.

51. Anson Rabinbach, *Le Moteur humain : l'énergie, la fatigue et les origines de la modernité*, *op. cit.*, p. 91.

52. Gustave-Adolphe Hirn, *Théorie mécanique de la chaleur*, *op. cit.*, p. 40.

53. Gabriel Andral, *Cours de médecine clinique*, Paris, 1823, « Maladies de la poitrine », t. I, p. 1 *sqq*.

54. *Id.*, *Cours d'hygiène*, ms., 1828, Paris, Faculté de médecine, notes prises par un étudiant, collection privée.

55. Voir Michel Lévy, *Traité d'hygiène publique et privée*, Paris, édition de 1844, t. I, p. 236.

56. Eugène-Joseph Woillez, *Recherches pratiques sur l'inspection et la mensuration de la poitrine considérées comme moyens diagnostiques complémentaires de la percussion et de l'auscultation*, Paris, 1838.

57. Louis-Théodore Laveran, « De la mensuration verticale du thorax », *Gazette médicale de Paris*, 8 février 1846, p. 82.

58. P. dit F. Lutterbach, *Art de respirer, moyen positif pour augmenter agréablement la vie*, Paris, 1852.

59. Voir John Hutchinson, « Lecture on Vital Statistics, Embracing an Account of a New Instrument for Detecting the Presence of Disease in the Respiratory System », *Lancet*, n° 1, 1844, p. 567-570.

60. Michel Lévy, *Traité d'hygiène publique et privée*, Paris, édition de 1850, t. I, p. 241.

61. Albrecht Thaër, *Principes raisonnés d'agriculture*, Paris, 1830, p. 149-150.

62. Michel Lévy, *Traité d'hygiène publique et privée*, Paris, 1844, t. II, p. 408.

63. Justus von Liebig, *Chimie organique appliquée à la physiologie animale et à la pathologie* (1837), Paris, 1842, p. 24.

64. Voir *Ibid.*

65. Michel Lévy, *Traité d'hygiène publique et privée*, Paris, édition de 1857, t. I, p. 700.

66. Adolphe d'Angeville, *Essai sur la statistique de la population française, considérée sous quelques-uns de ses rapports physiques et moraux*, Bourg, 1836, p. 49.

67. Honoré de Balzac, *Le Médecin de campagne*, *op. cit.*, p. 7.

68. *Ibid.*, p. 12.

69. John Sinclair, *L'Agriculture pratique et raisonnée*, Paris, 1825, p. 208.

70. Pierre-Honoré-Marie Bérard, *Rapport sur le régime alimentaire des lycées de Paris* (1852), voir Ambroise Tardieu, *Dictionnaire d'hygiène publique et de salubrité*, Paris, 1852, art. « Lycées ».

71. *Instruction du conseil de santé des armées*, 5 mars 1850, voir *ibid.*, art. « Militaire (hygiène) ».

72. Jean-Baptiste Fonssagrives, *Hygiène alimentaire des malades, des convalescents et des valétudinaires, ou Du régime envisagé comme moyen thérapeutique*, Paris, 1867, p. 94.

73. Voir ci-dessus, p. 76.

74. *Dictionnaire de médecine et de chirurgie pratique*, Paris, 1830, art. « Constitution ».

75. Michel Lévy, *Traité d'hygiène publique et privée*, Paris, 1844, t. I, p. 232.

76. *Ibid.*, 1850, t. I, p. 241.

77. *Ibid.*, p. 232

78. Gabriel Andral, *Essai d'hématologie pathologique*, Paris, 1843, p. 183.

79. A. E. Coche, *De l'opération médicale du recrutement et des inspections générales*, Paris, 1829, p. 62.

80. Pierre-Jean Moricheau-Beaupré, *Mémoire sur le choix des hommes propres au service militaire de l'armée de terre, et sur leur visite devant les conseils de révision, présenté à* [...] *Mgr le marquis de Latour-Maubourg*, Paris, 1820, p. 13.

81. Valentin Cazeneuve, *Recrutement de l'armée, contingent de la classe de 1840, département du Nord, année 1841, adressé M. le préfet du Nord,* Lille, 1842, p. 17.

82. Voir *ibid.*, p. 20-23.

83. *Ibid.*, p. 18.

84. « Les vidangeurs », *Les Français peints par eux-mêmes*, *op. cit.*, t. III, p. 194.

85. James Cowles Prichard, *Histoire naturelle de l'homme* (1836), Paris, 1845, t. II, p. 180. Prichard évoque ici les Andins d'Amérique du Sud, en les décrivant comme les types du montagnard.

86. Louis Maigron, *Le Romantisme et la mode*, Paris, Honoré Champion, 1911, p. 69.

87. Alexandre Dumas, Théophile Gautier, Arsène Houssaye, Paul de Musset, Louis Énault, et du Fayl, *Paris et les Parisiens au* XIX*e* *siècle*, Paris, 1856, p. 439.

88. Guillaume Compaing, *L'Art du tailleur*, Paris, 1828, s. p.

89. J. Coutts, *Guide pratique du tailleur*, Paris, 1848, planche n° 11.
90. Jean-Jacques Grandville, *Cent Proverbes*, Paris, 1845, p. 225.

Chapitre 21. Un univers menacé : la misère du labeur

1. Voir ci-dessus, p. 187-189.
2. Edward P. Thompson, *La Formation de la classe ouvrière anglaise* (1988), trad. Gilles Dauvé, Mireille Golaszewski et Marie-Noëlle Thibault, Paris, Seuil, « Points », 2012, p. 368.
3. Édouard Ducpetiaux, *De la condition physique et morale des jeunes ouvriers et des moyens de l'améliorer*, Bruxelles, 1843, « Introduction », p. I.
4. Voir Philippe-René Marchand, *Du paupérisme*, Paris, 1845.
5. Michelle Perrot, *Enquêtes sur la condition ouvrière en France au XIXe siècle*, Paris, Microéditions Hachette, 1972, p. 10.
6. Honoré de Balzac, *La Fille aux yeux d'or* (1835), *La Comédie humaine*, *op. cit.*, t. 5, p. 256.
7. *Ibid.*, p. 257.
8. Thomas Fouilleron, *Des princes en Europe : les Grimaldi de Monaco, des Lumières au printemps des peuples*, Paris, Honoré Champion, 2012, p. 716 ; voir « Interpréter le paupérisme », p. 708 *sqq*.
9. Voir Louis Chevalier, *Classes laborieuses et classes dangereuses à Paris pendant la première moitié du XIXe siècle*, Paris, Plon, 1958.
10. Alexandre Lesguilliez, *Notice historique, topographique et statistique sur la ville de Darnétal*, Rouen, 1835, p. 324.
11. Louis Blanc, *Histoire de dix ans, 1830-1840* (1841-1844), Lausanne, 1850, t. III, p. 44.
12. *Rapport fait et présenté à M. le Président du Conseil des ministres, sur les causes générales qui ont amené les événements de Lyon par deux chefs d'atelier*, Lyon, 1832, p. 2.
13. Claude Fohlen, *Qu'est-ce que la révolution industrielle ?*, Paris, Robert Laffont, 1971, p. 177.
14. Brinley Thomas, *Migration and Economic Growth : A Study of Great Britain and the Atlantic Economy*, Cambridge, Cambridge University Press, 1954, p. 158.
15. Mot signalé en 1823 par Alain Rey, *Dictionnaire historique de la langue française*, *op. cit.*, art. « Paupérisme ».
16. Michelle Perrot, *Enquêtes sur la condition ouvrière en France au XIXe siècle*, *op. cit.*, p. 10.
17. Édouard Ducpetiaux, *De la condition physique et morale des jeunes ouvriers et des moyens de l'améliorer*, *op. cit.*, p. 4.

18. François Jarrige, « Grandeur et misère du progrès technique », *Vivre avec les machines : les textes fondamentaux*, *Le Point*, novembre 2018, p. 48. Voir aussi *id.*, *Au temps des « tueuses de bras » : les bris de machines à l'aube de l'ère industrielle, 1780-1860*, Rennes, Presses universitaires de Rennes, 2009.

19. *Ibid.*

20. Voir Louis Blanc, *Histoire de dix ans*, *op. cit.*, p. 54.

21. Fernand Rude, *C'est nous les canuts...*, Paris, Maspero, 1977, p. 194.

22. Propos d'un député cité par Fernand Rude, *ibid.*, p. 222.

23. Charles Béranger, prolétaire, ouvrier horloger, « Pétition d'un prolétaire à la Chambre des députés », *Le Globe*, 3 février 1831.

24. Grignon, ouvrier tailleur, *Réflexions d'un ouvrier tailleur sur la misère des ouvriers en général, la durée des journées de travail, le taux des salaires, les rapports actuellement établis entre les ouvriers et les maîtres d'ateliers, la nécessité des associations d'ouvriers comme moyen d'améliorer leur condition*, Paris, 1833, p. 2.

25. Jean-Louis Ferrien, « garçon tailleur », *Première Épître aux Parisiens et aux membres de la République dispersée*, Paris, 1831, p. 8.

26. *Ibid.*, p. 1.

27. Charles Béranger, « Pétition d'un prolétaire à la Chambre des députés », *op. cit.*

28. Voir Jacques Rancière, *Gabriel Gauny, le philosophe plébéien* (1983), Paris, La Fabrique, 2017, p. 53.

29. *Ibid.*

30. *Ibid.*, p. 54.

31. *Ibid.*

32. *Ibid.*, p. 53.

33. *Ibid.*, p. 55.

34. *Ibid.*

35. Voir ci-dessus, p. 199.

36. Eugène Sue, *Le Juif errant* (1844), Bruxelles, 1845, p. 118.

37. Friedrich Engels, *La Situation de la classe ouvrière en Angleterre* (1845), Paris, Éd. Science marxiste, 2011, p. 145.

38. Voir *The New Monthly Magazine*, cité par Alban de Villeneuve-Bargemont, *Économie politique chrétienne*, Paris, 1838, p. 318.

39. Louis-René Villermé, *Tableau de l'état physique et moral des ouvriers employés dans les manufactures de coton, de laine et de soie*, Paris, 1840, t. I, p. V.

40. *Ibid.*, p. 30.

41. *Ibid.*, note p. 87.

42. *Ibid.*, p. 312.

43. Jean Fourastié, « Doctrine et réalité », *Arguments*, n° 27-28, 1962, p. 59.

44. *Ibid.* Voir aussi ci-dessus, p. 119-120.

45. François Foy, *Choléra-morbus : premiers secours à donner aux cholériques avant l'arrivée du médecin*, Paris, 1849, p. 45.

46. Les textes classiques centrés sur les maladies des « lieux » : tête, col, poitrine, ventre, jambes, etc. (voir Saint-Hilaire, *L'Anatomie du corps humain avec les maladies et les remèdes pour les guérir*, *op. cit.*) font place au XVIIIe siècle à des livres centrés sur des maladies catégorisées en « types » : fièvres, maladies inflammatoires, convulsives, dyspnéiques, etc. (voir François Boissier de Sauvages, *Nosologie méthodique*, *op. cit.*).

47. Voir ci-dessus, p. 119-120.

48. Bernardino Ramazzini, *Traité des maladies des artisans*, *op. cit.*, p. 94.

49. Émile-Auguste Bégin, *Le Buchan français, nouveau traité complet de médecine usuelle et domestique*, Paris, 1839.

50. Bernardino Ramazzini, *Traité des maladies des artisans*, *op. cit.*, p. 45.

51. Émile-Auguste Bégin, *Le Buchan français*, *op. cit.*, t. I, p. 320.

52. *Ibid.*

53. *Ibid.*, p. 321.

54. *Ibid.*

55. Édouard Ducpetiaux, « Travail du mineur », *Annales d'hygiène publique et de médecine légale*, 1843, t. XXIX, p. 147.

56. Jean Bouillaud, *Traité clinique des maladies du cœur* (1835), Paris, 1841, t. II, p. 584. Jean-Nicolas Corvisart avait été le premier à alerter sur ce type de conséquence, dans son *Essai sur les maladies et lésions organiques du cœur et des gros vaisseaux* en 1806, évoquant « les efforts en tous genres », p. 355.

57. Maurice Alhoy, *Les Bagnes : histoire, types, mœurs, mystères*, Paris, 1845, p. 92.

58. Hubert Lauvergne, *Les Forçats* (1841), André Zysberg (éd.), Grenoble, Jérôme Millon, 1992, p. 260.

59. Maurice Alhoy, *Les Bagnes*, *op. cit.*, p. 93.

60. *Ibid.*, p. 101.

61. Louis-René Villermé, *Tableau de l'état physique et moral des ouvriers employés dans les manufactures de coton, de laine et de soie*, *op. cit.*, t. II, p. 91.

62. Flora Tristan, *Promenades dans Londres*, Paris, 1840, p. 103.

63. Valentin Cazeneuve, *Recrutement de l'armée, contingent de la classe de 1840, département du Nord, année 1841*, *op. cit.*, p. 37.

64. Eugène Buret, *De la misère des classes laborieuses en Angleterre et en France* (1840), Bruxelles, 1842, t. II, p. 108.

65. Louis-René Villermé, *Tableau de l'état physique et moral des ouvriers employés dans les manufactures de coton, de laine et de soie*, *op. cit.*, t. II, p. 222.

66. Eugène Buret, *De la misère des classes laborieuses en Angleterre et en France*, *op. cit.*, t. II, p. 117.

67. Ange Guépin et Eugène Bonamy, *Nantes au* XIXe *siècle : statistique topographique, industrielle et morale, faisant suite à l'histoire des progrès de Nantes*, Nantes, 1835, p. 485.

68. Eugène Buret, *De la misère des classes laborieuses en Angleterre et en France*, *op. cit.*, p. 239.

69. *Ibid.*, p. 243.

70. *Ibid.*, p. 248.

71. Louis-René Villermé, *Tableau de l'état physique et moral des ouvriers employés dans les manufactures de coton, de laine et de soie*, *op. cit.*, t. I, p. 27.

72. Norbert Truquin, *Mémoires et aventures d'un prolétaire à travers la Révolution : l'Algérie, la République argentine et le Paraguay*, Paris, Maspero, 1977 (1re éd.), p. 128-129.

73. Eugène Sue, *Le Juif errant*, *op. cit.*, p. 119.

74. Ange Guépin et Eugène Bonamy, *Nantes au* XIXe *siècle*, *op. cit.*, p. 489.

75. Mot spécifiquement utilisé par Eugène Schneider d'Autun dans son *Rapport présenté au nom de la commission chargée d'examiner la loi du 22 mars 1841 sur le travail des enfants dans les manufactures*, Paris, 1846, p. 15.

76. Morton Eden, *État des pauvres, ou Histoire des classes travaillantes de la société en Angleterre* (1798), voir Eugène Buret, *De la misère des classes laborieuses en Angleterre et en France*, *op. cit.*, p. 48.

77. Pierre-Auguste-Rémi Mimerel, industriel et député, cité par Michel Beaud, *Histoire du capitalisme*, *op. cit.*, p. 155.

78. Thomas-Robert Bugeaud cité par Michel Beaud, *ibid.*, p. 156.

79. Karl Marx, *Le Capital* (1867), *in* Maximilien Rubel (éd.), *Œuvres,* Paris, Gallimard, « Bibliothèque de la Pléiade », 1965, t. I ; voir « Troisième section : La production de la plus-value absolue », « L'usage et l'emploi de la force de travail », p. 727.

80. Michel Beaud, *Histoire du capitalisme*, *op. cit.*, p. 167.

81. *Ibid.*

82. Karl Marx, *Le Capital*, *op. cit.* ; voir p. 737.

83. Voir Karl Marx, *Morceaux choisis*, Paris, Gallimard, 1934, p. 309.

84. Karl Marx, *Le Capital*, *op. cit.*, « Troisième section : La production de la plus-value absolue », p. 800.

85. Karl Marx, *Le Capital*, *op. cit.*, « Quatrième section : La production de la plus-value relative », p. 907.

86. *Ibid.*, p. 903.

87. *Ibid.*, p. 955.

88. *Ibid.*, p. 925-926.

89. *Ibid.*, p. 944.

90. *Ibid.*, Annexe 1, « La journée de travail », p. 1256.

91. *Ibid.*, p. 1258.

92. *Ibid.*, p. 1245.

93. *Recueil général des lois et ordonnances*, t. 11, année 1841, loi relative au travail des enfants, rapport lu à la Chambre des députés par Augustin-Charles Renouard, député de la Somme, le 25 mai 1840, discussion les 21, 22, 23 24, 26, 28, 29 décembre 1840.

94. Patrice Bourdelais, « L'intolérable du travail des enfants, son émergence et son évolution entre compassion et libéralisme, en France et en Angleterre », in *id.* et Didier Fassin (dir.), *Les Constructions de l'intolérable, études d'anthropologie et d'histoire sur les frontières de l'espace moral*, Paris, La Découverte, 2005, p. 95.

95. Jules Michelet, cité par Patrice Bourdelais, « L'intolérable du travail des enfants », *op. cit.*, p. 91.

96. Jean-Charles-Léonard Simonde de Sismondi, *Nouveaux Principes d'économie politique*, 1819, t. I, p. 353 : « Depuis que les enfants gagnent une partie de leur vie, le salaire des pères a pu être réduit », conduisant à « une augmentation de travail ».

97. Karl Marx, *Le Capital*, *op. cit.*, « Quatrième section », p. 940.

98. Charles d'Haussez, *La Grande-Bretagne en mille huit cent trente-trois*, Paris, 1834, t. II, p. 92.

99. Honoré de Balzac, *Splendeurs et misères des courtisanes* (1838), *La Comédie humaine*, *op. cit.*, t. 5, p. 807.

100. Voir Suzanne Touren, *La Loi de 1841 sur le travail des enfants dans les manufactures*, Paris, 1931, thèse, faculté de droit, p. 21.

101. Voir en particulier Françoise Mayeur, « De la révolution à l'école républicaine », *op. cit.*, p. 105.

102. Voir George Sand, *La Petite Fadette*, Paris, 1849.

103. Charles Dickens, *The Personal History, Adventures, Experience and Observation of David Copperfield the Younger*, Londres, 1849-1850, 3 vol.

104. Suzanne Touren, *La Loi de 1841 sur le travail des enfants dans les manufactures*, *op. cit.*, p. 14.

105. Arnould Frémy, « L'enfant de fabrique », *Les Français peints par eux-mêmes*, *op. cit.*, t. 10, p. 258.

106. Voir Suzanne Touren, *La Loi de 1841 sur le travail des enfants dans les manufactures*, *op. cit.*, p. 51.

107. Voir Francis Hordern, *La Loi de 1841 sur le travail des enfants, point de départ de la législation sociale*, institut régional du travail, université Aix-Marseille-II, UER, IRT, 1980, p. 4.

108. Factory Inquiry, First Report, 1840, cité par Édouard Ducpetiaux, *De la condition physique et morale des jeunes ouvriers et comment l'améliorer*, Bruxelles, 1843, p. 56.

109. *Ibid.*, p. 62.

110. *Ibid.*, p. 61.

111. *Ibid.*, p. 59.

112. *Ibid.*

113. Louis-René Villermé, « Sur la durée trop longue du travail des enfants dans beaucoup de manufactures », *Annales d'hygiène et de médecine légale*, 1837, t. XVIII, discours prononcé en séance publique des cinq académies de l'Institut de France, 2 mai 1837, p. 168.

114. Peter Gaskell, *The Manufacturing Population of England*, Londres, 1833, p. 7.

115. Voir « Nouvelle loi rendue par le Parlement britannique, le 29 août 1833, pour régler le travail des enfants […] », *Bulletin de la société industrielle de Mulhouse*, t. VIII, 1835, p. 53.

116. Voir Francis Hordern, *La Loi de 1841 sur le travail des enfants*, *op. cit.*, p. 16.

117. *Ibid.*, p. 1.

118. *Ibid.*

119. Louis-René Villermé, *Enquête sur le travail et la condition des enfants et des adolescents dans les mines de la Grande-Bretagne*, Paris, 1843, p. 5.

120. *Ibid.*

121. *Ibid.*, p. 3.

122. Edward P. Thompson, *La Formation de la classe ouvrière anglaise*, *op. cit.*, p. 395.

123. Karl Marx, *Selected Works,* 1942, t. II, p. 439.

124. Edward P. Thompson, *La Formation de la classe ouvrière anglaise*, *op. cit.*, p. 41.

125. Voir Georges Duveau, *La Vie ouvrière en France sous le Second Empire*, Paris, Gallimard, 1946, p. 93.

126. *Ibid.*, p. 80.

127. *Ibid.*, p. 93.

128. *Ibid.*

129. Voir Nicole Samuel, *Étapes de la conquête du temps libre en France, 1780-1980*, Paris, ADRAC, 1981, p. 11.

130. *La Réforme sociale*, 1889, t. 17, p. 81.

131. Georges Duveau, *La Vie ouvrière en France sous le Second Empire*, *op. cit.*, p. 237.

Chapitre 22. L'univers du rendement

1. Eugène-Oscar Lami (dir.), *Dictionnaire encyclopédique et biographique de l'industrie et des arts industriels*, *op. cit.*, art. « Rendement » (1887).

2. « Établissements Dollfus-Mieg et Cie », Julien Turgan, *Les Grandes Usines de France*, Paris, 1860, t. IV, p. 8.

3. « Les omnibus de Paris », *ibid.*, t. III, p. 51.

4. Léon Poincaré, *Traité d'hygiène industrielle, à l'usage des médecins et des membres des conseils d'hygiène*, Paris, 1886, p. 240-241.

5. Jules Amar, *Le Moteur humain et les bases scientifiques du travail professionnel*, *op. cit.*, p. 575.

6. Émile Zola, *Germinal* (1884), *in* Armand Lanoux et Henri Mitterand (éd.), *Les Rougon-Macquart* (1872-1893), Paris, Gallimard, « Bibliothèque de la Pléiade », 1964, t. III, p. 1174.

7. *Ibid.*, p. 1428.

8. *Ibid.*, p. 1174.

9. « Le travail national et la réglementation », *La Réforme sociale*, 1890, t. 19, p. 754.

10. Charles Virmaître, *Paris-boursicotier*, Paris, 1888, p. 97.

11. Voir Michelle Perrot, *Les Ouvriers en grève : France, 1871-1890*, Paris, Mouton, 1973, 2 vol., t. I, p. 260 *sqq*.

12. Voir Donat Béchamp, « Un groupe d'usines de la vallée de Masevaux (Alsace-Lorraine) », *La Réforme sociale*, 1883, t. 6, p. 114.

13. Voir Émile Levasseur, *Questions ouvrières et industrielles en France sous la Troisième République*, Paris, Arthur Rousseau, 1907, p. 650-651.

14. Cité par Émile Levasseur, *ibid.*, p. 651.

15. Voir ci-dessus, p. 233-235.

16. Voir ci-dessus, p. 237-239.

17. Anson Rabinbach, *Le Moteur humain : l'énergie, la fatigue et les origines de la modernité*, *op. cit.*, p. 121.

18. Voir ci-dessus, p. 122.

19. Arnando Maggiora, « Les lois de la fatigue étudiées dans les muscles de l'homme », *Archives italiennes de biologie*, 1890, p. 129.

20. Angelo Mosso, *La Fatigue intellectuelle et physique*, Paris, Alcan, 1894, p. 91.

21. *Ibid.*, p. 61.

22. *Ibid.*, p. 63.

23. Voir les commentaires de Jules Lefèvre, *Chaleur animale et bioénergétique*, Paris, Masson, 1911, p. 773.

24. Voir Arnando Maggiora, « Les lois de la fatigue étudiées dans les muscles de l'homme », *op. cit.*, p. 187 et sq.

25. Angelo Mosso, *La Fatigue intellectuelle et physique*, *op. cit.*, p. 91 : « Deux heures de repos sont nécessaires pour voir disparaître tous les signes de la fatigue dans les muscles fléchisseurs des doigts. »

26. *Ibid.*, p. 91-92.

27. *Ibid.*, p. 92.

28. Charles Féré, *Les Variations de l'excitabilité dans la fatigue*, Paris, Reinwald, 1901, p. 69.

29. *Ibid.*, p. 78.

30. *Ibid.*, p. 83.

31. Marco Saraceno, *De la mesure du corps à la politique des corps : une histoire des sciences du travail (1880-1920)*, thèse, université de Pise, 2013, p. 171.

32. Angelo Mosso, *La Fatigue intellectuelle et physique*, *op. cit.*, p. 180, cité par Marco Saraceno, *ibid.*

33. Voir les analyses de Charles Féré, ci-dessus, p. 284.

34. Voir ci-dessus, p. 263-264.

35. Henry Le Chatelier, préface à Frederick Winslow Taylor, *Principes d'organisation scientifique des usines* (1912), Paris, Dunod, 1927, p. 2.

36. Frederick Winslow Taylor, *Principes d'organisation scientifique des usines*, *op. cit.*, p. 23.

37. Voir ci-dessus, p. 233-235.

38. Voir ci-dessus, p. 170-172.

39. Frederick Winslow Taylor, *Principes d'organisation scientifique des usines*, *op. cit.*, p. 57.

40. *Ibid.*, p. 40.
41. *Ibid.*
42. *Ibid.*, p. 46.
43. Voir ci-dessus, p. 233-235.
44. Alain Corbin, « La fatigue, le repos et la conquête du temps », in *id.* (dir.), *L'Avènement des loisirs, 1850-1960*, Paris, Aubier, 1995, p. 280.
45. Jean-Maurice Lahy, *Le Système Taylor et la physiologie du travail professionnel* (1916), Paris, Gauthier-Villars, 1921, p. 62.
46. Frederick Winslow Taylor, *Principes d'organisation scientifique des usines*, *op. cit.*, p. 47.
47. Voir ci-dessus, p. 282-283.
48. Alphonse Merrheim, « Le système Taylor », *La Vie ouvrière*, 20 février 1913, p. 214-215 et 224.
49. Henry Ford, avec la collaboration de Samuel Crowther, *Ma vie et mon œuvre* (1923), Paris, Payot, 1930, p. 90-93.
50. *Ibid.*, p. 94.
51. *Ibid.*, p. 100.
52. *Ibid.*, p. 93-94.
53. Thierry Pillon, *Lire Georges Friedmann. Problèmes humains du machinisme industriel : les débuts de la sociologie du travail*, Paris, Ellipses, 2009, p. 330.
54. Voir https://fr.wikipedia.org/wiki/Henry_Ford.
55. Louis-Ferdinand Céline, *Voyage au bout de la nuit*, Paris, Gallimard, 1932. Voir *id.*, « Voyage aux usines Ford », *Le Un*, « Le travail nuit grave », 10 juin 2015, p. 3.
56. Voir ci-dessus, p. 252-253.
57. Voir ci-dessus, p. 177-178.
58. Voir ci-dessus, p. 238.
59. Voir Wilbur Olin Atwater et Edward B. Rosa, « A New Respiration Calorimeter and Experiments on the Conservation of Energy in the Human Body », *The Physical Review*, vol. 9, n° 214, 1899.
60. Jules Lefèvre, *Chaleur animale et bioénergétique*, *op. cit.*, p. 165.
61. Armand Gautier, *L'Alimentation et les régimes chez l'homme sain et chez les malades*, Paris, Masson, 1904, p. 83.
62. Voir Georges Vigarello, *Les Métamorphoses du gras : histoire de l'obésité* (2010), Paris, Seuil, « Points Histoire », 2013, « La diffusion des pesées », p. 218.
63. Voir Constantin Miculescu, « L'équivalent mécanique de la calorie », *Annales de chimie et de physique,* 1892.
64. Voir ci-dessus, p. 243-244.

65. J. Lefèvre, « Dépense et besoin d'énergie. Introduction critique et expérimentale à l'étude des bilans d'Atwater », Paris, Ier Congrès international d'hygiène alimentaire, 1904, p. 5.

66. Voir ci-dessus, p. 245.

67. Voir ci-dessus, p. 244.

68. Cité par Marcel Labbé, *Régimes alimentaires*, Paris, Baillière, 1910, p. 11.

69. Voir Russell Henry Chittenden, *Physiological Economy in Nutrition,* Londres, Heinemann, 1907, cité par Marcel Labbé, *ibid.*, p. 12.

70. Josefa Ioteyko et Varia Kipiani, *Enquête scientifique sur les végétariens de Bruxelles : leur résistance à la fatigue étudiée à l'ergographe*, Bruxelles, Lamertin, 1907, p. 50.

71. Jules Lefèvre, « Dépense et besoin d'énergie », *op. cit.*, p. 20.

72. *Ibid.*, p. 21.

73. Voir ci-dessus, p. 238.

74. Voir Barthélemy Durrive, « Deux ouvriers-machine, avant et après Taylor », *L'Homme et la société,* vol. 3, n° 205, p. 53-86. Hirn s'en tient à la respiration ; voir p. 65 : « Car pour songer à mesurer sur l'être humain l'équivalent mécanique de la chaleur alors même que la mesure directe des apports nutritionnels y est inaccessible, il faut être convaincu que tout s'y passera comme dans une machine à vapeur. »

75. Jules Amar, *Le Moteur humain et les bases scientifiques du travail professionnel, op. cit.*, p. 469 ; voir « Le travail professionnel », p. 439 *sqq*.

76. *Ibid.*, p. 491.

77. Voir Étienne-Jules Marey, *La Méthode graphique dans les sciences expérimentales et principalement en physiologie et en médecine*, Paris, 1878. L'invention d'appareils enregistreurs inédits, dans ces années 1870, permet de transformer en courbes, en diagrammes, en tableaux ou en schémas les phénomènes physiologiques et leurs actions. L'intériorité traduite en extériorité. Voir aussi Christian Pociello, *La Science en mouvement : Étienne Marey et Georges Demenÿ (1870-1920)*, Paris, PUF, 1999.

78. Jules Amar, *Le Moteur humain et les bases scientifiques du travail professionnel, op. cit.*, p. 531.

79. *Ibid.*, p. 546.

80. *Ibid.*, p. 552.

81. Voir Barthélemy Durrive, « Deux ouvriers-machine », *op. cit.*, p. 74 ; « Chez Amar, il importe que le travail quantifiable (mesuré en kilogrammètres) corresponde le plus exactement possible à la tâche spécifique d'un corps de métier bien déterminé. »

82. Jules Amar, *Le Moteur humain et les bases scientifiques du travail professionnel*, *op. cit.*, p. 536.

83. *Ibid.*, p. 547.

84. *Ibid.*, p. 551.

85. *Ibid.*, p. 594. Voir Robert Tigerstedt, *Physiologische Übungen und Demonstrationen*, S. Hirzel, 1913.

86. *Ibid.*, p. 595.

87. *Ibid.*, p. 583.

88. Armand Imbert, *Mode de fonctionnement économique de l'organisme*, Évreux, Hérissey, 1902, p. 13.

89. Voir le livre majeur de Jacqueline Carroy, Annick Ohayon et Régine Plas, *Histoire de la psychologie en France, XIXe-XXe siècles*, Paris, La Découverte, 2006.

90. Jean-Maurice Lahy, *Le Système Taylor et la physiologie du travail professionnel*, *op. cit.*, p. 210.

91. Alfred Binet et Victor Henri, *La Fatigue intellectuelle*, Paris, Schleicher Frères, 1898, cité par Marc Loriol, *Le Temps de la fatigue*, *op. cit.*, p. 74.

Chapitre 23. L'univers de la fatigue « mentale »

1. Angelo Mosso, *La Fatigue intellectuelle et physique*, *op. cit.*, p. 93.

2. Paul Dupuy, *De la fatigue musculaire*, Paris, 1869, p. 3.

3. Voir ci-dessus, p. 91-92.

4. Voir ci-dessus, p. 147-148.

5. Voir ci-dessus, p. 252-254.

6. Pierre Loti, *Ramuntcho*, Paris, 1897, p. 25-26.

7. Émile Zola, *Germinal*, *op. cit.*, p. 1406.

8. *Ibid.*, p. 1406-1407.

9. Victor Hugo, *Les Travailleurs de la mer*, Paris, 1866, p. 308.

10. Philippe Tissié, *La Fatigue et l'entraînement physique*, Paris, 1897, p. 44-46.

11. Mona Ozouf (éd.), *La Classe ininterrompue : cahiers de la famille Sandre, enseignants, 1780-1960 ; Bertrand, Baptiste, Joseph, Marie Sandre*, Paris, Hachette, 1979, p. 414-415.

12. Ned Pearson, *Dictionnaire du sport français*, Paris, 1872, art. « Surmener ».

13. Émile Littré, *Dictionnaire de la langue française*, 1863-1872, t. IV, 1870, art. « Surmener ».

14. Henry Lee, *Historique des courses de chevaux*, *op. cit.*, p. 270.

15. Charles Dessalines d'Orbigny (dir.), *Dictionnaire universel d'histoire naturelle* (1841-1849), Paris, 1861, art. « Cheval ».

16. Un myriamètre équivaut à un kilomètre.

17. « Le derby d'Epsom », *Almanach du magasin pittoresque*, année 1883.

18. Ned Pearson, *Dictionnaire du sport français*, *op. cit.*, art. « Voler » : « L'action légère le fait ressembler à un oiseau qui s'envole. »

19. Marie de Manacéine, *Le Surmenage mental dans la civilisation moderne : effets, causes, remèdes*, préface de Charles Richet, Paris, 1890, p. 134.

20. Alain Beltran et Patrice A. Carré, *La Fée et la servante : la société française face à l'électricité, XIXe-XXe siècle*, Paris, Belin, 1991, p. 64.

21. Marie de Manacéine, *Le Surmenage mental dans la civilisation moderne*, *op. cit.*, p. 134.

22. Julie Claretie, *La Vie à Paris, 1905*, Paris, Eugène Fasquelle, 1906, p. 368.

23. Eugène-Oscar Lami (dir.), *Dictionnaire encyclopédique et biographique de l'industrie et des arts industriels*, *op. cit.*, art. « Vitesse » (1888).

24. Albert Mathieu, *Neurasthénie (épuisement nerveux)*, Paris, 1892, p. 17.

25. Voir ci-dessus, p. 158-160.

26. Voir ci-dessus, p. 90.

27. Philippe Tissié, *La Fatigue et l'entraînement physique*, *op. cit.*, p. 108.

28. Maurice du Seigneur, *Paris, voici Paris*, Paris, 1889, p. 1-2.

29. Voir le titre du livre d'Alain Beltran et Patrice A. Carré, *La Fée et la servante*, *op. cit.*

30. Émile Zola, *Au Bonheur des Dames* (1883), Paris, Garnier-Flammarion, 1971, p. 65.

31. Émile Verhaeren, *Les Villes tentaculaires*, Paris, 1895, p. 60.

32. Aimé Riant, *Hygiène du cabinet de travail*, Paris, 1883, p. 116.

33. Marie de Manacéine, *Le Surmenage mental dans la civilisation moderne*, *op. cit.*, p. 157.

34. *Ibid.*, p. 145.

35. *Ibid.*, p. 170.

36. J. A. Conelli, *La Neurasthénie : histoire, symptômes, pathogénèse, traitement*, thèse de médecine, Lausanne-Turin, 1895, p. 34.

37. Émile Zola, préface au livre de Charles Chincholle, *Les Mémoires de Paris*, Paris, 1889.

38. Aimé Riant, *Le Surmenage intellectuel et les exercices physiques*, Paris, 1889.

39. Paul de Rousiers, *La Vie américaine*, Paris, 1892, p. 380.

40. Louis-Laurent Simonin, *Le Monde américain : souvenirs de mes voyages aux États-Unis*, Paris, 1876, p. 36.

41. Theodore Roosevelt, *La Vie intense* (1902), Paris, Flammarion, 1903.

42. Voir Ralf Wichmann, *Die Neurasthenie und ihre Behandlung : ein Ratgeber für Nervenkranke*, Berlin, 1899, p. 5.

43. Émile Zola, *Au Bonheur des Dames*, *op. cit.*, p. 264.

44. *Ibid.*, p. 269.

45. Albert Mathieu, *Neurasthénie (épuisement nerveux)*, *op. cit.*, p. 17.

46. Yvette Conry, *L'Introduction du darwinisme en France au* XIXe *siècle*, Paris, Vrin, 1974, p. 39 et 310.

47. Marie de Manacéine, *Le Surmenage mental dans la civilisation moderne*, *op. cit.*, p. 134.

48. Voir Pierre de Coubertin, dans sa *Lettre aux électeurs de l'arrondissement du Havre* en 1898, évoquant la *« struggle for life »* et déclarant la rendre plus sûre et efficace par le sport.

49. J. A. Conelli, *La Neurasthénie*, *op. cit.*, p. 34.

50. Voir Yves Lequin (dir.), *Histoire des Français,* XIXe*-*XXe *siècles*, Paris, Armand Colin, 1983-1984, t. II, p. 329.

51. Émile Zola, *Au Bonheur des Dames*, *op. cit.*, p. 190.

52. Voir ci-dessus, p. 216-218.

53. Adrien Proust et Gilbert Ballet, *Hygiène du neurasthénique*, Paris, 1900, p. 10.

54. Léon Bouveret, *La Neurasthénie : épuisement nerveux*, Paris, 1890, p. 14.

55. Marie de Manacéine, *Le Surmenage mental dans la civilisation moderne*, *op. cit.*, préface de Charles Richet, p. IX.

56. Angelo Mosso, *La Fatigue intellectuelle et physique*, *op. cit.*, p. 77.

57. Voir Philippe Tissié, *La Fatigue et l'entraînement physique*, *op. cit.*, p. 122.

58. Francisque Sarcey, « Les illettrés au régiment », *Le Petit Journal*, 4 avril 1895.

59. Émile Zola, « La littérature et la gymnastique », *Mes haines* (1866), Paris, Charpentier, 1879, p. 57.

60. Philippe Tissié, *La Fatigue et l'entraînement physique*, *op. cit.*, p. 34-35.

61. *Encyclopédie des gens du monde*, 22 vol., Paris, 1833-1843.

62. *Encyclopédie moderne*, 26 vol., Paris 1823-1833.

63. *Encyclopédie des connaissances utiles*, 19 vol., Paris, 1832-1837.

64. *Encyclopédie domestique : recueil de procédés et de recettes concernant les arts et métiers, l'économie rurale et domestique*, 3 vol., Paris, 1822.

65. *Encyclopédie catholique : répertoire universel et raisonné des sciences, des lettres, des arts et des métiers, formant une bibliothèque universelle*, Paris, 4 vol., 1839.

66. *Petite Encyclopédie des enfants*, 1 vol., Paris, 1825.

67. *Nouvelle Encyclopédie de la jeunesse, ou Abrégé de toutes les sciences*, 1 vol., Paris, 1822.

68. Léon Renier (dir.), *Encyclopédie moderne*, 44 vol., 2e éd. 1846.

69. Pierre Larousse, préface, in *id.* (dir.), *Grand Dictionnaire universel du XIXe siècle*, 17 vol., t. I, p. LXIV, Paris, 1866.

70. Cités par Gustave Lagneau, *Du surmenage intellectuel et de la sédentarité dans les écoles*, Paris, 1886, p. 6.

71. Victor de Laprade, *L'Éducation homicide : plaidoyer pour l'enfance*, Paris, 1868, p. 65.

72. Jean-Marie Guyau, *Éducation et hérédité : étude sociologique*, Paris, 1889, p. 96.

73. Voir *The Medical Times and Gazette*, 21 juillet 1883, p. 74 et 94.

74. Voir Niels Theodor Axel Hertel, *Overpressure in the High Schools in Denmark*, Londres, 1885.

75. Voir le *Rapport sur les écoles publiques supérieures d'Alsace-Lorraine*, Gex, 1884, p. 11.

76. Jean-Baptiste Fonssagrives, *L'Éducation physique des garçons*, Paris, 1870, p. 144.

77. Gustave Lagneau, *Du surmenage intellectuel et de la sédentarité dans les écoles*, *op. cit.*, p. 39.

78. *Le Parisien*, 21 décembre 1881.

79. Eugène Dally, « De l'exercice méthodique de la respiration dans ses rapports avec la conformation thoracique et la santé mentale », *Bulletin général de thérapeutique*, 15 septembre 1881, p. 20.

80. Georges Dujardin-Beaumetz, *Compte rendu de la séance de l'Académie de médecine*, 14 septembre 1886.

81. Voir le compte rendu de l'Académie des sciences morales, 1864, p. 11.

82. Alphonse de Candolle, *Histoire des sciences et des savants depuis deux siècles*, Lyon-Genève, 1873, p. 392, note.

83. *The Medical Times and Gazette*, *op. cit.*

84. *Ibid.*, 21 juin 1884.

85. Gustave Lagneau, *Du surmenage intellectuel et de la sédentarité dans les écoles*, *op. cit.*, p. 760.

86. Maurice de Fleury, *Le Corps et l'âme de l'enfant*, Paris, Armand Colin, 1899, p. 196.

87. Léon Bouveret, *La Neurasthénie : épuisement nerveux*, *op. cit.*, p. 13.

88. Ludwig Hirt, *Pathologie et thérapeutique des maladies du système nerveux*, Paris, 1894, p. 184.

89. Le mot est utilisé pour la première fois en 1869, voir George M. Beard, « Neurasthenia, or Nervous Exhaustion », *The Boston Medical and Surgical Journal*, 29 avril 1869, p. 217-221.

90. Virgile Borel, *Nervosisme ou neurasthénie : la maladie du siècle et les divers moyens de la combattre*, Lausanne, 1894, p. 98-100.

91. Le *Journal de médecine et de chirurgie* lui consacre plusieurs articles par an avec la fin des années 1880.

92. Charles Féré, *La Famille névropathique : théorie tératologique de l'hérédité et de la prédisposition morbide et de la dégénérescence*, Paris, Alcan, 1894, p. 105. Voir aussi Henry Meige, *Étude sur certains névropathes voyageurs : le Juif errant à la Salpêtrière*, Paris, 1893.

93. Joris-Karl Huysmans *À Rebours* (1883), Paris, Gallimard, « Folio », 2012, p. 166.

94. Pierre-Henri Castel, *Âmes scrupuleuses, vies d'angoisse, tristes obsédés : obsessions et contrainte intérieure de l'Antiquité à Freud*, Paris, Ithaque, 2017, p. 227.

95. Guy de Maupassant, *La Nuit* (1887), in *Contes et nouvelles*, *op. cit.*, t. I, p. 600.

96. Pierre de Coubertin, *Essais de psychologie sportive* (1913), Grenoble, Jérôme Millon, 1992, p. 183.

97. Richard von Krafft-Ebing, *Über Nervosität*, 1884, préface.

98. Octave Mirbeau, « Mémoires pour un avocat » (1894), *Contes cruels*, Paris, Librairie Séguier, 1990, t. I, p. 112.

99. Alain Corbin, *L'Harmonie des plaisirs : les manières de jouir du siècle des Lumières à l'avènement de le sexologie*, Paris, Perrin, 2008, p. 117.

100. Voir George M. Beard, « Neurasthenia, or Nervous Exhaustion », *op. cit.* Voir aussi *id.*, *American Nervousness, its Causes and Consequences, a Supplement to « Nervous Exhaustion »* (1869), New York, 1881, p. 98.

101. Voir *ibid.*, p. 99 : « Like the steam engine, its force is limited, although it cannot be mathematically measured. »

102. Voir le titre du livre de Léon Bouveret, *La Neurasthénie : épuisement nerveux*, *op. cit.*

103. Voir le titre du livre de George M. Beard, *American Nervousness*, *op. cit.*

104. Ludwig Hirt, *Pathologie et thérapeutique des maladies du système nerveux*, *op. cit.*, p. 483.

105. Fernand Levillain, *Essais de neurologie clinique, neurasthénie de Beard et états neurasthéniformes*, Paris, 1896, p. 10.

106. Pierre-Henri Castel, *Âmes scrupuleuses, vies d'angoisse, tristes obsédés*, *op. cit.*, p. 228.

107. Voir ci-dessus, p. 96.

108. Jules Dejerine et Ernest Gauckler, *Les Manifestations fonctionnelles des psychonévroses*, Paris, Masson, 1911, p. 370-372.

109. Pierre de Coubertin, *Essais de psychologie sportive*, *op. cit.*, p. 183.

110. Dr Angelvin, *La Neurasthénie, mal social*, Paris, 1905, p. 20.

111. Charles Fiessinger, *Erreurs sociales et maladies morales*, Paris, Perrin, 1909, p. 284.

112. Friedrich Nietzsche, *La Volonté de puissance* (1903) ; voir *ibid.*, p. 284.

113. Fulgence Raymond et Pierre Janet, *Les Obsessions et la psychasthénie*, Paris, Alcan, 1903, t. II., p. 352.

114. *Ibid.*, p. 353.

115. Voir ci-dessus, p. 303-304.

116. Fernand Lagrange, *Physiologie des exercices du corps*, Paris, 1888, p. 55.

117. *Ibid.*

118. Voir Théodule Ribot, *Psychologie de l'attention*, Paris, 1889.

119. Voir Alfred Binet et Victor Henri, *La Fatigue intellectuelle*, *op. cit.*

120. Voir Guyot-Daubès, *Physiologie et hygiène du cerveau et des fonctions intellectuelles*, Paris, 1890.

121. Angelo Mosso, *La Fatigue intellectuelle et physique*, *op. cit.*, p. 82.

122. *Ibid.*, p. 123.

123. Théodule Ribot, *Psychologie de l'attention*, *op. cit.*, p. 161.

124. Alfred Binet et Victor Henri, *La Fatigue intellectuelle*, *op. cit.*, p. 328.

125. Angelo Mosso, *La Fatigue intellectuelle et physique*, *op. cit.*, p. 74.

126. *Ibid.*, p. 122.

127. *Ibid.*, p. 126.

128. *Ibid.*, p. 140.

129. Jean-Martin Charcot, *Leçons sur les maladies du système nerveux faites à la Salpêtrière*, Paris, 1887, t. III, p. 251.

130. Henri Huchard, *Traité clinique des maladies du cœur et de l'aorte*, Paris, 1899, t. I, p. 186.

131. *Ibid.*, p. 189.

132. Philippe Tissié, *La Fatigue et l'entraînement physique*, *op. cit.*, p. 40-41.

133. Sigmund Freud et Josef Breuer, *Études sur l'hystérie* (1895), Paris, PUF, 1956, p. 112.

134. *Ibid.*, p. 120.

Chapitre 24. Résistances et « grandissements »

1. Alfred Picard, *Le Bilan d'un siècle, 1801-1900*, t. 4, *Mines et métallurgie, industries de la décoration et du mobilier, chauffage et ventilation, éclairage non électrique, fils, tissus, vêtements*, Paris, Imprimerie nationale, 1906, p. 1-22.

2. Alain Corbin, « La fatigue, le repos et la conquête du temps », *op. cit.*, p. 288.

3. Émile Levasseur, *Questions ouvrières et industrielles en France sous la Troisième République*, *op. cit.*, p. 442.

4. Alfred Picard, *Le Bilan d'un siècle, 1801-1900*, t. 5, *Industrie chimique, industries diverses, économie sociale*, Paris, Imprimerie nationale, 1906, p. 280.

5. Voir Émile Bottigelli (éd.), *La Naissance du Parti ouvrier français : correspondance inédite de Paul Lafargue, Jules Guesde, José Mesa, Paul Brousse, Benoît Malon, Gabriel Deville, Victor Jaclard, Léon Camescasse et Friedrich Engels*, Paris, Éditions sociales, 1981.

6. Émile Cheysson, « La réglementation internationale du travail », *La Réforme sociale*, 1890, t. 19, p. 91.

7. Arnold t'Kint de Roodenbeke, « La réglementation du travail et la conférence internationale de Berlin », *La Réforme sociale*, 1890, t. 20, p. 155.

8. Jules Arnould, *Nouveaux Éléments d'hygiène* (1881), Paris, Baillière, 1907, p. 790.

9. Voir Yves Tyl, *Les Enfants au travail dans les usines au XIX*^e^ *siècle*, Paris, Institut coopératif de l'école moderne, 1984, https://www.icem-pedagogie-freinet.org/sites/default/files/172_Travail_Enfants.pdf.

10. *Ibid.*

11. Voir « Règlement général pour le service des cantonniers », département de Seine-et-Oise, 1853, p. 15-16.

12. Voir Thierry Tauran, « Les initiatives ponctuelles de l'État (1604-1853) », in *id.* (dir.), *La Sécurité sociale, son histoire à travers les textes*, *op. cit.*, t. VII.

13. Léon Say (dir.), *Nouveau Dictionnaire d'économie politique*, Paris, 1892, art. « Retraites ».

14. Voir « Présentation de la loi sur les pensions civiles du 9 juin 1853 », Adrien Carpentier, *Codes et lois pour la France, l'Algérie et les colonies*, Paris, Marchal et Brillard, 1908, p. 491.

15. Voir Robert Fonteneau (dir.), *La Protection sociale minière du XVIII*^e^ *siècle à nos jours*, Paris, Association pour l'étude de l'histoire de la sécurité sociale, 2009, p. 97 et 127.

16. Voir Leyla Dakhli, *Histoire des régimes spéciaux de retraite*, Le Mouvement social, 2007, http://mouvement-social.univ-paris1.fr/document.php?id=1060.

17. Voir Thierry Tauran (dir.), *La Sécurité sociale, son histoire à travers les textes*, *op. cit.*, t. VII, p. 64.

18. Voir Maxime Tellier, « À l'origine, le régime spécial des cheminots a été une volonté patronale », France Culture, 5 décembre 2019, https://www.franceculture.fr/histoire/a-lorigine-le-regime-special-des-cheminots-a-ete-une-volonte-patronale.

19. Paul Lafargue, *Le Droit à la paresse : réfutation du droit au travail de 1848*, Paris, 1883, p. 21.

20. *Ibid.*, p. 26.

21. *Ibid.*

22. « Miracles industriels », *Almanach du Père Peinard pour 1897*, p. 26.

23. Jules Arnould, *Nouveaux Éléments d'hygiène*, *op. cit.*, p. 792.

24. Illustration de Paul Guillaume, *L'Illustré national*, 23 novembre 1902.

25. Voir Émile Levasseur, *Questions ouvrières et industrielles en France sous la Troisième République*, *op. cit.*, p. 442.

26. Robert Beck, *Histoire du dimanche : de 1700 à nos jours*, Paris, Éd. de l'Atelier, 1997, p. 321.

27. Fernand Boulard, *Premiers Itinéraires en sociologie religieuse*, Paris, Éditions ouvrières, 1966, p. 27.

28. Bruno Béthouart, « Les syndicats chrétiens et le repos du dimanche (1887-1964) », *Histoire, économie et société*, 2009, n° 3, p. 99-108.

29. *Ibid.*

30. Léon Say (dir.), *Nouveau Dictionnaire d'économie politique*, *op. cit.*, art. « Dimanche et jours fériés ».

31. Bruno Béthouart, « Les syndicats chrétiens et le repos du dimanche », *op. cit.*

32. Alain Corbin, « La fatigue, le repos et la conquête du temps », *op. cit.*, p. 289.

33. Confédération générale du travail, XVIIIe Congrès national corporatif, compte rendu des travaux, Le Havre, L'Union, 1912, p. 22-24.

34. Voir Robert Beck, *Histoire du dimanche*, *op. cit.*, p. 324.

35. Augustin-Fabien Declercq, « Le vocabulaire de Rerum Novarum dans les hymnes populaires de la CFTC », *Revue du Nord*, vol. LXXIII, n° 290-291, 1991, p. 431.

36. Anson Rabinbach, *Le Moteur humain : l'énergie, la fatigue et les origines de la modernité*, *op. cit.*, p. 127.

37. Voir Eugen Weber, *La Fin des terroirs : la modernisation de la France rurale, 1870-1914*, Paris, Fayard, 1983.

38. Voir Georges Vigarello, *Du jeu ancien au show sportif : la naissance d'un mythe*, Paris, Seuil, 2002, « La naissance des grands spectacles », p. 94.

39. Pierre de Coubertin, « La bataille continue… », *Bulletin du Bureau international de pédagogie sportive*, Lausanne, 1931, n° 5, p. 7.

40. Pierre de Coubertin, « L'éducation athlétique », Association française pour l'avancement des sciences, compte rendu de la 18e session, Paris, Masson, 1889, *in* Norbert Müller (dir.), *Pierre de Coubertin : textes choisis*, Zurich, Weidmann, 1986, t. I, p. 168.

41. Voir ci-dessus, p. 198-199.

42. Voir Isabelle Queval, *S'accomplir ou se dépasser*, *op. cit.*

43. Pierre de Coubertin, *Pédagogie sportive* (1921), in *Pierre de Coubertin : textes choisis*, *op. cit.*, p. 571.

44. J. H. Rosny, *Les Joies du sport*, Paris, 1910, *in* Gilbert Prouteau, *Anthologie des textes sportifs de la littérature*, Paris, Défense de la France, 1948, p. 359.

45. Colette, *Dans la foule* (1913), *Œuvres complètes*, Paris, 1949, Flammarion, t. IV, p. 443.

46. Voir ci-dessus, p. 244-245.

47. Voir ci-dessus, p. 206-207.

48. Voir ci-dessus, p. 282-283.

49. Philippe Tissié, *La Fatigue et l'entraînement physique*, *op. cit.*, p. 3.

50. Fernand Lagrange, *Physiologie des exercices du corps*, *op. cit.*, p. 195.

51. « L'hygiène des sports », *Annuaire général des sports illustré : encyclopédie universelle du tourisme, de tous les sports et jeux de plein air, commerce et industrie sportive,* 2e année, 1905-1906, p. 127.

52. Philippe Tissié, *La Fatigue et l'entraînement physique*, *op. cit.*, p. 2.

53. Georges Hébert, *Ma leçon-type d'entraînement complet et utilitaire*, Paris, Vuibert, 1913.

54. Eugen Sandow, *Strength and How to Obtain it*, Londres, 1897, « Sandow's Chart of Measurements », p. 28.

55. Bernarr Macfadden, *Muscular Power and Beauty*, New York, 1906, p. 21.

56. Voir Bernard Maccario, *Jean Bouin : héros du sport, héros de la Grande Guerre*, Paris, Chistera, 2018, « Une conception novatrice de l'entraînement », p. 111 *sqq*.

57. Fernand Lagrange, *Physiologie des exercices du corps*, *op. cit.*, p. 195.

58. Raoul Fabens, *Le Sport pour tous*, Paris, Armand Colin, 1905, p. 44.

59. *La Vie au grand air*, 14 mars 1914. Voir aussi, sur ce thème, Alfred Wahl, *Les Archives du football : sport et société en France, 1880-1980*, Paris, Gallimard, « Archives », 1989, p. 140-141.

60. Philippe Tissié, *La Fatigue et l'entraînement physique*, *op. cit.*, p. 1.

61. *Ibid.*, p. 24.

62. *Ibid.*

63. Pierre M. Besse et Jean Anex, « L'alimentation dans l'entraînement et l'entraînement dans l'alimentation », Congrès international d'éducation physique, Paris, 17-20 mars 1913, compte rendu, Paris, Baillière, t. III, p. 167. Voir aussi, dans le même congrès, Édouard Maurel, « L'alimentation dans les sports », p. 162.

64. Philippe Tissié, *La Fatigue et l'entraînement physique*, *op. cit.*, p. 16.

65. Voir Daniel Mérillon (dir.), *Concours internationaux d'exercices physiques et de sports : Exposition universelle internationale de 1900 à Paris ; rapports*, Paris, Imprimerie nationale, 2 vol., 1901-1902.

66. Félix Régnault, « Les types humains d'après les principales proportions du corps », *Revue scientifique*, 1910.

67. Claude Sigaud, *La Forme humaine*, t. I, *Sa signification*, Paris, Maloine, 1914.

68. Marco Saraceno, *De la mesure du corps à la politique des corps*, *op. cit.*, p. 128.

69. Auguste Chaillou et Léon Mac-Auliffe, *Morphologie médicale : étude des quatre types humains, applications à la clinique et à la thérapeutique*, Paris, Doin, 1912.

70. Pierre-Joseph Bonnette, *Du choix des conscrits : indices de robusticité physique, utilisation méthodique du contingent, service armé, service auxiliaire ; dépôts de viriculture extra-régimentaires pour les malingres*, Paris, Doin, 1910, p. 4-5.

71. Anne-Marie Sohn, *La Fabrique des garçons : l'éducation des garçons de 1820 à aujourd'hui*, Paris, Textuel, 2015, p. 86.

72. Voir, entre autres, Alphonse Laveran, *Traité d'hygiène militaire*, Paris, 1896.

73. Voir Eugène-François Ravenez, *La Vie du soldat au point de vue de l'hygiène*, Paris, Baillière, 1889, p. 25.

74. Maurice-Charles-Joseph Pignet, « Valeur numérique de l'homme », *Archives médicales d'Angers*, 1900, p. 346.

75. *Ibid.*, p. 347.

76. *Ibid.*, p. 351.

77. Marcel Craponne, *Les Neurasthéniques aux villes d'eaux*, Paris, 1914, p. 4.

78. Septimus Piesse, *Des odeurs, des parfums et des cosmétiques* (1865), Paris, 1877, p. 172.

79. *Ibid.*, p. 207.

80. *Ibid.*, p. 203.

81. Voir Michel Hautefeuille et Dan Véléa, *Les Drogues de synthèse*, Paris, PUF, « Que sais-je ? », 2002.

82. Gustave Geley, « La cocaïne contre la neurasthénie », *Journal de médecine et de chirurgie*, 1894, p. 860.

83. « Traitement de la céphalée des neurasthéniques », *Journal de médecine et de chirurgie*, 1894, p. 116.

84. Voir les pages publicitaires dans le *Journal de la santé publique : annales de l'hydrothérapie scientifique* des années 1880.

85. Publicité placée en quatrième de couverture des *Guides pratiques Conty : la Méditerranée*, Paris, 1908.

86. *Ibid.*

87. « Transfusion nerveuse pour combattre la neurasthénie », *Journal de médecine et de chirurgie,* 1894, p. 201.

88. *Les Annales du bioscope, de la bioscopie et de la biothérapie pendant la cure thermale de Vichy*, Vichy, 1903, p. 3.

89. Marcel Craponne, *Les Neurasthéniques aux villes d'eaux*, *op. cit.*, p. 9.

90. Hugh Campbell, *Nervous Exhaustion and the Diseases Induced by It*, Londres, 1873.

91. « Le bicycle dans le traitement des maladies nerveuses », *Journal de médecine et de chirurgie pratiques,* 1892, p. 578. Voir aussi *The Journal of Nervous and Mental Disease*, 1892.

92. *Ibid.*

93. Octave Mirbeau, « En traitement » (1897), *Contes cruels*, *op. cit.*, p. 222.

94. Marcel Craponne, *Les Neurasthéniques aux villes d'eaux*, *op. cit.*, p. 10.

95. Fernand Lagrange, *La Médication par l'exercice*, Paris, 1894, p. 254.

96. *Ibid.*, carte d'une ville d'eaux, p. 260.

97. Voir ci-dessus, p. 226-228.

98. Marcel Craponne, *Les Neurasthéniques aux villes d'eaux*, *op. cit.*, p. 10.

99. Alfred Guillon, *Aux eaux : saynète en un acte*, Paris, 1886, p. 11.

100. Voir l'analyse de Pierre-Henri Castel dans *Âmes scrupuleuses, vies d'angoisse, tristes obsédés*, *op. cit.*, p. 228.

101. Théodule Ribot, *Les Maladies de la personnalité*, Paris, 1885, p. 93.

102. Henry Maudsley, *Physiologie de l'esprit* (1870), Paris, 1879, p. 210.

103. Sébastian Kneipp, *Ma cure d'eau, ou Hygiène et médication pour la guérison des maladies et la conservation de la santé*, Strasbourg-Paris, 1890, p. 393.

104. Jules Rengade, *Les Besoins de la vie et les éléments du bien-être*, Paris, 1887, p. 550.

105. Voir Georges Vigarello, « Le fauteuil », *in* Pierre Singaravélou et Sylvain Venayre (dir.), *Histoire du monde au* XIX*[e] siècle*, Paris, Fayard, 2017.

106. Alain Rey situe l'apparition de ce mot dans la seconde moitié du XIXe siècle ; voir Alain Rey, *Dictionnaire historique de la langue française*, *op. cit.*, « Détendu attesté dans la deuxième moitié du XIXe siècle ».

107. Joris-Karl Huysmans, *Là-Bas* (1891), Paris, Gallimard, « Folio Classique », 1985, p. 84.

108. Voir Percy MacKaye, *Epoch : The Life of Steele MacKaye, Genius of the Theatre, In Relation to His Times and Contemporaries*, New York, Boni and Liveright, 1927. Voir aussi, Annie Suquet, *L'Éveil des modernités : une histoire culturelle de la danse, 1870-1945*, Pantin, CND, 2012, p. 151.

109. Voir ci-dessus, p. 323.

110. Eustace Miles, *Cassell's Physical Educator*, Londres-Paris-New York, Cassell and Company, 1904, p. 159.

111. *Ibid.*, p. 651.

112. *Ibid.*, p. 652-653.

113. Willibald Gebhardt, *L'Attitude qui en impose et comment l'acquérir* (Leipzig, 1895), Paris, 1900.

114. Voir sur ce point le livre majeur d'Hervé Guillemain, *La Méthode Coué : histoire d'une pratique de guérison au XXe siècle*, Paris, Seuil, 2010.

115. Willibald Gebhardt, *L'Attitude qui en impose et comment l'acquérir*, *op. cit.*, p. 131.

116. Philippe Tissié, « La fatigue dans l'entraînement physique », in *id.* (dir.), *L'Éducation physique*, Paris, Larousse, 1901, p. 17.

117. Paul-Émile Lévy, *L'Éducation rationnelle de la volonté : son emploi thérapeutique* (1898), Paris, Alcan, 1907, p. 79.

118. Frédéric Rauh et Gabriel Revault d'Allonnes, *Psychologie appliquée à la morale et à l'éducation*, Paris, 1900, « Éducation de la volonté », p. 303.

119. Paul-Émile Lévy, *L'Éducation rationnelle de la volonté*, *op. cit.*, p. 147.

120. Le premier de ces textes est américain, récemment traduit en français : Ralph Waldo Emerson, *La Confiance en soi et autres essais* (1844), trad. Monique Bégot, Paris, Payot-Rivages, 2000.

121. J. de Lerne, *Comment devenir plus fort*, Paris, 1902.

122. Silvain Roudès, *Pour faire son chemin dans la vie : moyens et qualités qui permettent d'arriver au succès et à la fortune*, Paris, 1902.

123. Bernarr Macfadden, *Muscular Power and Beauty*, *op. cit.* ; voir en particulier la publicité de fin d'ouvrage, « Vitality Supreme for Men and Women ».

CINQUIÈME PARTIE
Les XXe-XXIe siècles et le défi du psychologique

1. Élisabeth Roudinesco, « Les prédateurs sexuels sont aujourd'hui considérés comme des malades », *Le Monde*, 28 février 2020.

2. Voir Madeleine Aveline, *Des remèdes à l'anxiété et à l'angoisse mo*dernes, Genève, Farnot, 1979.

3. Daniel Cohen, « Où va le travail humain ? », in *id.*, Raymond Depardon, Jacques Donzelot, Antoine Garapon *et al.*, *France : les révolutions invisibles*, Paris, Calmann-Lévy, 1998, p. 117.

4. Pierre Rosanvallon, *Le Sacre du citoyen, histoire du suffrage universel en France*, Paris, Gallimard, 1992, p. 14-15.

5. Pierre Rosanvallon, « Les utopies régressives de la démocratie », *in* Daniel Cohen *et al.*, *France : les révolutions invisibles*, *op. cit.*, p. 210.

Chapitre 25. Révéler le psychique

1. Anne Duménil, « Le combattant », *in* Stéphane Audoin-Rouzeau et Jean-Jacques Becker (dir.), *Encyclopédie de la Grande Guerre, 1914-1918 : histoire et culture*, Paris, Bayard, 2004, p. 322.

2. Stéphane Audoin-Rouzeau, « Massacres, le corps et la guerre », *in* Alain Corbin, Jean-Jacques Courtine et Georges Vigarello (dir.), *Histoire du corps*, t. III, *Les Mutations du regard : le XXe siècle*, Paris, Seuil, 2006, p. 293.

3. Antoine Prost, « Le bouleversement des sociétés », in *Encyclopédie de la Grande Guerre*, *op. cit.*, p. 1178.

4. Stéphane Audoin-Rouzeau, « Les tranchées », in *Encyclopédie de la Grande Guerre*, *op. cit.*, p. 250.

5. *Id.*, « Massacres, le corps et la guerre », *op. cit.*, p. 284.

6. Erich Maria Remarque, *À l'ouest rien de nouveau* (1929), in *1914-1918, Français et Allemands dans les tranchées*, Paris, Le Livre de Poche, 2013, p. 621.

7. Stéphane Audoin-Rouzeau, « Les tranchées », *op. cit.*, p. 249.

8. Anne Duménil, « Le combattant », *op. cit.*, p. 325.

9. Erich Maria Remarque, *À l'ouest rien de nouveau*, *op. cit.*, p. 606.

10. Émile Galtier-Boissière (dir.), *Larousse médical illustré de guerre*, Paris, Larousse, 1916, art. « Maladies nerveuses ».

11. Maurice Boigey, *Manuel scientifique d'éducation physique*, Paris, Payot, 1923, p. 432 : « tarissement de l'énergie bien observé par de nombreux officiers ».

12. Victor Dhers, *Essai de critique théorique des tests de fatigue*, thèse, Paris, 1924, p. 6.

13. Gabriel Chevallier, *La Peur* (1930), in *1914-1918, Français et Allemands dans les tranchées*, *op. cit.*, p. 929.

14. *Ibid.*, p. 790.

15. André Pézard, *Nous autres à Vauquois, 1915-1916* (1918), Paris, La Table ronde, 2016, p. 214.

16. Gabriel Chevallier, *La Peur*, *op. cit.*, p. 906.

17. Charles S. Myers, *Industrial Psychology in Great Britain* (1926), Londres, Jonathan Cape, 1933, p. 45.

18. Paul Sédallian et Roger Sohier, *Précis d'hygiène et d'épidémiologie*, Paris, Masson, 1949, p. 112.

19. Arthur Van Gehuchten, *Les Maladies nerveuses*, Louvain, Uystpruyst, 1920, p. 627.

20. Georges Friedmann, *Problèmes humains du machinisme industriel*, *op. cit.*, p. 66.

21. Kurt Goldstein, *La Structure de l'organisme : introduction à la biologie à partir de la pathologie humaine* (1934), Paris, Gallimard, 1983, p. 224.

22. Maurice Boigey, *Manuel scientifique d'éducation physique*, *op. cit.*, p. 443-448.

23. Georges Friedmann, *Problèmes humains du machinisme industriel*, *op. cit.*, p. 72.

24. Elliott Dunlap Smith, *Psychology for Executives : A Study of Human Nature in Industry*, New York-Londres, Harper, 1928, p. 101-102

25. Morris S. Viteles, *Industrial Psychology*, New York, Norton and Company, 1932, p. 440.

26. Voir Camille Simonin, « Évolution de la protection médicale des travailleurs », in *id.* (dir.), *Médecine du travail* (1950), Paris, Maloine, « Les précis pratiques », 1956, p. 770.

27. Voir https://fr.wikipedia.org/wiki/Histoire_de_la_m%C3%A9decine_du_travail.

28. Voir Charles S. Myers, *Industrial Psychology in Great Britain*, *op. cit.*, p. 50 : « nervous impulses must be inhibited ».

29. *Ibid.*, p. 42 : « blocking the transmission of the impulse ».

30. Georges Friedmann, *Problèmes humains du machinisme industriel*, *op. cit.*, p. 76.

31. *Ibid.*, p. 77.

32. Charles S. Myers, *Industrial Psychology in Great Britain*, *op. cit.*, p. 51.

33. Voir *ibid.*, p. 40 *sqq*, « Industrial fatigue ».

34. Georges Friedmann, *Problèmes humains du machinisme industriel*, *op. cit.*, p. 79.

35. Voir ci-dessus, p. 269.

36. Voir Charles S. Myers, *Industrial Psychology in Great Britain*, *op. cit.*, p. 51 : « anxious moods, disorderly unreasoned fears ».

37. Georges Friedmann, *Problèmes humains du machinisme industriel*, *op. cit.*, p. 79.

38. Voir ci-dessus, p. 121.

39. Ralph Mosser Barnes, *Étude des mouvements et des temps* (1937), Paris, Éditions d'Organisation, 1949, p. 191.

40. Voir ci-dessus p. 289-290.

41. Jean-Maurice Lahy, « L'influence de l'éclairage sur le rendement », *Mon bureau*, septembre 1927.

42. *Mon bureau*, publicité Ilrin, mars 1930.

43. Voir L. Blumenthal, « L'organisation de l'entreprise, le bruit et le rendement », *Mon bureau*, juillet 1934.

44. Georges Friedmann, *Problèmes humains du machinisme industriel*, *op. cit.*, p. 87.

45. *Mon bureau*, publicité Moderny, 15 mars 1921.

46. *Id.*, publicité Chauvin, février 1934.

47. *Id.*, publicité Strafor, 15 mars 1922.

48. *Id.*, chariot Le Porin, mars 1937.

49. *Id.*, « Le machinisme dans le bureau », mars 1938.

50. Voir R. M. Blakelock, « Micromotion Study Applied to the Manufacture of Small Parts », *Factory and Industrial Management*, vol. 80, octobre 1930.

51. Ralph Mosser Barnes, *Étude des mouvements et des temps*, *op. cit.*

52. *Ibid.*, p. 240.

53. *Ibid.*, p. 230.

54. *Ibid.*, p. 183.

55. Voir Archibald Vivian Hill, *Living Machinery*, New York, 1927.

56. Bernard Metz, « Aspects physiologiques et psychologiques de la fatigue », in *Médecine du travail*, *op. cit.*, p. 158.

57. Charles S. Myers, *Industrial Psychology in Great Britain*, *op. cit.*, p. 46.

58. *Ibid.*, p. 47.

59. Edward David Jones, *The Administration of Industrial Enterprises*, New York, Longmans, 1919, p. 221.

60. Harold Ernest Burtt, *Psychology and Industrial Efficiency*, New York, Appleton and Company, 1931, p. 174.

61. J. Ramsay, R. E. Rawson *et al.*, *Rest-Pauses and Refreshments in Industry*, Londres, The National Institute of Industrial Psychology, 1939, p. 5 et 42.

62. Harold Ernest Burtt, *Psychology and Industrial Efficiency*, *op. cit.*, p. 191.

63. Elton Mayo, « Revery and Industrial Fatigue », *Journal of Personnel Research*, vol. 3, n° 8, 1924, p. 273.

64. Jean-Maurice Lahy, « Recherches expérimentales sur des activités simultanées de force et de précision », *Le Travail humain*, vol. 8, n° 1, 1940, p. 45.

65. *Id.*, « Les conducteurs de "poids lourds", analyse du métier, étude de la fatigue et organisation du travail », *Le Travail humain*, vol. 5, n° 1, 1937, p. 35.

66. *Ibid.*, p. 38.

67. A. H. Ryan et Mary Warner, « The Effect of Automobile Driving on the Reactions of the Driver », *The American Journal of Psychology*, vol. 48, n° 3, 1936.

68. Voir un des sous-titres de la revue *Le Travail humain* (1933) : « physiologie du travail et psychotechnique ».

69. Voir Anson Rabinbach, *Le Moteur humain : l'énergie, la fatigue et les origines de la modernité*, *op. cit.*, p. 445, ou Marc Loriol, *Le Temps de la fatigue*, *op. cit.*, p. 68.

70. Henri Mignet, *Le Sport de l'air*, Paris, Taffin-Lefort, 1934, p. 21.

71. Charles Lindbergh, *Trente-Trois Heures pour Paris*, Paris, Presses de la Cité, 1953, p. 287.

72. *Ibid.*, p. 212.

73. *Ibid.*, p. 213.

74. *Ibid.*, p. 389.

75. *Ibid.*, p. 214.

76. Elton Mayo, *The Social Problems of an Industrial Civilization*, Boston, Harvard University, 1945.

77. Voir le très exhaustif compte rendu de l'expérience des ateliers Hawthorne par Thomas North Whitehead, *The Industrial Worker : A Statistical Study of Human Relations in a Group of Manual Workers*, Cambridge, Harvard University Press, 1938, t. I, p. 198, « negative correlations », ou, p. 215, « neighbor relations and distant relations ».

78. *Ibid.*, p. 139, « marriage, attitude towards ».

79. Fritz Jules Roethlisberger et William J. Dickson, *Management and the Worker : An Account of a Research Program Conducted by the Western Electric Company*, Cambridge, Harvard University Press, 1939, p. 160.

80. M. L. Lipman, « Improving Employee Relations », *Personnel Journal*, n° 8, 1930, p. 325.

81. Voir Georges Friedmann commentant l'expérience d'Elton Mayo, *Problèmes humains du machinisme industriel*, *op. cit.*, p. 299.

82. Voir le « salaire proportionnel » et la rétribution fondée directement sur les résultats de l'entreprise, Eugène Schueller, *La Révolution de l'économie*, Paris, Denoël, 1941. Voir aussi le rôle possible donné à des « conseils ouvriers », Gérard Bardet, « Une expérience de collaboration ouvrière à la direction d'une usine », cité par Jean Coutrot, *L'Humanisme économique*, Paris, Éditions du Centre polytechnicien d'études économiques, 1936, p. 38.

83. Voir ci-dessus, p. 315 *sqq*.

84. Voir Thomas North Whitehead, *The Industrial Worker*, *op. cit.*, t. I, « The establishment of routines and sentiments », p. 108.

85. Voir ci-dessus, p. 378.

86. Michel-P. Hamelet, *Le Figaro*, 23-26 avril 1946.

87. Voir Georges Friedmann commentant l'expérience d'Elton Mayo, *Problèmes humains du machinisme industriel*, *op. cit.*, p. 305.

88. « Les métiers du fer », *La France travaille*, Paris, Éditions des Horizons de France, « Le visage de la France », 1932, t. I, p. 130.

89. Toutes photographies alimentant les deux volumes de *La France travaille* publiés par les Éditions des Horizons de France entre 1932 et 1934, seule enquête photographique d'envergure sur le travail jamais tentée en France durant l'entre-deux-guerres.

90. Voir ci-dessus, p. 258.

91. *La France travaille*, *op. cit.*

92. *Ibid.*

93. *Ibid.*, p. 192.

94. *Ibid.*, p. 199.

95. *Ibid.*, p. 31.

96. *Ibid.*, p. 140.

97. *Floréal, l'hebdomadaire illustré du monde du travail*, 1920-1923.

98. *Ibid.*, 20 février 1921, « Le monde du travail : les terrassiers ».

99. Frédéric Bordas, *La Prophylaxie de la fatigue et ses avantages sociaux*, Paris, Institut général de psychologie, 1927, p. 5.

100. Constant Malva, *Ma nuit au jour le jour* (1937), Paris, Maspero, 1978, p. 41. Nombre d'exemples qui suivent sont tirés du livre majeur de Thierry Pillon, *Le Corps à l'ouvrage*, Paris, Stock, 2012.

101. Maurice Alline, *Quand j'étais ouvrier, 1930-1948*, Rennes, Éd. Ouest-France, 2003, p 118.

102. Albert Soulillou, *Les Temps promis : Élie ou Le Ford-France 580*, Paris, Gallimard, 1933, p. 41.

103. Simone Weil, *La Condition ouvrière*, Paris, Gallimard, 1951, p. 121.

104. Georges Navel, *Travaux* (1945), Paris, Gallimard, « Folio », 1979, p. 69.

105. Voir ci-dessus, p. 304.

106. Voir ci-dessus, p. 323.

107. Voir ci-dessus, p. 364.

108. Voir ci-dessus, p. 158.

109. Maurice Alline, *Quand j'étais ouvrier*, *op. cit.*, p. 73.

110. Claude Pigi, *La Fatigue de Marie Tavernier*, Paris, Les Livres nouveaux, 1938.

111. *Ibid.*, p. 11.

112. *Ibid.*

113. *Ibid.*, p. 117.

114. *Marie Claire*, 12 mars 1937.

Chapitre 26. Des hormones au stress

1. Mathias Duval et Eugène Gley, *Traité élémentaire de physiologie*, Paris, Baillière, 1906, p. 617.

2. Léopold Lévi, *Le Tempérament et ses troubles : les glandes endocrines*, Paris, J. Oliven, 1929, p. XVI.

3. *Ibid.*, p. 10.

4. *Ibid.*, p. XV.

5. *Ibid.*, p. 110.

6. *Ibid.*, p. 91.

7. *Ibid.*, p. 74.

8. *Ibid.*, p. 73-118.

9. *Ibid.*, p. X.

10. Serge Voronoff, *Les Sources de la vie*, Paris, Fasquelle, 1933, p. 1.

11. Voir Charles-Édouard Brown-Séquard, « On a New Therapeutic Method Consisting in the Use of Organic Liquids Extracted From Glands and Other Organs », *British Medical Journal*, juin 1893, p. 1145-1147.

12. Serge Voronoff, *Quarante-Trois Greffes du singe à l'homme*, Paris, Octave Doin, 1924, p. 48 et 51.

13. *Ibid.*, p. 91.

14. *Ibid.*, p. 117.

15. *Ibid.*, p. 98.

16. René Prédal, *L'Étrange Destin du docteur Voronoff : en quête d'une jeunesse éternelle ?*, Paris, L'Harmattan, 2017, p. 135.

17. *L'Illustration*, 22 novembre 1924.

18. Voir Jean Real, *Voronoff*, Paris, Stock, 2001, p. 205.

19. Voir https://en.wikipedia.org/wiki/Serge_Voronoff.

20. Voir « Medical Monkey Business », *The Cincinnati-Kentucky Post*, 5 novembre 1998, p. 22.

21. Voir René Prédal, *L'Étrange Destin du docteur Voronoff*, *op. cit.*, p. 148.

22. Blaise Cendrars, *L'Amiral* (1935), Paris, Gallimard, « Folio », 2014, p. 75.

23. Voir ci-dessus, p. 389.

24. Voir G. Alles, G. Pines et H. Miller, *Journal of American Medicine Association*, 1930.

25. Voir https://fr.wikipedia.org/wiki/Amph%C3%A9tamine.

26. Voir https://www.atlantico.fr/pepite/333888/benzedrine-drogue-grandement-influence-amerique-vingtieme-siecle.

27. Norbert Wiener, *I Am a Mathematician : The Later Life of a Prodigy*, New York, Doubleday, 1956.

28. Norman Ohler, *L'Extase totale : le IIIe Reich, les Allemands et la drogue* (2015), trad. Vincent Platini, Paris, La Découverte, 2018, p. 47.

29. *Ibid.*, p. 46.

30. Jean-Pierre de Mondenard, *Dictionnaire du dopage : substances, procédés, conduites, dangers*, Paris, Masson, 2004, p. 750.

31. *Ibid.*, p. 754.

32. Norman Ohler, *L'Extase totale*, *op. cit.*, p. 110.

33. *Ibid.*, p. 67.

34. Leonardo Conti, « An die ehrenamtlichlen Mitglieder der früheren RfR », 19 octobre 1939, BArch-Berlin R36/1360, cité par Norman Ohler, *ibid.*, p. 79.

35. Norman Ohler, *L'Extase totale*, *op. cit.*, p. 125.

36. Norbert Wiener, *I Am a Mathematician*, *op. cit.*

37. Norman Ohler, *L'Extase totale*, *op. cit.*, p. 62.

38. Heinrich Böll, *Lettres de guerre, 1939-1945* (2001), trad. Jeanne Guérout, Paris, L'Iconoclaste, 2018.

39. Norman Ohler, *L'Extase totale*, *op. cit.*, p. 84.

40. Cité par Karl-Heinz Frieser, *Le Mythe de la guerre-éclair* (1995), trad. Nicole Thiers, Paris, Belin, 2003, p. 209.

41. Cité dans *La Pilule de Göring*, film documentaire de Sönke el Bitar, Arte, 2010.

42. Voir Alliés et nazis sous amphétamines, documentaire de Steven Hoggard, 2018.

43. Voir Jean-Pierre de Mondenard, *Dictionnaire du dopage*, *op. cit.*, p. 752.

44. Hans Selye, « A Syndrome Produced by Diverse Nocuous Agents », *Nature*, 4 juillet 1936, p. 32.

45. *Ibid.*

46. Voir Herbert Fisher Moore et Glen N. Krouse, « Repeated-Stress (Fatigue) Testing Machines Used in the Materials Testing Laboratory of the University of Illinois », *University of Illinois Bulletin*, vol. 31, n° 30, 1934.

47. Voir ci-dessus, p. 366-367.

48. Walter B. Cannon, *The Wisdom of the Body* (1932), New York, Norton, 1989 : voir l'effet global d'un *« traumatic shock »*, p. XIII.

49. Hans Selye, *Le Stress de la vie : le problème de l'adaptation* (1956), trad. Pauline Verdun, Paris, Gallimard, 1962, p. 229.

50. *Ibid.*, p. 151.

51. Hans Selye, *L'Histoire du syndrome général d'adaptation* (1952), trad. Dr Tchekoff et Pierre-Jean Caplier, Paris, Gallimard, 1954, p. 34.

Chapitre 27. De l'« homme nouveau » au tragique

1. Voir Marcel Gauchet, *La Condition historique*, entretiens avec François Azouvi et Sylvain Piron, Paris, Stock, 2003, p. 303.

2. *Ibid.*

3. Hannah Arendt, *Les Origines du totalitarisme* (1951), trad. Pierre Bouretz, Micheline Pouteau et Martine Leiris, Paris, Gallimard, « Quarto », 2002, p. 624.

4. Pierre Milza, *Mussolini*, Paris, Fayard, 1999 : voir « Le mythe de l'homme nouveau », p. 781.

5. Illustration de Boris Koustodiev. La revue est publiée à Moscou sous la direction de Grigori Zinoviev, en russe, anglais, français, allemand.

6. Thierry Pillon, « Virilité ouvrière », *in* Alain Corbin, Jean-Jacques Courtine et Georges Vigarello (dir.), *Histoire de la virilité*, Paris, Seuil, 2011, t. III, p. 308.

7. Pierre Milza, « Mussolini, figure emblématique de l'"homme nouveau" », in *id.* et Marie-Anne Matard-Bonucci (dir.), *L'Homme nouveau dans l'Europe fasciste (1922-1945) : entre dictature et totalitarisme*, Paris, Fayard, 2004, p. 77.

8. Adolf Hitler, discours de Nuremberg, 14 septembre 1935, cité par Éric Michaud, « L'homme nouveau et son autre dans l'Allemagne national-socialiste », in *L'Homme nouveau dans l'Europe fasciste*, *op. cit.*, p. 307.

9. Éric Michaud, « L'homme nouveau et son autre dans l'Allemagne national-socialiste », *op. cit.*, p. 314.

10. Jacques Doriot, *Le Mouvement et les hommes* (1942), *in* Bernard-Henry Lejeune, *Historisme de Jacques Doriot et du Parti populaire français*, Amiens, Les Nouveaux Cahiers du CERPES, 1977, t. I, p. 68-68.

11. Hannah Arendt, *Les Origines du totalitarisme*, *op. cit.*, p. 767.

12. Thierry Pillon, « Virilité ouvrière », *op. cit.*, p. 311.

13. Voir Jean-Paul Depretto, « La réalité du stakhanovisme ou Staxanov par lui-même », *Revue des études slaves*, vol. 3, n° 54, 1982, p. 348.

14. *Ibid.*

15. Anne Applebaum, *Rideau de fer : l'Europe de l'Est écrasée* (2012), trad. Pierre-Emmanuel Dauzat, Paris, Grasset, 2014.

16. Voir http://www.histoire-fr.com/mensonges_histoire_stakhanov.htm.

17. Georges Friedmann, « La civilisation technicienne », *Arguments*, n° 27-28, 1962, p. 50.

18. Voir Éric Vigne, « Stakhanov, ce héros normatif », *Vingtième Siècle*, n° 1, 1984, « Histoires de l'avenir. 1984 au rendez-vous d'Orwell », p. 26.

19. Voir http://www.histoire-fr.com/mensonges_histoire_stakhanov.htm.

20. Hannah Arendt, *Les Origines du totalitarisme*, *op. cit.*, p. 632.

21. Anne Applebaum, *Rideau de fer*, *op. cit.*

22. Eugen Kogon, *L'Enfer organisé : le système des camps de concentration* (1946), Paris, La Jeune Parque, 1947, p. 118.

23. Joël Kotek, « Camps et centres d'extermination au XXe siècle : essai de classification », *Les Cahiers de la Shoah*, vol. 1, n° 7, 2003 : voir « Trois types de camps ».

24. *Ibid.* : voir « À quoi sert un camp ? ».

25. Hermann Langbein, *Hommes et femmes à Auschwitz* (1980), trad. Denise Meunier, Paris, UGE, 1994.

26. Voir Wolfgang Sofsky, *L'Organisation de la terreur : les camps de concentration* (1993), trad. Olivier Mannoni, Paris, Calmann-Lévy, 1995, p. 55.

27. Alexandre Soljenitsyne, *L'Archipel du Goulag* (1973), trad. Geneviève Johannet, Paris, Seuil, 1974.

28. Juliette Cadiot et Marc Élie, *Histoire du Goulag*, Paris, La Découverte, 2017.

29. Parmi les témoignages concordants, voir celui de Georges Snyders, « Grands entretiens », INA, https://entretiens.ina.fr/memoires-de-la-shoah/Snyders/georges-snyders/transcription/3. Voir aussi Jan Sehn *et al.*, *German Crimes in Poland*, Londres Paperback, 1946, t. I, p. 53.

30. Raul Hilberg, *La Destruction des Juifs d'Europe* (1985), trad. Marie-France de Paloméra et André Charpentier, Paris, Gallimard, « Folio », 1991, t. II, p. 806.

31. Christian Ingrao, *Croire et détruire : les intellectuels dans la machine de guerre SS* (2010), Paris, « Pluriel », 2011.

32. Norman Ohler, *L'Extase totale*, *op. cit.*, p. 243.

33. H.-J. Richter, *Journal de guerre*, 16 et 20 novembre 1944, cité par Norman Ohler, *ibid.*, p. 246.

34. Propos d'un juriste nazi commenté par Jean-Claude Richez et Léon Strauss, « Un temps nouveau pour les ouvriers : les congés payés (1930-1960) », in *L'Avènement des loisirs*, *op. cit.*, p. 387.

35. Propos prêté à Hitler, cité par Jean-Claude Richez et Léon Strauss, *ibid.*, p. 388.

36. Conférence internationale du travail, Washington, 1919, Société des Nations, rapport préparé par le comité d'organisation de la Conférence internationale du travail, Washington, 1919.

37. Roger-Henri Guerrand, *La Conquête des vacances*, Paris, Les Éditions ouvrières, 1963, p. 54.

38. Jean-Claude Richez et Léon Strauss, « Un temps nouveau pour les ouvriers : les congés payés », *op. cit.*, p. 403.

39. Voir https://fr.wikipedia.org/wiki/Kraft_durch_Freude.

40. Anne-Marie Thiesse, *La Création des identités nationales : Europe, XVIIIe-XXe siècle*, Paris, Le Grand Livre du mois, 1999. Voir aussi Anne-Marie Thiesse, « Organisation des loisirs des travailleurs et temps dérobés (1880-1930) », in *L'Avènement des loisirs*, *op. cit.*, en particulier « Organisations officielles soumises à une mystique nationale », p. 316.

41. Janine Larrue, « Loisirs ouvriers : chez les métallurgistes toulousains », *Esprit*, juin 1959, p. 955, cité par André Rauch, *Vacances en France, de 1830 à nos jours*, Paris, Hachette, 1996, p. 100.

42. *Ibid.*

43. Madeleine Léo-Lagrange, « 1936, An I du bonheur », *Janus. L'homme, son histoire et son avenir*, n° 7, « La révolution du loisir », juin 1965.

44. Joseph Daniel, *Semaines sociales de Rouen, 1938*, cité par Jean-Victor Parant, *Le Problème du tourisme populaire : emploi des congés payés et institutions de vacances ouvrières en France et à l'étranger*, Paris, Librairie générale de droit et de jurisprudence, 1939, p. 37.

45. Propos d'un ouvrier de 1936, cité par Rolande Trempé et Alain Boscus, « Les premiers congés payés à Decazeville et Mazamet », *Le Mouvement social*, n° 150, 1990, p. 72.

46. Simone Weil, citée par Françoise Cribier, *La Grande Migration d'été des citadins en France*, Paris, Éditions du CNRS, 1969, p. 48.

47. Krsto Hegedusic, *L'Aube*, peinture huile, 1936, collection privée.

48. Fernand Léger, *Les Loisirs*, 1948, Musée national Fernand-Léger, Biot.

Chapitre 28. Les promesses du bien-être ?

1. Jean Baudrillard, *La Société de consommation : ses mythes, ses structures*, Paris, SGPP, 1970, p. 208.

2. Voir Conseil national de la Résistance (CNR), « Plan complet de sécurité sociale ».

3. Voir ordonnances, Silo-Agora des pensées critiques, https://silogora.org/une-histoire-de-lordonnance-4-octobre-1945/

4. Voir Institut de recherche et documentation en économie de santé, https://www.irdes.fr/EspaceEnseignement/ChiffresGraphiques/Cadrage/IndicateursEtatSante/EsperanceVie.htm

5. Ordonnance d'octobre 1945, art. 64.

6. *Ibid.*

7. Frédéric Buffin et Thierry Tauran, « La consolidation des régimes spéciaux (1945 à nos jours) », *in* Thierry Tauran (dir.), *La Sécurité sociale, son histoire à travers les textes*, *op. cit.*, t. VII, p. 218.

8. *Ibid.*, p. 219.

9. Bastien Urbain, *Le Système de retraite à l'épreuve de son financement*, Issy-les-Moulineaux, LGDJ, 2019, p. 124.

10. Décret n° 53-711 du 9 août 1953 relatif au régime des retraites.

11. Voir ci-dessus, p. 335.

12. Alain Grangé, « Le régime spécial à la SNCF », *in* Thierry Tauran (dir.), *La Sécurité sociale, son histoire à travers les textes*, *op. cit.*, p. 234.

13. Jacques Doublet, « Âge de la retraite et prolongation de la vie humaine », *Droit social*, 1961, p. 172.

14. Bastien Urbain, *Le Système de retraite à l'épreuve de son financement*, *op. cit.*, p. 61.

15. Voir « L'apparition de la vignette », Caradisiac.com, https://www.caradisiac.com/L-apparition-de-la-vignette-51019.htm.

16. Camille Simonin, « Pathologie générale », in *Médecine du travail*, *op. cit.*, p. 171.

17. Voir *ibid.*

18. Voir https://fr.wikipedia.org/wiki/Histoire_de_la_m%C3%A9decine_du_travail.

19. Camille Simonin, « Évolution de la protection médicale des travailleurs », in *Médecine du travail*, *op. cit.*, p. 774.

20. Camille Simonin, « Fonctionnement des services médicaux du travail », *ibid.*, p. 785.

21. *Ibid.*

22. Voir Antoine Laville, *L'Ergonomie*, Paris PUF, 1976, p. 5.

23. Voir W. F. Floyd et A. T. Welford (dir.), *Symposium on Fatigue*, Londres, H. K. Lewis, 1953, p. 1.

24. Voir ci-dessus, p. 110-111.

25. Voir ci-dessus, p. 234-235.

26. Voir ci-dessus, p. 296.

27. Antoine Laville, *L'Ergonomie*, *op. cit.*, p. 12.

28. Étienne Grandjean, *Précis d'ergonomie : organisation physiologique du travail*, Paris, Dunod, 1969, p. 33.

29. *Ibid.*, p. 27.

30. *Ibid.*, p. 28.

31. Voir Frans Thomas Kellermann *et al.*, *Vademecum d'ergonomie destiné à l'industrie*, Paris, Dunod, 1964, p. 67.

32. Wesley E. Woodson, Peggy Tillman et Barry Tillman, *Human Factors Design Handbook : Information and Guidelines for the Design of Systems, Facilities, Equipment, and Products for Human Use* (1966), cité par Henri de Frémont et Michel Valentin, *L'Ergonomie : l'homme et le travail*, Paris, Dunod, 1970, p. 8.

33. Voir Camille Simonin, « Prévention de la fatigue », in *Médecine du travail*, *op. cit.*, p. 1024-1025.

34. Voir Frans Thomas Kellermann *et al.*, *Vademecum d'ergonomie destiné à l'industrie*, *op. cit.*, « Panneaux », p. 74.

35. Pierre Bugard, *La Fatigue : physiologie, psychologie et médecine sociale*, Paris, Masson, 1960, p. 20.

36. Voir Bernard Metz, « Principes physiologiques d'alimentation des travailleurs », *in Médecine du travail*, *op. cit.*, p. 129.

37. Voir ci-dessus, p. 292.

38. Jean Scherrer et Hugues Monod, « Point de vue physiologique sur la fatigue », *in* Léon Chertok et Michel Sapir (dir.), *La Fatigue*, IIIe Congrès international de médecine psychosomatique, Toulouse, Privat, 1967, p. 18.

39. Voir *Encyclopædia Universalis*, Paris, 1968, art. « Hormones ».

40. Georges Bresse, *Morphologie et physiologie animales*, Paris, Larousse, 1953, p. 784.

41. *Ibid.*, p. 809.

42. *Ibid.*, p. 460-461.

43. Voir Henri Coutière, *Connais tes outils : diastases, vitamines, hormones*, Paris, C. Béranger, 1943, p. 79.

44. *Ibid.*, p. 69.

45. *Ibid.*, p. 99.

46. National Research Council, *Reprint*, n° 122, Washington, Office of Medical Information, 1945.

47. Voir ci-dessus, p. 245.

48. Pierre Bugard, *La Fatigue*, *op. cit.*, p. 265.

49. Pierre Bugard, *L'Usure par l'existence*, *op. cit.*, p. 17.

50. *Ibid.*

51. Bernard Metz, « Aspects physiologiques et psychologiques de la fatigue », *op. cit.*, p. 132.

52. *Ibid.*

53. Pierre Bugard, *L'Usure par l'existence*, *op. cit.*, p. 22.

54. Voir ci-dessus, p. 398.

55. Pierre Bugard, *L'Usure par l'existence*, *op. cit.*, « Avant-propos ».

56. Henri Desoille, « Introduction », *in* Léon Chertok et Michel Sapir (dir.), *La Fatigue*, *op. cit.*, p. 7.

57. Pierre Bugard, *L'Usure par l'existence*, *op. cit.*, p. 13.

58. *Ibid.*, p. 46.

59. Henri Desoille, « Introduction », *op. cit.*, p. 12.

60. Michel Sapir, M.-J. Flouest, Françoise Lugassy, « La fatigue du cadre supérieur, de l'ouvrier spécialisé et de l'étudiant », *in* Léon Chertok et Michel Sapir (dir.), *La Fatigue*, *op. cit.*, p. 251.

61. Voir ci-dessus, p. 396-398.

62. Voir Michel Duc, H. Viniaker, Dominique Barrucand, « La fatigue symptôme et la fatigue syndrome, leur diagnostic différentiel en

milieu hospitalier », *in* Léon Chertok et Michel Sapir (dir.), *La Fatigue*, *op. cit.*, p. 65.

63. Voir ci-dessus, p. 377.

64. R. A. McFarland, « Operational Fatigue *in* Aviation », Aero-Medical Association, 1958, cité par Pierre Bugard, *La Fatigue*, *op. cit.*, p. 185.

65. Christian David et Jacques Fessard, « Fatigue et accidentéisme routier », *in* Léon Chertok et Michel Sapir (dir.), *La Fatigue*, *op. cit.*, p. 195.

66. Pierre Bugard, *La Fatigue*, *op. cit.*, p. 171 *sqq*.

67. Claude Veil, « Les états d'épuisement » (1958), *Vulnérabilités au travail : naissance et actualité de la psychopathologie du travail*, Toulouse, Érès, 2012, p. 178.

68. Voir Samuel Howard Bartley et Eloise Chute, *Fatigue and Impairment in Man*, New York-Londres, McGraw-Hill, 1947, en particulier « Personnal Factors in the Work Situation », p. 324 *sqq*.

69. *Ibid.*, p. 331.

70. *Ibid.*, p. 336.

71. *Ibid.* : voir « Job analysis », « The worker is viewed holistically », p. 337.

72. Claude Nègre, *La Fatigue en régions polaires*, Paris, Publication des expéditions polaires françaises, 1961.

73. François Dubet, *Le Temps des passions tristes*, Paris, Seuil, 2019, p. 22.

74. Voir « Travailleuses et travailleurs immigrés en France », Marie-Christine Bureau, Antonella Corsani, Olivier Giraud et Frédéric Rey (dir.), *Les Zones grises des relations de travail et d'emploi*, Buenos Aires, Teseo, 2019, https://www.teseopress.com/dictionnaire/chapter/229/

75. Voir musée de l'Histoire de l'immigration, Paris, https://www.histoire-immigration.fr/.

76. Voir « Travailleuses et travailleurs immigrés en France », *op. cit.*

77. E. Elser-Falik et H. M. Raveau, « Fatigue-symptôme de l'acculturation des Africains en France », *in* Léon Chertok et Michel Sapir (dir.), *La Fatigue*, *op. cit.*, p. 173.

78. *Ibid.*, p. 177.

79. Pierre Bugard et Pierre Bernachon, « Étude psychosomatique d'une asthénie au long cours », *in* Léon Chertok et Michel Sapir (dir.), *La Fatigue*, *op. cit.*, p. 180.

80. Georges Friedmann, *Le Travail en miettes : spécialisation et loisirs* (1956), nouvelle édition augmentée, Paris, Gallimard, « Idées », 1964, p. 32.

81. Propos d'un manager d'une grande usine d'automobile britannique en 1948, cité par Georges Friedmann, *ibid.*

82. *Ibid.*, p. 33-48.

83. Voir ci-dessus, p. 368.

84. Voir ci-dessus, p. 281-282.

85. Georges Friedmann, *Le Travail en miettes*, *op. cit.*, p. 248-250.

86. Camille Simonin, « Examens médicaux périodiques », in *Médecine du travail*, *op. cit.*, p. 869.

87. Peter F. Drucker, *La Pratique de la direction des entreprises* (1954), trad. Bureau des temps élémentaires, Paris, Éditions d'Organisation, 1957.

88. Pierre Bugard, *La Fatigue*, *op. cit.*, p. 56.

89. Marie-France Bied-Charreton, *Usine de femmes* (1978), Paris, L'Harmattan, 2003, p. 162.

90. Tommaso Di Ciàula, *Tuta blu* (1978), Paris, Actes Sud, 2002, p. 29.

91. Nicolas Dubost, *Flins sans fin*, Paris, Maspero, 1979, p. 40.

92. Voir « La nouvelle Belle Époque », *Paris Match*, 12 janvier 1963.

93. Bernard Cazes et Edgar Morin, « La question du bien-être », *Arguments*, n° 22, 2e trimestre 1961, p. 1.

94. Jean Baudrillard, *Le Système des objets* (1968), Paris, Gallimard, 1975, p. 7.

95. Voir Jim Heimann (dir.), *50s, All-American Ads*, New York, Taschen, 2001, p. 398.

96. *Ibid.*, p. 402. Voir aussi Susan Strasser, *Never Done : A History of American Housework*, New York, Pantheon Books, 1982.

97. Voir ci-dessus, p. 151 et p. 372.

98. Voir ci-dessus, p. 385.

99. « Éditorial », *Paris Match*, 13 janvier 1963.

100. Jean Baudrillard, *Le Système des objets*, *op. cit.*, p. 62.

101. Philippe Perrot, « De l'apparat au bien-être : les avatars d'un superflu nécessaire », *in* Jean-Pierre Goubert (dir.), *Du luxe au confort*, Paris, Belin, 1988, p. 46.

102. Michel Crozier, « Défense du bien-être », *Arguments*, n° 22, 2e trimestre 1961, p. 47.

103. Alain Ehrenberg, *La Fatigue d'être soi : dépression et société*, Paris, Odile Jacob, 1998.

104. Georges Perec, *Les Choses* (1965), *in* Christelle Reggiani (éd.), *Œuvres*, Paris, Gallimard, « Bibliothèque de la Pléiade », 2017, t. I, p. 126.

105. Bernard Cazes et Edgar Morin, « La question du bien-être », *op. cit.*, p. 2.

106. Michel Drancourt, « Les femmes de la bourgeoisie vivent-elles mieux que leurs grand-mères ? », *Réalités*, n° 191, décembre 1961.

107. Voir ci-dessus, p. 219-220.

108. Voir ci-dessus, p. 312-313.

109. Propos reproduits dans *L'Express* du 11 avril 1963.

110. « L'ouvrier de la prospérité », *L'Express*, 29 mai 1963.

111. *Ibid.*

112. Michel Sapir, M.-J. Flouest et Françoise Lugassy, « La fatigue du cadre supérieur, de l'ouvrier spécialisé et de l'étudiant », *op. cit.*, p. 262.

113. *Ibid.*, p. 253.

114. *Ibid.*, p. 263.

Chapitre 29. Du burn out à l'identité

1. Herbert J. Freudenberger, *L'Épuisement professionnel : « La brûlure interne »* (1980), trad. Marc Pelletier, Boucherville, Gaëtan Morin, 1987, p. 22.

2. *Ibid.*

3. Voir ci-dessus, p. 418.

4. Voir « Un syndrome de fatigue démocratique », *Le Un*, 4 juin 2014.

5. Voir Daniel D. Jacques, *La Fatigue politique du Québec français*, Montréal, Boréal, 2019.

6. Charles de Montalembert, voir https://archive.org/stream/mdemontalemberte00mont/mdemontalemberte00mont_djvu.txt

7. Voir Bruno Tilliette, « Fatigue administrative », Place publique, 8 janvier 2013, https://www.place-publique.fr/index.php/le-magazine-2/articlefatigue-administrative/?highlight=fatigue.

8. Voir https://www.linguee.fr/francais-anglais/traduction/fatigue+institutionnelle.html.

9. Voir https://fr.wikipedia.org/wiki/Secteur_tertiaire.

10. Voir Jean-Yves Nau, « Les "troubles musculo-squelettiques" : des pathologies liées au productivisme », *Le Monde*, 19 décembre 2005.

11. Voir *Ergonomie aux postes de travail : la prévention des troubles musculo-squelettiques (TMS)*, Paris, Cetim, 2012, p. 12.

12. Voir *Le Rapport annuel 2018 de l'Assurance Maladie : risques professionnels*, Paris, CNAM, 2018.

13. Voir *Ergonomie aux postes de travail*, *op. cit.*, p. 9.

14. *Le Rapport annuel 2018 de l'Assurance Maladie : risques professionnels*, *op. cit.*

15. *Ibid.*

16. « Troubles musculo-squelettiques : qu'est-ce que c'est ? », lefigaro.fr https://sante.lefigaro.fr/sante/maladie/troubles-musculo-squelettiques/quest-ce-que-cest.

17. Jean-Yves Nau, « Les "troubles musculo-squelettiques" »; *op. cit.*

18. Voir Marilyne Beque, Aimée Kingsada et Amélie Mauroux, « Contraintes physiques et intensité du travail », *Synthèse Stat'*, n° 24, février 2019, p. 10.

19. Jean-Yves Nau, « Les "troubles musculo-squelettiques" », *op. cit.*

20. Voir Marilyne Beque, Aimée Kingsada et Amélie Mauroux, « Contraintes physiques et intensité du travail », *op. cit.*, p. 154.

21. Marie Grenier-Pezé, « La maladie du geste du travail », *Performances*, n° 3, mars 2002, republié dans *Les Cahiers de Préventique*, n° 7, « Les TMS, troubles musculo-squelettiques », 2006, p. 14.

22. *Ibid.*

23. *Ibid.*

24. Voir, ci-dessus, p. 425-427.

25. Yves Clot, « Les TMS : hyper-sollicitation ou hypo-sollicitation ? », *Les Cahiers de Préventique*, n° 7, 2006, p. 23.

26. Voir ci-dessus, p. 433.

27. Jean-Yves Nau, « Les "troubles musculo-squelettiques" », *op. cit.*

28. F. Bourgeois *et al.*, *Troubles musculosquelettiques et travail : quand la santé interroge l'organisation* (2000), Paris, ANACT, 2006, p. 90.

29. Voir ci-dessus, p. 412-413.

30. Voir Paul Robert, *Dictionnaire alphabétique et analogique de la langue française*, Paris, Société du Nouveau Littré, 1962, art. « Pénible ».

31. Annie Jolivet, « Pénibilité du travail : la loi de 2010 et ses usages par les acteurs sociaux », *La Revue de l'IRES*, vol. 3, n° 70, 2011, p. 33-60.

32. Voir *Ibid.*

33. *Ibid.*

34. Voir Gérard Lasfargues, *Départs en retraite et « travaux pénibles » : l'usage des connaissances scientifiques sur le travail et ses risques à long terme pour la santé*, Paris, Centre d'études de l'emploi, 2005.

35. Voir ci-dessus, p. 120.

36. Gérard Lasfargues, *Départs en retraite et « travaux pénibles »*, *op. cit.*, p. 19.

37. *Ibid.*, p. 25-28.

38. *Ibid.*, p. 16.

39. Décret n° 2011-354 du 30 mars 2011 relatif à la définition des facteurs de risques professionnels pris en compte dans le cadre de la prévention de la pénibilité ainsi que du droit à une retraite anticipée pour pénibilité.

40. Voir « Le compte professionnel de prévention : définition, principes et calcul des points », Ameli, 14 novembre 2019, https://www.ameli.fr/entreprise/votre-entreprise/outils-gestion-prevention-risques-professionnels/compte-professionnel-prevention.

41. Gérard Lasfargues, *Départs en retraite et « travaux pénibles »*, *op. cit.*, p. 12.

42. *Ibid.*

43. *Ibid.*

44. Voir ci-dessus, p. 436.

45. Voir ci-dessus, p. 440.

46. Francis Marion, « On ne peut faire l'économie d'évaluer tant l'usure physique que la fatigue psychologique », *Le Monde*, 17 février 2020.

47. Antonio A. Casilli, *En attendant les robots : enquête sur le travail du clic*, Paris, Seuil, 2019, p. 187.

48. Voir Mireille Weinberg, « Retraite et pénibilité au travail : les quatre critères de la discorde », *L'Opinion*, 26 décembre 2019.

49. Voir « La pénibilité au travail : ce qui change en 2018 », At Work Conseil, 16 janvier 2018, https://www.atworkconseil.fr/la-prevention-de-la-penibilite-en-2018/.

50. *Ibid.*

51. *Ibid.*

52. Voir Valentine Pasquesoone, « "Je ne pense pas tenir jusqu'à soixante-cinq ans" : l'inquiétude des salariés concernés par la réforme du compte pénibilité », France Info, 12 juillet 2017.

53. *Ibid.*

54. Voir Maly Drazkami, « Pénibilité au travail : les femmes sont les plus touchées, et les moins reconnues », Révolution permanente, 5 décembre 2017, https://www.revolutionpermanente.fr/Penibilite-au-travail-les-femmes-sont-les-plus-touchees-et-les-moins-reconnues.

55. Jérôme Lefilliâtre, « Grève : à la RATP, "il faut que ce soit pire lundi" », *Libération*, 5 décembre 2019.

56. Jean-Pierre Daviet, « La grande entreprise : professions et culture », *in* Louis-Henri Parias (dir.), *Histoire générale du travail*, Paris, Nouvelle Librairie de France, 1996, t. IV, p. 292.

57. *Ibid.*, p. 296.

58. Thierry Pillon et François Vatin, *Traité de sociologie du travail*, Toulouse, Octares, 2003, p. 221.

59. La première utilisation du mot « ergonomie » date de 1949 (avec la création de l'Ergonomic Research Society). L'insistance sur le « confort » et l'« efficacité » a sans doute légitimé la création d'un nouveau terme : « Ensemble des connaissances scientifiques relatives à l'homme et nécessaires pour concevoir des outils, des machines et des dispositifs qui puissent être utilisés avec le maximum de confort, de sécurité et d'efficacité » (Antoine Laville, *L'Ergonomie*, *op. cit.*, p. 12).

60. Voir Maurice de Montmollin (dir.), *Vocabulaire de l'ergonomie*, Toulouse, Octares, 1995.

61. Pierre Bugard, *Stress, fatigue, dépression : l'homme et les agressions de la vie quotidienne*, Paris, Doin, 1974, p. 174.

62. Johan Wilhelm Hendrik Kalsbeek, « Standards of Acceptable Load in ATC Tasks », *Ergonomics*, vol. 14, n° 5, 1971, p. 641-650.

63. T.-M. Fraser, *Stress et satisfaction au travail : étude critique*, Genève, Bureau international du travail, 1983.

64. Jacqueline M. Atkinson, *Coping With Stress at Work*, Northamptonshire, Thorsons, 1988.

65. Voir ci-dessus, p. 295-298.

66. Voir Claude Veil, *Vulnérabilités au travail*, *op. cit.*

67. Suzanne Peters et Patrick Mesters, *Vaincre l'épuisement professionnel : toutes les clés pour comprendre le burn out*, Paris, Robert Laffont, 2007.

68. Cercle Sésame, *2012-2017 : ce que veulent les Français*, *op. cit.*, p. 196.

69. Christophe Dejours, *Souffrance en France : la banalisation de l'injustice sociale*, Paris, Seuil, 1998, p. 28.

70. Voir ci-dessus, p. 365.

71. Voir Marie Pezé, *Ils ne mouraient pas tous mais tous étaient frappés : journal de consultation « Souffrance au travail », 1997-2008*, Paris, Pearson, 2008.

72. Voir *Le Parisien* généralisant le terme d'« employé », « personne qui effectue une tâche pour le compte de quelqu'un contre un salaire ».

73. Marie Pezé, *Ils ne mouraient pas tous mais tous étaient frappés*, *op. cit.*, p. 33-44.

74. *Ibid.*, p. 151-157.

75. Christophe Dejours, *Souffrance en France*, *op. cit.*, p. 30.

76. Article 222-33-2 du Code pénal, 27 janvier 2002.

77. Mathilde Goanec, « De jeunes vendeuses bataillent contre l'apprentissage de l'humiliation », *Mediapart*, 26 juillet 2019.

78. Voir https://fr.wikipedia.org/wiki/Harc%C3%A8lement_moral.

79. Communiqué du Snesup d'Évry publié le 11 juillet 2010.

80. Marie-France Hirigoyen, « Des cas de plus en plus graves de harcèlement au travail », *Mediapart*, 5 mars, 2014.

81. Voir « Épuisement professionnel et burn out », INRS, http://www.inrs.fr/risques/epuisement-burnout/ce-qu-il-faut-retenir.htmlL

82. Herbert J. Freudenberger, *L'Épuisement professionnel*, *op. cit.*, p. 25.

83. *Ibid.*, p. 29.

84. *Ibid.*, p. 32.

85. *Ibid.*, p. 133.

86. Voir « Syndrome de burn out : c'est quoi ? », *op. cit.*

87. *Ibid.*

88. Jean-Pierre Olié et Patrick Légeron, « Rapport sur le burn out », *Bulletin de l'Académie nationale de médecine*, 2016, séance du 23 février 2016.

89. Voir Philippe Zawieja, *Le Burn out*, Paris, PUF, « Que sais-je ? », 2015 : « l'Ancien Testament fournit au moins deux exemples d'épuisement professionnel », p. 3. Voir aussi le très important *Dictionnaire de la fatigue*, *id.* (dir.), Genève, Droz, 2016.

90. Voir « Épuisement professionnel et burn out », INRS, *op. cit.*

91. Voir Cercle Sésame, *2012-2017 : ce que veulent les Français*, *op. cit.*, p. 209.

92. « Les algorithmes chassent tout rapport humain », *TAF. Travailler au futur*, n° 1, janvier 2020, p. 57.

93. Antonio A. Casilli, *En attendant les robots*, *op. cit.*, p. 263.

94. Julien Palleja, « SNCF : une déshumanisation lourde de conséquences », *TAF*, n° 1, *op. cit.*, p. 53.

95. Marc Loriol, « Numérisation de l'économie et transformation du travail », *Cahiers français*, n° 398, 2017, p. 2-7.

96. Voir Hélène Riffaudeau, « Les nouveaux esclaves du numérique », *Téléobs*, 21-27 septembre 2019.

97. Voir « Deliveroo, une forme d'esclavage moderne », *TAF*, n° 1, *op. cit.*, p. 44.

98. Du mot *« juice »*, le « jus électrique » restitué par ces nouveaux travailleurs.

99. Voir Gurvan Kristanadjaja, « "Juicers" : la course aux clopinettes électriques », *Libération*, 10 mai 2019.

100. Cercle Sésame, *2012-2017 : ce que veulent les Français*, *op. cit.*, p. 203.

101. Voir Hélène Riffaudeau, « Les nouveaux esclaves du numérique », *op. cit.* : « ce modèle constitue un retour en arrière pour des centaines de milliers de travailleurs ».

102. Voir Éric Favereau, « À l'hôpital un médecin sur deux se dit épuisé », *Libération*, 2 décembre 2019

103. Nathalie Raulin, « Hôpital : Agnès Hartemann, en unité de résistance », *Libération*, 14 février 2020.

104. Voir Éric Favereau, « À l'hôpital un médecin sur deux se dit épuisé », *op. cit.*

105. Dominique Méda, « Le grand fossé », *Le Un*, 29 avril 2020.

106. Voir Cécile Amar et David Le Bailly, « Santé publique, qui a désarmé l'hôpital ? », *L'Obs*, 9-15 avril 2020. Voir aussi Stéphane Velut, *L'Hôpital, une nouvelle industrie : le langage comme symptôme*, Paris, Gallimard, 2020.

107. Voir Fiodor Rilov, avec Alexia Eychenne, *Qui a tué vos emplois ?*, Paris, Don Quichotte-Seuil, 2019.

108. Laurie Moniez, « L'annonce de la fusion entre Bombardier et Alstom inquiète leurs salariés des Hauts-de-France », *Le Monde*, 21 février 2020.

109. Cercle Sésame, *2012-2017 : ce que veulent les Français*, *op. cit.*, p. 208.

110. Alain Supiot, « Le travail humain "au-delà de l'emploi" », *TAF*, n° 1, *op. cit.*, p. 31.

111. Voir « Les témoignages marquants des premières semaines du procès France Télécom », France Info, 25 mai 2019.

112. *Ibid.*

113. *Ibid.*

114. « France Télécom : "Ils ont joué avec nos vies" », *Libération*, 9 août 2018.

115. Voir https://www.francetvinfo.fr/economie/telecom/suicides-a-france-telecom/.

116. *Ibid.*

117. « France Télécom : "Ils ont joué avec nos vies" », *Libération*, *op. cit.*

118. *Ibid.*

119. Voir Jean-Christophe Vuattoux, « Les suicides cachent la forêt qu'est la souffrance au travail, laquelle n'est pas encore imputée aux organisations », *Slate*, 28 décembre 2019.

120. *Ibid.*

121. Alexandra Anders, « L'empowerment au cœur du nouveau management », *Cornestone Blog*, 18 octobre 2019.

122. Arnaud Hautesserres, « Management, quelles tendances pour l'année 2019 ? », *Focus RH*, 12 décembre 2018.

123. *Ibid.*

124. Amélie Petitdemange, « Management, guide complet », *Les Échos Start*, 18 décembre 2018.

125. Voir Agathe Ranc, « J'étais un mauvais chef », *L'Obs*, 13-19 février 2020.

126. Voir le blog « Le réveil de la conscience ».

127. Annika Rose, « Prenez soin de vous », *In the moment*, mai 2018.

128. Jean Baudrillard, *La Société de consommation*, *op. cit.*, p. 201.

129. Robert Castel et Claudine Haroche, *Propriété privée, propriété sociale, propriété de soi : entretiens sur la construction de l'individu moderne*, Paris, Fayard, 2001, p. 128.

130. Marcel Gauchet, « Essai de psychologie contemporaine. Un nouvel âge de la personnalité », *Le Débat*, vol. 2, n° 99, 1998, p. 177.

131. Michel Houellebecq, *Sérotonine*, Paris, Flammarion, 2019, p. 181.

132. Voir https://fr.wikipedia.org/wiki/Parce_que_je_le_vaux_bien.

133. Cercle Sésame, *2012-2017 : ce que veulent les Français*, *op. cit.*, p. 199-200.

134. Voir Élisabeth Pineau, « Le burn out, un mal tabou chez les sportifs de haut niveau », *Le Monde*, 29 janvier 2020.

135. *Ibid.*

136. Voir « Burn out amoureux : les signes qui doivent vous alerter », *Femme actuelle*, 2 octobre 2018.

137. Voir « Le burn out familial, signes et conséquences, comment l'éviter ? », Cool Parents make happy kids, https://www.coolparents-makehappykids.com/burn-out-familial-signes-consequences-comment-eviter/.

138. Voir Gaëlle Dupont, « Quand la "charge mentale" du foyer pèse sur les femmes », *Le Monde*, 16 mai 2017.

139. *Ibid.*

140. Voir « Fallait demander », EmmaClit, 9 mai 2017, https://emmaclit.com/2017/05/09/repartition-des-taches-hommes-femmes/.

141. Michael Delisle, *Le Palais de la fatigue*, Montréal, Nouvelles Boréal, 2017, p. 76.

142. Michel Houellebecq, *Sérotonine*, *op. cit.*, p. 148.

143. Jean Clair, *Le Voyageur égoïste* (1989), Paris, Petite Bibliothèque Payot, 2010.

144. Voir ci-dessus, p. 145-146.

145. « Pourquoi sommes-nous si fatigués ? », *Philosophie Magazine*, n° 134, novembre 2019.

146. Voir Nicole Aubert (dir.), @ *la recherche du temps, individus hyperconnectés, société accélérée : tensions et transformations*, Toulouse, Érès, 2018.

147. Voir Laurent Muller, « Enjeux d'une quête anomique en des temps d'effervescence », in @ *la recherche du temps*, *op. cit.*, p. 143.

148. Voir David Le Breton, *Tenir : douleur chronique et réinvention de soi*, Paris, Métailié, 2017.

149. Michel Eltchaninoff, « Fatigo ergo sum », *Philosophie Magazine*, n° 134, *op. cit.*, p. 46.

150. Clara Malraux, *Nos vingt ans*, Paris, Grasset, 1966, p. 147.

151. Emmanuel Levinas, *Totalité et Infini : essai sur l'extériorité*, La Haye, Martinus Nijhoff, 1971. Voir Henri Duthu, « Au-delà du sens commun : avec Emmanuel Levinas », Espace éthique, « Lassitude », 23 octobre 2005, http://espacethique.free.fr/articles.php?lng=fr&pg=123.

152. Voir ci-dessus, p. 463.

153. « En finir avec la fatigue », *Ça m'intéresse. Santé*, décembre 2019.

154. Voir Olivier Monod, « La France fait-elle partie des plus gros consommateurs de médicaments dans le monde ? », *Libération*, CheckNews.fr, 29 juillet 2019.

155. *300 Médicaments pour se surpasser physiquement et intellectuellement*, Paris, Balland, 1988, p. 15-16.

156. Voir Jean-François Bourg, *Le Dopage*, Paris, La Découverte, 2019. Voir aussi Georges Vigarello, « Le sport dopé », *Du jeu ancien au show sportif*, *op cit.*, p. 169-189.

157. *Respire. Créer du temps pour soi*, premier numéro 15 février 2017.

158. *In the moment. Parce qu'être soi n'attend pas*, premier numéro janvier 2018.

159. *ADN. Les essentiels*, premier numéro 14 mars 2017.

160. *Sens et santé. Le corps, l'esprit, le monde*, premier numéro mai 2017.

161. Voir ci-dessus, p. 461.

162. Cédric Villani, « Je mets mon cerveau en roue libre », *Clés*, décembre 2014, p. 56.

163. Anaïs Vanel, « J'ai tout quitté pour aller faire du surf », *Ça m'intéresse. Santé*, décembre 2019, p. 49. Voir aussi Anaïs Vanel, *Tout quitter*, Paris, Flammarion, 2019.

164. « Vaincre la fatigue, c'est d'abord savoir écouter les signaux du corps », *Ça m'intéresse. Santé*, décembre 2019, p. 57.

165. « Perception du stress », *ADN, les essentiels*, n° 6, décembre 2019, « Spécial bien-être », p. 50.

166. « Libérez votre esprit en dix étapes », *Respire*, n° 1, p. 8.

167. « Cinq façons d'écouter vos émotions », *Respire*, n° 5, p. 27.

168. « Évacuer le stress », *Sens et santé*, n° 2, p. 25.

169. « Moment de sérénité », *Respire*, n° 19, p. 121.

170. Voir ci-dessus, p. 351 *sqq*.

171. *My Switzerland : la nature te veut*, dépliant touristique, Genève, 2019, p. 73.

172. Gérard Bruant, *Anthropologie de l'effort : expériences vécues et représentation du monde*, Paris, L'Harmattan, 2017, p. 69.

173. Olivier Bessy, *Le Grand Raid de la Réunion : à chacun son extrême et un emblème pour tous*, La Réunion, Océan Éditions, 2002, p. 19.

174. Voir Carla de Silva, « Philippe Richet, adepte des raids extrêmes », France Bleu, 15 janvier 2020, https://www.francebleu.fr/emissions/le-temoin-du-jour/gascogne/phlippe-richet-adepte-des-raids-extremes.

175. Sous-titre du livre de Mike Horn, *Latitude zéro : 40 000 km pour partir à la recherche du monde*, Paris, XO Éditions, 2001.

176. Voir Reto Lenherr *et al.*, « From Double Iron to Double Deca Iron Ultra-Triathlon : A Retrospective Data Analysis from 1985 to 2011 », *Physical Culture and Sport. Studies and Research*, vol. 54, 2012, p. 55-67. Voir aussi Raphaël Verchère, *Philosophie du triathlon : ou les joies et les souffrances de l'Hercule moderne*, Le Crest, Éditions du Volcan, 2020, p. 113.

177. Voir ci-dessus, p. 145 *sqq*.

178. Éric Fiat, « La fatigue permet un autre rapport au monde », *Ça m'intéresse. Santé*, décembre 2019. Voir aussi Éric Fiat, *Ode à la fatigue*, Paris, Éd. de l'Observatoire, 2018 : « un herbier de fatigues qui font partie de l'humaine condition et dont nous pouvons nous faire des amies si nous les assumons », p. 398.

POSTFACE

Chapitre 30. Surprises et menaces « virales »

1. Voir ci-dessus, p. 27 *sqq*.

2. Voir ci-dessus, p. 286-287.

3. Éric Favereau, « À l'hôpital un médecin sur deux se dit épuisé », *op. cit.* Voir aussi ci-dessus, p. 456.

4. Témoignage d'un médecin hospitalier, « La fatigue et la trouille », *Le Monde*, 2 avril 2020.

5. « Journal de crise des blouses blanches », épisode 15, *Le Monde*, 7 avril 2020.

6. Voir « Coronavirus : les soignants sont épuisés », France Info, 5 avril 2020.

7. « Soignants : “Je pense Covid, je mange Covid, je dors Covid », *Libération*, 5 avril 2020.

8. Jean-Paul Mari, « À l'hôpital, vague de fatigue et vague à l'âme », *Libération*, 20 avril 2020.

9. « Journal de crise des blouses blanches », épisode 14, *Le Monde*, 9 avril 2020.

10. *Ibid.*, épisode 9, 31 mars 2020.

11. « Épuisement professionnel et burn out », INRS, *op. cit.*

12. Raphaëlle Rérolle, « Les jours sans répit d'un urgentiste parisien », *Le Monde,* 4 avril 2020.

13. « Soignants : “Je pense Covid, je mange Covid, je dors Covid », *Libération*, *op. cit.*

14. Sandrine Blanchard, « Journal de bord d'un médecin de campagne victime du coronavirus », *Le Monde*, 2 avril 2020.

15. Voir aussi Thierry Philip et Jacques Leglise, « C'est l'ensemble du système hospitalier qui nécessite une réforme », *Le Monde*, 17 juin 2020.

16. Voir Aurélie Lebelle, « Coronavirus : le palmarès des emplois les plus vulnérables », *Le Parisien*, 28 avril 2020.

17. Voir la communication de LCI du 27 mars 2020.

18. Voir l'ordonnance n° 2020-323 du 25 mars 2020 portant mesures d'urgence en matière de congés payés, de durée du travail et de jours de repos.

19. Yves Veyrier, secrétaire générale de Force ouvrière, *La Croix*, 25 mars 2020.

20. « Commerces, usines, transports : ces Français qui vont travailler “la boule au ventre” », *Mediapart*, 4 avril 2020.

21. « Avec la crise sanitaire, les travailleurs invisibles sortent de l'ombre », *Le Monde*, 1er avril 2020.

22. *Ibid.*

23. *Ibid.*

24. Laurence Defranoux, « Auxiliaires de vie : “On est la basse classe, celle dont on ne parle pas” », *Libération*, 24 avril 2020.

25. *Ibid.*

26. *Ibid.*

27. Claire Legros, « Le souci de l'autre, un retour de l'éthique du “care” », *Le Monde*, 1er mai 2020.

28. Lucie Delaporte, « Les ouvriers de la logistique sont devenus les “caryatides du monde moderne” », *Mediapart,* 4 avril 2020.

29. Alexandre Piquard, « La controverse politique rattrape à nouveau Amazon aux États-Unis », *Le Monde*, 6 mai 2020.

30. « Avec la crise sanitaire, les travailleurs invisibles sortent de l'ombre », *Le Monde*, *op. cit.*

31. Voir Bertrand Bissuel, « Une conversion au télétravail plutôt réussie », *Le Monde*, 1er mai 2020, et http://tnova.fr/notes/la-revolution-du-travail-a-distance-l-enquete-montravailadistance-jenparle

32. *Ibid.*

33. Voir Amandine Cailhol, « Télétravail : le boulot compresseur », *Libération*, 29 avril 2020.

34. *Ibid.*

35. Danièle Linhart, « L'activité se retrouve déconnectée de sa finalité sociale », *Libération*, 29 avril 2020.

36. *Ibid.*

37. Voir Amandine Cailhol, « Télétravail : le boulot compresseur », *op. cit.*

38. « Journal de crise des blouses blanches », épisode 9, *op. cit.*

39. Annick Cojean, « La croisière à la dérive », *Le Monde*, 16 avril 2020.

40. Doan Bui et David Le Bailly, « Covid Stories », *L'Obs*, 7-13 mai 2020.

41. « Les conseils d'un psychiatre pour bien vivre le confinement », RFI, 24 mars 2020. http://www.rfi.fr/fr/science/20200324-coronavirus-conseils-psychiatre-bien-vivre-confinement.

42. Voir « Le confinement, reflet des inégalités sociales liées au logement et au niveau de revenu des Français », *Le Monde*, 21 avril 2020.

43. Marie Duru-Bellat, « Cette crise met en évidence les conditions de vie très inégales des Français », *Le Monde*, 1er avril 2020.

44. David Le Breton, « L'exposition au bruit et au silence est très inégalitaire », *Le Monde*, 28 mars 2020.

45. « Rebelles au confinement », *Libération*, 28 avril 2020.

46. Christophe Honoré, « Ce temps imposé est un temps empoisonné », *Le Monde*, 1er mai 2020.

47. « Cohabiter avec le coronavirus, dans la durée », *Le Monde*, 7 avril 2020.

48. David Larousserie, « Coronavirus : comment sont élaborées les modélisations épidémiologiques », *Le Monde*, 7 mai 2020.

49. « L'enfer à la maison », *L'Obs*, 9-15 avril 2020.

50. Catherine Mallaval et Sylvain Mouillard, « Familles confinées », *Libération*, 22 avril 2020.

51. ZEP, « Moi JEune », *Libération*, 22 avril 2020.

52. Voir ci-dessus, p. 461.

53. Virginie Ballet, « Les foyers pas vaccinés contre la charge mentale », *Libération*, 22 avril 2020.

Index

A

B

C

D

E

F

G

H

I

J

K

L

M

N

O

P

S

T

Y

Z

Table

TROISIÈME PARTIE

LES LUMIÈRES ET LE DÉFI DU SENSIBLE

QUATRIÈME PARTIE

LE XIXe SIÈCLE ET LE DÉFI DU CHIFFRE

CINQUIÈME PARTIE

LES XXe-XXIe SIÈCLES ET LE DÉFI DU PSYCHOLOGIQUE

POSTFACE

Du même auteur

Le Corps redressé
Histoire d'un pouvoir pédagogique
Delarge, 1978 et Le Félin, 2018

Le Propre et le Sale
L'hygiène du corps depuis le Moyen Âge
Seuil, 1985
« Points Histoire » n° 92, 1987
et « Beaux livres », 2013

Une histoire culturelle du sport
Techniques d'hier et d'aujourd'hui
Robert Laffont/EPS, 1988

Le Sain et le Malsain
Santé et mieux être depuis le Moyen Âge
Seuil, 1993
édition revue et augmentée
publiée sous le titre
Histoire des pratiques de santé
Le sain et le malsain depuis le Moyen Âge
« Points Histoire » n° 259, 1999, 2015

Histoire du viol
XVIe-XXe siècle
Seuil, 1998
et « Points Histoire » n° 270, 2000

Passion sport
Histoire d'une culture
Textuel, 2000

Du jeu ancien au show sportif
La naissance d'un mythe
Seuil, 2002

Histoire de la beauté
Le corps et l'art d'embellir de la Renaissance à nos jours
Seuil, 2004
et « Points Histoire » n° 384, 2007, 2014

Histoire du corps
1. De la Renaissance aux Lumières
2. De la Révolution à la Grande Guerre
3. Les mutations du regard, le XXe siècle
(codir. avec Alain Corbin et Jean-Jacques Courtine)
Seuil, 2005, 2006
et « Points Histoire » nos 447, 448 et 449, 2011

Gouverner par la peur
(avec Leyla Dakhli, Bernard Maris,
Roger Sue, Christian Losson)
Fayard, 2007

Sarkozy
Corps et âme d'un président
(avec Olivier Mongin)
Perrin, 2008

Les Métamorphoses du gras
Histoire de l'obésité
du Moyen Âge au XXe siècle
Seuil, 2010
et « Points Histoire » n° 476, 2013, 2017

Aux origines de la médecine
(codir. avec Didier Sicard)
Fayard, 2011

Histoire de la virilité
1. L'invention de la virilité. De l'Antiquité aux Lumières
2. Le triomphe de la virilité. Le XIXe siècle
3. La virilité en crise ? XXe-XXIe siècle
(codir. avec Alain Corbin et Jean-Jacques Courtine)
Seuil, 2011
et « Points Histoire » nos 501, 502 et 503, 2015

La Silhouette du XVIIIe siècle à nos jours
Naissance d'un défi
Seuil, 2012
et « Points Histoire », n° 534, 2017

Le Sentiment de soi
Histoire de la perception du corps
XVIe-XXe siècle
Seuil, 2014
et « Points Histoire » n° 522, 2016

Naissance de l'intime
La toilette
(codir. avec Nadeije Laneyrie-Dagen)
Hazan, 2015

Histoire des émotions
1. De l'Antiquité aux Lumières
2. Des Lumières à la fin du XIXe siècle
3. De la fin du XIXe siècle à nos jours
(codir. avec Alain Corbin et Jean-Jacques Courtine)
Seuil, 2016-2017

La Robe
Une histoire culturelle du Moyen Âge à aujourd'hui
Seuil, 2017
et « Points Histoire » n°585, 2021

Une histoire des lointains
Réels ou imaginaires
Seuil, 2022

Les Éditions Points s'engagent pour la protection de l'environnement et une production française responsable

Ce livre a été imprimé en France, sur un papier certifié issu de forêts gérées durablement, chez un imprimeur labellisé Imprim'Vert, marque créée en partenariat avec l'Agence de l'Eau, l'ADEME (Agence de l'Environnement et de la Maîtrise de l'Énergie) et l'UNIC (Union Nationale de l'Imprimerie et de la Communication).

La marque Imprim'Vert apporte trois garanties essentielles :

- La suppression totale de l'utilisation de produits toxiques
- La sécurisation des stockages de produits et de déchets dangereux
- La collecte et le traitement de produits dangereux

RÉALISATION : NORD COMPO À VILLENEUVE-D'ASCQ
IMPRESSION : NORMANDIE ROTO IMPRESSION S.A.S À LONRAI
DÉPÔT LÉGAL : SEPTEMBRE 2022. N° 151461 (220291)
IMPRIMÉ EN FRANCE